ケースフォーミュレーション

6つの心理学派による
事例の見立てと介入

ルーシー・ジョンストン, ルディ・ダロス [編]
Lucy Johnstone and Rudi Dallos

坂戸美和子, 大野 裕 [監訳]　坂戸美和子, 中島 孝, 前田初代, 浅田仁子 [訳]

金剛出版

献　辞

本書は，2001 年から 2010 年までお世話になった Bristol Clinical Psychology Doctorate での思い出と，
きわめて重要なその省察的精神に貢献したスタッフや研修生，指導教官に捧げる。

Formulation in Psychology and Psychotherapy:
Making Sense of People's Problems
Second Edition

Edited by Lucy Johnstone and Rudi Dallos

© 2014 Lucy Johnstone and Rudi Dallos
All Right Reserved.
Authorized translation from English language edition published by
Routledge, a member of the Taylor & Francis Group
through Japan UNI Agency, Inc., Tokyo

監訳者序文

　ケースフォーミュレーションとは，集められた情報をもとに，今ここで起きている問題を明らかにし，その人の内的現実，周囲との関係性，生まれ育ちなどの背景情報も勘案しながら立てられる，介入計画の根幹となる地図である。ただしそれは絶対的なものではなく，時間とともに，修正が重ねられていく。

　では事例の問題を解決・改善していくのに最適な道にはどのようにすればたどりつけるのであろうか？　本書を手にとる方は皆，事例に苦慮しているか，もしくは過去に苦慮した経験のある方々であろう。誰もが心の中に，「あの事例はああすればもっと良い結果になったのではないか」などの，支援者としての心の痛みをそっと抱えておられると想像する。アプローチは，アプローチする人の数だけあるとも言えるが，望ましい結果にたどり着くため，支援者は，ケースをどのように見立て，介入を行っていけば良いのだろうか？

本書の構成

　ケースフォーミュレーションは情報を体系立てて視覚化した地図とも言え，その人やそこで起きていることの最善の見立てである。本書ではフォーミュレーションを心理学派ごとに概説し，以下の二つの共通事例をもとに，壮大な事例検討会が繰り広げられている。

　ジャックは 25 歳の男性。14 歳で仕事先の上司から性的虐待を受け，15 歳から飲酒。以後，非行が続いた。家での母親との口論の後，母親に家を追い出された。この後，精神科外来を受診し，うつ状態と診断された。それから 2 年ほどして，「パラノイア」「持続的妄想性障害」など，さまざまな診断名がつく症状の兆候が現れ始め，入院となった。

　ジャネットは 9 歳の女児。ジャネットが 3 歳の時に両親は離婚。かかりつけ医

はジャネットについて，体重の減少，家庭での行動，交通機関の利用拒否を心配していた。母親が病気で動き回れなくなってからは，親子で自宅に引きこもり，孤立するようになっている。母親はジャネットの発達が遅れているのではないかと心配している。ジャネットは夜驚症のために自分のベッドで眠ることができず，母親のベッドに潜り込んでくることが多いが，母親の作った食事を摂ろうとはしない。学校での友人は多い。

　提示事例は精神障害・虐待・文化的背景などが複雑に絡み合っている。本書では事例がさまざまな側面から捉えられ，分析され，代表的な心理学派がそれぞれの学派の概説をわかりやすく行った後に，それぞれのケースフォーミュレーションを作成し，仮治療を見事に進めていく。そして最後にはそれぞれのフォーミュレーション（定式化）を統合するという試みを実践している。

　第1章では本書のテーマである定式化について論じている。定式化はそもそも必要なのか？　ひょっとしたら害悪も起こりうるのではないか？　定式化は治療関係に影響を及ぼすのではないか？　定式化の目的は何か？　など，定式化にまつわる多くの事柄を論じている。また定式化の概念が生まれた経緯が，学派ごとに説明されている。

　第2〜7章では認知行動療法，精神力動的アプローチ，システム論，ナラティブ・セラピー，社会的不平等，パーソナル＆リレーショナル・コンストラクト心理学の6つの立場からのアプローチが，それぞれの学派ごとに章立てされ，論じられている。

　定式化の統合は「理論」（第8章）と「実践」（第9章）に分けて論じられている。学派ごとに異なる定式化を統合する試みがなされ，折衷か概念の統合かという興味深い議論が繰り広げられている。

　第8章では「折衷」とは，「異なるモデルの概念的特徴を重視した結合」に関心を向けるのではなく，「実用性を重視した結合」を積極的に進めるとしている。「概念的統合」とは，単に複数のアプローチを結合しようとするだけではなく，それ以上を試みるものとしている。また，「現場での暗黙の統合」についても言及している。

　第9章では，前章での定式化は臨床的な取り組みにおける活発なプロセスであるという結論を確認した後，仮定の会話の分析を通じて，プロセスとしての定式化について考察している。定式化を進めていく作業が実際の治療の中で，治療関係の構成と維持にどう複雑につながっているのかを論じている。また定式化はクライエントとセラピストの協働プロセスであると述べている。

第 10 章ではチームレベルでの定式化の活用に関する文献を提示後，チーム定
式化アプローチを定義し，方略・利点・難点などにつき論じた後，ジャックの事
例に対する，チーム定式化と介入計画を示している。ここでは「精神疾患」にお
ける「症状」を心理学的枠組みにはめ込み，非医学的用語を使って彼の体験を説
明している。またその体験が彼にとってどのような個人的意味を持つのかについ
て仮説を立てることなどを提言し，さらに支援サービス自体がトラウマを再現さ
せてしまうリスクなどについても言及している。

　第 11 章では生物医学的モデルが効果的に機能するには，身体的治療とは異な
る心理的プロセスに注目しながら，全人的ケアを行う必要があることは現在広く
認められていることを確認している。そして現実の医療現場においてはすぐに結
果が出る解決策を求めるという圧力が強いことが懸念されていること，またその
場その場での解決に集中する再定式化を展開していくことが必要であるというこ
とが示されている。

　最終の第 12 章では定式化につき，ここまでの記載を改めて確認した後，「定式
化：エビデンスに基づいているか？」「定式化：真実か有用性か？」「定式化：誰
にとって有用か？」「定式化 VS 精神医学診断」「定式化に基づいたシステムはど
のようなものになるのか？」と定式化にまつわる疑問を記し，最後は「では，定
式化とは？」と，定式化を俯瞰しつつ改めて問うている。

現場における実際のフォーミュレーションの統合とは？

　通常，専門家が集まって事例検討をする場合，異なる学派を学んだり，実践し
たりしている人同士での集まりであったとしても，各学派の特徴を，他の学派が
批判的に論ずることはおそらく避けられることが多いであろう。

　各学派は，視点や，取り組みの手法が異なり，議論の際にはそれらを持ち寄る
のであるが，学派が違うから遠慮するのではなく，違いを認識しつつ，ケースに
最も求められるアプローチを皆で頭を振り絞って考える。それには理論だけ知っ
ていればよいわけではもちろんなく，各人の経験や体験からくるものの存在は大
きい。どのようなアプローチがより優れているのか，どのような方法がケースを
より望ましい方向に導くことができるのか，それは理論からのみで導かれるもの
では決してない。

　その上で，自分が中心としている学派がある場合には，それ以外の学派の学習
を，また特にこれまで学派を意識して取り組んだ経験がない場合には，一つの学
派だけに偏らない学習をしてみることは，困難ケースに遭遇した際に，必ずや役
立つものとなるであろう。各学派は，主だった視点が異なる。自分にとって，あ

まり馴染みのない学派でも，その学派の視点に立って考えてみようとする。それだけでも，それまで知っていてもあまり目をむけなかった事実について，改めて考えてみたり，収集されてなかった情報があることに気づいたりすることがある。そうやって視野を広げて，取りこぼしているものがないか，自分なりにつぶさに考え尽くしてみることが，打開への糸口となることも多いのではなかろうか。そしてそれらを併せてみて新たな気づきが生まれるかもしれない。

　なお本書では，関係性構築がなされた上でのセラピーであることが，セラピーの効果を上げることが随所で記載されているが，このことは認知行動療法の第一人者である共同監訳者の大野裕先生も常々強調していることである。より良いセラピーの実践を目指すためには，極めて汎用的で重要な要素であるといえよう。

本書の訳出の経緯

　本書の訳出は，私自身のこれまでの地方でのかなり特殊な学習環境に端を発している。当時私は今回共同監訳者となっていただいた大野裕先生の開催する認知行動療法研修に可能な限り参加していた。しかし地元に認知行動療法を学ぶことを志す人を見つけ出すのは難しく，思い悩んでいたところ，「認知行動療法の専門家になりたいわけではないけれど，認知行動療法のことを知りたい」とある臨床心理士の方から申し出をいだいた。最初こそ戸惑いはあったものの，「そうか，そういう学び方もあるかもしれない」と気づきが生まれ，そこから，認知行動療法家ばかりでなく，互いに異なる学派をよりどころにする精神科医，心理士，大学教官，法務技官などが集まっての勉強会となっていった。その中では，同じ専門性を持つ者ばかりではないもの同士の率直な議論だからこそ生まれた発見も多く，背景の異なる者が集まっての勉強会や事例検討が思いのほか大事な学びとなった。しかし一方で，自分が勉強する学派以外の勉強は，限られた時間の中での耳学問こそあったものの，実際に勉強する機会はなかなか得られず，そのような時に，本書の存在を知り，このような本が手元にあれば支援する立場としての勉強に役立つと考え，そのことが本書の訳出に繋がった。

本書の利用法についての提言

　本書の利用形態は「一人で」「心理療法を勉強中であれば同じ学派の仲間と」「職場の同僚と」「同じ領域で働く仲間たちと」「本書を学ぶために集まった者同士で」といった様々な形が考えられるであろう。

　事例の伝え方には3通りある。①図式による可視化（本書），②文字による表記，③口頭での伝達であるが，それぞれ特徴がある。①「図式による可視化」は，ま

ず他者と共有できることと，作成者らが，一定の形式を意識しながらケース全体を見渡していけること，②「文字による表記」は，事例を，頭に浮かぶことを書き連ねながら，コンパクトに集約したり，強調したりやりとりを逐語形式で挿入したり，ある程度自由に記載できること，③「口頭での伝達」では，セラピストの頭にある内容を，最も自然に表すことができることなどである。また口頭であれば，セラピストの感情の動きも自然と現れ，言語外の情報も加わり，セラピーにおけるセラピストとクライエントの息づかいまでもが伝わる。

　ケースフォーミュレーションは，医学・心理・福祉などの領域のすべての介入事例において行うべきものである。私たちは，事例について考えたり，他人に伝えようとする時に，③は少なくとも心の中では誰もが必ず行っている。しかしその細部を口頭で伝えようとするのは限られた時間の中では容易ではない。しかしその細部こそが重要である場合は多い。そこで②が利用されることが多いのであるが，それはそれで，情報を詰め込もうとすればするほど，文章は長くなりわかりにくくなってしまうことは往々にしてあることである。そこで本書で示されている①の図式の作成をすることによる可視化である。本書は多職種で共有することを前提として書かれている。

　一方で，実は本書は，それぞれの領域における専門家が納得しない可能性を否定できない書でもある。それは，各学派の専門家の方々は，「自分の学派はすべてを扱える。本書では，それを意図的に限定している」と考えるかもしれないからであり，そのようなご意見はもっともである。監訳者は二人とも認知行動療法を専門とし，特に大野裕先生は誰もが認める認知行動療法の第一人者である。本書に収載されている学派を極めた専門家の方々は内心，「自分の学派をきちんと学ぶことが最も大事なこと」と思っていることが推測される。しかしその上で本書を翻訳出版したのは，特定の学派を掘り下げて学ぶ機会に乏しい専門職に是非役立てていただきたいという思いからである。また各学派の専門性は持ちながら，他の学派の基本を知っておくことで，専門家同士の理解も深まり，互いの信頼感が増していくというメリットもある。またケースフォーミュレーションをチームで行ってみる中で，足りない情報が洗い出されてくるであろう。またそれぞれのフォーミュレーションを見比べることで，ケースの見方がより広がる可能性もある。個々人のケースの見方が広がることで，それが化学反応のように連鎖し，誰もが考えていなかったアイディアが生まれてくることもあるであろう。

　介入は多くの要素が絡み合って，結果を生み出していくのであり，本書では，フォーミュレーション（定式化）という共通のプラットフォームを提供した。本書が，ケースへの真摯な取り組みを最善のものとする足掛かりとなり，またそれ

が職種を超えた共通言語となれば何より嬉しく思う。

謝 辞

徳島大学の横谷謙次氏とは，かつて勉強会で一緒に学ばせていただいたが，今回システム論の訳語について貴重なご助言をいただいた。いつも大変誠実で丁寧なご対応をいただき，心より感謝申し上げる。また，社会医療法人河北医療財団あいクリニックにて訪問診療医（内科）として勤務されている栗林泰子氏は，日々の訪問診療の中で豊富な事例を抱えておられ，訳出にあたっての貴重な意見をいただいた。さらに今回，やはり職場の同僚である心理職の栗田茂樹・草香寛子両氏には，普段から心理学についての多くの助言をいただいており，この度も多面的な視点からご教示いただいた。また心理職のみならず，福祉職の方々になじみやすい用語の検討などについては，今関あやね氏（日本うつ病センター／精神保健福祉士），松永秀幸氏（東京都豊島区福祉職員／精神保健福祉士），津留喜久江氏（東京都千代田区福祉職員／社会福祉士），後藤紀行氏（あ・むろケアプラン事務所／主任介護支援専門員），大塚克久氏（地域包括センター／社会福祉士），関なお美氏（看護師），比嘉敦恵氏（主任介護支援専門員），小田桐美沙希氏（保健師）と度重なる協議をし，また本書の利用法の今後の可能性などにつき議論させていただいた。福祉職の皆様の，医療・心理職とは異なる視点からのご助言は大いに役立った。

また本書の訳出においては多くの困難があったが，金剛出版の担当である弓手正樹氏には，常に辛抱強く励まし続けていただき，何とか出版にたどり着くことができた。心より感謝申し上げる。

本書が読者の皆様が抱えるケースをより良い方向に向けていくことに役立ち，ひいてはクライエントの幸福につながれば望外の喜びである。

2024 年 8 月
監訳・訳者を代表して
坂戸美和子

はじめに

『ケースフォーミュレーション──６つの心理学派による事例の見立てと介入』の初版は，臨床現場における定式化 formulation への関心がまさに高まりつつあるときに出版され，この領域での先駆け的存在となった。本改訂版は，その先駆的特徴を活かしつつ，最近の治療実態や研究，進展状況や議論を取りまとめたものである。新たに加えた章では，パーソナル・コンストラクト心理学の定式化，ヘルスケアに関する定式化，定式化をチームで活用するという斬新なアプローチを取り上げている。

本書では，定式化を力動的なプロセスとして捉え，さまざまな関係性や社会的背景を考慮に入れた上で，個人的な意味を，協働的かつ省察的に探っていく。ケースは成人のものと子どものものを取り上げ，それぞれの中で，６つの理論的立場に立つ専門家がどのような観点から定式化を活用しているかを見ていく。問題を定式化する過程でもち上がってきた数多くの議論──哲学的議論や専門的議論，倫理的議論──について，読者諸氏にはぜひ，建設的に批判する姿勢をもちつづけていただきたいと思っている。論点となっているのは，たとえば以下のような事柄である。

- 定式化に関する社会的・政治的背景
- 精神科診断に関連する定式化
- 定式化の限界
- 定式化についての議論や討議

本書は，わかりやすくまとめられた本領域への総合的ガイドであり，定式化を数多くの観点から明確に概観した最新のもので，たいへん示唆に富んでいる。メ

ンタルヘルス，ソーシャルケア，セラピー，カウンセリングのあらゆる分野で働く臨床家に必携の書でもある。

Lucy Johnstone は consultant clinical psychologist で，British Clinical Psychology Doctorate のプログラム・ディレクターを務めたこともある。長年，成人のメンタルヘルスに取り組んでいる。

Rudi Dallos はプリマス大学の臨床心理学トレーニング・プログラムのリサーチ・ディレクターで，青少年とその家族のケアを専門とするクリニカル・サイコロジストとしても活躍している。

第2版への序

　定式化 formulation が心理学的理論を活用するのは，クライエントが抱える問題の理由について，クライエントの人間関係や社会環境，その人生で経験してきた出来事から当人が引き出した意味を踏まえ，作業仮説すなわち「ベストな推論」を作成するためである。定式化はクライエントと協働して行うもので，その主な目的は，集めた情報を活かして治療介入することである。

　定式化はこのところ，サイコセラピーやメンタルヘルスの現場における新たな中核的論点のひとつとなってきている。この流れは，理論と実践の発展を最先端で担う経験豊富な臨床家によって生み出されたものである。初版はサイコセラピストの標準的教科書となり，それ以外の職種の専門家にも——有資格者，訓練中の者を問わず——幅広く読まれている。

　この第2版では，ふたりのクライエントのケースを取り上げ，異なる6つの理論——すなわち，初版でも採用した認知行動療法，システム理論，精神力動的アプローチ，ナラティブ・アプローチ，社会的不平等の観点からのアプローチに，パーソナル・コンストラクト心理学を加えた6つ——に基づいて定式化を行っている。全面的に改訂した統合的定式化に関するふたつの章（第8章，第9章）は，進展していく治療関係という枠組みの中で，複数モデルの併用に関する問題を探っている。本版は，チームで定式化を活用するという斬新なアプローチの仕方について，その概観を提供する最初の書でもある。身体的ヘルスケアの現場をめぐる定式化に関する章も新たに加えている。最終章は，定式化と文化，定式化と研究，定式化の利点と限界，精神科診断に関連する定式化など，今まさに起きつつある問題について，最新情報を概観するもので，考えさせられる内容となっている。

　初版に寄せられた感想や意見から察するに，私たちの目的は達せられているように思われる。すなわち，内容を理解しやすいものにして，読者諸氏に，定式化

が引き起こしてきた数多くの議論——哲学的議論や専門的議論，臨床的議論，倫理的議論——を建設的な批判的観点で捉えていただくことを，私たちは目ざしているのである。臨床上の情報をふんだんに取り入れ，生きいきと定式化を概観して意欲を掻き立てる本書を読むことで，経験を積んだ臨床家も，駆け出しの臨床家も，その知識とスキルをさらに高めていただければと願っている。

目　　次

監訳者序文　3

はじめに　9

第2版への序　11

図表一覧　18

第1章　定式化のあらまし　23

Lucy Johnstone & Rudi Dallos

心理学とサイコセラピーにおける定式化　23

定式化とは？　27

定式化に見られる差異と共通要因　29

定式化の目的　30

定式化の概念はどのように生まれたのか？　33

最良の定式化　37

結　　び　38

ジャック　38

ジャネット　40

第2章　認知行動療法におけるケースフォーミュレーション ——原則重視のアプローチ　45

Robert Dudley & Willem Kuyken

認知行動療法の事例概念化への原則重視のアプローチ　45

ジャック　47

ジャネット　66

考　　察　71

結　　び　72

CBT の定式化の重要な特徴　72

第3章　精神力動的定式化——表に現れていないものを見る　77

Rob Leiper

精神力動的アプローチとは？　77

精神力動的アプローチの中核的特徴　78

力動的観点 79

発達的観点 83

構造的観点 86

適応的観点 89

ジャック：精神力動的定式化 92

考察──定式化に関して 95

介入に向けて 96

ジャネット：精神力動的定式化 97

考　　察 100

精神力動的定式化の重要な特徴 102

第4章　システム論的定式化──家族のダンスをマッピングする 105

Rudi Dallos & Jacqui Stedmon

システム論的アプローチ 105

症状と家族療法のプロセス 105

システム論的治療における定式化 108

家族療法と社会構成主義 112

システム論的定式化の提案モデル 113

ジャック：システム論的定式化 114

要　　約 124

統合：ジャックのためのシステム論的定式化 125

ジャネット：システム論的定式化 127

統合：ジャネットのためのシステム論的定式化 134

コメント 135

定式化のもつ政治的問題 137

システム論的定式化の重要な特徴 139

第5章　定式化とナラティブ・セラピー ──異なるストーリーを語る 141

David Harper & Dave Spellman

定式化とナラティブ・セラピー 141

ナラティブ・セラピーの発達を促した理論的影響 141

これらの考えと社会構成主義との関連 143

ナラティブ・セラピーの想定 144

定式化の概念を拡大する　147

ケースへの序　149

ジャック：ナラティブ・セラピーの定式化　149

ジャネット：ナラティブ・セラピーの定式化　163

ナラティブ・セラピー的な定式化の重要な特徴　168

第6章　社会的不平等の影響を再定式化する
　　　　——パワーと社会的公平　173

Lynn McClelland

社会的不平等の観点からのアプローチとは？　173

社会的不平等とは？　175

社会的不平等とメンタルヘルス　175

「エビデンスベース」に関する批判的評価　177

パワーと不平等　180

実生活の多様性を熟考し，違いを認識する　181

ジャックをさらに可視化する：批判的定式化　182

話し合いに関する批判的考察　186

ジャネットをさらに可視化する：批判的定式化　190

省察的実践　194

社会的不平等の観点から行う定式化の重要な特徴　196

第7章　パーソナル＆リレーショナル・コンストラクト心理学にお
　　　　ける定式化——クライエントの目を通して世界を見る　203

David Winter & Harry Procter

パーソナル・コンストラクト心理学　203

パーソナル・コンストラクト的定式化　205

診断上の構成概念　207

障害に関するパーソナル・コンストラクト的観点の発達　211

関係性に関する PCP の拡大　212

パーソナル・コンストラクト的アセスメントの方法　213

ジャックとジャネット　216

ジャック　216

ジャネット　222

論　考　231

パーソナル・コンストラクト心理学の観点から行う
定式化の重要な特徴 231

第8章 理論における統合的定式化 237

Rudi Dallos, Jacqui Stedmon, Lucy Johnstone

統合的定式化 237

折衷主義 239

概念的統合 242

Weerasekera の枠組み 246

ジャック：Weerasekera の枠組みを使った定式化 246

Weerasekera の枠組みと「4Ps」の利点と限界 248

統合的定式化：実践上の原則を目ざして 252

治療関係の中で定式化することによって統合する 254

まとめ 256

第9章 実践における統合的定式化
——力動的な多層アプローチ 259

Rudi Dallos & Jacqui Stedmon

プロセスとしての定式化と治療関係 259

ジャックとの仮定の会話 261

アタッチメント・ナラティブ・セラピー（ANT）の定式化 269

ジャックに関するアタッチメント・ナラティブ・セラピー（ANT）の
定式化 275

ジャック 275

背景にあるもの 284

まとめ 287

統合的定式化の重要な特徴 288

第10章 定式化をチームで活用する 291

Lucy Johnstone

チーム定式化というアプローチを定義する 292

ジャック：仮のチーム定式化 299

チーム定式化に基づく介入計画 301

チーム定式化によるジャックへのレター 303

目　次　**17**

　　チーム定式化と介入計画に関する考察　306

　　チーム定式化の本質的な特徴　308

　　チーム定式化の実践　314

　　カルチャー変革に向けたチーム定式化　318

　　まとめ　321

第 11 章　ヘルスケアの現場で統合的定式化を利用する　327

Samantha Cole

　　ヘルスケアの現場における定式化が抱える難題とその考察　327

　　健康に関する定式化に付加される理論的影響　333

　　ジャネット：健康をめぐる状況から見る　338

　　介入に向けて　343

　　考　　察　344

　　ヘルスケアの現場における定式化の重要な特徴　345

第 12 章　定式化についての議論や討議　349

Lucy Johnstone

　　ジャックとジャネット：定式化　349

　　定式化：エビデンスに基づいているか？　350

　　定式化：真実か有用性か？　353

　　定式化：誰にとって役立つのか？　355

　　定式化 vs 精神科診断　365

　　定式化は個別化を行っているか？　371

　　定式化に基づいたシステムはどのようなものになるのか？　374

　　誰でも定式化を構築できるのか？　そもそも定式化は必要なのか？　376

　　では，定式化とは？　378

　　まとめ　380

　　ジャックとジャネット：最新情報　382

索　　引　387

執筆者一覧　393

監訳者略歴・訳者略歴　397

図表一覧

図

2.1	初期段階の認知モデルの例	51
2.2	現在のジャックの問題をシンプルな説明的定式化にマッピングしたもの	52
2.3	維持要因	53
2.4	ジャックの維持要因	55
2.5	縦断的定式化の例	57
2.6	ジャックの縦断的定式化	61
2.7	困難を克服するために，認知的枠組みを使ってストレングスの効用を見きわめる	65
2.8	メアリーの維持要因	70
3.1	葛藤の三角形	80
3.2	人の三角形と葛藤の三角形の併用（Molnos, 1984 から引用）	85
4.1	試してみた解決策	109
4.2	ジャックの家族システムを表すジェノグラム	116
4.3	問題維持の中核的パターンを示す円環性	117
4.4	家族の中核的特質に関する家族のメンバーの立ち位置を調べる評定尺度法	119
4.5	父親が家族を捨てて出ていく前の感情的関係性のパターンを示す家族造形	121
4.6	父親が家族を捨てて出ていったあとの感情的関係性のパターンを示す家族造形	121
4.7	「家族−病院システム」への推移	123
4.8	ジャックは「病気をもっている」という定義を持続させるプロセス	123
4.9	家族療法とリフレクティング・チーム──定式化の共有	125
4.10	ジャネットのジェノグラム	128
4.11	ジャネットとメアリーをめぐる問題の維持サイクル	130
4.12	家族造形：ジャネットの父親コリンが家族と共にいたとき	132
4.13	専門家と家族の依存サイクル	133
4.14	メアリーと社会的支援サービス機関との間の不信感がエスカレートしていくパターン	136

6.1	社会的不平等を示すマップ	176
7.1	ジャックに関する仮説としてのレパートリー・グリッド分析	221
7.2	ジャネットの家族に関するパーシーバー・エレメント・グリッド（仮説は太字）	224
7.3	ジャネットの家族に関する 2 項レベルでのパーシーバー・エレメント・グリッド（仮説は太字）	228
7.4	母親とジャネットの間の解釈を表す仮説的「蝶ネクタイ」図	230
8.1	Weerasekera のグリッド	247
8.2	ジャックとその家族に Weerasekera のグリッドを用いた例	249
9.1	家族に見られるパターン，アタッチメント，ナラティブ	281
9.2	背景を踏まえた統合的定式化のプロセス	285

表
| 2.1 | CBT の定式化における 5 つの P | 49 |

注記

●本書で登場する診断名については，現在，精神医学領域で通常使用されている「DSM-5 精神疾患の診断・統計マニュアル」に従ったが，診断や状態によっては，本診断マニュアルにおける診断名の表記が，精神医学領域以外にはなじんでいない場合もあった。その場合には，専門性を損ねないように，従来診断で記載するなど，読みやすさを優先する配慮を行った。

●本書の中で，現代においては，差別，もしくは差別を連想させる用語が散見され，訳出には極力気を配ったつもりであるが，そのことにより一部，文章の意味の汲み取りが困難になる箇所も出てきたため，差別を助長しないよう注意しながら，現在ではほぼ使われなくなっている用語をあえて訳語として使用した場面もあった。

ケースフォーミュレーション

６つの心理学派による事例の見立てと介入

第 1 章

定式化のあらまし

Lucy Johnstone & Rudi Dallos

心理学とサイコセラピーにおける定式化

定式化 formulation は，心理学，サイコセラピー，カウンセリング，精神医学において，注目を集めつづけているテーマである。これは臨床心理学という専門職を特徴づける能力であり（Division of Clinical Psychology, 2010），英国心理学会の臨床心理学部会（Division of Clinical Psychology：DCP）は最近，その会員向けに適正実践ガイドラインを出版している（DCP, 2011）。定式化はまた，英国保健ケア資格委員会（Health and Care Professions Council）によって，健康，教育，法医学，カウンセリング，スポーツ，運動に関わる心理士のスキルとして規定されており（Health Professions Council, 2009），英国では精神科医のトレーニング・カリキュラムにも組み込まれている（Royal College of Psychiatrists, 2010）。しかしながら，あらゆる心理学的介入の実践においてきわめて重要なものであるにもかかわらず，定式化の概念的基盤と実証的基盤はいまだ確立されるには至っていない。研究，トレーニング，出版において，つい先頃まで無視されていたのである。とりわけ複合的な統合的定式化の領域において，それが顕著であった。

上記に関連する書籍で最も早く出版されたのは，『Cognitive Therapy in Practice（実践的認知療法）』（Persons, 1989）『Beyond Diagnosis: Case Formulation Approaches in Cognitive Therapy（認知行動療法ケースフォーミュレーション入門）』（Bruch and Bond, 1998），『Handbook of Psychotherapy Case Formulation』（Eells, 2006a），『Multiperspective Case Formulation』（Weerasekera, 1996），『Cognitive-Behavioral Case Formulation and Treatment Design（認知行動療法における事例

定式化と治療デザインの作成)』(Lombardo and Nezu, 2004) である。本書の初版以降には，『Clinical Case Formulations』(Ingram, 2006)，『Case Formulation in Cognitive Behaviour Therapy』(Terrier, 2006)，『Assessment and Case Formulation in Cognitive Behavioural Therapy』(Grant et al., 2008)，『Behavioural Case Formulation and Intervention』(Sturmey, 2008)，『Collaborative Case Conceptualization（認知行動療法におけるレジリエンスと症例の概念化)』(Kuyken et al., 2009)，『Constructing stories, Telling Tales』(Corrie and Lane, 2010) も出版されている。これらはすべて有用な書物ではあるが，精神科医が医学領域の読者を念頭に書いていたり（Weerasekera），アメリカの読者やアメリカのヘルスケア・システムに向けたものであったり（Eells, Weerasekera, Ingram），認知行動療法の観点からのみ書かれていたりする（Bruch and Bond; Persons; Tarrier; Sturmey; Kuyken et al.)。Corrie and Lane の著書を除けば，これらはいずれも，新しい治療を取り上げてもいなければ，定式化の理論と実践が引き起こす広範な問題点を批判的に概観してもいない。本書はこの欠落部分を埋めようとするものである。初版に寄せられた感想や意見から察するに，この試みは，専門領域や治療の方向性に関係なく，有資格の臨床家から訓練中の人々にまで，幅広く役立っていることが伺われる。

　本書では，多様な章が多くの中心的テーマを共通軸に展開し，「統合」に関する章と，最終章の概観および省察が，それらをまとめている。取り上げるテーマは，以下のとおりである。

　定式化と協働。定式化は，私たちがクライエントに対して行うものなのか？それとも，クライエントと共に行うものなのか？　もし定式化が治療のスタート地点だとすれば，これは治療の全過程にとってきわめて重要な意味をもっている。クライエントが最初から本格的に治療に関与できるようにすることは，どれほど重要なのだろうか？　どのようにすれば定式化の過程でこれを進めていけるのだろうか？

　定式化と省察的実践 reflective practice。省察的実践という概念は，従来のあらゆる治療法で重要性を増してきている。セラピストは，自分自身の思考や感情，セラピストとしての反応のみならず，専門家としての自分の立場やジェンダー，社会的階層，倫理観などを認識し，それらが治療にどのような影響を与えるのかを理解していなくてはならない。こうしたことは，定式化でどう取り上げうるのだろうか？　定式化にはどのようなバイアスが生じやすいのか？　バイアスを最小に抑えるにはどうしたらいいのか？　定式化と省察的実践はどの程度重

なっているのか？

　定式化と治療関係。上記に関連して，治療における力関係やコントロールに関する一般的な問題，セラピーもしくは定式化が誰のために行われるのかといった問題がある。こうした問題は，誰に「問題」があり，いつどのように定式化をクライエントと共有するのか，特定の臨床場面において，そうした方がいいのか，そうしない方がいいのかという問いかけにつながっていく。それは，「もの」もしくは「成果」としての定式化と，治療関係自体に組み込まれる「プロセス」としての定式化との重要な差異を際立たせることにもなる。

　定式化と倫理的実践。力関係やバイアス，守秘義務などの問題を考えていくと，倫理，および，最善の実践という問題の核心が浮かび上がってくる。それは，定式化がまったく助けにならない可能性があるというだけでなく，害を及ぼしうることも意味している。こうした事態を避けるためには，どのような対策を講じたらよいのだろうか？　また，プロセスとしての定式化と作成されたものとしての定式化双方に関する適正な実践ガイドラインは，どのようなものを作成したらよいのだろうか？

　定式化と統合。後続の章が示すとおり，定式化には，セラピーの数と同じくらい多くの進め方があるが，最近では，治療法が統合に向かう流れもあり，あらゆる学派が互いに着想や概念を借用することに，以前ほど抵抗がなくなってきている。統合的な定式化を進めるために，さまざまなアプローチの長所を結びつけることは可能なのだろうか？　また，どのようにしたらそうできるのだろうか？

　定式化と精神科診断。定式化と精神科診断はどう異なるのかについて，論議は今も続いている。定式化は，クライエントに合った治療を用意する従来の方法に代わるものなのだろうか？　それとも，従来の方法に追加されるものなのだろうか？　あるいは，従来とはかなり異なる，ひょっとしたら個別化の進んだ暫定的な作業仮説を完成させようとしているのだろうか？

　定式化と背景。定式化に何を含めるかに関して，それぞれのセラピーの学派がそれぞれの立場を取っている。主として個人の思考や感情や行動に注目するのだろうか？　家族や制度的背景も含めるのだろうか？　もっと広く社会的背景や政治的背景まで見ていくのだろうか？　最後の場合，クライエントの困難に関する解釈に，それらをどう統合するのだろうか？　「問題」はどこにあるのか？　この点に関して，建設的な取り組みを可能にする見解を共有するには，どうしたらいいのだろうか？

　定式化と文化。定式化には当然ながら，民族性や文化という側面もある。文化的なアイデンティティと価値観を，どうすれば間違いなく定式化のプロセスに

しっかり組み入れられるのだろうか？　文化の影響を受けて変形していても，受け入れられる行動がある一方，受け入れられない行動とみなされて「問題」になるのは，何なのか？　もっと大きく捉えれば，定式化はそれ自体，特定の文化の中で生まれた概念である。そのようにして生まれた定式化の有用性は，その文化圏外ではどの程度制限されるのだろうか？　また，それを埋め合わせる方法は何かあるのだろうか？

定式化，評価，エビデンス。これらについては，定式化の特質と科学的立場に関するより基本的な議論をいくつか考察することになる。定式化はある意味，「正確さ」や「真実」の観点から説明しうるのだろうか？　それとも，クライアントに対する有用性の観点から捉えるのがベストなのだろうか？　いずれにせよ，定式化はどう評価されるのだろう？　また，誰の見方が最も重視されるのだろう？セラピストの見方だろうか，それとも，クライアントの見方だろうか？　現在までにどのような種類の研究が行われ，将来にはどのような種類の研究が必要になるのだろうか？

そもそも定式化は必要か？　最後に，定式化の価値と位置づけについて，恐れることなく根本的な質問をしなくてはならない。社会的不平等や社会構成主義の章で示すとおり，必ずしもすべての人が定式化を治療に不可欠なものだと考えているわけではない。それは話術に過ぎず，熟練の技と専門的地位を主張する手立てのひとつとして，政治的に有用なだけなのだろうか？　専門家でなくても，同様に，あるいはもっとうまく，定式化を行うことができるのだろうか？　実際，仕事でも日常生活でも，定式化を行わないことは可能なのだろうか？　全員が同意できるような議論から，有意義なことや価値のあることが引き出せるのだろうか？　仮に引き出せるとして，それはどんなものだろう？

というわけで，以上のテーマが糸となって各章をつなぎ，各章は，20代半ばの若者ジャックと 9 歳の子どもジャネットというふたりのクライアントをめぐるストーリーを中心に展開していく。ふたりの問題を，数多くの観点から——まずは，サイコセラピーの主流を代表する認知行動療法（CBT），精神力動的アプローチ，システム理論，つづいて，最近展開されるようになってきた社会的不平等と社会構成主義の観点から——順に定式化するのである。本版には，パーソナル・コンストラクト療法での定式化を論じる章も新たに加わっている。パーソナル・コンストラクト療法は構成主義，すなわち，「この世界を理解し，この世界で活動することの意味体系が，どのようにして創出されるのかを探る研究」から生まれたものである。読者諸氏は，各学派における定式化の方法や各アプローチの強

みと限界を，明確に感じ取ることができるだろう。

　次に来るのは，統合的定式化を下から支える一般原則に関する章である。統合は，新たに加えた他の2章の主要テーマで，一方の章は，「ヘルスケアの現場での統合的定式化の利用」に関するもの，もう一方の章は，評判が急上昇中の定式化の斬新な活用法，すなわち，「チーム定式化の活用」に関するものである。最終章では，本書のテーマを要約し，批判的な見解を概観して，治療における定式化の位置づけについて，暫定的な結論を出そうとしている。

定式化とは？

　認知行動療法（CBT）や精神力動論などのアプローチは，それぞれの特徴的な考えや概念を活かした一般的な説明を用いる取り組みである。たとえば，CBTではネガティブな自動思考を取り上げ，精神力動療法では，無意識を取り上げている。定式化はこのような一般的な理論を採用し，それらを特定の個人とその人物が抱える問題に適用する。

　すでに述べたとおり，「定式化」は，成果とプロセス双方の意味で理解されうる用語である。トレーニング・プログラムや文献では，前者の意味を想定して用いられるのが一般的であり，定式化は，しばしば具体的な形を取る「もの」もしくは「成果」である。たとえば，書面での指示や専門家などに差し向ける際の紹介状，サービス利用者に渡す図表などがそれに当たる。定式化に関する研究の大部分は，この見解を基盤としている（第12章参照）。しかしながら，提案，議論，省察，フィードバック，修正を繰り返すプロセスとしての定式化は，刻々変化する治療プロセスの一部であり，こちらの方が臨床の現実としては一般的かもしれない。

　定義の大半の根底には，以下に挙げた例でもわかるように，「成果としての定式化」が想定されている（より完全な定義一覧は，Corrie and Lane, 2010: 10-12参照）。定義について考える際には，先に要約したテーマを心に留めておくと役に立つかもしれない。

　　　定式化は……その人がどのような経緯で，ある特定の時点に，ある特定の障害もしくは属性を呈するようになったのかについての暫定的な説明もしくは仮説である。
　　　　　　　　　　　　　　　　　　　　　　　　　　（Weerasekera, 1996:4）

　　　定式化は，臨床家が理論を実践につなげるために用いるツールである。……

それは，理論と実践をひとつにまとめる要（かなめ）である。……定式化は，検証されるべき仮説だと理解するのが最もふさわしい場合もある。

(Butler, 1998: 2, 4)

サイコセラピーの事例定式化（ケースフォーミュレーション）は，当人の心理的問題や対人関係の問題，行動的問題に関する原因や増悪要因，持続作用を説明する仮説である。

(Eells, 2006b: 4)

心理学的定式化は，心理学的要因や手続き，生物学的要因や手続き，システム論的要因や手続きが含まれる可能性のあるアセスメントによって得られる知識を，総括して統合したものである。定式化は心理学的理論や心理学的研究を活用して，クライエントの問題やニーズ，それがどう生じて，どう維持されているかを詳細に描写するための枠組みを提供する。

(Division of Clinical Psychology, 2010: 5)

精神力動的定式化は，患者の問題や困難の特質について，通常，種々の関係性の中で繰り返し発生する不適応パターンの観点から陳述する。……また，これらが，無意識の葛藤を含めた患者の内的な世界にどう関わっているのかについても，推論する。……さらに，説明モデルの中で，上記を（可能であれば）当人の過去に関する情報と結びつける。

(MacGrath and Margison, 2000: 2)

　このように，各定義に共通しているのは，定式化が**当人の困難に関する仮説**を提供し，その仮説は**心理学的理論を利用している**ということである。
　これらの定義に欠けているように思われるのは，定式化の過程におけるサービス利用者の観点と役割である。言い換えれば，定式化は**個人的な意味**に基づいて形成され，**共有される**ものだということである。こうした側面を，「プロセスとしての定式化」の意味と併せて表現しているのが，Harper と Moss の「継続して協働で行う意味づけのプロセス」（2003: 8）であり，Corrie と Lane の「学びの旅で特に注目すべき点を伝えるナラティブの共同構築」（2010: 24）である。DCP の Good Practice Guidelines（適正実践ガイドライン）も同様に定義している（DCP, 2011: 2）。

定式化は……多岐にわたる生物心理社会的要因を要約し，統合する。それは，

個人的な意味に基づいて，サービス利用者と臨床チームの協働で構築される。

チーム定式化

最近では，定式化をチームで活用するようになってきている。そうすることで，専門家グループや専門家チームがサービス利用者の困難に関する理解を共有しやすくするのである。チーム定式化は，個別の定式化と同じく，特定の治療的アプローチもしくは統合モデルのいずれかを基盤としている。若干異なる主眼点と用途は，第10章でさらに詳しく論じる。

定式化に見られる差異と共通要因

さまざまな治療の学派を基盤とする定式化は，以下の点で異なっている。

- 最も関係があるとされる要素（思考，感情，行動，社会環境など）
- 説明で利用している概念（スキーマ，無意識，言説（ディスコース）など）
- 省察性（リフレクシヴィティ）の強調
- 協働的スタンスに対立するものとしての専門家導入の程度
- 精神科診断に関する立場
- 定式化に関する「真実」対「有用性」についての立場
- 治療内で定式化を進め，共有して活用する際の方法

これらの差異は，後続の章でさらに掘り下げていく。各章の末尾では，その治療法における定式化の特徴を箇条書きにまとめて結論としている。

また一方，すべての定式化には，以下の共通する特徴がある。

- クライエントの中心的な問題を要約する。
- クライエントのさまざまな困難が互いにどう関連しているかを，心理学的理論や心理学的原則を利用して示す。
- 心理学的理論に基づき，クライエントがなぜこれらの困難を，この状況のこの時点でこうして抱えているのかを示唆する。
- すでに同定されている心理学的な方法や原則を基盤とする介入計画を立てる。
- 修正や再定式化を進んで受け入れる。

さらに，上述したとおり，DCP（2011）のガイドラインでは，「こうした唯一無二の個々のストーリーは主として，サービス利用者が自分の生活で生じた出来事や体験に与える**個人的な意味**に関係している」点が強調されている。定式化には，エビデンスの利用のみならず，「直観や柔軟性，自らの体験を批判的に評価する能力も含んだ一種の芸術的手腕が欠かせない」。したがって臨床家に求められるのは，「最も有用な進め方を示す説明をして，それを共有するために，……一方の心理学的理論／原則／根拠と，他方の個人的な思考／感情／意味」（DCP, 2011: 7）とを考量することである。すなわち，こうした方法を採れば，サービス利用者の体験がいかに異常で，悲惨で，圧倒的で，混乱を招くものであったとしても，「その体験がある程度は完全に理に適ったもの」（Butler, 1998: 2）であることが明らかになると想定されているのである。

定式化の目的

この点に関しても，やはり，異なりながらも補完的な見解が数多くある。

精神力動的観点から

定式化は，なぜ患者が不安定になったのか，どのようにして問題や症状が発生し，それがどう維持されているのかを説明する。そこから，変化の結果として生じうること（損益）や変化を達成できる見込みを考慮しながら，論理的な治療方針を導き出すことができる。したがって，定式化は，治療の地図としても，地図を選択する際のガイドとしても役立つ。　　　（Aveline, 1999: 202）

認知行動的観点から

定式化は……（1）クライアントの訴えを互いに関連づけ，（2）なぜこうした困難が生じたかを説明し，（3）なんらかの刺激を受けた場合の行動について予測する。　　　　　　　　　　　　　（Meyer and Turkat, 1979: 261）

（事例定式化の）目的は，仮説検証を受けることになった患者の問題を，正確に概観して説明し，患者にとって意味のあるその問題を，患者と協働して，役立つ形で理解することである。……したがって，事例定式化は，どのように変わることを主な目標とするかを同定することにより，集めた情報を活かして治療法すなわち介入法を決定するために用いられる。

（Tarrier and Calam, 2002: 312）

システム論的観点から

　　定式化とは，セラピストが仮説を立てることを言う。セラピストは，自分が面接している家族に関して得た情報をもとに仮説を立て，仮説によって，自分が行う調査の出発点だけでなく，仮説の妥当性の根拠も明らかにする。仮説が誤っているとわかれば，最初の仮説の検証中に集めた情報をもとに，次の仮説を立てることもできる。 　　　　　　　　　　　　　　　(Palazzoli et al., 1980: 4)

　　定式化は……セラピストが家族に対して行うものではなく，家族と共に取り組むものであり……協働で構築するプロセスだと理解されている。このプロセスを通じて，セラピストや助言チーム，家族のメンバーは，当該の問題に関する新しい定式化を協働で作成していく。定式化そのものは，他覚的なプロセスとしてではなく，家族システムを変えるために始まる摂動だと捉えられている。定式化が行われていくプロセスや，問いかけの内容や時期，方法は，いずれも重要な変化をもたらす可能性があるとされている。

(Dallos and Stedmon, 本書第 4 章)

統合的観点から

　　定式化は……人がどのようにして，ある特定の時点に，ある特定の障害もしくは事情を抱えるようになるのかについて，暫定的に説明したり，仮説を立てたりすることだと定義されている。障害すなわち症状の原因を理解するには，数多くの要因が必要となる可能性がある。たとえば，生物学的要因，心理学的要因，システム論的要因などである。……こうした可変要因はすべて，特定の状況下で互いに影響し合い，特有の症状もしくは事象を引き起こす。……したがって，包括的な定式化では，3 つのモデルすべてを慎重に検討する必要がある。 　　　　　　　　　　　　　　　　　(Weerasekera, 1996: 4)

Butler（1998: 9）は，以下のとおり，定式化の目的を詳細に要約している。

- 仮説と疑問点を明確にする。「セラピストは，最初から定式化を念頭に置いて治療に取り組まなくてはならない。……定式化によって，質問の方向性が決まり，セラピストは効果的な治療方略の推理・適用・評価につながりうる見解に心を開くようになる」
- 理解する。「全体像もしくは地図を提供する。定式化はまさに地図のように，

一度に見ることが不可能なものの……全体像を提供する」

- 問題や問題の論点に優先順位をつける。「定式化によって……総合的な意味で最も重要なものと二次的なものとを区別しやすくなる。また，より具体的な意味で，どの問題や論点を優先していくかを決定しやすくなる」
- 治療方略を立て，具体的な介入を選択する。「問題をどのように定式化するかによって，すべきことが決まる」
- 治療方略と介入への反応を予測する。困難を予測する。「定式化によって……介入の効果を予測しやすくなり……治療中に遭遇することになる障害や困難を予測しやすくなる」
- 結果の評価基準を決定する。「定式化は，何を変えれば気分が改善するかに関する仮説の基盤や，広義での治療目標を提供する」
- 進展しない点について考える。トラブル・シューティング。「状況が進展しなくて落胆したときや，患者とセラピスト双方の反応が次の進展を妨げるとき，再定式化にそうした要因を含めることで，それらの克服方法が明らかになることがある」
- バイアスを克服する。「他者に説明可能な定式化に取り組むことで，過剰に推測したり，強引とも言える推論を多く使いすぎたりするのを抑制することができる」

　ここで重要なのは，**介入の選択と導入を助けること**であろう。ここでもまた，誰が定式化を作成し，誰のためにそれは機能するのかという疑問が生まれる。定式化は，セラピストがクライエントに対して行うものなのだろうか？　また，これはより広範な治療関係にどう適合するのだろうか？　さらに，省察性――セラピストが自分自身の処置と立場をどう承知しているか――の役割や，クライエントが暮らし，問題の分析が行われるもっと広い社会的背景についても，問いたくなるかもしれない。

　また，定式化は，いかなる介入も必要とされていないこと――すなわち，同定されたクライエントは「問題」の所在地ではないこと――を示すかもしれないという点も忘れてはならない。さらに，定式化は，それ自体が強力な介入になりうるため，クライエントは自分の難題や困難についての理解を深めるだけで，専門家の支えがなくても前進できるようになる可能性もある。

　最近の研究から，定式化は，以下のような目的にも役立っていることがわかってきている。

- 情報の欠落に気づく。
- 医学的介入の枠組みを作る。
- 必ず文化面からの解釈を組み入れる。
- サービス利用者（および，そのケアをする人）が，わかってもらって気持ちが落ち着いたと感じられるよう，手助けする。
- セラピストが，自制できていると感じられるよう，手助けする。
- 治療同盟を強化する。
- サービス利用者（および，そのケアをする人）との協働的取り組みを促進する。
- ストレングス（強み）だけでなくニーズも強調する。
- 問題を正常化する。サービス利用者（および，そのケアをする人）の自己非難を減らす。
- サービス利用者の主体性や意義，希望を高める。

(DCP, 2011:8)

　ほかにも，チームで定式化を使う利点が報告されている。たとえば，チームで継続して介入に取り組めること，チーム全員の専門知識を利用できること，チーム内での意見の相違や非難を最小にできること，メンバーの士気を高めること，カルチャーの変革を容易にすること，などである。(DCP, 2011: 9，本書第 10 章も参照)

定式化の概念はどのように生まれたのか？

　この質問への回答は，取り上げる治療の学派によって変わってくる。

精神力動的アプローチ

　最も初期のサイコセラピーの定式化はフロイトのケース研究に端を発していて，無意識や転移，防衛機制，イド／エゴ／超自我といった精神分析の概念を利用している（Bateman and Holmes, 1995）。フロイトは定式化という用語を使わなかったが，これは，意味（しばしば象徴的）と機能（古典的には本能的欲求を満たすこと）双方を備えるものとしての症状を，心理学的用語を使って説明するひとつの方法である。

　「精神力動」は，精神分析の着想と仮定を利用したアプローチを指す一般的な用語だが，その領域は非常に広く，のちに発達した重要な治療法，たとえば，対象関係論や自己心理学，アタッチメント理論も含まれる（第 3 章参照）。これら

はいずれも，各自の特徴を強調していて，それが定式化のプロセスにも反映されている。

　最初に行うアセスメントの面接はきわめて重要なものだとされていて，精神力動療法のセラピストはその面接で情報を集め，クライエントが治療上の提携をうまく結べるのか，解釈を活用できるのか，自らの感情と連絡を取れるのかを探っていく（Bateman and Holmes, 1995）。また，セラピストはクライエントの過去を調べ，種々の関係性に見られるパターンや当人が使っている主な防衛機制に関わる重要な要因がないかも探ることになる。これを起点として，クライエントの困難に関する定式化が行われていくが，それは一般的に「人の三角形」に基づいたものになる（第3章参照）。「人の三角形」とは，すなわち，クライエントを取り巻く現在のさまざまな関係性，親との関係性，セラピストとの関係性という，3つの関係性の間のつながりのことである。セラピストはこのようにして見つかった要素を，初回の面接の最後にクライエントと共有し，クライエントの反応をアセスメントすることで，クライエントの精神力動的な作業能力を評価する。

　精神分析とそこから派生した治療法の科学的な地位については，長年，熱い議論が繰り返されているが，これをひとつのきっかけとして生まれたのが，実験的実証性に勝る行動学派のセラピーである。本書の目的からすれば，精神力動的定式化を科学的に評価しようとする動きが昨今盛んなのは，注目に値する（第12章参照）。

認知行動的アプローチ

　定式化に関する最近の文書や研究の大半は認知行動療法由来のもので，通常「ケースフォーミュレーション（事例定式化)」と呼ばれている。これが生まれた経緯について，Bruch と Bond（1998）が語っているが，それによれば，1950年代以降，当時の新しい行動療法開発の中心人物であった Hans Eysenck，Victor Meyer，Monte Shapiro，Ira Turkat（造語「ケースフォーミュレーション」の生みの親）などのクリニカル・サイコロジストが，モーズレイ病院で他に先駆けて始めたものである。機能分析の初期形式において，ケースフォーミュレーションは精神科診断に取って代わる，より有用なものとみなされ，問題行動を，環境的刺激および付随して起こりうる反応の観点から説明しようとした（Hayes and Follette, 1992）。たとえば，広場恐怖症は，不安をかき立てる状況を避けたり，不安定なパートナーの独占欲から来る嫉妬を和らげたりするのを手助けするという目的もしくは機能に適っているかもしれない。この種の分析は，精神科診断よりはるかに有用な治療指針を提供すると言われていた。

1970 年代以降，Aaron Beck（1976）をはじめとする認知療法のセラピストは，初期の行動分析に重大な追加を行っている。すなわち，精神的苦痛の発生と持続に思考プロセスの役割を含めたのである。このテーマに関する文献は，現在，膨大な数に上っている（第 2 章参照）。

「定式化」という用語は，1969 年，伝統的に認知行動療法を専門にする臨床心理職の管理規定の中に初めて出現した（Crellin, 1998）。Crellin の主張するところでは，定式化（およびその初期版である機能分析）の概念は，専門家としての地位を確立し，できて間もない職業の独立を確かなものにする上で，きわめて重要な政治的役割を果たした。認知行動療法の専門家という職業は，当時，精神医学の陰で目立たなかった上に，精神的苦痛を緩和すると主張する他の数多くの職業と競合していたからである。実際，Health Professions Council（2009）の規定に反して，いまだに，「この活動はクリニカル・サイコロジスト独自のもの」だと主張している（Division of Clinical Psychology, 2010: 6）。

認知行動療法では，定式化は，「科学的な医療関係者が果たすべき役割の中心的プロセス」として，科学的かつ実験的な枠組みの中にしっかり位置づけられている（Tarrier and Calam, 2002: 311）。それは，「科学をエレガントに適用している」のである（Kinderman, 2001: 9）。同様に，クリニカル・サイコロジストは，「人間の問題解決に役立つ心理学的科学」を活用すると説明されている（Division of Clinical Psychology, 2010: 3）。

システム論的アプローチ

作業仮説の概念は，1970 年代後半以降，家族療法の中心となってきた（Palazzoli et al., 1980）。家族療法が行われるようになった当初は，「客観的」かつ「科学的」なアセスメントと，「世の中の」家族の定式化を行うこと，自分の家族の障害をマッピングすることが強調されていた（Dallos and Draper, 2000）。家族のメンバーが示す「症状」は，試してみた解決策の一部であり，家族全体の機能に役立っているとも考えられていた。もっと最近になると，セラピストの価値観と想定が定式化のプロセスに組み込まれるのは避けられないという認識や，ある特定の家族に関する「真実」というようなものはまったく存在しないという認識が生まれ，それが現在も続いている。これは，観点にシフトが生じたことを示している。かつて家族は，確実性の観点から，家族の障害に関して評価されてきたが，それが今では，どのような状況にも多様な現実があると認識されるようになっている。一家族について考察する際，その方法がひとつしかないということはありえないため，セラピストは真実ではなく「作業仮説」を立てるようになったのである。

こうしてセラピストは，心置きなくさまざまな新しい考えを考察に取り入れるようになり，さらに時を経て，仮説や定式化より，「好奇心」をもって臨む姿勢が重視されるようになってきたのである。

　このようなわけで，システム論的定式化，すなわち，作業仮説は，「アズ・イフ（あたかも〜のように）」の特性を保持することが求められている上，いつでも修正に応じなくてはならない（「漸進的な仮説構築」）。その価値は，「真実」の観点からではなく，変化をもたらすのに役立つかどうかによって，最も適正に評価を下される。

　現在のシステム論的思考は社会構成主義的観点の影響を受けている。その結果，セラピストとクライエントが暮らす広い社会文化的背景に関する気づきが深まり，問題がどういうもので，誰のものであるのかを理解するために，種々の仮説が立てられるようになっている。システム論的アプローチが以前から利用しているのは，医学的な要因ではなく，関係性に関わる社会的要因で，仮説に役立つものである。現在，仮説を立てるプロセスに含まれる可能性があるのは，社会的不平等が果たしている役割，社会福祉サービス・精神医学・学校などの媒介的存在が問題に関してもちうる競合的見解，公務員としてのセラピストの役割，家族は「どうあるべきか」について世間一般が考える文化的想定などに関することである。

その他の治療法

　すでに述べたとおり，必ずしもすべての治療法が定式化を出発点としているわけではない。人間性心理学のセラピストは以前から，あるプロセスの取り組みに消極的である。Carl Rogers（1951）はそのプロセスについて，専門家の意見をクライエントの体験に押しつけるばかりで役に立っていないとしている。専門的見解の無用の押しつけかどうかというテーマについては，社会構成主義者や社会的不平等に関する著述家たちが，これまでにもさまざまな形で取り上げている（第5，6章参照）。社会構成主義者や社会的不平等を取り上げる人々の観点について言えば，その顕著な特徴として，心理学的定式化という従来の方法には取り組みたがらず，代わりに有用な着想やナラティブの作成という方法を好む点が挙げられる。近年では，さまざまなセラピストが統合的に取り組む——定式化や介入に多様なモデルを利用する——傾向が高まりを見せていることから，さらに可能性は広がっている。統合的な取り組みについては，第8章で述べている。

最良の定式化

すでに述べたとおり，いかなる治療法も，その使い方次第で害になることもあれば，役に立つこともあり，当然ながら，定式化も例外ではない。生じる可能性のある害については，第12章で詳述する。これについては，DCPのガイドライン（2011）にも記載があり，ガイドラインには，最良の定式化（成果）とその作成（プロセス）に関するチェックリストも収められている。前者のリストでは具体的に，定式化は，前掲のButler（1988）のリストにある目的に沿うと同時に，以下の基準も満たさなくてはならないとしている。

- アセスメントは，適切な水準に達したもので，適切な範囲を扱ったものであること（第2，3，7章）
- 文化を慎重に扱っていること（第4，5，6，12章）
- わかりやすい言葉で表現されていること（第5，10章）
- トラウマや虐待が影響している可能性を考慮すること（第6，10章）
- 医療や他のヘルスケアの介入の影響と，それらに関する個人的な意味が含まれていること（第4，6，10，11章）
- 提供されているケアの内容に，困難を悪化させうる役割がないかを考慮すること（第4，5，6，10章）
- ケアの提供機関や組織から情報を得ていること（第4，10，11章）
- 社会的要因に関する気づきによる知識があること（第5，6章）

これらについては，DCPのガイドラインでさらに詳しく論じられている。本書でも，全体を通じてそれらを掘り下げているが，先に示した章内では，特に詳しい内容になっている。

加えて，上記ガイドラインには，さらにふたつの基準が収められているが，それらは，この基準が作成された専門領域以外では——その領域内でも，ある程度は——論争を呼ぶかもしれない。そのふたつとは，「多様なモデルと原因要素から情報を得ていること」と「精神科の機能診断を前提としないこと」である。このふたつはそれぞれ，第10章と第12章で詳述する。

最良の定式化（プロセスとしての定式化）に関するチェックリストは，臨床家について，特に以下の基準を満たしているかを問うている。

- その定式化が誰のためのものであるかを明確に理解している （個人，家族，チームなど）。
- 誰がその「問題」を抱えているのかを明確に理解している。
- 誰が利害関係者で，その人物がどのような利益を得るかを明確に理解している。
- 何が的確で役立つのかについて，サービス利用者／チームの考え方を尊重している。
- サービス利用者／チームと協働で定式化を進める。
- 定式化の作成と共有を適切なペースで行う。
- 定式化における選択——統合的に行うのか，単一モデルを使うのか，部分的に使うのか——の論拠を提供する。
- 自分自身の価値観と仮説について省察する。

これらもまた，本書全体を通して，さらに詳しく掘り下げていく。

結　　び

　心理学的な定式化は，長年さまざまな同意語に言い換えられて用いられてきたが，近年，新たに注目されるようになっている。本書の編者は，定式化には数多くの強みがあると見ているが，同時に，その限界については，建設的な批判的視点で捉えてもいる。双方の見解は後続の章でつぶさに探求していくが，章によっては，まったく異なる——とは言え，ときには重なり合う——定式化の説明をすることになる。各章で取り上げる定式化は，ふたりのクライエント，ジャックとジャネットに関係があると思われるものである。以下，ふたりのストーリーをざっとご紹介する。

ジャック

　ジャックは 25 歳で，急性期病棟へ入院して間もなく，臨床心理科 clinical psychology department で診てもらうように言われた。看護スタッフが，彼は未解決の人生の問題のせいで苦しんでいると感じたからである。ジャックは，普段，たいていの時間はかなり「ハイ」で，音楽について喋りつづけたが，そうでないときには，涙が止まらなくなり，自分も自分の人生もメチャクチャで，なんの希望もないと口走った。

　ジャックはスウィンドンで生まれ育っている。1979 年に南イタリアからイギ

リスにやって来た父親は、卑しい生まれではあったが、苦労してチェーン店のトップになり、家族は地域のコミュニティに溶け込んで裕福に暮らした。母親は専業主婦として、ジャックと3人の妹の子育てに勤しんだ。ジャックは学校の成績がよく、社交的で人気があり、音楽の才能もあった。そして、ひとり息子として家業を継ぐことを、強く期待されていた。

父親はアルコール依存症で、妻と子どもたちに暴力をふるった。ジャックが10歳くらいの頃、家業が傾きはじめ、それと共に、飲酒と暴力はひどくなっていった。ジャックは14歳になると、土曜日の配達の仕事を引き受けたが、そこで男性上司から何度か性的虐待を受けた。家族にはこのことを打ち明けられないと感じたと言う。臨床心理科の面接でも、彼はやはりこうした出来事については話すのを渋ったため、これ以上の詳細はわからない。

ジャック自身は15歳で飲酒をはじめ、中等教育一般証明試験（GCSE）には合格していない。この頃、両親は離婚し、父親はイタリアに戻ったまま、今は連絡が途絶えている。ジャックは父親に対して、愛憎相半ばする状態だが、妹たちは父親がいない方が幸せだと思っているようである。家族には壊滅的な影響が及んだ。快適に暮らしていた家は売却せざるをえなくなり、スウィンドンのイタリア人社会とのつながりを断って、ブリストル中心部への引越しを余儀なくされたのである。母親はそこで、さまざまな低賃金の仕事に就き、なんとか生計を立てようとした。家族は嫌がらせを受け、何度も泥棒に入られた。

その間もジャックの非行は続き、酒を飲み、ドラッグをやり、コソ泥にも加担するようになっていった。そして、数カ月はきちんと仕事に就くものの、必ず飲酒に戻るというパターンができあがった。結局、家で何度か激しく口論したあと、ジャックは母親に家を追い出され、数カ月間、野宿をしている。この頃、初めて精神科外来を受診し、うつ状態だと診断され、ホームレス向けのプロジェクトに参加するようになっている。その後しばらくは落ち着いているようだった。

それから2年ほどして、母親が深刻な健康問題をいくつか抱えるようになり、家計はますます苦しくなった。同じ頃、ジャックには、「パラノイア」や「持続的妄想性障害」など、さまざまな診断名がつく症状の徴候が現れはじめ、ポップ・シンガーのロビー・ウィリアムズが自分の作った曲と印税を盗んだ上に、ロビーの友人たちがその辺にいて、自分を叩きのめすか殺すかしようとしていると訴えるようになった。ロビーが妹のひとりをレイプしたとも信じていた。また、恐ろしい体験として、鏡を覗き込むと、そこに父親の顔が映っていて自分を見返していたと話したこともある。

ジャックは結局、家族の依頼で病院に収容され、そこでは多少落ち着いてはき

たものの，やはり自分の考えていることは真実だと信じていて，どのようにして人生を軌道に戻すかという問題に取り組むのは渋っていた。いつか巨額の印税小切手が送られてくるのを楽しみに待っていたからである。ジャックは投薬治療には素直に応じていて，投薬は役に立つことがわかったと言っている。

空想に逃げ込むジャックの傾向を考えれば，何に取り組むかについて，ジャックと明確に合意するのは，心理士には難しいことだった。以下は，ジャックが特定した問題領域である。

- 自分に支払われるべきだと信じている印税をなんとしても手に入れなくてはならない。
- ロビー・ウィリアムズのボディガードに襲われるといけないので，外出するのが怖い。
- 自分の家族——特に，レイプされたと自分が信じている妹——のことをとても心配していて，守ろうと思っている（ただし，妹は，そんな目には遭っていないと言っている）。
- 父親がいなくて寂しいと思い，父親に対する自分の気持ちのことを思うと，混乱する。鏡に映った父親の顔を見たとき，恐怖と自己嫌悪でいっぱいになった。

ジャネット

ジャネットは9歳である。学校の保健室の先生に紹介されて，スラム街にあるプライマリケアの一般開業医によるセラピー・サービスを受けることになった。社会的支援サービス機関は，地元の病院の救急外来へ頻繁に連絡があることについて，前もって通報を受けていたが，虐待の証拠はまったく見つかっていなかった。ジャネットの母親のメアリーは，ジャネットの移動を助ける車椅子の依頼など，さまざまな理由で，これまで何度も社会的支援サービス機関とも連絡を取っていた。メアリーはジャネットの発達が遅れていることを心配し，この発達の遅れのせいで，ジャネットは旅行をいやがったり，公共の交通機関を使いたがらなかったりするのではないかと思っていた。さらに，メアリーと保健室の先生は，ジャネットの低体重も心配していた。ジャネットは，幼児期の発育に心配な点があったため，以前から年一回，小児科のコンサルタントによる検査を受けていたが，アセスメントでは身体的問題は明らかにならなかった。

メアリーは40代後半に，ジャネットの父親であるコリンと別れた。ジャネットが3歳のときのことである。コリンは今も近所に住んでいて，最近までジャネッ

トを自宅に一泊させるという形で接触を保っていた。ジャネットの方は、もうこれは続けたくないと言っているが、父親にはまだ会っている。コリンは大酒飲みで、メアリーに暴力をふるった。コリンとメアリーの息子アンドルーは12歳で、勉強がよくでき、人づき合いもうまかった。彼もメアリーとジャネットと一緒に暮らしていて、将来は警察官になりたいと思っていた。

メアリーは、ジャネットが生まれたとき、「娘とうまく心がつながらない」ことに気づいて悲しくなり、産後長く落ち込んでいたと言っている。ときには、ジャネットがいなくなってくれたらいいのにと思うこともあったが、他の子どもについて、このように感じることはなかった。メアリーはこの状況をうまく理解できず、そのように感じたことに罪悪感を抱いている。

メアリーにはそれ以前のパートナーとの間に4人の子どもがあり、うち2人は同じ通りに住んでいる。幼い孫が2人いて、メアリーは孫たちがかわいくてしかたがない。特に誇らしく思っていたのは、勉強がよくできて学校の教師になった息子である。メアリーは姉のシンディとも仲がよかった。シンディは地元に住んでいて、自分の子どもはいないが、ジャネットとは特別な関係であり、深い関心を寄せている。

一家は、社会的に非常に貧しい地域にある公営団地にずっと暮らしていて、近所には、その地域でも最も「問題を抱えている」数家族が住んでいる。団地は解体されることになっていて、この2年、新しい住まいの提供を待ちつづけている。一家はロマ（ジプシー）の家系で、これが一家のアイデンティティの中心にあり、スピリチュアリズムや透視能力に対する強い関心はその現れである。ある透視能力者がかつてメアリーに「白い車」について話したことがあるが、メアリーはそれを、ジャネットが見た「白いワゴン車」の悪夢と結びつけ、ジャネットがどんな交通機関の利用も怖がることとも関係があると考えた。

ジャネットがプライマリケアの開業医を受診したとき、メアリーは心臓の手術を待っているところだった。彼女は長年、狭心症と不整脈に苦しんできたため、すぐに疲れ切ってしまう状態にあった。

医師への紹介状には、メアリーがジャネットについて心配している事柄が数多く記載されていた。たとえば、体重の減少、家庭での行動、交通機関の利用拒否などである（ただ、ジャネットは学校にも、街にも、セラピーのセッションにも、歩いて行くことができる）。同時に、母親があまり動き回れないようになったため、結局、ふたりは共に、前以上に引きこもって孤立するようになり、特に身内とのつき合いが減っていた。メアリーはジャネットのことを、自宅に閉じ込められた囚人のようだと言っている。

メアリーの説明によれば，ジャネットは睡眠時驚愕症（夜驚症）のために自分のベッドで眠ることができず，最後はメアリーのベッドにもぐり込んでくることが多いという。カッとなる（一度母親に犬をけしかけたことがある）とか，メアリーが用意した食事を食べないせいで，現在，深刻な低体重になっているといったこともあるそうだ。とは言え，学校にはいろいろな友だちがいて，その仲間に加わることにはとても熱心であり，年齢相応の水準には充分達しているといえる。

参考文献

Aveline, M. (1999) 'The advantages of formulation over categorical diagnosis in explorative psychotherapy and psychodynamic management', *European Journal of Psychotherapy, Counselling and Health*, 2 (2), 199–216.

Bateman, A. and Holmes, J. (1995) *Introduction to Psychoanalysis: Contemporary Theory and Practice.* London, New York: Routledge.

Beck, A. T. (1976) *Cognitive Therapy and Emotional Disorders.* New York: Meridian.

Bruch, M. and Bond, F.W. (1998) *Beyond Diagnosis: Case Formulation Approaches in Cognitive – Behavioural Therapy.* London: Wiley.

Butler, G. (1998) 'Clinical formulation' in A.S. Bellack and M. Hersen (eds) *Comprehensive Clinical Psychology.* Oxford: Pergamon, pp. 1–23.

Corrie, S. and Lane, D. (eds) (2010) *Constructing Stories, Telling Tales: A Guide to Formulation in Applied Psychology.* London: Karnac Books.

Crellin, C. (1998) 'Origins and social contexts of the term "formulation" in psychological case reports', *Clinical Psychology Forum*, 112, 18–28.

Dallos, R. and Draper, R. (2000) *Introduction to Family Therapy: Systemic Theory and Practice.* Maidenhead: Oxford University Press.

Division of Clinical Psychology (2010) *The Core Purpose and Philosophy of the Profession.* Leicester: The British Psychological Society.

——(2011) *Good Practice Guidelines on the Use of Psychological Formulation.* Leicester: The British Psychological Society.

Eells, T.D. (2006a) (ed.) *Handbook of Psychotherapy Case Formulation*, 2nd edn, New York, London: The Guilford Press.

——(2006b) 'History and current status of psychotherapy case formulation' in T.D. Eells (ed.) *Handbook of Psychotherapy Case Formulation*, 2nd edn, New York, London: The Guilford Press, pp. 3–32.

Grant, A., Townend, M., Mill, J. and Cockx, A. (2008) *Assessment and Case Formulation in Cognitive Behavioural Therapy.* London: Sage.

Harper, D. and Moss, D. (2003) 'A different kind of chemistry? Re-formulating formulation', *Clinical Psychology*, 25, 6–10.

Hayes, S.C. and Follette, W.C. (1992) 'Can functional analysis provide a substitute for syndromal classification?', *Behavioral Assessment*, 14, 345–365.

Health Professions Council (2009) *Standards of Proficiency: Practitioner Psychologists.* London: Health Professions Council.

Ingram, B.L. (2006) *Clinical Case Formulations: Matching the Integrative Treatment Plan to the Client*. Hoboken, New Jersey: John Wiley and Sons.

Kinderman, P. (2001) 'The future of clinical psychology training', *Clinical Psychology*, 8, 6–10.

Kuyken, W., Padesky, C. and Dudley, R. (2009) *Collaborative Case Conceptualization: Working Effectively with Clients in Cognitive-Behavioral Therapy*. New York, London: The Guilford Press.

Lombardo, E. and Nezu, A.M. (2004) *Cognitive-Behavioral Case Formulation and Treatment Design*. New York: Springer Publishing Company.

McGrath, G. and Margison. M. (2000) 'The dynamic formulation'. Online. Available http://www.geocities.com/~nwidp/course/dyn_form.htm (accessed 19 October 2004).

Meyer, V. and Turkat, I.D. (1979) 'Behavioural analysis of clinical cases', *Journal of Behavioural Assessment*, 1, 259–269.

Palazzoli, M.S., Boscolo, L., Cecchin, G. and Prata, G. (1980) 'Hypothesising – circularity – neutrality: three guidelines for the conductor of the session', *Family Process*, 19, 3–12.

Persons, J.B. (1989) *Cognitive Therapy in Practice: A Case Formulation Approach*. New York, London: W.W. Norton & Company.

Rogers, C. (1951) *Client-Centered Therapy: Its Current Practice, Implications and Theory*. Boston: Houghton Mifflin.

Royal College of Psychiatrists (2010) *A Competency-based Curriculum for Specialist Core Training in Psychiatry*. Available www.rcpsych.ac.uk/training/curriculum2010.aspx (accessed 5 August 2012).

Sturmey, P. (2008) *Behavioural Case Formulation and Intervention: A Functional Analytic Approach*. Chichester: John Wiley and Sons.

Tarrier, N. (2006) (ed.) *Case Formulation in Cognitive Behaviour Therapy: The Treatment of Challenging and Complex Cases*. Hove, New York: Routledge.

Tarrier, N. and Calam, R. (2002) 'New developments in cognitive-behavioural case formulation', *Behavioural and Cognitive Psychotherapy*, 30, 311–328.

Weerasekera, P. (1996) *Multiperspective Case Formulation: A Step Towards Treatment Integration*, Malabar, Florida: Krieger.

第 2 章

認知行動療法における
ケースフォーミュレーション

原則重視のアプローチ

Robert Dudley & Willem Kuyken

認知行動療法の事例概念化への原則重視のアプローチ

ケースフォーミュレーションは認知行動療法（CBT）の「要」だと言われている（Butler, 1998）。クライエントが提示したものを，理論に基づき，意味をもたせて理路整然と説明することで，これまでのやり方が改善され，それが効果的な介入につながるからである。定式化は本質的に，クライエントの固有の体験と，私たちがセラピストとしてもち込むスキルや理論や知識とをつなぐのに役立つ。両者をつなぐことで，クライエントが提示する問題を理解して改善するのに役立てるのである。このように考えると，定式化がCBTの重要な要素のひとつとされている理由もよく理解できる（Beck, 2011）。本章では，効果的なCBTのケースフォーミュレーションを支持する原則について，ジャックとジャネットのケースを参照しながら説明していく。

CBTには，問題として現れている多種多様な事柄に役立つという確たるエビデンスがある。その結果として，現在，臨床家が自分の治療の根拠にできる治療マニュアルは，夥しい数に上っている。しかしながら，このことにより，臨床家には厄介な難題が託されることになった可能性がある。すなわち，膨大なリソースを活用しながら，同時に，個々のクライエントに向き合い，相手を理解して助けるという，きわめて人間的な重要課題に取り組まなくてはならなくなったかもしれないのである。

難題はまだある。クライエントが示す精神疾患がひとつしかないことはめったにない（Dudley et al., 2010）。症状が併存するのは普通のことだが，CBTの効果を証明しているエビデンスはたいてい，ひとつの障害に関する研究結果を示し

たものである。となると，クライエントの固有の特徴に対応できる治療マニュアルは存在しないかもしれない。したがって，CBTはその科学的根拠を誇りとしてはいるが，その適用には，アートの部分が大きい。私たちはこのような理由から，具体的なテンプレートやマニュアルを推奨するのではなく，原則に基づいて定式化を行うことを提唱している。こうすることで，定式化は確実に，クライエントに合わせて仕立てられ，逆にクライエントが定式化に合わせるような事態はなくなるはずである。

　Kuyken, Padesky と Dudley（2008; 2009）は，るつぼのメタファーを使って，CBTの事例概念化のプロセスを説明している。るつぼは，異なる物質を混ぜ合わせて別のものにするための頑丈な容器である。同様に，事例概念化のプロセスは，クライエントの現在の問題や体験を，CBTの理論および研究と化合させて，そのクライエント固有の具体的な理解を新たに形成する。CBTの理論と研究は，るつぼに入れる重要な材料である。

　るつぼのメタファーはさらに，概念化の3つの決定的な原則も説明する。まず，変化のプロセスは容器を温めて反応を引き起こすことで促進される，という点を明らかにする。私たちのモデルでは，協働的経験主義の生み出す熱が概念化を進め，変化を加速する。協働的な取り組みの中で，セラピストとクライエントの観点を化合させ，現在の問題がどう発生してどう持続しているかを説明する解釈を共有していくのである。協働して取り組むことによって，結果がクライエントに喜ばれて助けになる可能性が高まり，さまざまな介入法の中から役立つものを選択できることも明らかになる。

　次に，概念化はるつぼ内の反応と同じように徐々に進んでいくことを，メタファーは説明する。通常，最初は描写が多くなる（たとえば，現在の問題を認知的な用語や行動的な用語を使って描写するなど）。それがやがて，説明に役立つモデルを含むもの——たとえば，症状が持続もしくは永続するプロセスを理論に基づいて解釈するもの——になり，必要に応じて，素因や保護要因がその問題の形成にどのような役割を果たしているのかを成育歴の観点から解説するところまで行く。事例の概念化はこのようにして，セラピーを進めながら徐々に層を重ねるようにして行っていく。

　さらに，るつぼの中で作られるものは，中に投入される材料——たとえば，クライエントの体験やCBTの理論や研究——の性質によって決まることも，メタファーは説明する。クライエントの問題や苦悩はこれまでも重視されてきたが，私たちのモデルはこれらを当然ながら含みつつ，各段階にクライエントのストレングス（強み）も組み入れる。こうすることで，苦悩の軽減も，クライエントの

レジリエンス形成も，共に促されるのである。クライエントの個人的なリソースや社会的なリソースは，問題がエスカレートするのを防いできた保護要因であり，そうした保護要因のおかげで，クライエントはリソースと成功のレパートリーを増やしているのである。保護要因は，「その人にとって，しっくりくることすべて」と説明することもでき，たとえば，個人的リソース（知的能力，身体の健康，趣味や興味をそそられること，金融資産など）や社会的なリソース（信頼できる親しい友人関係や人間関係など）などがある。したがって，クライエントのストレングスは，るつぼに入れる材料として不可欠である。

　このあと，上記の事例概念化の 3 つの重要な概念——さまざまなレベルの概念化，協働的経験主義，クライエントのストレングスの組み入れ——を，特にジャックのケースを見ながら，説明していく。こうすることで，これらの原則にどう助けられて情報を集め，定式化の基盤として選択する認知モデルを決定するのか，クライエントと共にどう理解を進め，その後，共有したこの理解をどう活用して，クライエントを最もよい形で助けるのかを説明するのである。これをする前に，本章の著者が現実のジャック（もしくはジャネット）と話してはいない点に触れておくことは重要である。CBT では，通常，現在の問題に関するクライエントの見方や思考，感情，行動について，詳細に聞き出していく。さらに，協働とは，クライエントとセラピストが共に概念化を行っていくことであるが，この例では，明らかにそれはできていない。しかしながら，私たちは本書の精神に鑑み，手に入る材料を活用して，ジャックのための認知的定式化のプロセスを説明していこうと思う。

ジャック

原則 1　さまざまなレベルの概念化

　出発点として，CBT の定式化は認知モデルから生まれたものであることを理解しておくと役に立つ。認知モデルの根底には，自分自身や世界や将来の見方が情動と行動を形作っているという，一見単純なようでいて実は複雑な考えがある。人は，役に立たない解釈パターンや行動パターンにはまったとき，情動障害を発症すると考えられている（Beck, 2011）。今起きている体験に関するその時々の評価や解釈は，その人が自分自身や他者や周囲の世界について抱いている揺るぎない信念によって形成されている。このことから，非現実的な思考や役に立たない思考を評価して修正すれば，情動面でのウェルビーイングに大きな影響を与え

ることができるという考えが生まれたのである。持続的な変化が起きるのは，う
まく機能していない信念を修正し，より健全で，適応性に勝る信念を身につけた
ときである。これは再発の予防に役立ち，将来における良好な状態の維持を可能
にする。

　これから提案するCBTの定式化の枠組みは，個人の体験と，5つのPを使っ
た認知モデルとをつなげるのに役立つ。5つのPとは，現在の問題 presenting
issues，増悪要因 precipitating factors，維持要因 perpetuating factors，素因
predisposing factors，保護要因 protective factors である。以下，この5つを順
に考察し，それぞれがセラピーにどう関係しているのかを概説していく（表2.1）。
5つのPは，通常期待されるとおり，セラピーの中で説明から推論へと展開する
形で提示されている。

　まずは，現在の問題を取り上げる。導入部分の概念化は一般的にかなり説明的
であり，クライエントが報告した体験と困難に，厳密にマッピングされなくては
ならない。

現在の問題

　人がセラピーを受けに来るとき，通常は，具体的な問題に対する助けを求めて
いる。たとえ当初はその問題を，頭の中でうまく言葉にできていなくても，とに
かく助けを求めているのである。悲しいと感じていたり，力が湧かない，周りに
人がいると不安になると感じていたりするのかもしれない。アセスメントの段階
では，現在の問題について，具体的かつ明確で，クライエントとセラピストに役
立つリストの作成に努める。たとえば，問題を「抑うつ状態」と記載する代わり
に，「抑うつ状態は，日々の暮らしの中にどんなふうに現れますか？」と問いか
けるかもしれない。そうすれば，「ベッドから出ない」など，非常に具体的で個
人的な問題がわかることもあるだろう。適切な心理社会的要因の観点から，認知，
感情，行動に関する総合的なアセスメントを行うことで，クライエントが必要と
していることをよりよく理解できるようになり，また，現在の多数の問題に直面
した場合に，どこから着手したらいいのかという疑問にも取り組めるようになる。
問題点を明確に説明できれば，治療目標を設定できるようにもなる。クライエン
トとセラピストが達成目標について合意に至るプロセスは，効果的な治療同盟を
結ぶ上できわめて重要であり，どれだけ効果的な治療同盟を結べるかは，どのよ
うな結果が得られるかを着実に予言する（Martin et al., 2000）。

　最初に焦点を絞るのは，**現在の問題**と治療目標であるにもかかわらず，CBT
では困難の発端とその後の展開にも関心をもつ。したがって，初期段階のアセス

表 2.1　CBT の定式化における 5 つの P

5つの P	治療との関係
現在の問題 presenting issues。クライエントが，現在の自分の問題について，感情，思考，行動の観点から語る内容。	このプロセスは診断を越えるものであり，このプロセスの中で，クライエントが直面している現在の問題を明確にすることから始める。特異性を提示し，個別化する。短期目標，中期目標，長期目標も定め，治療の終点としうる時点の見きわめに役立てる。このプロセスは治療関係の促進に役立つものであり，問題を明らかにして，希望を植えつける。
増悪要因 precipitating factors。現在の問題の引き金となった外的・内的な近接要因。	認知モデルを導入し，CBT が最初に絞るべき焦点を提示する。うまくいけば，クライエントに自信をつけることができる。
維持要因 perpetuating factors。現在の問題を維持している内的・外的要因。	維持サイクルを壊すことで，介入の焦点を提示する。
素因 predisposing factors。現在の問題に対する当人の脆弱性を高めた外的・内的な遠因。	問題の縦断的変化に関する解釈，並びに，変化の維持と再発防止のために行うさらに徹底した介入の焦点を提示する。
保護要因 protective factors。心の健康維持に役立つ当人のレジリエンスとストレングス。	既存のレジリエンスとストレングスを足掛かりとする介入を提案することで，抵抗を最小に抑える生き方を提示する。長期的回復を目ざす生き方も提示する。

メントには，通常，現在の問題に関連する背景や状況（問題の始まり，家族，学歴，職歴，精神科の病歴，個人的リソース，社会的なリソースなど）が含まれている。こうしたアセスメントをすることによって，のちの定式化の段階で，さらに徹底した解釈が可能になる。アセスメントのプロセスは，厳密には定式化ではないが，CBT の定式化にとって不可欠な土台である。

　ジャックは数多くの問題を体験してきたと説明されている。たとえば，躁の時期もあれば，気分が落ち込んでいた時期，怒りや不安に苛まれた時期もあり，不安は，被害的な思い込みや誇大妄想など，しつこい妄想的信念から生じているようである。物質乱用の問題や入院歴もある。

　そこでセラピストは，ジャックに対して，現在の問題がどのように彼に影響を及ぼしているかについて，実際の具体例を挙げるよう頼むだろう。ジャックは，

気分が落ち込むことややる気が起きないこと，外出したときや金欠のときに怖くなることで困っていると答えるかもしれない。この最初の説明から，治療目標がまとめられていく（Greenberger and Padesky, 1995）。ジャックとセラピストは治療の焦点を，気分の改善をはかり，収入を増やし，殴られるのを怖れずに外出できるようになることに絞ることで合意するかもしれない。もっと外出できるようになれば，自分の時間を誰とどのように過ごしたいかというような質問をすることもできる（その回答が，ジャックのストレングスや価値観に関する何事かを明らかにするかもしれない。原則3参照）。

現在の問題と治療目標のリストができあがったら，セラピストはジャックと共に，最大の苦痛の原因になっている領域や，生活に最も影響を及ぼしている領域の特定に取り組むだろう。その結果として，気分の低迷や襲撃される恐怖が，治療の最初の焦点になることもあるだろう。現在の問題のリストを作成し，協働で検討して優先順位をつけることは，治療の最初に行うべき重要な作業である。

CBT定式化の次の段階では，現在の問題の引き金になりがちな外的要因や内的要因を明らかにする。より細かく質問していくとわかるが，クライエントは時と場合によって，そうした問題をいくらか変化した形で体験していることが多い。すでに述べたとおり，人の反応を説明するのは出来事そのものではなく，その出来事を当人がどう見ているかであるという点を，認知モデルは強調している。クライエントは，何が原因で不安になったり，悲しくなったりしているのかと訊ねられると，出来事を取り上げて，「私が落ち込んでいるのは，離婚した／破産した／失業したからです」などと説明することがよくある。当然ながら，このような状況は誰にとっても悩ましいことだろう。しかしながら，ストレスの多い状況に誰もが同じように反応するわけではないことも明らかである。認知モデルが社会で活かされるようにする手始めとして，状況，思考，感情，行動の4要因を区別するだけの簡略版を利用するとよいかもしれない。このモデルは，もとの出来事と，その解釈および結果とを区別するのに役立つ。たとえば，「コーヒーをこぼしてしまって，悲しい」という場合，この簡略モデルを使うと，思考——すなわち「ネガティブな自動思考」と呼ばれているもの——とイメージの重要性がはっきりする（Hackmann et al., 2011）。思考とイメージは，状況と感情の間に評価という概念を明確に導入することによって苦悩の位置づけを定めているという意味で，きわめて重要である（図2.1参照）。

このような個別の具体例を使うと，いかなる状況についても別の見方があることや，思考とイメージは必ずしも事実や真実とは限らず，ものの見方であることを説明しやすくなる。協働的ながらも質問を活用するCBT方式を使うことで，

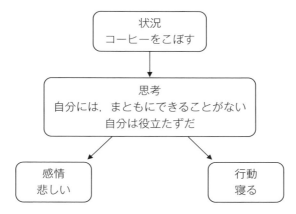

図 2.1　初期段階の認知モデルの例

「コーヒーをこぼした人は誰でも悲しくなるのだろうか？」，「ほかの人は別の反応をしないだろうか？」，「あなた自身，落ち込む前に別の考えが浮かんで，別の反応をしていなかっただろうか？」などと問いかけることができる。

　ジャックは，被害的な思い込みの特徴をもつ精神症の判断基準を満たしているようである。そうした障害には特異的な取り組み方がある（Freeman, 2007）ものの，一般的な出発点は，現在の問題のマッピングを行い，特定モデルに限定されることなく，まずはその問題点の解釈を進めていくことである。重要なのは，モデルを前もって選択しないことと，クライエントをモデルにはめ込まないことである。

　ジャックのケースでは，彼の気分の落ち込みや怒り，不安が被害的な思い込みと密接につながっていることを明らかにするのに，シンプルな説明モデルが役立つかもしれない（図 2.2）。最初は，ジャックの生活から最近の例をいくつかとりあげ，一連の説明的な定式化を集めるといいだろう。そうすることで，引き金となっている共通の要因や，彼の体験を理解するのに役立つ共通の反応を特定することができる。これらの点については，図 2.2 の例 3 のように要約できるだろう。

維持要因

　説明モデルは発見に役立つ便利なデバイスではあるが，何が問題を長期にわたって維持しているかについては，さほど説明しているわけではない。そこで，要素間の関係を明らかにすることができ，問題を強化する特性を示すことのできる拡大モデルを使うのである。拡大モデルには，状況に対する生理的反応に関

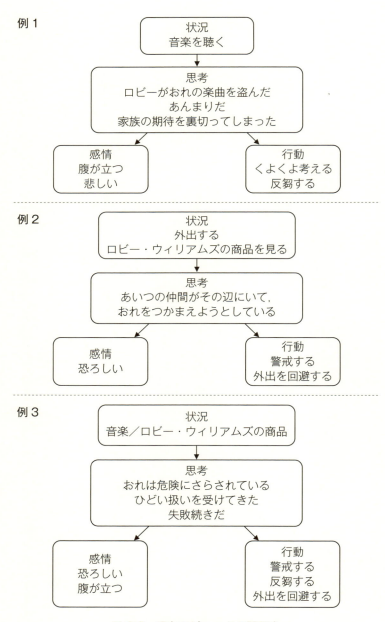

図 2.2　現在のジャックの問題を
シンプルな説明的定式化にマッピングしたもの

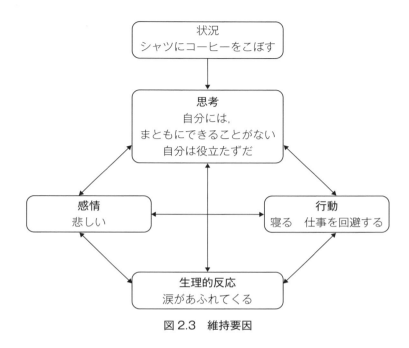

図 2.3　維持要因

する情報が，説明モデルよりはっきりと示されていることが多い（Greenberger and Padesky, 1995）。この横断的モデル，すなわち，維持モデルが強調するのは，問題を永続させている特徴であり，こうした特徴から，認知的要因や行動的要因によって問題がどう維持されているかについて，新たに推論による仮説を立てることができるのである（図 2.3 参照）。これが，認知療法の典型的な維持サイクル，すなわち，悪循環である。

このようなモデルでは矢印の向きが重要であり，治療の初期段階で，構成要素間のつながりに関する正当な論拠が示されなくてはならない。たとえば，あるモデルのある行動によって，なんらかの評価がどのように維持されているのかをよく考えなくてはならない。

個々の障害には，それ固有の特異的で重要な特徴がある。CBT の研究文献では，この点を理解することの重要性が強調されるようになってきている（Wells, 1996 参照）。とは言え，多種多様なタイプの精神病理には，きわめて重要な共通の認知的メカニズムや行動的メカニズムがいくつかある（Harvey et al., 2004）。たとえば，さまざまな形の情緒的回避や行動的回避，脅威に対する警戒などの注意プ

ロセス，反芻や心配などの認知プロセスがそうである（Dudley et al., 2010）。

　多くのCBT定式化における重要な維持メカニズムは回避であり，人は回避することで，恐れている結果が起きるかどうかを調べられなくなる。上記のケース（図2.3）では，仕事に行くのを回避することで，当人は実のところ，自分自身が役立たずであることを確認しているのかもしれない。さまざまな状況を回避することによって，やりがいのある行動や楽しい行動の機会を失うことにもなりうるため，その結果として，抑うつ状態のような問題がさらに維持されることにもなりかねない。しかしながら，回避しない場合でも，問題は続く可能性がある。人はどうやら，困難な状況に陥ると，自分の安全に役立つ行動――すなわち「安全希求行動」――を意図せず取るようである（Salkovskis et al., 1996）。たとえばジャックは，家を出ると，気づかれて襲われるのではないかと心配し，トレーナーのフードを被ったままにして，自分だと気づかれないようにするかもしれない。役立ってほしいと思っての行動ではあっても，こうした行動を取りつづけると，自分の信念を否定できないため，信念は維持されることになる。逆説的ではあるが，そうした行動は事態を悪化させることすらあるだろう。たとえば，外出したときに顔を隠すことで，ジャックは店員や警備員から，いつも以上にじろじろと見られる可能性があり，そのせいで，自分は見張られているという信念を強めるかもしれない。

　維持に関する認知行動モデルは，多くの介入における論拠を提供する。維持要因のいずれに変化が生じても，他の要因に変化を引き起こすからである。クライエントは，自分の思考を特定して評価し，見直しをするよう励まされる。このことは同様に，同じ状況であっても異なる評価が下りうることを意味し，したがって，感情や行動も変わりうることを意味する。行動的な方法は，回避を乗り越え，感情と思考に変化を促すのに役立つ。主な行動的アプローチには，肯定的な強化行動（たとえば，抑うつ状態だと診断されたクライエントに達成感をもたらすような楽しい行動）を増やすやり方と，否定的な行動をなくすやり方，もしくは，否定的な行動を他の行動（たとえば「安全行動」）に代えるやり方がある。

　維持に関する定式化，すなわち，横断的定式化は，ジャックの現在の困難に見られる特徴として，強化されやすく悪循環に陥りやすい傾向を捉えている（図2.4）。ここでは，回避と警戒が重要な要因になっているように思われる。

　ジャックは反芻も報告しているので，これも概念化に組み入れることになるだろう。こうすることで，回避と反芻に打ち勝つための具体的介入に的を絞った強力な論拠が提供されるのである（Watkins et al., 2007）。

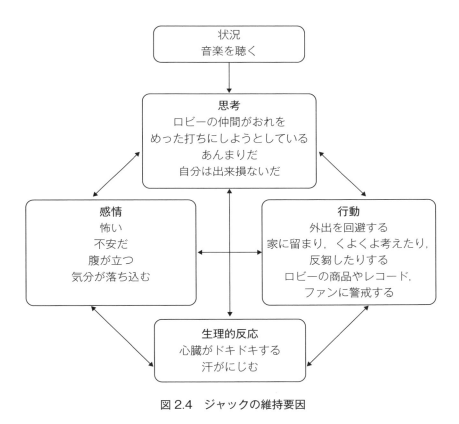

図2.4 ジャックの維持要因

増悪要因

　横断的モデル，すなわち，維持モデルのおかげで，何が問題を維持しているのかについては理解できるようになるが，何がきっかけでその困難が始まったのかについては，まだはっきりわからないかもしれない。この点を理解するために，困難発生の引き金を同定する縦断的定式化の概念を導入する。その引き金は，通例，特にストレスの多い出来事やストレスに満ちた時期であることが判明する。

ストレッサーの量

　ストレス脆弱性モデルは，困難の始まりを理解するのに役立つ（たとえば，Neuchterlain and Dawson, 1984）。誰しも自分の人生のストレッサーに敏感なこ

とや，当人の脆弱性次第で，対応や機能に支障が出る時点が定まることを強調して，その理解を促すのである。ただ，この大まかなモデルは，衰弱が始まる可能性は特定するが，何が原因でうつ状態や他の不安が生じるのかについては，あまり明確にはしない。そこで，その出来事が当人にとってどのような意味をもつのか，その出来事を特にストレスだと感じさせる具体的なリスクが存在するのかどうかを，よく考えなくてはならない。すなわち，出来事の量ではなくて質，当人が個人的に感じる特有な意味，当人固有の具体的な脆弱性や素因の有無を考察するのである。

ストレッサーの質

　潜在的な素因や脆弱性の説明には，縦断的モデルが用いられる（図2.5参照）。ここ（Beck 2011; Persons 2008）では，増悪要因をきっかけに，心の奥深くにある自分自身に対する見方（中核信念すなわちスキーマ，もしくは内的素因）へのアクセスが発生している。こうした見方は，発達に関わる成長期の経験（外的素因）を通して学習されたものである。たとえば，幼児期にネグレクトを経験した人は，そのせいで，自分は根っから人に愛されないタイプだと思い込んでいるかもしれない（中核信念）。この根本的な信念は，さまざまな感情が激しく絡んだ状態で心の奥底に根づいている。引き金となる出来事が起きるまでは，ある種のルールや仮定（たとえば「恋愛中なら，自分は大丈夫」）を使い，この見方にアクセスしないようにして，なんとかしのいでいる。ルールや仮定，条件つき信念は，「もし……なら」という形で表現されることがよくある。ときには，「私は……（し）なければならない」，「私は……（す）べきだ」，「私は……（して）当然だ」などの命令形になることもある。たとえば，「私は常に誰かと恋愛中でなくてはならない」などである。こうしたルール，仮定，条件つき信念は，同様に，いろいろな補償戦略とも直結している。その補償戦略のおかげで，当人は自分の信念体系の中で生きつづけることができるのである。たとえば，「しっかり働いて恋愛を継続させるんだ。気づいたら捨てられてた，なんて事態は避けなくてはいけない。そうするには，たぶん，常に相手に注目して，誠実に接すればいいのだろう」と信じて暮らしていく。ここでわかるのは，発達上の経験，中核信念，条件つき仮定，補償戦略が，無理からぬ形で互いに関係し合っていることである。恋愛関係が破綻すると，ルールは破られ，ほかならぬ感情絡みの中核信念へのアクセスが可能になる。この出来事が発症の引き金もしくは素因として働くのである。いったん始まった症状の表出は，維持モデルに概説した関係性のパターンを通じて持続する。

a. **発達上の経験**
実の親に捨てられる
養親が次々と変わる中で育ち，養護施設にも入所する

中核信念　　　　　　　　　　　　　　　　　　　　　　　　　素因
自分は人に愛されない

ルール，仮定，条件つき信念
恋愛中なら，自分は大丈夫

補償戦略
しっかり働いて，恋愛関係が破綻しないようにする

引き金となった出来事　　　　　　　　　　　　　　　　　増悪要因
恋愛関係の破綻

---

b. **維持サイクル**　　　　　　　　　　　　　　　　　　　　　維持要因

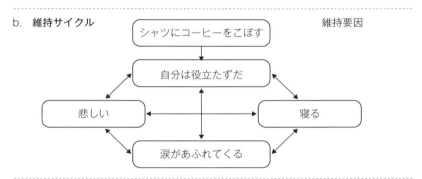

---

c. **問題**　　　　　　　　　　　　　　　　　　　　　　　今生じている問題点
うまく集中できない
勤務の継続に問題が生じる
孤独を感じる
人に電話をかけて外出の予定を組むことがない
電話に出ない
泣き出すといけないので人を避ける
眠れない
悲しくて落ち込む

レジリエンスとストレングス　　　　　　　　　　　　　　保護要因
支えになってくれる養母と妹
親友
よい仕事，高給
スポーツに関心があり，毎週バドミントンをする
優れたユーモア感覚

図 2.5　縦断的定式化の例

CBT も中盤および後半になると，概念化は，現在の問題に対して，素因と保護要因がどう影響しているかを説明するために，理論および推論を利用して進められることが多くなる。障害ごとの各モデルには，その障害の説明に役立つ重要なプロセスや信念，仮定が示される。

素因　出来事の量

精神症をもつ人たちとの取り組みで，よく行われることは，ストレス脆弱性モデルを使い，最初に精神症的な症状が現れる原因となった出来事について，ひとつの解釈を生み出すことである（Brabban and Turkington, 2002）。ジャックにとって，特にストレスになったのは，どうやらつらいライフ・イベントが続いたことであり，それが性的虐待によって増悪したものと思われる。トラウマ体験は，精神症の発症と持続に重大な影響力をもつものだと認められることが増えてきている（Callcott et al., 2010; Dudley et al., 2010）。ジャックの場合，トラウマが飲酒やドラッグ摂取につながり，その結果が，中等教育一般証明試験（GCSE）での不合格だったようである。これらの経験に，あまり裕福でない地域への引越しや，そこで泥棒に入られたこと，両親の離婚に続いて父親がイタリアに戻ったこと，友人たちとの接触がなくなったこととが重なり，ジャックは孤立を深めていったのである。これはまさに量に焦点を絞ったモデルであり，これを見ると，ジャックが相当なストレスを味わったのちに抑うつ状態になり，やがて精神に異常をきたすようになったことがよくわかる。増悪要因を理解することで，睡眠不足やトラウマ，ドラッグ乱用などが被害的な思い込みの発現に果たした役割についての情報も得られるだろう。これは精神症の発症のノーマライゼーションに役立つ可能性があり（Dudley and Turkington, 2010），ジャックが引き金とリスク要因を特定するのにも役立つだろう。このように，縦断的定式化の助けを借りれば，ジャックに固有の脆弱性と，引き金となった出来事の何に対してジャックがそれほど動揺したのかを理解できるようになる。

素因　出来事の質

ジャックの過去の経緯から，父親が酔っ払っているとき，ジャックが身体的な虐待を受けていたことがわかる。おそらく，言葉による虐待もあっただろう。ジャックは，父親が怒るのは自分のせいだと考えていたかもしれない。自分は父親からすれば「期待外れ」で，「いまいち」な存在だと信じていたかもしれない。さらに，ジャックもまた，男は酒を飲んで鬱憤を晴らすものだと考えるようになった可能性もある。私たちはこのように考えて，中核信念やルールとなっている可

能性のある事柄を暫定的に仮定している。さらに，ジャックは幼い頃の経験から，自分こそが母親と妹たちを養って守らなくてはならないとも考えるようになっていたかもしれない。これは彼の父親が引き受けていた役割であり，ひょっとすると，彼の地元では誰もがそういうものだと考えているのかもしれない。こうしてジャックは，成功とは，しっかり働いて裕福になり，男に期待される役割を全うすることだと考えるようになったのだろう。その結果，再び，自分のことを無力だと思い，ふがいないと思った可能性がある。また，ジャックが虐待に遭ったことを考えると，彼が他人のことを，残酷で薄情で信用できないと思っているのはもっともなことである。他者に対する否定的な信念は，精神症としてのパラノイアのある人の特徴である（Freeman, 2007）。ジャックの補償戦略は，ドラッグをやることで厄介な感情に対処する，しっかり働くことで成功して経済的な安定を得る，のふたつである。しかしながら，アルコール乱用のせいで，ジャックは結局，失職している。こうして，なんとしても成功しなくてはならないという重圧が高まり，したがって，飲酒をしてでもなんとか対処しなくてはならないという重圧も高まったのである。

　性的虐待などのトラウマは心的外傷後ストレス症（PTSD）として現れたり，損なわれた自己観（Callcott et al., 2010）として現れたりする。外から観察できるPTSDの総合的症状がない場合は，こうした出来事がジャックにとってどのような意味をもちえたかについて考察することになるだろう。ジャックが下した結論はたぶん，自分は見方によっては悪人だ，自分はこういうことが起きるのをそのままにしておくべきではなかった，自分自身の性行動を問題にしてもよかったかもしれない，といったものだったであろう。ジャックの地元における男性としての役割を考えると，おそらく，このような経験について話し合うのは難しいため，彼には，虐待に関する新しい観点を考える機会が与えられなかったと思われる。以上のような仮説はすべて，ジャックに優しく質問して検証しなくてはならない。質問する内容は，ジャックが自分の身に起きたことをどう理解しているか，この出来事はひとりの人間としての彼について，何を伝えているか，他の人々については何を意味しているか，などである。

　これらの経験と信念は，引き金となった出来事——両親の関係が悪化し，父親が家を出て連絡を断ったこと——の重要性を理解するのに役立つ。重圧に直面したジャックは，酒を飲むようになった。どうやら，そうするのが男のストレス対処法だと思っていたようである。やがて，中等教育一般証明試験（GCSE）に不合格となり，一家は引越しをし，母親は働きに出ざるをえなくなり，ジャックはますます，自分が家族を養っていないことを思い知らされるようになる。ジャッ

クはおそらく，この頃から気分が落ち込むようになったのであろう。母親が健康を損ねたこともジャックにかかる重圧をさらに大きくしたようで，精神症のような被害的な思い込みをもつようになっていった。パラノイアをもつ人には，否定的な出来事の責任を他者に押しつける傾向がある（Freeman, 2007）ため，自分が成功できない理由をはっきりさせようとしたジャックは，必然的に，自分自身ではなく，他者もしくは状況にその責任があるという説明に惹かれた可能性がある。

　野宿をして飲酒し，ドラッグをやるという暮らしぶりのせいで，ジャックの基本的なセルフケア（睡眠や食事など）は不規則になり，鏡の中に父親の顔が見えるというような異常な観念作用や体験の機会が増えていった（Collerton et al., 2012）。

　概念化のこのレベルでは，数多くの介入が維持プロセスの中断に役立つこともあるため，ジャックにも，彼自身の方略の実用性や，自分や他者に関する彼の信念の有用性を考えてみるよう，促すこともできる（Beck, 2011）。今行っているこの定式化（図2.6参照）は，性質上，推論にすぎないので，その正確さを判定することはできない。しかし，臨床の場であれば，協働的経験主義の原則を活かして，その正確さと有用性を立証することになる。

　その場合，セラピストとクライエントは認知療法の質問方式を利用し，協働して定式化を創っていく（Kuyken et al., 2009: 193-195の本プロセスの例参照）。以上をふまえて，次に取り上げるのは，協働的経験主義という第2の原則である。

原則2　協働的経験主義

　協働とは，セラピストとクライエント双方がそれぞれの知識と専門的意見をもち寄り，現在のクライエントの問題を言葉にして説明し，その改善を促すために共同で作業をすることを言う。セラピストがCBTの理論や研究や実践からもってくるのは，問題に関連する知識とスキルである。クライエントがもってくるのは，その問題について詳細に知っていること，関連する背景，脆弱性とレジリエンスに寄与すると感じている要因である。

　セラピーにおける経験主義は，主にふたつの点で明らかである。ひとつは，そのセラピーが現在の特定の問題にとって適切なものかどうかを判断する際，セラピストはCBTの研究を利用するという点である。認知療法は，当初，うつ病をもつ人を助けるために生み出された（Clark and Beck, 1999）が，次第に多種多様な問題や障害に適用されるようになってきている。それほど広く適用されるようになったのは，経験主義を第一と考え，診断に基づいた特定の障害をつぶさに観察した結果である。この姿勢が，各問題点を特徴づけ持続させている認知的

幼少期の経験
　泥酔した父親から身体的虐待と言葉による虐待を受ける
　一家のひとり息子であり，この家庭では，男が家族を養っていくことが期待されている
　成功した父親はよく働き，そのおかげで一家は高水準の生活を送る

中核的信念
　自分はいまいちだ／出来損ないだ／無力だ
　他人は残酷で，自分を受け入れてくれない

ルール，仮定，条件つき信念
　しっかり働いて家族を養えば，自分は大丈夫であり，出来損ないではない
　自分の感情を露わにすると，他者は残酷になり，自分を拒否する

補償方略
　しっかり働いて結果を出し，仕事をすることで家族を養う
　感情を露わにしない，感情は酒やドラッグで隠す

引き金となった出来事
　性的虐待，親子関係の終焉，社会的環境の変化，家と暮らしぶりの変化

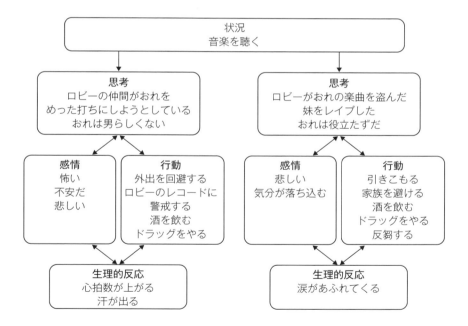

保護要因
　音楽　学校　以前住んでいた地域のコミュニティ　母親と妹たち

図 2.6　ジャックの縦断的定式化

プロセスや行動的プロセスの解明に役立ってきたのである。こうしてわかった特有の差異点は，その障害をもつ人たちとその障害をもたない人たちとの間で経験的に検証され，特定の介入法の対象となり（Wells, 1996），次に，マニュアル化された治療法がランダム化比較試験（RCTs）によって評価される。CBT はこのようにして，さまざまな精神障害や情緒障害に関するエビデンスを確立してきたのである（Butler et al., 2006; Wykes et al., 2008）。CBT のセラピストは概念化を利用して，マニュアル化されたこれらの障害特異的なモデルや治療法をケースに適用し，クライエント固有の情報と直接の治療とを，実社会の影響——RCTs で見られる影響と同等のもの——と組み合わせるのである（Kuyken, 2006; Persons, 2008）。

数多くある障害特異的な CBT に実質的なエビデンスがあることを考えると，クライエントの経験と理論の比較的簡潔なマッピングは，多くのケースで可能かもしれない。それでも，協働的にケースの概念化を行うことは，常に重要である。そうすることで，クライエントは自分の問題にそのモデルを適用できると理解するからである。現在の問題が複合的であったり複雑であったりする場合は，反芻と警戒と回避など（図 2.1，図 2.2 参照），診断横断的なプロセスに注意を向けると，役立つことが多い。

治療における経験主義のもうひとつの側面は，体験の観察と評価を強調している点である。セラピストとクライエントは仮説を立て，それぞれの仮説に適した検証方法を考案し，介入後のフィードバックに基づいて仮説を改良する。こうすることで，CBT は能動的で機能的なプロセスとなり，このプロセスの中で，概念化は案内役となり，フィードバックによって修正されていく。

クライエントはしばしば CBT を経験したことがないため，早い段階で協働的取り組みの原理を説明し，その後，共に課題に取り組みながら説明を追加していくと，役に立つだろう。たとえば，セラピストはジャックにこう説明することもできる。「きみの問題をよく理解して改善するためには，一緒に取り組んでいくのがベストだと思います。お互いの努力を連携させたら，必ず役に立ちます。ですから，きみにとって何を扱うのが重要なのかを私に教えてもらいたいと思いますし，私にも，セッションで一緒に扱うべきだと思っていることについて，ちょっとした考えがあります。こう聞いて，どう思いますか？」 このような協働の受け入れは，定式化の形成プロセスにもつながっていくはずである。そこで，セラピストはこう言うかもしれない。「自分の状況や，過去に何が役立って，何が役立たなかったかについて，きみにはたくさんのことがわかっています。私には，ほかの人たちに何が役立つのかがわかっています。たぶん，これを合わせれば，

きみの助けになりうる考えを何がしか共有できることがはっきりするんじゃないでしょうか。これを聞いて，どう思いますか？」

セラピストは同様に，あるモデルのある要素——たとえば，警戒，反芻，安全希求行動の使用で生じる可能性のある維持的な役割など——を紹介し，ジャックを励まして，その要素が自分の問題で誘因の役割を果たしていないかどうか，証拠を集めるよう促すかもしれない。次の一週間，自分の音楽が盗まれたことを何回くよくよ思い悩んだかについて，気づいた回数を記録し，それが自分の気分にどう影響しているかに注目してみてはどうかと提案するかもしれない。この課題の結果を，ソクラテス式質問を使って一緒に見直せば，セラピストは，ジャックの懸念の新たな概念化において，警戒が正当な役割を果たしているかどうかをはっきりさせることができるだろう。パラノイアに関する障害特異的モデル（Freeman, 2007）が強調するのは，妄想を抱く人には「結論に飛びつく」傾向があるほか，否定的な出来事を他者のせいにする傾向や，自分の体験について代わりの説明を生み出したり検討したりすることを難しく思う傾向もあるという点である。こうしたプロセスは，ジャックのケースにも導入できるであろうし，試してみるとよいだろう。このように好奇心をもって臨む姿勢には，定式化を行っていく際の抑制と均衡の働きがあり，その定式化を確実に正確で有用なものにする働きもある。

原則3　クライエントのストレングスを取り入れ，レジリエンスを概念化する

すでに述べたとおり，私たちが主張するのは，概念化の各レベルにおいて，クライエントのストレングスに焦点を絞って作業を進めれば，クライエントの苦悩を軽減し，当人のレジリエンスを形成できるようになるということである（Kuyken et al., 2008）。たとえば，達成目標には，単に苦悩を軽減すること（たとえばジャックの場合なら，周囲に人がいても以前ほど不安を感じないようにする，など）だけでなく，ストレングスを増大させ肯定的な価値観を高めること（母親や妹たちと過ごす時間をもっと楽しめるようにする，など）も含めることもできる。したがって，臨床家は常にセッションの早い段階で，肯定的な目標と抱負について質問し，現在の問題と達成目標に関するクライエントのリストに，これらを加えなくてはならない。

クライエントの生活における肯定的な領域について具体的に話し合うことで，問題領域で使われていた対処方略に代わる別の対処方略が明らかになる可能性がある。適応性が高いと思われるこれらの対処方略は，問題の引き金や維持要因を

見きわめるプロセスの一部として，特定することができるだろう。

　ジャックは気分が落ち込んでいるせいで，自分のストレングスを簡単に見落としたり，過小評価しやすくなっているかもしれないが，アセスメントと治療の早い段階で，もっとうまく対処したり楽しんでさえいる生活領域について，また，気分の落ち込みや被害的な思い込みにどう対処しているのかについて，意図的に質問するとよい。たとえば，家族と過ごしているときにはそれほど動揺しないことに，ジャックは気づいているかもしれない。音楽に対する愛は，維持プロセスの中断や，肯定的に評価している活動や関心の増大に役立つ可能性があり（Beck, 2011），図2.7 に示した維持サイクルの分断にも役立つ可能性がある。

　また，ストレングスの源になりうるものとして役立つはずの文化的価値観や文化的アイデンティティについて，調べることも重要である（Padesky and Mooney, 2012）。人の価値観は，信仰や性的指向のほか，文化活動や余暇活動，スポーツ活動に由来している可能性があり，困難に陥りやすい要因（ジャックの場合は，男は家族を養う甲斐性で評価される，男は感情を露わにしない，など）の理解に役立つだけでなく，変わるためのリソースを示していることもある。セラピー全般にわたり，クライエントの価値観と長期目標，肯定的な資質は，長く回復を維持し，人生を全うするために築くべき土台として，役立つだろう。

　ジャックの反芻は，気分の落ち込みと迫害観念 persecutory ideation の重要な維持要因かもしれない。また一方，その思考内容から，彼が重視している領域や彼のストレングスと価値観について，多くのことが明らかになる。人生で最も重要なことに関するこうした信念は，通常，どのような状況においてもあまり変わることがなく，当人の選択や行動を方向づけている。価値観を概念化に組み入れれば，さまざまな状況におけるクライエントの反応をよりよく理解できるようになる。仕事や家族，魅力，健康などについての心配は，それらをどう価値づけているかによって変わってくる。ジャックが家族を養えないことや妹たちを守れないことで苦悩するのは，父親が家族を捨てたことも理由のひとつではあるが，彼が非常に重視している重要な領域を，そのことが象徴しているからである。

　クライエントが助けを求める原因となった出来事について話し合っていくと，当人は，以前役に立った戦略を使い過ぎたり，要求が過剰になった状況でそれらを使ったりすることによって，自分が高く評価している重要な目標を達成しようとしていることが，しばしば明らかになる（Neuchterlain and Dawson, 1984）。言うまでもなく，よい結果を出す治療が目標とするのは，適応性に優れた方法を見つけ，高く評価されているそうした領域に建設的に関わることである。ジャックに関して言えば，目標は，自分の家族の面倒を見られるようになることであり，

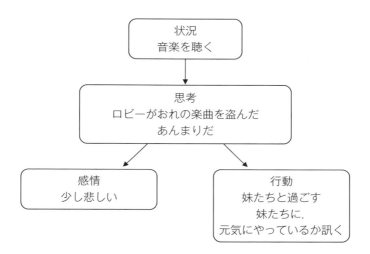

図 2.7 困難を克服するために，認知的枠組みを使ってストレングスの効用を見きわめる

　しかも，この目的ゆえに生じているパラノイアと悲しみをなくした状態でそうなること，と定められた。ジャックのもうひとつの重要な目標は，要求がさらに増え過ぎるような状況に直面したとしても，よい状態のままでいられるようになることであった。簡単に言えば，治療目標は，レジリエンスを向上させられるようジャックを手助けすることであった。
　レジリエンスは，逆境の切り抜け方に関する大まかな概念である。それは，自分のストレングスを活かして困難に対応し，それによってウェルビーイングを維持していくという，心理的な適応プロセスを表している（Padesky and Mooney, 2012）。それには多様な次元があり，レジリエンスが働く状態になるためだからと言って，すべての領域でストレングスが必要とされるわけではない。Masten（2007）は，ストレングスとレジリエンスの重要な相違点を説明している。ストレングスとは，優れた問題解決力などの特性や，支えとなるパートナーなどの保護的環境のことであり，レジリエンスとは，困難が続いているときに，そうしたストレングスを活かして適応を進めていくプロセスのことである。したがって，クライエントがセラピストの助けを得て自分のストレングスを同定すれば，それらのストレングスを概念化に組み入れることができるようになり，それに助けられてクライエントはレジリエンスを理解できるようになる。

ジャックのストレングスは，よい家族関係を築く能力，数多くある過去の良好な家族関係——特に妹たちとの関係——を活かす能力や，メンタルヘルスのサービス機関と積極的に関わっていることなどがある。後者は，統合的な介入の検討にとって好ましいことである。ジャックの場合，楽曲の演奏，妹たちとの関係再建，彼が好人物であることを示す他の活動といった過去のストレングスのいくつかについて，再考を促してみるとよいかもしれない。こうしたやり方は，自尊感情を高めるだけでなく，精神症の症状も軽減することが立証されている（Hall and Tarrier, 2003）。

　言うまでもなく，定式化の最終的な試練は，それが有用な介入になるかどうかである。Chadwick ら（2003）が明らかにしたところによると，精神症をもつ人たちからは必ずしも，定式化によって治療同盟が強化されたとか，自らの苦悩が軽減したなどの報告があるわけではないという。これは驚くことではない。というのも，CBT は単なる洞察指向のセラピーではないからである。私たちは，理解の進展が認知の変化と行動の変化につながるのであれば，理解の進展を価値があることだと考える。代替の解釈を提供して，その解釈なら問題の体験を説明できるかどうかを検証して見きわめられるようにするという点で，定式化は役立つ可能性がある。加えて，定式化は，私たちを適切な介入に向かわせるものでなくてはならない。適切な介入全体に関する議論は，本章の扱う範囲を大きく越えているが，読者諸氏には，Morrison ら（2004）の研究に当たっていただきたいと思う。

ジャネット

　現在のジャネットの問題について認知的観点から行う定式化も，るつぼのメタファーで提示した3原則を活用することになるだろう。きわめて重要な第一歩は，包括的なアセスメントに着手することである。鼠径部の傷（訳注：前章のジャネットの紹介にはない内容だが，原文のまま訳した），父親の家に一泊することを拒んでいること，睡眠時驚愕症（夜驚症）——これらはすべて，ジャネットが深刻な暴行や虐待を受けていることを示すものだとみなすことができるだろう。しかしながら，これ以上の詳細はなく，まとまった情報が得られる情報源もない以上は，そうした出来事やそれらがジャネットに与えた影響について推測したことを根拠なく組み入れることは，CBT の定式化にそぐわないだろう。このケースには数多くの人が関係しているので，アセスメントでは，これらのすべての情報源——学校の保健室の先生，学校からの報告書，児童青年精神保健サービス（Child and Adolescent Mental Health Services：CAMHS）の報告書，社会的支援サー

ビス機関，小児科医，保健師など——と，ジャネットの考え，および，母親の考えを利用することになる。そのようなアセスメントであれば，以前からの虐待の証拠があるかどうかを判断し，現在のリスクについての情報を提供し，適切な予防対策を確実に整えるのに役立つはずである。アセスメントの最中はジャネットと時間を過ごして治療関係を築き，彼女が確実に，安心して快適にセラピストと向き合えるようにするだろう。

さまざまなレベルの概念化

　アセスメントに続いて，まずジャックの場合と同じ方法で，現在の問題のリストを作成する。これは，取り組むべき問題の見きわめに役立つ。ジャネットの場合は，公共の交通機関での移動，悪夢を見ること，怒りを感じること，食事の問題と低体重を取り上げることができるかもしれない。続いてセラピストは，これらの各領域について質問し，認知行動的枠組みの中で暫定的にそれらを記載しておき——次は特に重要なことだが——ジャネットのものの見方を感じ取ろうとしはじめるだろう。これをやり遂げるために，「ジャネット，ママが食事をテーブルに並べたとき，どんなことを考えるの？」，「寝る時間になってひどく動揺していたら，どんなことを考えるの？」というような質問をするかもしれない。このような質問や，家系図やジェノグラムといった手段は，ジャネットが問題をどう捉えているかや，彼女の家族関係がどうなっているかを判断するのに役立つだけでなく，彼女の世界を覗くための窓を開くことにもつながる可能性がある。

　説明用のシンプルな認知行動的枠組みを使って問題点を要約するのは，有用な出発点となる。時間をかけてさまざまな状況の例を集めることで，問題点の理解を深めるのに役立つテーマや共通点を特定できるようになり，また，取りうる治療法の選択に進むこともできるようになる。問題点の理解が不足していると，不適切な介入法を選択する可能性が生じる。たとえば，ジャネットが公共の交通機関を避けるのは，ロマという境遇を理由にいじめられているせいだと結論づけたとしよう。これは仮説である。とは言え，証拠に照らして検証しなくてはならない。話し合いの中で，ジャネットが公共の交通機関で移動しないのは，母親がそれに頼っているからだということや，それは母親に対する怒りの反映だということがわかってくるかもしれない。同様に，もしジャネットが，同じ理由から母親の用意した食事を拒んでいると言明すれば，証拠（よく怒りを爆発させることや母親に犬をけしかけたこと）と一致する共通のテーマは怒りであると同定したであろう。増悪要因や維持要因も解明できれば，怒りに取り組む介入に進むことができる。

縦断的概念化が低年齢の子どものケースで可能かどうかを問うのは，当を得ている。情緒障害に関する Beck の認知モデルがこうした年齢層のグループに適用されるケースは増えてきている。しかしながら，5 歳児，8 歳児，15 歳児へのこのモデルの適用法については，いまだ限定的にしか理解されていない。問題を説明する定式化と維持要因に関する定式化を使って達成目標を設定できる場合，縦断的定式化を行う必要はないかもしれない。もちろん，そうしなくてはならない場合には，成人のクライエントのケース同様，協働的経験主義の原理を活かして作業を進めることになる。

協働的経験主義

どの領域に取り組むかについては，協働によってジャネットと合意した上で，5 要因モデルを活用して，現在の問題の維持について，解明を進めていくことになる。これは，ジャネットがどの程度まで問題を説明でき，どの程度まで思考と感情を分類できるかをアセスメントするのにも役立つ。このアセスメントは明らかに，ジャネットが直面している問題と CBT がうまくマッチしているかどうかを考える重要なプロセスである（Braswell and Kendall, 2001）。

この年齢の子どもへの CBT 適用を是とするエビデンスはあるのか——この点は，慎重に考察する必要がある。ジャネットが特定の障害の診断基準を満たしているのかどうかは，私たちにはわからない。しかしながら，数多くの総説では，CBT は抑うつや不安症などの問題にとって有効な治療法であるとされている（Cartwright-Hatton et al., 2004）。一般的に，子どもは 8 歳前後から CBT の恩恵を受けられると想定されてはいるが，これはたいてい検証されていない。CBT を，若年層にとって受け入れやすくてわかりやすい，有用なものにするためには，CBT を適用させる必要があるのかもしれない（Cresswell and O'Conner, 2011）。

幼児については，その家族が家族向けの CBT に参加することが，たぶん強迫症などの不安症には有用だろうとするエビデンスがある（Freeman et al., 2008）。ただし，家族向けの CBT が個人向けの取り組みと同様の臨床的効果を発揮するかどうかや，年長の子どもにとって費用対効果が高いかどうかは，議論の的になっている（Bodden et al., 2008）。したがって，もしアセスメントによって，ジャネットに不安や抑うつの問題があることがわかったのであれば，CBT を奨める論理的根拠はあることになる。

ストレングスとレジリエンス

ジャネットの年齢と発達段階を考えると，彼女の感情や行動を病的だとみなす

のを避けることは重要であろう。たとえ個人向けのセラピーが提案されたとしても，治療中はずっと，彼女のストレングスを認めて活用することを重視していくことになろう。ジャネットが自分の生活の中でうまくやれていると感じる領域（学校生活，友だちとのつき合い，運動能力など）について，慎重に質問することで，そうした要因を介入方略に織り込むことが可能になる。ジャネットと彼女の家族との取り組みでは，ユーモアと遊びが特に大きな助けとなるはずである。シンディおばさんは，支えとなる特別な存在のように思われるので，ジャネットに寄せる彼女の親密な関心を，ひょっとしたら摂食の問題で役立ててもらえるかもしれない。というのも，ジャネットはどうやら母親以外の人が用意する食べものは食べるようなのである。さらに，ことによると，安定した睡眠パターンの形成にも，ひと役買ってもらえるかもしれない。

　ジャネットの生活には，ストレングスとなりうるものがもうひとつある。もちろん，それは母親である。現在のジャネットの問題点に関する定式化を使いつつも，ジャネットに直接的な働きかけはしないという進め方もあるかもしれない。認知症をもつ人たちの介護者に対してするように，対応が難しい行動（交通機関の利用拒否，拒食など）を CBT の枠組み内で概念化し，それを，役立ちそうにないそれまでの説明——世話をする人が考え出した説明——に代わる別の説明として，世話をする当人に提案するのである（DCP, 2011: 19）。たとえば，母親のメアリーはジャネットの拒食を，絆を感じられなかった自分に対するジャネットの憎しみの表れだと思っているかもしれない。自分に原因があると考えているとしたら，そのせいで，おそらくメアリーは悲しくてたまらないだろう。けれども，定式化によって，メアリーに責任を負わせない別の説明が見つかり，メアリーがジャネットの助けになろうとする機会が増えるかもしれない。精神症の症状をもつ人たちの家族とのワークに，同様の方法が利用されることもある（Barrowclough and Tarrier, 1992）。これは，ジャックの家族の選択肢にもなりうるだろう。

　ジャネットの生活の中にあるリソースと間接的に取り組むというこの課題は，誰がクライエントで，何が変化を起こす最も効果的な方法かという，素朴な疑問を引き起こす。つらい状況を体験してきたのはメアリー自身であり，それが今も続いているのは，明白である。認知的アプローチは，メアリーが報告した抑うつ状態を理解するのに役立つかもしれない。メアリーの産後の問題点に関する維持モデルは，メアリーがジャネットを見て，「この子に親しみが湧かない」と思ったところが出発点になるだろう。そう思ったことに加えて，他の子どもたちにそう感じたことがなかったという事実もあるため，メアリーは自分を悪い母親だと

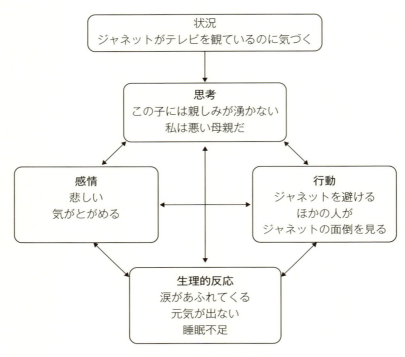

図 2.8　メアリーの維持要因

考えて罪悪感に苛まれ，抑うつ状態に陥っているのかもしれない。そうなると，今度はメアリーがジャネットを避けるようになり，気持ちが離れ，思いやりをもてないという感覚が強まっている可能性もある。抑うつ状態に意気阻喪と疲労が重なり，メアリーはジャネットの世話をしようという気持ちを奮い起こすのがさらに難しくなり，その結果，夫など，ほかの人がジャネットに対する責任を引き受けることになる可能性が出てきて，これがまたメアリーの罪悪感を深めるのである。メアリーは今，たぶん償いのつもりで，孫たちの世話に夢中になっているが，これは，同じことをジャネットにしてあげられなかったという事実をメアリーに思い出させるかもしれない。このようにして，この先何年も，メアリーの罪悪感は続くことになる。このような仮の定式化（図2.8）は，メアリーの機能改善を目指す介入法をデザインするとき，その土台になる可能性があり，メアリーがそうした介入のおかげで，自分が問題だと認識しているジャネットのあれこれをこれまでよりうまく管理できるようになれば，やがて間接的に，ジャネットの問題にも改善が見られるようになるだろう。

要約すると，CBT の定式化から集めた情報を活かしてジャネットと取り組む場合，やり方は 4 通りありうるということである。第 1 には，ジャネットと直に取り組むことである。ジャネットのものの見方や発達上の能力に関する詳細な情報がないため，ジャネットについて CBT の定式化を行うのは，おそらく難しいだろう。とは言え，この情報に通じうる道はこれまでにいくつか指摘している。第 2 に，家族向けの CBT の一部として，定式化を利用するというやり方がある。この場合には，メアリーと，ひょっとしたらシンディも，重要な要因になる。第 3 に，メアリーに対して定式化を間接的に用い，ジャネットをどう助けたらいいかについて，メアリーが理解を深めて考察できるようにするというやり方もある。第 4 は，メアリー自身が自分の気分の問題に関して助けを必要としている可能性があるので，この問題に CBT を活かすということである。

考　　察

私たちが本章で提案してきた CBT の定式化は，ジャックについては，入手可能な情報に基づいたものであり，ジャネットにはついては，ジャックの場合よりも乏しい情報に基づいたものである。それらを「CBT の定式化」だと言えるのは，それらが前述した原則に則っているからだという点を，改めて強調しておきたい。これらの原則は，クライエントの年齢や社会文化的背景を問わず，現在のさまざまな問題に活用することができる。私たちはジャックの問題を，一般的な CBT モデルを使って説明しているが，ほかにも，たとえば，PTSD やトラウマや精神症に関するモデル（Callcott et al., 2010），躁病に関するモデル（Vasco and Rush, 1996）なども，信頼できる枠組みになったはずである。定式化の価値を確立する唯一の方法は，協働的経験主義の精神で定式化を進めつつ，アセスメントや治療から新しい解釈が明らかになるたびに，そのつど変更を加えていくことである。これを適切に行うことで，治療関係は強化され，介入の目標もよりよく定められていく。

定式化には，スーパーヴィジョンと省察 self-reflective practice における重要な役割もある。セラピストが答えるべき重要な質問は，「もしその状況で，自分がクライエントと同じように考えたら，やはりクライエントと同じように感じ，同じように行動するだろうか？」である。もし答えが「イエス」なら，その定式化は，クライエントが体験している苦悩をうまく表現している可能性が高く，クライエントが垣間見ている世界をセラピストに提示している可能性も高い。一方，答えが「ノー」であれば，スーパーヴィジョンの焦点を，定式化の推敲と方略の

同定にしばしば絞り，協働で情報を引き出していくことになる。この作業では，ジグソーパズルの欠けたピースを特定するのに役立つような行動実験を工夫して行うとよいだろう。

　Gillian Butler（1998）は「定式化の10基準」を概説している（354頁参照）。たとえば，すべてのレベルに論理的一貫性があるか，困難の始まりと維持を説明しているか，といった判断基準を挙げている。臨床家とスーパーヴァイザーは，これらの判断基準に照らして定式化を考察するとよいだろう。

結　び

　序章とも言える本章では，CBT が，他のサイコセラピー同様，定式化をとりわけ重視している点を指摘してきた。私たちは CBT の定式化をるつぼになぞらえている。るつぼに入れるのは，対象とするケースの個々の特質と，それに関連する理論と研究である。それらを，現在の当人の問題に関するひとつの解釈へと，CBT の用語でまとめ上げるのである。介入の特徴はその解釈に基づいて決まっていく。したがって，定式化は効果的な CBT を進めるプロセスの中心となるものであり，エビデンスに基づいた実践への本質的指向を映し出すものだと考えられている。CBT の定式化が他とはっきり異なっているのは，それが CBT 理論を活用し，協働的経験主義を重視し，現在の問題と達成目標を重視し，セラピーの最中に新しい解釈が明らかになるたびに，そのつど進化していくその状態を重視しているからだという点を，私たちは主張してきた。CBT 定式化の枠組みとしては，CBT の用語を使って説明する枠組みから，シンプルな推論モデル（すなわち5要因モデル）に移行し，さらには，もっと複雑な注釈的なモデル——現在の問題を維持しているものに始まり，クライエントが脆弱になった原因と思われるものに至るまでを説明するもの——への移行を提案してきた。これらの原則と枠組みを，ケースを通して説明している。

CBT の定式化の重要な特徴

- 認知モデルを基盤としている。
- スキーマ／信念，条件つき仮定，ルールという中核的概念を利用している。情緒的障害の始まりと維持の説明には，維持サイクルを利用している。
- 現在の問題から素因に至るまでの複数のレベルで，定式化を行う。
- クライエントとセラピストは，パートナーもしくはチームとして，協働で定

式化を行う。
- 介入効果のエビデンスを特に重視する。
- セッションでは経験主義を特に重視し，評価は検証されるべき考えとみなされ，それに代わる評価が検討される。
- ランダム化比較試験（RCTs）は診断的枠組みの中で，通常，診断カテゴリーを基盤としているが，CBT はその診断的枠組みと密接に結びついている。CBT の定式化は精神科診断を補完するものである。診断は，仮説や介入方略を考察するための理由になるかもしれないが，たぶん定式化のプロセスとは，ごくわずかにしか関係することはないだろう。

謝辞

多くの方々が本章の構想に貢献してくださいました。Aaron Beck, Peter Bieling, Paul Chadwick, Mark Freeston, Kathleen Mooney，殊に Christine Padesky など，多くの同僚の貴重な貢献を，たいへんありがたく思っています。Robert Dudley も，ジャネットのケースに関して貴重な考えを提供してくださった Stephen Westgarth に深く感謝しています。ただし，本章に提示した見解の責任は著者にあります。

参考文献

Barrowclough, C. and Tarrier, N. (1992) *Families of Schizophrenic Patients: Cognitive Behavioural Intervention.* London: Chapman and Hall.

Basco, A.G. and Rush, A.J. (1996) *Cognitive Behavioural Therapy For Bipolar Disorder.* London: Guilford Press.

Beck, J.S. (2011) *Cognitive Therapy: Basics and Beyond.* London: Guilford Press.

Bodden, D.H., Bögels, S.M., Nauta, M.H., De Haan, E., Ringrose, J., Appelboom, C., et al. (2008) Child versus family cognitive-behavioral therapy in clinically anxious youth: an efficacy and partial effectiveness study. *Journal of the American Academy of Child & Adolescent Psychiatry,* 47(12), 1384–1394.

Brabban, A. and Turkington, D. (2002) The search for meaning: detecting congruence between life events, underlying schema and psychotic symptoms. In Morrison, P.M. (ed.) *A Casebook of Cognitive Therapy for Psychosis.* East Sussex: Brunner-Routledge, pp. 59–77.

Braswell, L. and Kendall, P.C. (2001) Cognitive behavioral therapy with youth. In K. Dobson (ed.) *Handbook of Cognitive Behavioral Therapies.* New York: Guilford Press, pp. 246–294.

Butler, G. (1998) Clinical formulation. *Comprehensive Psychology,* 6(1), 1–23.

Butler, A.C., Chapman, J.E., Forman, E.M. and Beck, A.T. (2006) The empirical status of cognitive-behavioural therapy: a review of meta-analyses. *Clinical Psychology Review,* 26(1), 17–31.

Callcott, P., Dudley, R., Standardt, S., Freeston, M. and Turkington, D. (2010) Treating trauma in the context of psychosis: a case series. In Hagen, R., Turkington,

D., Berge, T. and Grawe, R.W. (eds) *CBT for Psychosis: A Symptom-based Approach.* East Sussex: Routledge, pp.175–192.

Cartwright-Hatton, S., Roberts, C., Chitsabesan, P., Fothergill, C. and Harrington, R. (2004) Systematic review of the efficacy of cognitive behavior therapies for childhood and adolescent anxiety disorders. *British Journal of Clinical Psychology*, 43, 421–436.

Chadwick, P., Williams, C. and MacKenzie, J. (2003) Impact of case formulation in cognitive behavioural therapy for psychosis. *Behaviour Research and Therapy*, 41(6), 671-680.

Clark, D.M. and Beck, A.T. (1999) *Scientific Foundations of Cognitive Theory and Therapy of Depression.* Chichester: Wiley & Sons.

Collerton, D., Dudley, R. and Mossiman, U. (2012) Visual hallucinations. In Blom, J. and Somner, I. (eds) *Hallucinations: Research and Practice.* New York: Springer, pp 75–90.

Creswell, C. and O'Connor, T.G. (2011) Cognitive-behavioural therapy for children and adolescents. In Skuse, D., Bruce, H., Dowdney, L. and Mrazek, D. (eds) *Child Psychology and Psychiatry: Frameworks for Practice.* 2nd edn. Oxford: Wiley-Blackwell, pp. 265–270.

Division of Clinical Psychology (2011) *Good Practice Guidelines on the Use of Psychological Formulation.* Leicester: The British Psychological Society.

Dudley, R., Kuyken, W. and Padesky, C.A. (2010) Disorder specific and trans-diagnostic case conceptualisation. *Clinical Psychology Review*, 31, 213–224.

Dudley, R. and Turkington, D. (2010) Using normalising in cognitive behavioural therapy for schizophrenia. In Hagen, R., Turkington, D., Berge, T. and Grawe, R.W. (eds) *CBT for Psychosis: A Symptom-Based Approach.* East Sussex: Routledge, pp. 77–85.

Freeman, D. (2007) Suspicious minds: the psychology of persecutory delusions. *Clinical Psychology Review*, 27, 425–457.

Freeman, J.B., Garcia, A.M., Coyne, L., Ale, C., Przeworski, A., Himle, M., et al. (2008) Early childhood OCD: preliminary findings from a family-based cognitive-behavioral approach. *Journal of the American Academy of Child and Adolescent Psychiatry*, 47(5): 593–602.

Greenberger, D. and Padesky, C.A. (1995) *Mind Over Mood: Change How You Feel by Changing the Way You Think.* New York: Guilford Press.

Hackmann, A., Bennett-Levy, J. and Holmes, E. (2011) *Oxford Guide to Imagery in Cognitive Therapy.* Oxford: Oxford University Press.

Hall, P.L. and Tarrier, N. (2003) The cognitive-behavioural treatment of low self-esteem in psychotic patients: a pilot study. *Behaviour Research and Therapy*, 41(3), 317–320.

Harvey, A.G., Watkins, E., Mansell, W. and Shafran, R. (2004) *Cognitive Behavioural Processes Across Psychological Disorders: A Transdiagnostic Approach to Research and Treatment.* London: Oxford University Press.

Kuyken, W. (2006) Evidence-based case formulation: is the emperor clothed? In Tarrier, N. (ed.) *Case Formulation in Cognitive Behaviour Therapy: The Treatment of Challenging and Complex Clinical Cases.* London: Brunner-Routledge, pp 12–35.

Kuyken, W., Padesky, C. and Dudley, R. (2008) The science and practice of case conceptualisation. *Behavioural and Cognitive Psychotherapy*, 36, Special Issue 06, 757–768.

——(2009) *Collaborative Case Conceptualization. Working Effectively with Clients in Cognitive Behavioural Therapy*. New York, London: Guilford Press.

Martin, D.J., Garske, J.P. and Davis, M.K. (2000) Relation of the therapeutic alliance with outcome and other variables: a meta-analytic review. *Journal of Consulting Clinical Psychology,* 68 (3), 438–50.

Masten, A.S. (2007) Resilience in developing systems: progress and promise as the fourth wave rises. *Development and Psychopathology,* 19, 921–930.

Morrison, A.P., Renton, J.C., Dunn, H., Bentall, R.P. and Williams, C. (eds) (2004) *Cognitive Therapy For Psychosis, A Formulation-Based Approach*. London: Brunner-Routledge.

Neuchterlein, K.H., and Dawson, M.E. (1984) Vulnerability and stress factors in the developmental course of schizophrenic disorders. *Schizophrenia Bulletin,* 10 (2), 158–159.

Padesky, C.A. and Mooney, K.A. (2012) Strengths-based cognitive–behavioural therapy: a four-step model to build resilience. *Clinical Psychology and Psychotherapy*, DOI: 10.1002/cpp.1795.

Persons, J.B. (2008) *Cognitive-Therapy in Practice: A Case Formulation Approach*. New York: Norton.

Salkovskis, P.M., Clark, D.M. and Gelder, M.G. (1996) Cognition-behaviour links in the persistence of panic. *Behaviour Research and Therapy,* 34(6), 453–458.

Watkins, E., Scott, J., Wingrove, J., Rimes, K., Bathurst, N., Steiner, H., et al. (2007) Rumination-focused cognitive-behaviour therapy for residual depression: a case series. *Behaviour Research and Therapy*, 45, 2144–2154.

Wells, A. (1996) *Cognitive Therapy of Anxiety Disorders: A Practice Manual and Conceptual Guide*. Chichester: John Wiley and Sons Ltd.

Wykes, T., Steel, C., Everitt, B. and Tarrier, N. (2008) Cognitive behavior therapy for schizophrenia: effect sizes, clinical models, and methodological rigor. *Schizophrenia Bulletin*, 34, 523–537.

第3章

精神力動的定式化

表に現れていないものを見る

Rob Leiper

精神力動的アプローチとは？

精神力動 psychodynamic 理論がひとつしかないということはありえない。したがって，精神力動的定式化を構築する方法も，ひとつしかないということはありえない。精神分析は，その全領域における論議の多くを，精神分析界の内部で繰り返しつづけてきた。その中には，さまざまな考えやアプローチが含まれていて，矛盾する見方もあれば，異なる仮定もある上に，概念化されうるものは多岐にわたっているため，終わりのない論争になっている。精神力動的という言葉は，現在では一般的に，今なお精神分析をルーツとする数多くの理論的アプローチを網羅するために用いられている。定式化 formulation の精神力動的な使い方の主な特徴は，混乱状態にあるこの多様性に関係している可能性がある。不確かだという感覚をもちつづけることは，それ自体，現代の精神力動的スタンスの中核間近に位置するようになった価値観である。無意識のプロセスという領域では，あまり多くのことがわかっているとは想定されていないはずである。いかなる枠組みであれ，定式であれ，確かなガイドとしてしがみつくことはできない。確実なのは，おそらく，「わかっていない」という枠組みのみである。

にもかかわらず，精神力動的学派を構成する数々の考えやアプローチの間には，さまざまな要素をひとつにまとめている共通の見解がある（Leiper and Maltby, 2004; Wallerstein, 2002）。かつてフロイトは，中身を薄めた異形版や荒っぽい治療者から精神分析の理想を守るためには，無理にでも概念を統一することが不可欠だと考えたが，そのことを差しているのではない。しかしながら，カギとなる特定の観点や共通の価値観は，一貫性のあるアプローチに不可欠である。突き詰

めれば，共有されるものは，人間の状態の概念化レベルにではなく，その認知レベルに存在するということであり，これはある意味，前理論的なものである。こうして見方を共有することで形成されるのは，明確な臨床の方向性の基盤——治療の性質に関する感性——であって，理路整然とした心理的パラダイムではない。臨床材料をそのように総合的にとらえることで，「的確な」定式化，あるいは，単に有用なだけの定式化に見えそうなものの中に，多様性の余地を多々残せるのである。

精神力動的アプローチの中核的特徴

　精神力動的アプローチの中核を構成しているのは，どのような考えなのだろうか？　もっとも根本的なのはたぶん，心理的苦痛もしくは情緒的苦痛への注目である。人生は厄介で骨の折れるプロセスだと考えられていて，心は，それに対処しようとする苦闘の中で形成されていく。「力動的 dynamic」とは，そうした苦闘により心的生活の流れに乱れが生まれることである。苦痛を逃れる手段は，ものの見方，考え方，気持ち，行動の取り方が総動員されて生み出される。この活動の多くは，気づきの外側で行われる。外界とは異なる構成の「内的世界 internal world」が存在していて，その世界に属する無意識的要因が，人生をどう生きるかに根本的な影響を与えるのである。苦痛を避けようとするこうした無意識の試みはしばしば失敗するが，私たちの気づきには限界があるため，たとえ失敗しても，試みは何度も繰り返される。防衛が失敗すると，心理的障害のさまざまなパターンが形成され，維持される。セラピーは，対処できそうにないという理由でかつて「回避され warded off」，意識の心から隠されたままになっていた思考および感情と連絡を取る。精神力動療法は，クライエントがこれまでよりも包括的なやり方で，今体験していることを「再定式化 re-formulate」し，その体験に伴う苦痛に耐えられるよう，手助けをする。セラピストとクライエントが導き出したその困難に関する解釈は，クライエントの気づきを広げ，葛藤にうまく対処するための新たな選択肢を開拓する。情緒的な苦痛に打ち勝ち，建設的に不満に対処していくクライエントの能力は向上し，自分の体験を振り返り，それに対して好奇心をもつ能力が培われる。

　人生，個人の発達，心理的機能に関するこうした見解は，精神力学の「臨床理論 clinical theory」を下から支え，セラピストの思考と行動を特徴づけ，それらの道しるべとなる（Wallerstein, 1988）。この理論レベルでは，心理的発達と構造に関して相矛盾する精神力動的見解を（少なくともある程度まで）まとめ上

げ，定式化にアプローチするための構成要素を定めることは可能である。いくつかある補完的な「観点」（Rappaport, 1959）の助けを借りれば，特定個人の臨床状況と一般理論双方に関する解釈を体系化することも可能だろう。私は4つの重要な観点を強調しようと思う。**力動的 dynamic** 観点，**発達的 developmental** 観点，**構造的 structural** 観点，**適応的 adaptive** 観点の4つである。これらを活用すれば，首尾一貫した物語〔ナラティブ〕への統合を必要とする多種多様な情報を組織化し，有用な定式化を行うことができるであろう（代替のアプローチについては，McWilliams, 1999 と比較していただきたい）。

力動的観点

　無意識に関するフロイトの見解が根本的に示唆しているのは，いかなる行動にも目的と動機があるということである。人間の行動はすべて意味があり，重要性を帯びる可能性があるということでもある。きわめて曖昧な行動や体験，習性ですら，無意識がもつ論理の観点から理解することができる。私たちはその無意識の論理を使って，隠された意味を解釈するのである。この「隠された latent」意味は，探偵のように慎重に捜査を進めていくことでのみ，解明することができる。すなわち，表に現れているものを解釈して，その下の無意識の意図を導き出すのである。力動的定式化は，混乱して不明瞭な体験領域にある意味を発見（もしくは構築）するプロセスで，クライエントのストーリーを，意図的で意味があるものとして語り直していく。

　力動的観点からのアプローチは心的生活を，相互作用力の影響を受けて常に動いている流れと捉えている。基本的に，こうした相互作用力が関与するのは，精神的な苦痛とその苦痛を避けたいと思う気持ち——原因に関する情報を歪めたり隠したりすることでその回避を願う気持ち——である。苦痛は当初，外傷がもたらすもの，悲惨な出来事の記憶だと考えられていた。決定的な理論的展開が生じたのは，痛みの原因が，もっと根本的なもの，本質的に内的ルーツをもつものとみなされるようになったときであった。すなわち，痛みは，自己のさまざまなパート間で発生する内的葛藤から発生するとされたのである。

　葛藤するこうした内的な力は，さまざまな形で概念化することができる。たとえば，フロイト（1936）は，受け入れられる衝動と受け入れがたい衝動について考察している。このような考えを表す最も簡単な方法は，たぶん，図 3.1 のような図解——一般に「葛藤の三角形 triangle of conflict」として知られている図——を使うものであろう（Malan, 1995）。ほかにも，こうした重要な力動的プロ

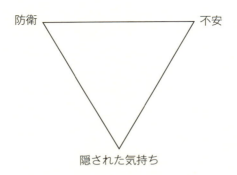

図 3.1　葛藤の三角形

セスに関する簡略化された「定式」が，Luborsky（1984）や Levenson（1995）によって開発されている。図 3.1 は，葛藤を，「隠された気持ち hidden feeling」から生じたものとして示している。隠されていたのは，願いかもしれないし，衝動かもしれない。この気持ちに気づくと，不安が発生する。というのも，その気持ちの表出は，すでに気づいている別の要求と対立しているからであり，したがって，とんでもない結末になるのではないかと恐れるからである。たとえば，怒りや憤怒という気持ちと，それに伴う「相手を傷つけたい」という衝動に気づいて動揺したり，たぶん受け入れがたいと思ったりするのは，その背景に，自分が相手に頼っていて，充足した生活を続けるのに相手からの愛や信望を必要としているといった関係性があるのかもしれない。その葛藤を言葉で表現すると，「おまえなんか，大っ嫌いだ」，でも，「今の関係を壊すのはいやだ。ぼくには必要な関係だし，頼りにしているから」となる。ジャックの場合は，成功したい，賞賛されたいという強烈な欲求と，それに伴う恐れ——脅されているという思いと自分を恥じる気持ち——との間に葛藤があるように思われる。

　しかしながら，葛藤は常に，ふたつと同じものはなく，一般的に，いかなる簡略版定式化が表せるものより複雑である。Hinshelwood（1991）は，対象関係論（下記参照）に基づき，潜在する葛藤は，不安まみれの相反する個人的な関係性とみなすことができるが，それは自己のさまざまなパート間で内的に機能しているもの（精神力動論で「対象関係」と呼ばれるようになっているもの）であると主張している。それはしばしば，対立する状況をなんとかしようとしている親と子という観点から（やはり簡略化された形で）考えることもできる。このような定式化を行えば，馴染みのあるやり方で内的状況を視覚化することができる。しかし

ながら，この観点の決定的要因は，これらの関係性が無意識的な心的生活のかなり異なった「ルール」（概略は後述）に従っているという点である。

不安は，危険な内的状況の存在を知らせる信号である。なんらかの措置を講じて，自己の対立する側面——すなわち，心の相反状態——が発生させた脅威を回避しなくてはならない。「解決策」は，葛藤を意識に上らせないようにすることである。これが，三角形の第3の要素，防衛のプロセスである。内的葛藤によって生じた脅威に耐えられない，それに対して意識的に対処できないという場合，個人的コヒーレンス（首尾一貫性）に対する脅威と崩壊の恐怖を回避するためには，いくつかの側面を避けなくてはならない。このように体験を防衛的に変更するのは一種の自己欺瞞であり，これによって自己のなんらかの側面が隠蔽されるのである。

この隠蔽を達成する方法は無数にある。体験のいかなる要素も，たいていは，なんらかの状況で防衛的に利用することができる。たとえば，ジャックは当初，非行に走るという「行動化」に頼った。行動化とは，厄介な感情に悩まされて不快な体験をする代わりに，ドラマティックで挑発的な行動を取ることである。ジャックが次に手を染めたのは物質乱用で，これもまた，情動的苦痛から注意をそらし，その苦痛を緩和する。こうした方略は，怒りが招く状況を「逃れる」ために，別の内的対象関係を確立しているのではないかと，Hinshelwood（1991）は示唆している。注意をそらすために使えるそうした方法は，通常，2つ以上あるだろうし，ほかにも，関係性の置換方法になりうるものが複数あるだろう。

私たちには，内的なコヒーレンス感覚を保持するために気づきを歪める傾向があるが，その傾向が引き起こす結果は多々ある。行動の決定的要素は意識的なコントロールから切り離されているため，私たち自身が実際の内的状態にうまく対処する準備を整えていることはほとんどなく，自分の行動をあまりうまく外界に適応させることができない。自分の行動が引き起こす有害な結果を予測する能力や，体験から学習する能力も限られている。そのために，同じ行動パターンをやみくもに何度も繰り返すのかもしれない。

いつもの防衛では，生じた葛藤に充分対処できない場合，「第2の防衛手段」として，さらに別の手立てに頼らなくてはならなくなるかもしれない。その手立ては「症状」の形を取ることもある。これは，対立する双方が妥協という形で表した葛藤解決策だと理解されている。こうした状況には，ある願望を気づきの外に留めておく必要性と，その願望自体の力の双方を感じ取ることができる。たとえば，強迫的確認行為は，受け入れがたい敵意にうまく対処する方法だと解釈されることが多い。敵意の結果として発生するのではないかと恐れられているダ

メージのせいで，確認行為による確実な安心が必要となり，一方，敵意の衝動は，その行動の強迫的な特性を媒介にして執拗に表出しようとし，当人やその周囲の人々を苛立たしい繰り返しでひどく苦しめることによって，いくばくかの結果を出すのである。歪んだ形で潜在する衝動がこのように繰り返し現れるのは，「抑圧されたものの回帰 the return of the repressed」と呼ばれている。ジャックのケースにおいて，彼の妄想的信念体系には，最初の防衛方略が失敗に終わったあと，自分の耐えがたい体験にうまく対処しようとして続けた必死の試みと同じ特性がある。それはまた，ジャックの中核的願望と不安の根本的な性質も，ことあるごとに多少はさらけ出しているように思われる。

　要約すると，力動的観点からのアプローチでは，個人の困難は，当人がその問題にもたらす意味と動機づけの観点から考察されるということである。そうした意味は，対立する欲求と関係性，このふたつが生み出す手に負えない不安として定式化される。防衛的な表面に現れているものは，当人を圧倒的な不安から守る役目をはたしているため，それらの意味を考察する際は，必ず，表に現れているものの背後を探らなくてはならない。心理的な問題は，行動と経験に生じた硬直性と制約に起因するが，その硬直性と制約は強迫的な防衛が引き起こしたものである。治療の目的は，強迫的な防衛による支配を軽減し，柔軟性を高め，なんらかの葛藤解決策をもたらすことによって選択の幅を広げることである。防衛方略が作動する原因となってきたパーソナリティ特性のパートを統合することによって，私たちは自己の全側面を，より完全に自分のものとすることができる。

　以上のことから，精神力動的定式化は，以下について検討しなくてはならない。

- 隠れている中心的な葛藤は何か？　どのような自他関係や願望，衝動，恐れが原因で，このような葛藤が生まれるのか？
- 中核の葛藤から生じる不安の特性はどのようなものか？　それらの不安は，どの程度うまく対処できそうか？
- それらの不安にうまく対処するために，どのような防衛方略やどのような関係性のパターンが展開されているのか？　それらはどれくらい効果があるのか？　それらには，どのような非適応的影響があるのか？
- 症状や，現在の問題点は，これらの防衛方略や隠れている葛藤にどう関係しているのか？

発達的観点

　私たちは発達的観点から，過去に目を向け，現在を理解する。幼児期の体験は，心的生活の力動的側面と構造的側面双方を形成する上で，根本的に重要なものだと考えられている。この観点は一般に心理学が前提としているが，その起源は精神力動論にあり，今もなお精神力動論と強く関わっている。

　この前提の主要素はたぶん，一連の発達段階に関する考えであろう。これは元々，性本能のエネルギーと性感帯の観点から考えられたものであり，口唇期，肛門期，男根期がよく知られている。しかしながら，このような発達段階はもっと広い意味で，保護者との関係という具体的な状態を性格づけるものとして解釈できることが明らかになった。たとえば，口唇期という考えは，食物摂取と生きるための他者への依存という問題や，体内に何があり，体外に何があるのかという問題，自己の境界の問題を強調する。Erikson（1950）はフロイトの研究を，よく知られた心理社会的発達の8段階にまとめ，各段階の特徴を詳細に説明している。個々人の課題は，幼児期のつながり体験に始まる独立と分化の連続的段階を進みながら，次第にアイデンティティを確立していき，最終的に自己の統合感覚を獲得することである（Mahler et al., 1975）。

　対象関係論で知られる学派は，親との関係，とりわけ母親との関係がもつ決定的な役割を強調してきた。しかしながら，精神力動的観点で重要なのは，そうした体験のもつ個人的な意味である。すなわち，子どもが，トラウマになりそうな別離や自分の身に降りかかった虐待であれ，家族内の対立であれ，なんらかの具体的出来事をどう理解しているかということである。それが原因で，どのような無意識の意味が発生し，その状況やそれに関する苦痛について，どのような空想を練り上げたのか？　その子どもが入手でき，そのときの苦痛にうまく対処するために頼った防衛方略は，どのようなものなのか？　内的反応と外的な出来事の相互作用は，パーソナリティ形成の基盤になるとされている。子どもは，幼児期の障害やトラウマにどうにかして対処しようとし，このときの適応をその後の歪曲の基盤として，どうすればその失敗を改善できるのか，あるいは，それを持続させたり，悪化させたりするのかといった点を関連づけていく。ジャックが抱える困難は，思春期半ばに出現したようだが，この時期には，性に関する発達上のプレッシャーやジェンダー・アイデンティティ，より広い世界で何を成し遂げるかといったことが，身に染みて感じられるようになりはじめる。しかしながら，精神力動的には，それ以前の出来事や関係性のもつ影響についても考えたいと思

う。たとえば，父親の成功と苦難，それらに対する母親の反応，成長中の息子に対する母親の反応，ジャックがどのように父親と同じでありたいと思った（可能性がある）のか，どのように父親とは違っていたいと思った（可能性がある）のか，などの影響について，考えるのである。

　発達的観点からのアプローチにおける重要な考え方のひとつに，機能不全は特定の段階で発生する問題と緊密に結びついているとする見解がある。子どもの頃の問題は，その原因がなんであれ，一生のその段階で「活性化」している特定の発達上の問題との関連で体験するものであり，そうした発達上の問題を通して，その後に影響を及ぼしていく。その影響は，発達のプロセスを中断したり妨害したりすることになるかもしれない。

　精神力動的観点の最も重要な特徴は，一般の発達心理学とは異なり，発達上の過去の観点から現在を解釈するという点である。過去は今ここに「生きている」のである。機能不全は，再現だと考えることもできるだろう。過去の発達関連状況で確立された感情パターンや思考パターン，行動パターンが，現在の，それもしばしば非常に異なる状況で再演されるのである。これらのパターンは柔軟性がなく，新しい体験による修正に簡単には応じない。実のところ，現在の体験は，その少し前に受け入れられていたパターンの観点から活発に体系化されるようになる。したがって，体験と行動の幼児期方式はしつこく持続するが，現在の影響から切り離される形で持続するのである。世界との関わり方に関する幼児期のパターン——それにふさわしい発達段階ではごく自然なもの——は，現在の心理的機能不全の性質を理解するためのテンプレートとなる。たとえば，ジャックの妄想的な態度のもつ誇張と「全能感」は，よちよち歩きの幼児が自分の周りの世界と関わるときの様子とどこか似ていると捉えることができるかもしれない。

　Malan（1995）はこれを，「人の三角形 triangle of person」という名の図にまとめている（図3.2参照）。これは，過去の（とりわけ家族の）関係性が現在にどう反響しているかを示している。しかし——これは精神力動的アプローチ特有の特徴でもあるのだが——その関係性は，クライエントの現在の関係性の中で再生されるだけでなく，治療室でも再生されている。このことから思うのは，転移である。すなわち，クライエントがセラピストのことをどう思っているか，クライエントがセラピストとどういう関係にあるかという点に関して，その一部は，幼児期の重要な関係性を何がしか反映するものとして理解できるかもしれないということである。クライエントがセラピストにどう近づき，どう反応しているかは，クライエントが他の関係性にどう反応するのか——そして，どうそれらを歪曲することになるかもしれないのか——を知る手がかりとなる。これはまた，当

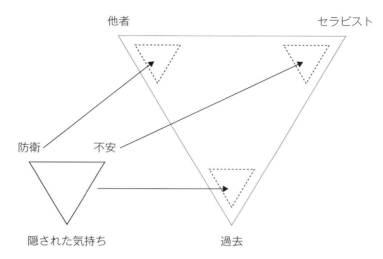

図 3.2　人の三角形と葛藤の三角形の併用（Molnos, 1984 から引用）

人の過去を解明し，当人が子ども時代や思春期にさまざまな状況をどう理解し，それらにどう反応していたのかを解明するヒントにもなる。ジャックが，妄想的な反芻に引きこもることで（女性）セラピストを遠ざけて防衛的になったことは，彼が他者から，殊に相手との距離が狭まったときに感じる，対処しようのないプレッシャー（成果を出さなくてはならないというプレッシャー？　目的を達成しなくてはならないというプレッシャー？）を明らかにする糸口になるかもしれない。クライエントが診察室で示す態度に対するセラピスト自身の——情緒レベルと行動レベル双方の——対応は，こうした再現に潜む感情の特性をアセスメントする際に，きわめて重要であることが多い。このような「逆転移」反応は，たとえばセラピーなど，各関係性において無意識レベルで繰り返される対人関係絡みの状況に関する手がかりとなる。私たちはこのようにして，さまざまな状況で繰り返される関係性の築き方について，類似のパターンを探していく。

　要約すると，発達的観点からのアプローチは，過去に注目し，生き延び方に関する特定の「決定」が最初に行われた個人的背景として，どういうことが考えられるかを解明しようとする，となる。そのようにして確立されたパターンはしばしば，自己永続的なサイクルを創り出す。人はそれぞれ，自分の生活史の所産であると同時に書き手でもあるとみなされている。このように発達の観点から解釈を進めていくことで，自分の性格特性の中で，あまり好ましいと思っていなかっ

た側面を，当人が認められるようになることが多い。

発達的観点から定式化を考える際には，以下の項目に注目する。

- 当人の人生（子ども時代，思春期，それ以降）のさまざまな時点における家族（および他の社会的）関係の本質と特性は，どのようなものだったのか？
- 当人の人生に大きな影響を与えていると思われる出来事や体験は何か？
- 何歳のとき／どの発達段階で，これらの関係もしくは出来事を体験したのか？　これらは，どのような影響を心理的発達に与えた可能性があるか？
- 当人は，これらの体験をどのような体験だと自覚しているのか？　あるいは，どのように自覚して説明しているのか？　これは予想と一致しているか？防衛上の歪曲はあるか？　これらはどのような意味をもっていた可能性があるか？
- さまざまな発達段階やさまざまな人間関係において，関係性とコーピングに関するどのようなパターンやテーマが繰り返されていると思われるか？
- そうしたテーマに関する課題と最も強く結びついていると思われるのは，どの発達段階か？
- これらのテーマは治療関係の中で，どのような形で表現されているか？　転移・逆転移の相互作用と体験のパターンは，どのようなものか？

構造的観点

構造的観点からのアプローチが焦点を絞るのは，どのような枠組みの中で心理機能が解釈されているか，個々人によって心理的構造がどのように異なっているか，という点である。精神力動論において，この心理的地図の重要な特徴とされているのは，心の中で作動している組織の種々のレベルである。特に知っておくべきは，意識領域に対立するものとしての無意識領域は，前者とは全く異なる働き方をするという点である。心の中に存在するのは，言語的統語法と論理で構成されていると「私たちが了解している」心的生活だけではない。無意識の世界には，反意語や否定が全くないため，矛盾する主張どうしがなんの異議も唱えられることなく共存する。そこには，順序も時間の感覚もない。さまざまな事柄が明確に区別されることもなければ，主観と客観の区別もない。したがって，あることが別のことを意味すること（置換）も，一度に多くのことを意味すること（圧縮）も可能である。意味は，条件つきではなく，絶対的である。疑念もなければ，確信の度合いもない。外界の現実とは異なるこの内的世界では，すべてが断固と

して安定していると同時に流動的である。心的現象には夢に似た性質がある。このモデルは，隠れた意味──抑圧を維持する必要があるせいで変形されて隠された意味──の存在を解釈するための枠組みとして用いられる。

　精神力動論では，内的世界は支配的な力であり，現実世界に関する私たちの認識を構築すると考えられている。私たちが遭遇するあらゆる状況，人，関係性は，選択と操作によって，自らの想定と期待に沿うものにされる可能性がある。構造的観点からのアプローチは，こうした内的現実と外的現実の関係性にはどのような特徴の型があるのか，現実世界との私たちの関係性はどの程度まで柔軟性があり，どの程度まで現実に基づいているのか，あるいは，どの程度まで無意識の要求に支配され，歪められているのかについて，考察する。フロイトは心を，あの有名な「エゴ」と「イド」と「超自我」とに区分した。この三層構造モデルは，現代の精神力動的思考ではあまり重要な役割を果たしてはいないが，総合的な定式化においては，上記の点できわめて重要な要素を提示している。

　程度の差はあれ，「健全な」防衛の観点から物事を考えるのは，特に珍しいことではない。つまり，どの程度の防衛が必要かに応じて，現実の体験を部分的に変更するのは，普通のことなのである。**抑圧**は，なんらかの衝動や感情を意識外に留めておくことであり，比較的わかりやすい回避の形である。これは，内的現実の一要素の歪曲にしか関わっていないが，しばしば，その要素を防衛目的でさらに変形させるための土台を構築する。**解離**は，自己体験のある領域全体を，それに伴う感情と記憶と自己の側面共々切り離すことであり，したがって，内的現実には，抑圧の場合よりも過激な変更が加わっている。**否認**は，より深刻な沈黙とも考えることができ，内的現実と外的現実双方の重要な側面の歪曲を意味している。ジャックは行動化と物質乱用を利用したが，これは，現実への対処能力不足が比較的深刻であり，有意なレベルの否認と，それに伴う「原始的な」防衛──（他者への感情の）投影や脆弱な行動コントロールなど──も関わっていると解釈されるだろう。これらが背景となり，ジャックはさらに，精神症レベルの機能へと退行していく。これは，「エゴの強さ ego strength」が乏しいと表現される状態──現実検討，感情の制御，自制の各能力の脆弱性──がジャックに生じていることを示唆している。自分自身を防衛する方法は誰にもある。そうした歪曲がどれだけ浸透していて，どれだけ柔軟性を欠き，どれだけ深刻かによって，人格の個性と「パーソナリティ症（パーソナリティ障害）」（「診断名」ではなく，機能の説明）とを区別している。機能不全の深刻さは，発達上の混乱がどれだけ早期に始まり，どれだけ重大なものだったかによって決まる。したがって，人生の最初の一年（フロイトの言う口唇期）に発生する問題──母親のうつ病罹患や

病気による育児不能などの理由で生じた養育の欠損——は，きわめて根本的な発達上のダメージを発生させ，その結果として，基本的な現実感や他者への共感力，自己管理能力に歪みが生じることもありうる。たとえば，Winnicott（1965）とKohut（1977）双方が提唱していることだが，母親が幼児の要求とメッセージに対して共感的に同調することで生まれる「ほどよい」依存関係の体験は，将来の発達に必要な土台を構築する。この領域における欠損は，防衛という形で「偽りの自己false self」によって満たす必要があるのかもしれない。「偽りの自己」とは，満たされていない依存要求によって生じた内的な欠陥を隠す作られたペルソナとその関わり方である。

　要約すると，構造的観点からの定式化が基盤とするのは，内的・外的ストレスに直面した心のバランス維持を可能にする心的構造に関する解釈である。治療による変化としては，自分の行動の責任を負う能力が高まる，柔軟性が増し，受容能力が高まり，気づきが深まるなどがある。「構造論 structural theory」も，変化の限界についてはっきり理解しており，私たちは常に，対立する要求の間でバランスを保とうとする行動を取っているとしている。しかしながら，もしエゴが強化され，原始的な超自我の力が弱められれば，そのバランスを，もっと効果的で満足のいくもの，自滅的要素の少ないものにすることができる。

　構造的観点から定式化を考える際には，以下を問うかもしれない。

- その人特有の防衛は何か？　それらは，どのようなレベルの「成熟」を示唆しているか？　それらの効果はどれくらいか？　自己制限はどのような損害を伴っているか？
- 当人の省察力はどれくらいか？　当人は，自分の内的状態や動機づけについて，「心理学的」に考えられるか？
- 当人は，どの程度の「エゴの強さ」を示しているか？　当人はレジリエンスをもっているか？　それとも，もろくて壊れやすいか？　柔軟性はあるか？　あるいは，融通が利かないか？　当人は適応に活かせる自分のストレングスと能力を活用できるか？
- 当人は自分の感情をどれくらいうまく規制できるか？　苦悩や不安を管理する能力，異なる状況に応じた妥当な変更を管理する能力はあるか？　失望や失敗に耐える力はあるか？
- 当人は，自覚している自分の機能性を調整したり持続させたりすることができるか？　個人的なコヒーレンスや安定性，自尊感情に関する自覚はあるか？　羞恥や誇張に対する感受性は鋭いか？　理想や達成目標，価値観は，

明確で安定しているか？
- 当人の他者との関わり方は，親密と自律，支配と服従，愛情に対する飢えと愛情の育みが生み出す緊張の間で，うまくバランスを取れているか？

適応的観点

　精神力動論は数多くの発展を遂げてきたが，そのひとつに対する関心が高まりつづけている。その発展に影響を与えたひとつが，1970年代から今に至って提唱されている，「現実の」外界と内的世界の関係性——体験がいかに生活状況と対人関係に影響を与え，そこにどのような相互作用が生じるのか——に関する体系的な行動理論である。たとえば，StruppとBinder（1984），その後，Levenson（1995）は，それぞれの定式化のシステムにこの要素を明示的に取り入れている。関係性絡みの葛藤は，当人にとって最悪の恐怖を強める傾向があるため，そうした葛藤に対する防衛的反応は際限なく続くことがよくある。こうした状態を発生させるのは，さまざまな形に結びついたプロセスで，たとえば，他者の動機と行動に関する誤解釈が歪曲と結びつく，関係性絡みの種々の状況の中から，特定の個人と，自分の予想を満たす馴染みの状況を選び出す，かすかなプレッシャーを感じて，他者が特定の反応をするよう無意識レベルで仕向ける，などである。一例を挙げれば，親しい人間関係の中で拒絶されることを予想し，それを怖れている人は，親密な関係性に取り組む際にも，気を許さず，きわめて用心深くなる傾向があるかもしれない（親密な関係が必要だと秘かに強く感じているにも関わらず，また，それが必要だからこそ取り組もうとしているにも関わらず，である）。このような取り組みの結果，怖れていたとおり関係性に破綻が生じると，他人は信頼できないし，結局はいつも失望させられるという考えが確認できたように思われて，件の循環パターンが強化される。ジャックはまさにこの手の罠にはまっているように思われる。なおざりにされているという自覚や，いろいろ要求されているという予想に過敏になっているせいで，他者に対して疑い深く否定的な対応をすることになり，今度は，自分が渇望し必要としている支援と評価を奪われるのである。しかしながら，精神力動的観点からすれば，これはセラピストとクライエント双方にとって，こうしたパターンを理解し，治療関係においてそのパターンが展開しているさなかに直接介入し，新しい結果の可能性を見つけるための絶好の機会になりうる。したがって，ジャックのセラピストが，自分のなんらかの発言に対する反応として，このプロセスが発動した徴候に気づけば，ジャックが「転移」のその場でどう反応したかを調べ，相互作用を明らか

にして修正し，のちに，これを他の例——さまざまな関係性のなかでジャックに
とって間違った方向に進んでいく状況——に結びつけることが可能になるかもし
れない。

　Malan（1995）は，アセスメントと定式化を進めながら種々の精神力動的課題
を統合するためには，この適応的観点が欠かせないと信じている。これのカギと
なるのが，Malan が「人生の問題」と呼ぶものであり，隠れている力動的な発達
関連課題がクライエントの人生における現在の状況とどう交差しているかという
ことである。クライエントのライフ・スタイルや職場環境，親密な人間関係には，
充分に注目すべきではあるが，そのようにする主な目的は，単に表面的な報酬と
ストレッサーを調べることだけでなく，発達に関わる力動的な重要課題とテーマ
で，クライエントにとって決定的な意味をもつものが，それらにどう反映されて
いるかを調べることでもある。出来事と関係性には，それらに特別な力をもたせ
ている当人特有の意味がある。どういう経緯で外側からの助けが必要であること
に気づいたのかを理解するためには，生活状況の中で変わった可能性のあること
に注目すること——あるいは「見つけ出すこと」——がとりわけ重要である（た
いていの心理的解釈においても言えることである）。力動的な妥協が，いかに不
充分であれ働いて，ついに何事かが起きた可能性はある。その出来事は，それが
意図したことの探索につながり，同様にして，事前の葛藤と妥協的解決がどのよ
うなものであったかについての探索が始まるかもしれない。ジャックの場合，一
人前になることと，この時点で加わった虐待の要因は，男性に対する恐怖——男
の不誠実さと暴力に対する恐怖——と男らしさという相矛盾する感情が交錯する
中で，ジャックにとって特有の意味をもっている。この相矛盾する感情は，ジャッ
クとジャック一家のストーリーの一部となっている。

　しかしながら，当人にとってうまく進んでいることについても，この適応的観
点から関心をもつべきである。生きるということは総じて，対立する要求間の「妥
協」のようなものだとする精神力動的傾向は，悲観的もしくは冷笑的にすら思わ
れるかもしれないが，他方，誰もが同じ立場にあるとする，調整的で思いやりの
ある良識も存在する。誰もが苦しみもがく課題の中では，クライエントもセラピ
ストとなんら変わらない。この言葉遣いが人を「病的なものとみなしている」（誤
用されれば，当然，そうなりうる）点については，本文脈では理解してもらわな
くてはならない。そのようなわけで，当人の生活でうまくいっていることも調べ
るべきなのである。どう妥協すると，よい結果を出せるのか，発達上のトラウマ
にはどう対処してきたのか，この苦闘の中で何が達成されたのか，などを調べる
のである。ジャックは明らかに，人生のスタートを切った当初，将来性のあるさ

まざまな資質を示していた。ところが，ジャックの人生で最も厄介な側面は，おそらく，こうしたストレングスを活かして現実的な成果を上げる徴候が全く見られないという点である。こうなると，変化をもたらしうる治療成果を当然のように期待するのは躊躇せざるをえなくなる。もう少し限定的な目標，状況の安定化を図る目標に向かうべく，方向転換をする方がよいかもしれない。

　適応的観点はこのように精神病理を，環境とのミスマッチのプロセスとみなしている。ミスマッチが生じる環境とは，葛藤に対する妥協的解決策が，人生の難題に対する当人の創造的反応を制約し，同じサイクルを繰り返す特性を自ずと強化して，体験からの学びを妨害するような場合を言う。変化とは，創造的な選択肢の幅を広げ，適応性を欠くサイクルから抜け出すプロセスのことである。

　定式化に関する適応的観点からのアプローチでは，以下を問わなくてはならない。

- そうした人生の問題や症状では，どのようなパターンが繰り返されているか？　また，それらには，どのような無意識の目的があるか？
- このことはなぜ，**今**，起きたのか？　すなわち，これはなぜ，この時点で耐えられない程度にまでなり，症状として現れて助けを求めているのか？
- 適応性を欠くどのようなサイクルが稼働して，中心的な葛藤を管理しつづけているのか？　当人は，どのように反応することで，自分の人生経験を歪めたり，操作したりして，自ずと強化が進む反復を引き起こしているのか？
- このようなありふれた反応パターンはどのようにして，当人の継続的な発達や人生での実績を制限するのか？
- 葛藤をどのように処理することで，これまで比較的よい結果を出してきたのか？　また，そうした処理の仕方はどうして，発達上の問題に対する肯定的な対応となってきたのか？

　精神力動的アプローチ（および，たぶん，あらゆる心理学的ナラティブの創作）の本質的な部分は，こうした異なる観点や文脈のそこかしこに現れるテーマやパターンの調査であり，これらを調べることによって，当人にとって問題となっている体験について，一貫性のある定式化を行うことができるようになるのである。同様のテーマが異なる活動領域に存在することや，種々の観点から出現してくることは，定式化の妥当性を支持するのに役立つであろう。この循環性は——「科学的には」問題を孕んでいる可能性があるが——定式化を実地に行うときのカギとなる。セラピストは治療の現場でクライエントと共に，さまざまな仮説を解釈し，それによってクライエントに生じた反応に注目しつつ，仮説の検証を進めて

いかなくてはならない。このタスクに対する本アプローチの姿勢は，認知を基盤とする傾向がもっと強い他のアプローチのそれとは異なっている。本アプローチで重要なのは，クライエントの意識が「定式化」（解釈に基づく介入という形で提供されるもの）に同意することではなく，定式化に対するクライエントの無意識の反応と，定式化を入念に仕上げることである。これは繊細なプロセスであり，エラーの発生する余地がかなりあることも確かである。この難しさが特に際立つのは，取り組むケースの材料がかなり抽象的なものしかなく，セラピストの経験についてのデータや，セラピストの解釈に対するクライエントの反応についてのデータがまったくないという場合である。

ジャック：精神力動的定式化

裏切られ廃嫡された王子

　私たちに提供されたジャックの発達史の主要テーマは，父親の成功とその後の失敗，並びに，その失敗が家族にもたらした影響を中心としている。このテーマを内的ドラマで表現するなら，ジャックはさしずめ，「廃嫡されて裏切られた」と感じている若き「王子」といったところだろう。父親はゼロから出発して，ビジネス「王国」を築くが，やがてそれを崩壊させる。最初のうちはサクセス・ストーリーだが，そこには，彼が暴力をふるう人間であり，信頼できない飲んだくれであるという暗部が存在する。父親は家族を虐待し，のちに家族を捨てるという行為に及び，中傷される人物（女性にとって，そういう存在）となる。ジャックのストーリーの本質は，このこととの関係性の中に読み取れるかもしれない。ジャックは，「王国」の後継者となる自分の未来像を提供されて，それに応じる。支配力（パワー）を約束された一人前の男性になっていく自分を意識するようになるのである。しかも，どうやらその未来は保証されていて，自分の才能を伸ばし，社会的地位を高めて，それらを利用することもできそうである。ところが，影の要素が現れはじめる。ジャックがまさに大人として父親の「王国」の後継者になろうというとき，その王国は崩壊し，父親の代理とも言うべき人物は虐待を繰り返す人間であることがわかるのである。ジャックはこの男からの誘惑と自分の性的指向への裏切りの中に，すでに虐待を感じ取っている。ジャックの人生は，スタートを切る前から，父親の鏡像の中で崩壊しはじめる。

　いくらかドラマめかしたこの物語（ナラティブ）は，確かにさまざまな推論を前提としてはいるが，ジャックの経験の特性たりうるものを何がしか捉えようと努めている。

第3章　精神力動的定式化──表に現れていないものを見る　　**93**

ジャックのストーリーから（私に）衝撃として伝わってくるのは，落胆と喪失感に加えて，脅され裏切られたという思いに常に苛まれ，打ちのめされているという感覚である。また，ケースの他の材料の中で力動的な用語を使って掘り下げていくべき重要なテーマも伝わってくる。たとえば，男らしさの本質，その根源（両親と大人としての両親像との同一化の中にあり，自尊感情や人生で成功する資格の土台となり，現実の世界での仕事や創造性，個人的な関係性を持続させるための土台となるもの），性的指向とそれに対する侵害との関係などである。人はどうしたら「真価を認めてもらえる」のか？　これは葛藤を生む中核的領域である。「自己陶酔的な」努力はおそらく男性としてのアイデンティティと密接につながっているが，そこには，野心と誇りはもちろん，失敗や恥辱や侮辱の恐怖に逆らって認められたいという願望も含まれている。ジャックは父親と自分を同一化しているが，これにはひどく矛盾する感情が伴っている。というのも，おそらくそれは，父親──ひいては男性一般ということになるだろう──が理想化されると同時にけなされるような家族状況で必ず起きることだからである。力があり，何かを統轄しているということは，乱暴であり，信頼が置けないということでもある。成功は失敗につながり，失敗すれば持続は不可能となり，崩壊を招き，他者を見捨て，自分を恥じることになる。この両面価値状態は強い緊張を生むため，そのせいで信頼できるもの，はっきり言えば，本当に重要なものをめぐって混乱が発生する。人はそれを，手ひどい裏切りとして体験する。ジャックは父親を心底必要としているが，自分の相続権をなんらかの策略によって剥奪されてしまったかのように感じている。とは言え，ジャックは，自分の要求と両面価値によって，その策略に加担しているのである。ジャックの心の中では，性的虐待にも（たぶん）この特性がある。性的虐待は恥辱だけでなく罪の意識にもつながる。というのも，性行動は，危険で破壊的なもの，つまり，一種のレイプだと考えられているようだからである。このストーリーの中の誰かが性的に危険であり，それが誰かと言えば，ジャックなのである（たぶん，ある程度，体験からそう知っているのである）。彼こそが裏切っている（と自ら夢想している）のである。ジャックとこの世界は危険でもろく，崩壊は常に目前まで迫っている。

　男らしさに関するこうした不安は，当然ながら，女らしさの概念と密接につながっている可能性が高い。ジャックが育ってきた世界は（情報不足ではあるが），きわめて女性的な環境であるように思われ，ジャックは，圧倒され飲み込まれるような思いを味わってきたかもしれない。女性を恐れる気持ちは，ジャックが父親を必要としていることや，彼の男らしさが危険にさらされていることの顕れだと捉えることもできるだろう。それはまた，家庭が安心できる安全な場所だと感

じられるかという問題や，そこに所属する権利という問題とも関係しているかもしれない（が，この点はあまりはっきりしていない）。はっきりしているのは，男らしさに関する不安は，この家族の移民という位置づけに関係しているということである。一家は皆，新しい国に（心理的に）しっかり定着しているのだろうか？　この不確かさに最も苦しむのは男性であり，自分たちの世界のもろさや自分たちのアイデンティティのもろさ，場所に関する権利のもろさは，もっと広い社会的レベルにおいても強調されている。この安全性の欠如とそれによって生じる攻撃性は，パラノイドと迫害という形で表現され，経験されている。

　ジャックの状態の臨床像の特徴の多くは，これまで述べてきた中核的な不安と葛藤に対する防衛反応だと考えることができるだろう。まず，非行や暴力，物質乱用という行動化がある。これらはすべて，父親との同一化であるのはもちろんだが，自分を圧倒する情動と不安からの逃避でもあり，察するところ，主に恥辱と屈辱から取った行動なのだろう。このことは，軽い躁症状や，ジャックの空想システムに見られる全能感や代償性という側面において，いっそうはっきりしてくる。ジャックは空想という束の間の努力をすることで，自分の恥辱にまみれた体験に打ち勝とうとしているのである。これらがうつ状態の段階で再び出現する可能性は高い。その場合は，自責に逃避することになる。こうした防衛は完全に効果的というわけではないため，うつ状態は悪化し，重度の退行状態——精神症的妄想，現実との境界が曖昧になる状態，一過性の幻覚など——を引き起こす。ストレスがかかると，原始的な無意識の中にあったものが浮上し，大々的な投影と否認がその場を席捲する。たとえば，セラピストが何か重要な情緒的接触を図ろうとするときなどに，こうしたことが起きたりする（セラピストが女性であるということが，脅威を追加することになったかどうかは措いておこう）。妄想は，一種の防衛的な退行ではあるが，同時に，ジャックの不安を構造化している空想を，たとえば，窃盗と裏切り，復讐と迫害，スターダムにのし上がり「印税」を得る権利，性的暴力などを，かなり明確な形でさらけ出す。

　要約すると，ジャックは青年期に，強まる性的関心の要求に直面し，また，殊に今の社会における成功者としてのアイデンティティを形成し，成功するための力を鍛えなくてはならないという事態に直面して，発達が断絶した若者だということである。こうした事態に直面した結果，自己主張や創造性——ジャックにとっての男らしさにつながる要素——をめぐる力動的な葛藤が活性化されることになる。ジャックは，父親との同一化に矛盾する感情を抱いていたため，自分がしなくてはならないことに対して，恥辱や失敗の恐怖，さらに二次的にではあるが，おそらく，損害や性的な攻撃性についての不安も抱いている。そうして，徐々に

退行していく防衛的方略に引きこもっていき，ついには，躁病的かつ偏執的な精神症的妄想に助けを求めるようになり，ストレスを感じるたびにその状態に戻りがちになったのである。適応的観点からすると，これはジャックにとって一種の罠であり，この罠にはまると，現実世界での生活構築に結びついた危機感が高まり，親密な人間関係，特に，性的関係を結ぶことについての危機感が高まる。さまざまな証拠が示唆するところによれば，構造的自我に重大な脆弱性があり，自己のコヒーレンス感覚と自分の現実感を維持するのが難しい状態になっている上，重度の——それも特に精神症的な——退行方略があり，それによって対人的なプレッシャーや他の人生のプレッシャーに対処しようとするという危険な状態にもなっている。

考察——定式化に関して

　このような文書のみのケースでは，精神力動的思考のきわめて重大な要素，すなわち逆転移（クライエントがセラピストの中に引き起こす感情）を突き止めるのは難しい。しかしながら，ひとつのストーリーがこの欠落をいくらか埋めるのに役立つかもしれない。私は，ケースの材料の中に実は隠れ蓑として置かれた要素を，自分が「拡大解釈」しようとしていないかを確かめたいと思い，そうしている箇所があるなら警告してほしいと依頼していた。ロビー・ウィリアムズの経歴とイメージについて，私はあまり詳しくは知らなかったので，彼についてインターネットで調べ，自分がテーマだと考えていたこと（全能感，性別化，性の曖昧さ，成功，裏切りなど）に一致する点を多々見つけて，当然ながら興奮した。そして，そのときになってやっと，自分がすでに，これは隠れ蓑的要素かもしれないと言われていたことに気づいたのである。私はいたく（自分の全能感とおめでたさを）恥ずかしく思い，そそのかされ裏切られたと感じ，また，おそらく何よりも，何が真実かを見きわめる自分の判断力が損なわれていることに狼狽した。私は，自分がすでに「知っていた」ことに目をつぶり，それを忘れて，空想を選択しようとしていたのである。無意識の材料は，定式化を行っているまさにその最中にも，驚くべき形で私たちの中に入り込んでくる。それを活用して，患者および患者の関係性——私たちとの関係性や他の専門家たちとの関係性など——を共感的に理解する能力を深めるために，私たちは常に警戒を怠ることなく，心を開きつづけなくてはならない。

介入に向けて

　メンタルヘルスのシステムにしばしば欠けていると思われるクライエントに対する敬意だが，その敬意を示したいという願望もあり，心理学では最近，精神症との新しい取り組み方全般に関して，さまざまな発展が生まれている。こうした状況下で，私たちはひょっとしたら気配りをしなくてはいけないと気にしすぎて，ジャックは「頭がおかしい mad」と言えなくなっているのかもしれない。言うまでもなく，ジャックの才能や人望には注目すべきであり，彼の人生に降りかかった出来事を思えば，彼がそうなるのは「無理もないことだ」と思いやる必要はある（看護師たちは専門医に差し向ける際にそうしている）。しかしながら，15歳以降何ひとつやり遂げたことがないことや，エゴの能力がきわめて脆弱なこと，生きていく中で「泊まる」ことのできる場所をどこにも見つけられないでいること，妄想的なアイデンティティに頼ることを，見て見ぬふりをしてはいけない。これらの特徴はすべて，きわめて深刻な構造的障害を示すものであり，ケースの力動的特徴および発達的特徴から引き出される解釈と同様，これらも判断材料として使い，治療でどう対応するかを定めるべきである。

　以上の理由から，診査を集中的に行うセラピーは，介入の選択肢として示されることはない。ジャックはそのような状況に置かれると，大きすぎる情動的プレッシャーを感じることになるだろう。また，ジャックは，その手のセラピーを活用して自分自身を理解しようとすることはなさそうなため，おそらく情動的に孤立した状態になるだろうし，なんらかの形で行動化に出たり，精神症的な対処法に頼らざるをえなくなったりするかもしれない。だからと言って，精神力動的定式化には提供できるものが何もないということにはならない。精神力動的定式化は，より社会的で人生の構築に役立つ介入法と関係性を知らせることができるし，たぶんそうすべきである。そのような介入法と関係性は，首尾一貫した根拠の確かなアイデンティティと肯定的な人生構成を自力で確立していくために，ジャックが必要としているものである。これらには，支援的な治療関係も含まれていて，それが役立つこともあるだろう。そうした治療関係は，思いやりがあると同時にクライエントを制することも可能ながらプレッシャーは与えないというやり方——妄想の重要性を精神力動的に評価する（に留め，解釈しすぎない）ことで導き出したやり方——で，ジャックの妄想に対応する。こうした形の治療的取り組みが焦点を絞るのは，ジャックの現実世界との関係性を明らかにし（ジャックの空想の意味に焦点を絞るのではない），肯定的な対処方略を提供し，たぶん肯定

的かつ安全で共感できるロール・モデルを提供することである（この課題に取り組むセラピストとして好まれるのは，たぶん男性だろう）。このような発達関連の機能の多くは，良好なソーシャルケアの場でも入手できることが多い。とは言え，このような肯定的な関係性と交流の機会は，その提供の仕方の問題点によって中断されたり，台無しにされたりしがちである。精神力動論はこのことを，スタッフ間や支援サービス・システム内で活性化する逆転移的力動の観点から理解している。これらの一部は，重度の精神障害者との取り組みに対して発生する一般的な反応だが，ジャックのケースでは，ジャックを特別視し，彼を救うために格別な努力をしたいという願望を予測できるかもしれない。ジャックはそのような機会に遭遇することによって，警告やプレッシャーを受けたような気持ちになり，相手から逃げて引きこもるだろう。そして，それが結局セラピストに対する失望につながり，さらには，拒絶や自暴自棄につながり，ジャックはそれを裏切りとして経験することになる。力動的観点から情報を集めて作成した治療計画は，ケア・チームにとって助言と同時に牽制にもなるため，チームは上記のような古い破壊的パターンが繰り返されるのを回避し，ジャックに治療を続けてもらい，少しずつ（そして，たぶん，ためらいつつも）自分の恥辱や自信喪失，もろい安心感に取り組んでもらえるであろう。ジャックはこのプロセスを通じて，チームに助けられながら，一人前の男性としての自尊心を確立しはじめる場を見つけられるかもしれない。

ジャネット：精神力動的定式化

つかみどころのない少女

　ジャネットと彼女の状況に関する精神力動的観点からのアプローチできわめて衝撃的なのは，詳細な情報が急増しているにもかかわらず，私たちには彼女のことが実はよくわかっていないように見えうることである。つかみどころがなく，情報は断片的なものが多く，ジャネットが自ら私たちの手をすり抜けているように感じられる。これはひとつには，提供されたケース材料の性質によるものである。そのケース材料は，専門家に差し向ける際の紹介状レベルのものだと言えるかもしれないし，心理データのレベルで言えば，数多くの欠陥がある。しかしながら，これがジャネットの人生を語るストーリーとして提供されたものであるという事実こそ，重要だと受け止めることができるかもしれない。このストーリーは，読者としての私たち自身の反応と，この形式でこれを（解釈として）提供し

た専門家の反応双方において，逆転移の観点から「読む」ことができる。ジャネットは，必ずしも捉えられないわけではないにしても，ひと目でそれと見て取る——首尾一貫したイメージで心に留めておく——のは難しく思われ，このことは，魅力的であると同時に苛立たしくも感じられる。それは，ジャネットに対する他者の反応に見られる矛盾した感情（融合と拒絶の間の感情）に似ているのかもしれない。

　このような第一印象は，アセスメントで何に注目するか，ストーリー全体をどう統合するかを考察するときの糸口として役立つ可能性がある。ジャネットのケースにおいて，この第一印象は，幼少期のアタッチメント（愛着）の問題を示唆する証拠と合致し，その証拠を際立たせてもいる。ここで言う幼少期のアタッチメントの問題というのは，メアリーの産後うつ，「絆の形成」の問題，ジャネットに対する拒絶の感情，度重なる救急外来での受診が証明しうるケアの欠如などである。現在の問題の特徴は確かに，「自分のベッドで眠ることに対する不安と，交通機関の問題」の観点から考察するのにうってつけである。同時に，メアリーは過度の同一化をしたり，自分の不安と娘の不安（たとえば移動の問題など）を混同していたりする可能性があり，これらのせいで，安全なアタッチメントと必要な分離との間の緊張を，発達に応じた方法で解いていくのが難しくなっているようである。メアリーの健康問題は，必要な世話をするのにも，必要な感情を「栄養として与える」のにも限度があることを意味しているようでもある。

　母娘の関係性に見られるこのようなアタッチメントの課題には，さらに広範な背景がある。母娘と父親との関係性はきわめて重要であり，暴力や酩酊，夫婦関係の悪化と最終的な破綻は，メアリーのさまざまな困難やジャネットの不安定な状態の主要な原因ということになりそうである。ジャネットが虐待されていた可能性については，曖昧ながらその徴候はある。しかし，これはアセスメントの間，覚えておかなくてはならないこととは言え，本題には関係ないことかもしれない。メアリーの愛情の中における孫たちの位置づけと，ジャネットの彼らに対する反応（おそらく，置き換えと嫉妬）は，きわめて重要な要因である可能性があり，実際，これらのせいで，問題は今こうして悪化した状態になり，ジャネットは医師に紹介されることになったのかもしれない。同様に，不安定なアタッチメントについての課題は，一家の境遇の社会的・文化的側面の一部（放浪するロマの家系であり，この文化に混乱が生じていること，暮らしている地域が社会的に崩壊していること，住み替えになるはずだが目途が立っていないこと）とも相関している。メアリーがこのような環境の中で，自分の状態を「安定している」と感じているとは思えないし，したがって，自分の娘にそうした状態をうまく与えるこ

とができないのである。一方，ジャネットが別の成人（シンディ）と親しい関係にあることは，重要な保護要因であろうし，治療に役立つリソースにもなりうるであろう。ジャネットは，さまざまな問題を抱えた少女ではあるが，種々の領域でいろいろやり遂げているだけでなく，良好に機能してもいる。

　本ケースのこれらの特徴をある程度おおまかにまとめると，アタッチメントに問題があることと，ジャネットが母親との関係やそれよりも広い自分のネットワークとの関係の中で不安定な状態に置かれていることになるが，これは必ずしも，定式化のための十分な土台とはならない。精神力動的な説明として，充分明確に述べられていないのである。アタッチメントの不安に関する詳細は曖昧なままである。ジャネットに関して入念に練り上げられた空想とその意味──すなわち，メアリーの不安と対処反応の根底にある特質，もしくは，生きていく上での困難をあまりにたくさん抱えているこの「高齢で授かった」子どもとメアリー自身との関係性の意味──が曖昧なままなのである。特徴のいくつか──たとえば，拒食という形で現れている主要な問題と言えそうなもの──は，この母娘のアタッチメントに関する課題のひとつかもしれないし，そうではないかもしれない。ジャネットに現れているさまざまな「症状」の意味は，関係性に関わるものも精神力動に関わるものも，さらに詳しく掘り下げていく必要がある。アタッチメントの課題や他の領域は，より詳細なアセスメントでたどるべき調査の道筋だと考えるとよい。

　しかしながら，このアセスメントに対する精神力動的アプローチは，ある介入の特徴をいくつか備えることにもなる。その介入では，母娘双方のいくつかの体験を，調査の一環としての仮の解釈を提示して理解しようとする。その後のセラピーは，母娘のいずれかと個別にでも，双方それぞれ個別にでも，ふたり同時にでも行うことができるが，アセスメントは，個別の機会を設けることをお奨めする。目的は，メアリーとジャネットそれぞれのために，関係性や問題領域の範囲内で，それぞれの根底にある要求や恐れに言及し，たぶん明確な説明もすること，および，適切な発達レベルにおけるそれぞれの懸念を正確に区別することである。アセスメントと定式化は，メアリーとジャネットがそうした調査を介した関係性による助けをどれだけ利用できているかについて，評価を行う必要がある。ただ，繰り返しになるが（ジャックのケースがそうであるように），個別の集中的セラピーは，精神力動的観点からすると，必ずしも唯一の解決策ではなく，さらに言えば，望ましい解決策でもない。日常の対処法からわかるジャネットのストレングスに，家族や地域社会のリソースが加われば，ジャネットは，渇望し必要としている自分への配慮と安心を見つけるための手段を，ひょっとしたら手に入れら

れるかもしれない。同時に, 介入の重要な構成要素として確実に行うべきことは, メアリーが自らへの十分な支援を受けられるようにすることと, ジャネットをメアリー自身の要求と過剰に重ね合わせないことである。

考 察

　以上に述べてきた臨床レベルのこの理論は, 数多くの競合する要求や自らの役割のプレッシャーをなんとか処理しているセラピストを支援するために展開したものである。力動的定式化は, 治療方略の選択やリスクと目的の特定に役立つ可能性がある。調査を軸としたセラピーが指示された場合でも, ほかに考慮すべき課題は多々ある。治療の強度, 治療の期間, 焦点の具体化, 支援のバランス, 関係性に関する課題などである。特に, 各観点は, その治療セッションで臨床の材料をどう聞いて, どう解釈するのか, さらに, それをどう活用して, 共感的対応を展開するのかを示す「傾聴の観点」だと考えることができる (Hedges, 1983)。セラピストは, 総合的なケースフォーミュレーションに対して行われた介入と解釈をモニターして, 自らが「順調に進み」つづけられるようにするかもしれない。しかし, これにもリスクがある。定式化は, クライエントを客観視して共感しようとするときの障害になる可能性がある。だからこそ, 通常の力動的セラピーは, 総合的定式化を明確にクライエントと直接共有することはないのである。直接共有するようなやり方は, クライエントの自主的な自己分析と発見の妨げになり, クライエントはそのやり方を異常な負担として体験することになりそうだと考えられている。自己分析と発見は本質的に, その結果としてもたらされるあらゆる明示的な新解釈と同様, 臨床的に重要なプロセスである。解釈は, 治療上の (転移的) 関係が展開していくその文脈内でのみ, 発見され提示されるのである。

　この意味で, 私たちは精神力動的観点から, 定式化が, それを行っているセラピストにとって (情動面で) どのような「働き」をしているのかを問いかけたいと思う。定式化を行うのは, そうする「必要」を感じたときが多いが, その「必要」は治療関係自体によって形成されている。その場合, 転移／逆転移のマトリックスの外側に——いわば, 客観的な立場に——立っていることは決してない。たとえば, セラピー当初は, クライエントのことをはっきりとよく理解できたように思うのに, その後, 取り組みが進むにつれて, そうは思えなくなるというのは, よくあることである。理解できたというその感覚は (うまくいけば) 取り戻すことができる。しばしば, このことはずっと前からわかっていたような気がすると思うのである。しかし, その意味は同じだろうか？　現在の精神力動的治療にお

いて，理解は互いに構築し合うプロセスであり，関係性のパターンが変化して生まれるものである。それは外界に構築するものでもなければ，概念として構築するものでも，客観的な観点から構築するものでもない。この意味での定式化では，体験の中に混乱した状態で存在し，形を成していないものを，意味のあるものにする——象徴化する，もしくは，「メンタル化する」——ために，セラピストは奮闘しつづける。これを決定的に左右するのは，今何が起きているのかを認識する能力ではなく，途方に暮れた体験，無秩序と混乱の体験——しばしば苦痛を伴う体験——を是認し，それに耐える能力である。抽象的な定式化を追い求めるのは，そうした体験を回避したいという願い，明確に説明してもらい，特定してもらい，自分が主導権を握りたいという願いの一部なのかもしれない。したがって，防衛的になる可能性もある。理解の必要性を防衛的に捉えると，つい単純化しすぎたり，意味を抑圧したり——そして，そうしながらクライエントを抑圧したり，そそのかしたりして，自己限定版のクライエントにしようと——しがちになる。

　すでに示唆したとおり，精神力動的観点は，事実上，「病理学の民主政治」を創り出す。すなわち，私たちは皆共に，対立する欲求や憎しみ，恐れが入り乱れたこの悲惨な混乱状態の中にいるのである。だからこそ個人セラピーは，おそらく自分自身の問題を解決するという点ではそれほど重要ではなくとも，自分自身の心と感情の働きにいくらかでも慣れておくという点で，精神力動的治療のきわめて重要な部分なのである。心と感情の働きを知っておくことで，うまくいけば，治療上の取り組みが行く手に仕掛けている最悪の罠から身を守ることができるだろう。私たちは人間であるがゆえに，誰しも苦痛や困難を体験する。その苦痛や困難の共有をこのように評価することは，クライエントに対する深い共感と敬意の基盤である。ただ，これは必ずしも，すべての人の興味をそそるとは限らない。この意味で，精神力動論は「ポジティブ心理学」ではなく，強いて言うなら，この事実を誇りに思っている。精神力動論はポジティブ心理学とは異なり，生きていくということを悲劇的かつ皮肉めいた視点で捉える。精神力動的定式化は，生活の中心にある苦痛な課題に真正面から向き合い，誠実さやユーモア，共通の苦境に対する思いやりの中に，私たち自身を含めた人間にとっての希望を見出すよう要求する。

　私たちはセラピストとして，セラピーで向き合う厳しい難題に役立てるために，手に入る助けはすべて手に入れなくてはならない。定式化は，確信をもてない苦しみからの逃げ場としてではなく，厳しい体験に耐えるための助けとして，セラピーの中に自らの居場所を見つけなくてはならない。セラピーでは，厄介な課題が多発する。たとえば，問題を理解もしくは解釈できない，治療で心を通わせる

ことによって生じるリスクを感じたら，それに対処しなくてはならない，好奇心は抑えつけず，むしろ増大させなくてはならない，陽気になり元気になれるよう働きかけなくてはならない，などである。そうした問題が発生したとき，定式化をその助けとするのである。また，Winnicott（1971）の言う意味で，定式化はセラピストにとって，一種の「移行対象」として機能する可能性もある。子どものぬいぐるみ同様，それは，実際に存在していて大切なものではあるが，完全にはまり込むものではなく，安心するために手放さないでいるもの，思考を助けてくれるものではあるが，相互理解が進んだときには放棄できるものである。

　この40年，精神力動療法の臨床家たちは，治療技術だけでなくサイコセラピーで確立されている認識の特質について，次第に関係性に焦点を絞った見方をするようになってきた。臨床の「材料」を解釈して定式化するプロセスで，クライエントと共に理解を進めながら，常時それを差し替え，しっかり状況に合わせていくのである。しかしながら，いまだ精神力動的領域には，古典的なものからポストモダンのものに至るまで，実にさまざまな理論的アプローチが存在している。本章は，定式化に対する「臨床的」アプローチの概略を述べたものであり，少なくともある程度は，競合するそうした観点をつなぐものでもある。

精神力動的定式化の重要な特徴

- クライエントの症状と人生の問題を，情動的生活の基盤となっている意味の序列が表に現れたものであると捉え，それらは対立する関係性や感情，欲求，恐れから生じていると考える。
- これらの重要な対立／葛藤を，さまざまな状況において繰り返されるもの，特有の防衛方略によって管理され，非機能的かつ自己限定的な解決策の循環を発生させるものとみなす。
- これらの葛藤と防衛を，当人の発達歴，主要な過去の関係性やアタッチメントのパターンと関連づけ，当人固有の人生体験における意味を見出す。
- 無意識とその機能に関する概念をおおいに活用し，意味は，象徴化され意図的に隠されたもの，可塑性があって刻々変化する多層構造の複雑なものであるとする。
- クライエントが今，助けを求めていることに意味を与えるため，当人の最近の生活状況にある何が，中核的葛藤のかつての解決策を揺るがしているのかを特定する。
- 治療関係（転移）と，関与したセラピスト自身の体験（逆転移）の中で，こ

のような具体的な関係性に存在する類似のパターンとテーマを探しながら，それらがどのように起きているのかを観察することによって，前項の仮説の妥当性を立証する。

- 単に思考や理論だけでなく，セラピストの感覚的／情動的共鳴も，意味を引き出し理解するためのガイドとして活用する。
- 定式化全体を明確にクライエントと共有するということはしないが，クライエントがその定式化の理解に基づき，自分の行動と体験の具体的な意味の構築（解釈）にどう反応するかを観察することによって，その定式化の妥当性を立証する。
- 明確な合意を取りつけることよりも，一貫性のある反応と詳細を期待する。エビデンスの探究は解釈学的な観点から（すなわち，意味と理解を深めるために）背景を重視して行われ，一般化を目ざすことはない。
- 当人の心理的機能に特有な防衛に関して，その成熟度や安定性，柔軟性，様式の規則性などの「構造的」課題を考察する際，精神力動的アプローチはときに，広義の「診断的」特性を帯びることもあるが，それを下から推し進めているのは，集中的な個別化であり，人間に関する一般的な断定的発言に対する疑念である。

参考文献

Erikson, E. (1950) *Childhood and Society*, New York: Norton.

Freud, A. (1936) *The Ego and the Mechanisms of Defence*, London: Hogarth.

Hedges, L.E. (1983) *Listening Perspectives in Psychotherapy,* Northvale, NJ: Jason Aronson.

Hinshelwood, R.D. (1991) Psychodynamic formulation in assessment for psychotherapy, *British Journal of Psychotherapy,* 8(2) 166–174.

Kohut, H. (1977) *The Restoration of the Self,* New York: International Universities Press.

Leiper, R. and Maltby, M. (2004) *The Psychodynamic Approach to Therapeutic Change,* London: Sage.

Levenson, H. (1995) *Time-Limited Dynamic Psychotherapy,* New York: Basic Books.

Luborsky, L. (1984) *Principles of Psychoanalytic Psychotherapy: A Manual for Supportive-Expressive Treatment,* New York: Basic Books.

McWilliams, N. (1999) *Psychoanalytic Case Formulation,* New York: Guilford Press.

Mahler, M. S., Pine, F. and Bergman, A. (1975) *The Psychological Birth of the Human Infant: Symbiosis and Individuation,* New York: Basic Books.

Malan, D. H. (1995) *Individual Psychotherapy and the Science of Psychodynamics,* 2nd edn, London: Butterworths.

Molnos, A. (1984) The two triangles are four: a diagram to teach the process of dynamic brief psychotherapy, *British Journal of Psychotherapy,* 1(2), 112–125.

Rappaport, D. (1959) The structure of psychoanalytic theory: a systematizing attempt in S. Koch (ed.), *Psychology: The Study of a Science* (Vol. 3), New York: McGraw-Hill.

Strupp, H.H. and Binder, J.L. (1984) *Psychotherapy in a New Key: A Guide to Time-limited Dynamic Psychotherapy,* New York: Basic Books.

Wallerstein, R.S. (1988) One psychoanalysis or many? *International Journal of Psychoanalysis,* 69 (1), 5–21.

——(2002) The trajectory of psychoanalysis: a prognostication, *The International Journal of Psychoanalysis, 83*(6), 1247–1267.

Winnicott, D. (1971) *Playing and Reality,* London: Tavistock.

Winnicott, D.W. (1965) *The Maturational Processes and the Facilitating Environment: Studies in the Theory of Emotional Development,* London: Hogarth.

第4章

システム論的定式化

家族のダンスをマッピングする

Rudi Dallos & Jacqui Stedmon

システム論的アプローチ

　本章では，システム論の概略を歴史的観点から簡潔に紹介する。家族の相互関係に見られるパターンと配列（シーケンス）を強調する比較的近代主義の行動的枠組みから，共有された意味を前面に置くようになった枠組みに至る数々の段階を経て，それがどう発達してきたかを説明していく。最新の展開の焦点は，言葉の求心性と，家族が共同で構築する理解に絞られている。これと多くの共通点をもつのが，治療に対する社会構成主義的アプローチで，このアプローチについては，第5章で説明する。定式化 formulation に対するシステム論的アプローチは，ジャックとジャネットに関する2つのケース研究を通して説明する。

症状と家族療法のプロセス

　システム論的家族療法は，家族もしくは家族の一部とのワークを伴う取り組み方である。当初は，関係する家族のメンバー全員との面談が強く要求されていたが，昨今のセラピストは，家族というひとつの系（システム）の一部と面談し，ときには，ワークはその中のひとりと行い，大きな家族システムの力動は頭に入れておくというやり方さえする。最も正式な家族療法は，セラピストがチームを作って行うもので，通例，チームのひとりが家族のいる部屋に留まり，チームの残りのメンバーは一方視スクリーンやビデオを通してライブで観察するが，場合によっては，チーム全員が家族のいる部屋にいて観察することもある。とは言え，セラピストは家族療法の考え方を柔軟に活用して，単独でワークに取り組むこともあれば，ペア

で取り組むこともあるだろうし，家庭訪問などを行うこともあるかもしれない。

　現代の進め方の特徴は，セラピストとそのチームが自分たちの考えを，省察的会話形式で当該家族と話し合うということである。たとえば，観察チームが家族とセラピストに合流し，チームの見解もしくは定式化を家族に伝えるかもしれない。ふたりのセラピストがペアで取り組む場合は，ふたりが定期的に互いと向き合い，家族の前で同様の会話を交わすこともあるだろう。単独でワークを行う場合も，家族療法のセラピストはやはり対話をするだろう。まず，その家族に関する自分の考えをそのまま相手家族に伝え，そのあと家族のメンバーとそれについて話し合うのである。

システム論の中核的概念

　システム論とその実践は 1950 年代の始まり以来，家族は恒常性システムのようなものだとする生物学的メタファーを中心とした論文から，家族を「問題で飽和した」言語システム 'problem-saturated' linguistic systems に喩えた論文に至るまで，進化を続けてきた。この進化の過程を経ながらも，ずっと続いている概念がある。見たところ一個人の中に位置する問題も，家族内の相互作用的力動の産物として見ることができるとする概念である。ここでは，「症状」を，人々の間に生じる相互作用とコミュニケーションの問題とみなしていて，個人の中に存在するものとは考えていない。システム論の実践の中核にあるのは，原因と結果には循環的な関係性があり，そこでは，さまざまな問題が役に立たないフィードバックの悪循環によって維持されているという考え方である。このことは，かなり広く浸透している夫婦間の力動に関する固定観念について考えると，簡単に理解できる。たとえば，ジェインがジョンに「うるさく小言を言う」のは，ジョンが自分の感情について語ろうとしないからである。ジョンは責められていると感じて「引きこもる」。ジェインは話を聞いてもらえていないと感じて腹を立て，ますます小言を言う。こうして双方が，「怒り／小言」と「自責／引きこもり」から成る悪循環の罠にはまったように感じる。この悪循環には，エスカレートしていく生来の傾向がある。問題は，ジョンが感情に疎い**性質**であることでもなければ，ジェインが文句ばかり言うパーソナリティであることでもないのだが，いずれもが，この構造的に直線的な観点 structural linear perspective で相手の問題点を解釈しているのである。システム論的アプローチをするセラピストは，問題をこのように偏狭な個人主義で「区切って強調 punctuations」してもなんの役にも立たないと考え，代わりに，当事者間の「問題」発生を維持している関係性の相互作用を，積極的に明らかにしようとする（Dallos, 1991; Dallos and

Draper, 2010; 第7章参照）。

　家族療法のセラピストが採り入れているもうひとつの中核的概念は，3者の関係性を理解することの重要性である。3者の関係性は，2者間の対立プロセスが第3者を加えること——専門用語を使うなら，そのプロセスが「三角形化triangulate」されること——で発生する。たとえば，時計を進めて，ジョンとジェインに2歳の子どもがいるとしよう。ふたりは自分たち夫婦の問題を解決することをあきらめ，互いに気持ちを伝え合うことはやめてしまっている。けれども，互いに対する怒りと非難の感情の新たなはけ口として，息子トムのかんしゃくをどうするかで言い争うようになった。ジェインは「お仕置き」をしたいと思うのだが，ジョンは，そういうかんしゃくは完全に無視するに限ると考えている。板挟みになったトムは，両親からのメッセージに混乱し，不安げにそれらに反応しつつ，さらにかんしゃくを起こすことでイライラを示すようになる。つまり，両親の未解決の対立はトムをめぐる口論を通って「迂回」させられているのである。あるいは，ジョンとジェインは，暴力沙汰が危ぶまれるまでに口論をエスカレートさせたかもしれない。その場合，トムは両親の口論に興奮し，怯えて，かんしゃくを起こす可能性がある。こうなると，両親は一緒になってトムを落ち着かせようとし，さらにはなだめようとするため，対立は一時的に緩むことになる。しかし，やがてトムが落ち着けば，ふたりは別の原因を見つけて，危険なまでに口論をエスカレートさせ，再びトムの苦痛を引き起こす。3者をめぐるこのパターンがずっと続くとしたら，トムの行動は，両親の夫婦としての距離を定期的に広げたり狭めたりする役割を果たすようになるかもしれない（Byng-Hall, 1980）。

　家族療法のセラピストは，継代プロセスが今ある問題の状況説明にどれだけ重要かも認識しており，養育に関する考えが，幼い頃の育てられ方とどうつながっているかを探求することが多い。たとえばジョンは，自分の父親が，どうやら家族の口論中にもずっと動じないでいるらしいのを見て，そうしていられることをすごいと思っていた可能性があり，したがって，父親のやり方を再現しようとしているのかもしれない。一方，ジェインはきわめて開放的な家庭に育ち，兄は思春期に「道を踏み外し」ている。ゆえに，そういう状況にはなりたくないと考え，トムには厳しい境界を設定し，実家の子育てで気づいていた欠点を修正したいと思っているのかもしれない。

　システム論的家族療法の初期の考え方で，最も影響力をもつもののひとつによれば，家族も，他の社会的システムと同様，重要な根本的変化が必要になったときには，ストレスや不安や苦痛を味わう可能性がある（Haley, 1973; Carter and McGoldrick, 1988）。家族が変化するとき——たとえば子どもが生まれたり，青

年が家を出たりするなど，特に家族のライフ・サイクルが変化するとき——には，気持ちが動揺するようなことが起きるものだが，家族内の問題の始まりは，家族の変遷がもつそうした側面と関係していると考えることができる。こうしたシステム的概念の適用に関する考えを，ジャックとジャネットのケースに戻って，紹介していこうと思う。

システム論的治療における定式化

　システム論的アプローチでは，治療の全側面を，相互に作用し合う協働的プロセスだとみなす考え方が次第に浸透してきている。これは重要なことである。定式化はそれゆえ，セラピストが家族**に対して行う**ものではなく，家族**と共に行う**ものだとみなされ，治療は，セラピストとスーパーヴィジョンチームと家族が，問題の新しい定式化を一緒に形成していく協働構築プロセスだとみなされるようになったのである。これは，客観的なプロセスといったものではなく，家族システムを変えるために始まる摂動のようなものである。どのように定式化に着手するのか，どのような質問をするのか，いつどのようにその質問をするのか——これらはすべて，その内容次第で重要な変化をもたらしうるものだと考えられている。質問をして，その時々のフィードバックに対応し，家族のメンバーが考察すべき新たな情報を引き出すという，入念に練られた一連のプロセスが，Tomm (1987) の言う「介入的面接」方式の構成要素となる。定式化のこのプロセスにどのように取りかかるかが，家族との関係性を形成しはじめる。したがって，「アセスメント−定式化−介入」の各段階は，多くのセラピーほどは区別されていない。

　初期のシステム論的思考の要は，家族内の症状が家族システムを安定させる**機能**として役立っているという考え方である。これは，数多くの点で直観と相容れない考えのように思われた。というのも，症状こそが苦痛と不幸を引き起こしている原因であるというのが，従来の考え方だったからである。第1段階から続いている最も有用な考えのひとつは，Mental Research Institute のチームが提案した定式化のモデルである（Watzlawick et al., 1974）。このモデルは，エレガントなまでにシンプルな考えから成っている。すなわち，多くの問題は，困難の解決に適用されながらも失敗に終わった解決策から発生していると考えるのである（図 4.1 参照）。

　定式化へのこのアプローチでは，何が問題だと考えられているのかという点と，家族が克服しようとしている困難に，これがどう結びついているのかという点に，

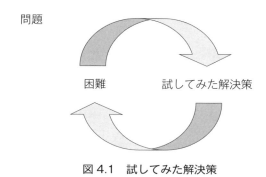

図 4.1 試してみた解決策

焦点が絞られている。定式化は，以下のステップから成っている。

問題を調べる

- 問題を脱構築する。家族のメンバーは問題をどう定義しているのか？ それはいつ始まったのか？ 誰が最初に気づいたのか？ 最初，何に気づいたのか？
- 問題と普段の困難とを結びつける。
- 困難を解決するためにこれまで試してみたことを調べる。
- 困難に関する信念や，その困難に関して行うべきことについての思い込みを明らかにする。
- 何がうまくいき，何がうまくいかなかったかを話し合う／評価する。
- すでに試した解決策を使いつづけるのかどうか，どの解決策を試してみるのかについて，どのような結論を出したかを明らかにする。

人間の活動や経験にとって重要なのは個人固有の意味づけであるとする構成主義的な考え方が影響力を増す中で，システム論的家族療法は，説明や定式化を「アズ・イフ」の特性をもつものとして見るようになった。すなわち，説明や定式化は真実ではなく，提案だと考えたのである。こうした提案はそれ自体，肯定的な変化がそれらによってどの程度発生しやすくなるかという点で，多かれ少なかれ役立ったはずである。アセスメントと定式化を単発の科学的活動と見るのではなく，定式化を行い，検査し，修正していくという継続的な力動的プロセスだと考えるようになったのである（Dallos, 1991; Hoffman, 1993; 第 7 章も参照）。

漸進的に仮説を立てていく

　ミラノ派家族療法（Palazzoli et al., 1978）が有用な考えを追加している。セラピーと定式化は互いに結びついていて，繰り返し仮説を立てて進むことで必ず進歩していく，というものである。

　　セラピストは，自分が面接している家族について得た情報を基盤に仮説を立てるが，ここで言う「仮説を立てる」というのは，その仮説について定式化を行うことを指している。仮説は，セラピストが行う調査の出発点を確立するだけでなく，科学的な方法とスキルに基づいたその仮説の妥当性について行う検証の出発点をも確立する。その仮説が間違いであることがわかったら，それを検証する間に集めた情報に基づいて，次の仮説を立てなくてはならない。

(Palazzoli et al., 1980: 4)

　ミラノ派は，家族に関する客観的な真実はひとつとしてありえないだろうと主張した。達成できるのはせいぜい，何が起きていたのかについての仮説（直感 hunches）を定式化するところまでであり，そこまで行けば，自分たちの取り組みに多少なりとも役立つはずだと主張したのである。こうして，仮説は，肯定的な変化を発生しやすくするのにどれだけ有効かという観点から評価されることになった。

　ミラノ派の主張によれば，仮説を立てるプロセスは，定式化のプロセスにとって必須であるだけでなく，治療の実践にも欠かせないものであった。家族とのセラピーは，開始当初，きわめて混乱した事態になる可能性があり，セラピストはすぐにも，家族が提示する情報量に圧倒された気分になるだろう。仮説は，圧倒されかねないこの複雑さに切り込み，その情報を有意義で管理可能な構造に組織化するのに役立つはずである。明解な仮説が手に入れば，課題を続行し，さまざまな質問をして仮説を掘り下げ検証していくことで，セラピストは積極的にその家族をセラピーに参加させられるようになる。このようにすれば，治療の方向性が決まり，家族の問題にうっかり巻き込まれたり，問題をさらに悪化させたりするリスクを回避できるようにもなる。初期接触の不安軽減にも役立つ（初期接触の不安については，セラピストのみならず，関係者全員のために考慮すべきことである）。

　仮説には，もうひとつ重要な機能があった。それは，入念に練り上げられるものだということであり，つまりは，新しい情報を引き出すのに役立つということ

であった。Cecchin（1987）は「仮説を立てる」という概念を問題にし，それは，真実を「科学的」に検証するという不適切な考えを含意していると主張した。その一方で，彼は定式化のプロセスを，創造的好奇心の一形態に喩えてもいる。相手の家族に関してそのように好奇心をもちつづけるよう，セラピストを励ましているのである。

　ミラノ派は，このプロセスの他の重要な側面についても，注目しつづけた。

- 仮説を明確に構成し，言葉にして述べることは，そのままにしておくと治療の進展を妨げかねない暗黙の想定について省察するのに役立つ。
- 仮説を明確に述べることは，治療チーム内の意見の相違や合意点を明らかにするのに役立つ。そうした意見の相違や合意点は，表明されないままにしておくと，やはり治療の妨げになるかもしれない。
- 仮説をこのように捉えると，セラピストにかかる「正しく理解しなくてはならない」というプレッシャーが小さくなり，したがって，とりわけ治療の初期段階における不安が軽減される。
- 家族への取り組みで，「専門家」の立場に縛られることが減るため，「正確な」定式化にしようとするのとは対照的に，セラピストも治療チームも，好奇心や関心をもちつづけやすくなる。

　実際には，ミラノ派が構成主義的立ち位置から逸れ，自らの仮説が「正確」であることや「核心をついている」ことについて発言するようになった時期があるように思われる。また，仮説は必ずしも家族との協働作業で形成されるわけではなく，家族がどう機能しているかについて暗黙の理論を伝えることすらありうるといった趣旨の主張もあった。たとえば，ミラノ派のセラピストは，家族のメンバーは全員，良性の意図をもっていると想定したが，その立場はそれ以降，家庭内暴力と虐待に取り組んでいるフェミニストの家庭療法家から異議を申し立てられている（Goldner, 1998）。仮説の「正確さ」は，家族の信念について寸分の誤りもないかどうかという観点から調べられた。たとえば，ある治療チームは，非行行動を示していた思春期の青年のケースを説明している。青年は，離婚した「魅力的な」母親とふたりで暮らしていた。治療チームは最初，青年の非行行動は，父親を家族に引き戻そうと意図して行われたものだと仮定した。ところが，これはすぐさま誤りであることが立証された。というのも，より**正確な**仮定は，以下のものであることがはっきりしたからである。

母親はとても魅力的な女性で，たぶん何年もの間，母親として子育てに専念したのちに，「別の男性」と出会ったのである。息子は嫉妬し，腹を立て，自分の行動を通してその気持ちを表していたのだろう。……この仮定は的を射ていた。ここ2カ月，母親はデートを重ねていたのである。

(Palazzoli et al., 1980: 2)

家族療法と社会構成主義

　現代のシステム論的家族療法には，しばらく前から社会構成主義に向かう顕著な動きがある。言葉と文化の重要性を強調することによって，構成主義的な考え方を広げているのである。言葉は，この世界を説明しようとするだけでなく，活発に意味を作り，その「構成概念化」を手助けするものでもあると考えられている（第5章参照）。このような意味の構成を決定づけるのは，その文化が中核としている支配的な考えや言説である。固有の影響力をもつこれらの考えは，次に，特定の会話の中で再確認され，再生されるかもしれない。「メンタルヘルス」，「満足できる家族生活」，「よい母親」，「適切な行動」などの支配的な考えは，家族の期待や行動を決定していく。システム論は，このような言説を意識領域に呼び出し，日常的な言葉遣いが強要する制約から家族を解放しようとする。また，これを先触れとして，より協働的にセラピーに取り組もうという動きが活発になってきてもいる。このような協働的なアプローチでは，セラピストと治療チームが家族と共にワークに取り組み，透明性のあるオープンな形でワークを進めようとする。したがって，最近のアプローチでは，定式化はセラピストが主に行うものではなく，共有の活動であるとする見解が前面に押し出されている（White and Epston, 1990; 第5章参照）。

省察的定式化 self-reflective formulation の活用

　先に述べた展開にとって最も重要なのは，セラピストが個人的な経験と専門家としての経験双方を定式化のプロセスにもち込んでいるという認識であった。したがって，それらをひとつひとつ探っていく必要があった。たとえば，「なぜ自分はジャックの父親のことがこんなに気になり，こんなに腹立たしいんだろう？」と考えるのである。さらに，システム論的セラピーは，定式化の不可欠な側面として，セラピストと家族間の関係性に加えて，セラピストと治療チームとの関係性にも注目しはじめた。一例を挙げれば，治療チームが時に，育児に関する定式

化において，子どもが経験していたのと同様の相反感情や分裂，不一致を示す様子が観察されるようになったのである。ジャックに関しては，定式化の一部が，チーム・メンバーの何人かの父親に対する怒りと母親に対する深い同情を反映したものになるかもしれない。加えて，定式化は治療室内の力動も包含した。たとえば，治療チームはセラピストと家族間の力動に気づき，自らの観察に基づいて，「セラピストはどうも母親にばかり話しかけていて，妹のひとりを無視しているようだ」などとコメントしたかもしれない。セラピストは，そのようなことが治療室内で起きていると気づいていたかどうかを家族に訊ね，それについて話し合えるようになる。「このようなことが家庭でもありましたか？」，「公平に注目してもらえないときの気持ちをどう伝えていましたか？」などと訊ねるのである。システム論的家族療法の定式化のこの特徴は，ジャックとジャネットが受けた家族療法のセッションに関するトランスクリプトがないため，例証するのは一層難しい。しかしながら，第9章では，ジャックとセラピストの対話を多少想像して，似たようなプロセスを明らかにしてみようと思う。

システム論的定式化の提案モデル

システム論的セラピーは，構造とパターンを強調する段階から，意味を強調する段階へと進化してきたが，以下のような共通テーマが数多く引き出せることを示唆しておきたい（Carr, 2006 も参照）。

1　問題の脱構築 deconstruction
2　問題の維持パターンとフィードバックのループ
3　信念と説明
4　事態の推移，感情，アタッチメント
5　状況的要素 contextual factors

現代のシステム論的定式化は，パターンとプロセスの強調から，理解や物語（ナラティブ）に焦点を絞る方向へと軸足を移してきており，最新のものでは，言葉と文化的背景が強調されている（Dallos and Draper, 2010 参照）。ここではそれに加えて，アセスメントと定式化を，相互につながり合うふたつのプロセス——分析と統合——の観点から考えることの重要性を提唱する。

● **分析**－家族が相互に関わり合うときのパターン，互いについての理解，家族

による問題の説明，問題を解決するための試みについて，家族と共に追求していく。これは，セッションの初期だけでなく，治療全体を通して行われる。

- **統合** – これは，アセスメントと分析ののち，もしくは，それらと並走して行われる可能性がある。ここでは，種々の情報を，問題に関する予備的な仮説もしくは定式化にまとめる。

これが示唆するのは，分析と統合の相互依存が，観察と情報収集を選択的かつ説明的で活発なプロセスとみなす構成主義的な考え方と一致しているということである。問題の分析を始める際には，たとえば，どのような証拠が関係していて，どのような材料がさらに必要かなどを，必ず想定し，解釈する。その後，どの要因にどの程度対応するかを選択していく。省察性を重視するスタンスを採ることで，暗黙の想定による制限を受けにくくなるかもしれない（システム論的治療のリフレクティング・プロセス〔訳注：本書では「リフレクト」の訳語は「省察」を当てているが，本章ではシステム論の用語として「リフレクティング・チーム」「リフレクティング・プロセス」を採用した〕に関する詳細な分析は，Stendon and Dallos, 2009 参照）。加えて私たちは，定式化が，私たちと家族との間で発展していく力動的かつ協働的なプロセスであることを強調する（第8＆9章参照）。私たちの考えを家族と共有することによって，共に構築する定式化に向かって進んでいくのである。

ジャック：システム論的定式化

問題の脱構築

いかなる治療的観点から始めるにせよ，その出発点は，「問題」の性質を探ることである。たとえば，分析もそのための作業のひとつで，何が問題を引き起こしているのか，何がそれを持続させているのかを明らかにするために，その手がかりを探す。システム論的観点から，この作業には通常，関連質問が数多く含まれる。

- その問題はどのように定義できるか？　それは主に，一個人の問題なのか？　それとも，対人関係が絡む問題なのか？
- 状況－その問題はなぜ**今**起きているのか？　それはどこで，どのような環境で発生しているのか（家庭，学校，職場など）？　それはどのような状況で最悪になるのか？

- その問題は，家族や家族以外の重要な関係性にどう影響を及ぼすのか？　さまざまな関係性は問題にどう影響を及ぼすのか？
- その問題のせいで，困難を最も多く抱えて苦しむのは誰か？　両親，きょうだい，家族以外の人？
- その問題の一生はどのようなもの？　いつ，どのように始まり，時間の経過と共にどのように変わってきたのか？　どのような要因が，問題の進展に影響を与えたのか？
- その問題の進展を，財源や環境的要因，拡大家族，専門機関の役割，文化的言説（ディスコース）との関連から，探っていく。

例外

上記の探求を進めると同時に，例外を考察することも重要である。というのも，例外は，原因となったプロセスや維持プロセスの正体について，手がかりを差し出していることもあり，より肯定的で有用な枠組みを家族と共に構築するのに役立つからである。例外とは，家族が問題をうまく解決できたときのことや，より広いファミリー・ネットワークの他の側面を利用して，能力を発揮した話や何事かを達成した話を展開できるときのことを言う。以下はその例である。

- 問題の克服に成功した最近のケース，もしくは，問題のない状態が今も続いているとき
- ずっと以前，もしくは，別の状況で起きた，上記のような例外
- より広いファミリー・ネットワークでの例外
- 仮説的例外－問題が軽減もしくは解消した状況や，そうなるまでの展開について，起こりうることを考えてみるよう勧めるためのもの

ジェノグラム（世代・家族関係図）

システム論的定式化は，肉親について，その肉親が外界システムとどうつながっているかについて，視覚に訴える説明をしたり，ジェノグラムを使ったりして始まることが多い（図4.2参照）。ジェノグラムは，家族システムとその関係性，支援の源を表す地図になり，将来の情報収集の方向性を定めるのに役立つ。ジャックのケースでは，以下の質問をすることになるかもしれない。

- この家族はどう孤立しているのか？　他の親戚とはどのような接触があるのか？　父親が家を出てから，この家族はどれくらい支援を受けているのか？

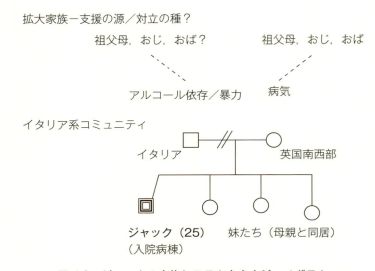

図4.2　ジャックの家族システムを表すジェノグラム

- ジャックと父親の間には，なぜなんの接点もないのか？
- ジャックと妹たちとの関係はどのようなものか？　妹たちは入院した兄を見舞ったか？
- 性的虐待について知っているのは誰か？　ジャックの両親は，ジャックがそれに対応しようとするのを支援したのか？
- 妹たちは父親に愛想を尽かしている可能性がある。しかるに，ジャックは父親に対して，忠誠を尽くさなくてはならない何かの義務を負っている子どもなのか？　このことが原因で，ジャックと母親と妹たちの間に対立が生じているのか？　ジャックの飲酒は，アルコール使用という父と同じ道をたどっていることになるが，父親に対する一種の忠誠なのか？

問題の維持パターンとフィードバックのループ

　ひょっとしたら，ジャックは家族の女性陣と父親との間で板挟みになっているのかもしれない。ジャックは「一家の家長」として役に立とうとするが，失敗に終わったと感じ，面目を失い，家族の面倒を見る兄貴としての役割から外されることになり，そこでまた一家の役に立とうとして失敗し，屈辱を受け……というような一種のサイクルが発生している可能性がある。おそらく彼は今，家族から

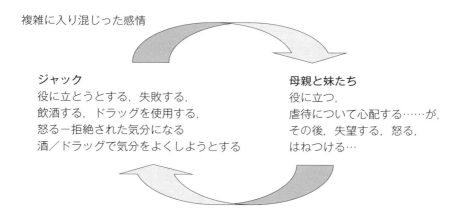

図 4.3　問題維持の中核的パターンを示す円環性

お荷物扱いされ，問題ばかり起こす厄介者だと思われているだろう。そんな彼に，家族は腹を立てているかもしれない。この反応は，自分たちを「見捨てて」貧苦に陥れた父親に対する怒りによって，さらに激化している可能性もある。同じくジャックも，母親の健康は心配ながら，母親が自分を追い出したことには腹を立てているかもしれないし，おそらく，母親が夫に対する気持ちを自分にぶつけてくることにも腹を立てているだろう。妹たちについても同様で，自分が面倒を見て守らなくてはと思いながらも，自尊心を傷つけられ，妹たちの「よい」役回りを恨んでいる可能性もある。このように恨みを自覚すると，今度はそれが，敗北感や当惑，報復の欲求などが複雑に入り混じった感情を煽ることになるのかもしれない（図 4.3 参照）。

　上記のパターンには，たぶん，ジャックの父親と母親の間に存在するパターンと似たところがあるのではないだろうか。両親それぞれの家族のいずれか，もしくは，双方に，同様の結婚生活上の力動があるかどうかを調べてみると，興味深いかもしれない。

信念と説明

　ジャックは，あるいは，自分のことを父親のような存在だと考えているかもしれない。また，家族の中でそう考えられている可能性もある。彼は父親がいなくて寂しいと感じていると言い，鏡の中に父親の顔を見たと説明してもいるが，このことは，父親についての考えで頭がいっぱいであることを示唆している。かつ

て父親による家庭内暴力があったことを考えると，母親と妹たちはジャックのことを怖がっていて，ジャックも父親のようになるのではないかと心配しているかもしれない。もしこの通りなら，ジャックが父親の不在を寂しく思っているという事実や，「自分を追い出した」母親に怒っているという事実もあることから，ジャックがときどき父親のように振る舞い，その後，そのように振る舞ったことで自己嫌悪に陥っていた可能性は高まるだろう。

　一家の女性陣の間で共有されている信念について，その一部でも考察すると役に立ちそうである（Procter, 1981; Winter and Procter, 本書；Dallos, 1996）。Procter（1981）は，家族というのは対照的な信念を抱くものであるとし，そうした信念が家族内の関係性のパターンを，まるでカプセルに封入するかのようにして持続させると説明している。たとえば，ジャックを危険だと考えることで，一家の女性陣は彼に対する恐怖を軸に連携している可能性がある。逆に，ジャックは「病気で」ケアが必要だと考えることで，ジャックに対する排除を緩めていると取ることもできる。以上のことから，母親の信念と妹たちの信念には，以下が含まれると考えてよいだろう。

- ジャックは，父親のように虐待するタイプで，容姿も行動も父親に似ている。つまり，酒を飲み，ドラッグを使い，暴力をふるう。
- ジャックは犠牲者だ。虐待を受けつづけ，それにうまく対処できないでいる。
- ジャックは私たちをずっと助けなくてはならない。ジャックがいなかったら，状況はさらに悪化し，もっと問題が起きる。
- 母親は病気で，こうしたことのいずれにも対処することができない。
- 妹たちは，ジャックとは対照的に，役に立ち善良である。
- 男は役立たずで，危険だ。

ジャックの信念は以下のようになるかもしれない。

- おれは，おれたちを捨てた父さんとは違う。
- おれは父さんに似ているし，父さんがいなくて寂しい。父さんがなぜ出ていったのか，わからない。父さんは，おれたちのことなんか，どうでもいいんだ。
- 母さんはちっとも父さんと連絡を取ろうとしない。おれがどんな気持ちでいるかなんて，母さんにはどうでもいいことなんだ。
- 母さんは病気なのに，まともな治療を受けていない。
- おれを含めて，男は役立たずで，危険だ。

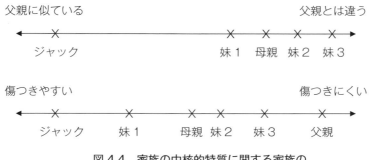

図 4.4 家族の中核的特質に関する家族の
メンバーの立ち位置を調べる評定尺度法

評定尺度を用いる質問

　家族が共有できる定式化を調べて明らかにする有効な方法は，評定尺度を用いる質問，もしくは，「最小－最大」の質問をすることである。たとえば，ジャックを危険だと考えることで，一家の女性陣は彼に対する恐怖を軸に連携している可能性があり，逆に，ジャックは「病気で」ケアが必要だと考えることで，ジャックに対する排除を緩めていると取ることもできる。そこで，いくつか項目を用意して，家族の各メンバーに，自分がその項目のどの辺りに該当すると思うかを話し合ってもらうのである。たとえば，傷つきやすいか傷つきにくいか，父親に似ているか似ていないかなどを評価するのである（図 4.4 参照）。

　質問の内容は，家族のメンバーがそれぞれの考え方の違いを検討して，セラピストのために新しい情報を生み出し，共通の見解に到達できるようなものを設定する。たとえば，意外かもしれないが，家族は，ジャックを怖がり警戒しているにも関わらず，そのジャックのことを一番傷つきやすいと考えている。また，家族は質問に回答することで，自分自身の解釈もしくは定式化を――それに対する諾否はともかく――はっきり表現しようという気持ちになり，たとえばジャックは「病気である」とひたすら思い込むのではなく，心理学的な定式化をもっと進めようと思えるようにもなる。

病気の役割

　ジャックと母親は共に，病気というアイデンティティをもつようになっているが，これは，複雑に入り混じった感情の一部を解きほぐすのに役立つ可能性がある。たとえば，以下が考えられる。

- もしジャックが病気なら，彼には自分の行動に対する責任がないので，私たちは彼を許し，同情することができる。
- 母親はすでに**病気**なので，父親に対するジャックの感情を解きほぐせるとは思えない。母親は自分のことで手一杯である。

とは言え，結果的には，ジャックは依然として病気のままであり，さらに悪化する可能性もある。その結果，一家にのしかかる重荷も増え，ジャックの病気が長引けば長引くほど，根底に潜む葛藤と向き合うことは難しくなっていき，その葛藤は病気の「役割」の陰に隠れたままになる。

事態の推移，感情，アタッチメント

事態の推移や変化のマッピングに役立つのは，「家族造形法 family sculpts」を使う方法である。家族造形法というのは，コインやボタン，小石などを家族のメンバーに見立て，それぞれを配置する間隔で，感情的な親密さや近さを表すという方法である（家族だけでなく，友人や専門家なども加えて，詳細なものにすることもできる）。これは，独立して実家を出るというような規範的な段階に焦点を絞るのではなく，家族にとってどのような事態の推移が重要かという点に焦点を絞り，それに特異的な見解を提供するものである。ジャックのケースでは，父親がまだ家族と暮らしていた頃の関係性のパターン形成を，父親が家を出た時期とその後の関係性のパターン形成と対照させて，考察できるかもしれない。ジャックが元気だった頃と「病気の」状態になってからを対照させるというやり方もできるだろう。家族のメンバーは大きな1枚の紙の上で，それぞれ自分に見立てたコイン等の位置を，相手との間隔を見定めながら決め，その結論に至った次第を説明する。話し合いは，意見の一致，もしくは，変更の合意に達するまで続けられる。興味深いことに，さまざまな家族がたいてい，当初は観点が異なっていても，配置に関する合意が可能なことに気づくようになる。実のところ，家族のメンバーは造形法に取り組む中で，関係性の定式化——問題がどう自分たちの関係性に影響しているかと，自分たちの関係性がどう問題に影響しているか——を考えるように促されながら，それぞれ自分自身の定式化を明らかにしているのである（図 4.5 参照）。

最初の家族造形は，ジャックが父親と母親の間にはさまれ，ふたりに忠誠を分割しているのに対して，妹たちは母親側に並んでいることを，はっきり示していると言えるかもしれない（図 4.6 参照）。

父親が家を出たあと，家族はほぼ完全に，父親と連絡が取れていないようであ

図 4.5　父親が家族を捨てて出ていく前の
感情的関係性のパターンを示す家族造形

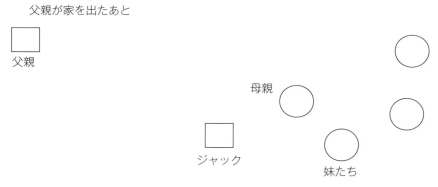

図 4.6　父親が家族を捨てて出ていったあとの
感情的関係性のパターンを示す家族造形

る。それにもかかわらず，家族造形の隅に父親を示すものがあるということは，ジャックがいまだに父親への思いを断ち切れずにいるということを示している。しかし，妹たちは父親からさらに離れていき，その隔たりは広がっている。また，ジャックと妹たちとの隔たりも，兄に対する恐怖心のせいで広がっているのがはっきりわかると言っていいだろう。さらに，母親がどっちつかずの位置にいて，ジャックのことを気遣いながらも腹を立てていることや，夫を怖れていることも明らかになっている。ほかにも，たとえば，妹のひとりはジャックを助けようとするが，次第に相反する感情——兄は弱いけれども，怖いし，父親に似てい

るという思い——に囚われるようになったこともわかると言えるかもしれない。

　家族造形のプロセスは，再定式化，すなわち，治療による変化の促進を手助けする可能性もある。探究／定式化／介入の統合は，システム論的治療の中核である。情報を集めると，一家に起きた出来事の原因や変化について，別の考えや疑問が生まれ，別の定式化を進めることも可能になるだろう。

- ジャックの飲酒が始まったのは，両親が離婚した頃だった。飲酒は苦痛を紛らわすためだったのか？　それとも，両親に自分の苦しみをわかってもらい，別れないでいてほしいと思ったからだったのか？
- 両親の離婚は，ジャックが性的虐待を受けて情緒面での支援を必要としていた時期にも近いが，両親は，離婚にまつわる自分たち自身の苦悩と怒りで手一杯で，ジャックに注意を向けられなかったのか？
- 離婚は，ジャックが仕事を始めた時期とも重なる。ジャックが働きはじめたのは，苦しくなる家計を助けるためだったのか？
- ジャックはきわめて否定的かつ破壊的な形で家を出ることになったようだが，家を追い出されたことは，彼が堕落して，その直後に精神科に入院したことの一因となったのか？
- ジャックの問題で，次に重大なのは，深刻な健康問題を抱えた母親に関係したものである。母親はもう，以前のようにジャックを支えることはできなくなりつつあるのだろうか？

　この一家には，苦悩と病気と不運がさらに問題を呼び込むというパターンを見て取ることができる。家族のメンバーが互いに相手の必要を満たすのは恐ろしく難しそうであり，どうやら家族の誰もが，自分自身がさらに困窮することによって釣り合いを取りながら，相手の困窮に対応しているようである。その結果，危機が発生した際にも苦悩が大きすぎて，事態の推移に関連する問題——たとえば子どもたちと父親との接触交渉——を解決する余剰能力がなくなってしまっているのかもしれない（図4.7）。

　この状況は，専門機関の参入という観点から見ることもできる。すなわち，一家の力動に「他人の慰め」が入り，たとえば，いなくなった親の役割を病院が肩代わりするのである（図4.8参照）。

　一家は，ジャックが病院でケアを受けている間，多少は安堵できて助かるかもしれないが，病院に移るためにお金を使い，ジャックは慢性的に「病気をもっている」というアイデンティティを獲得する。病院システムは，ジャックが人から

第4章 システム論的定式化——家族のダンスをマッピングする　*123*

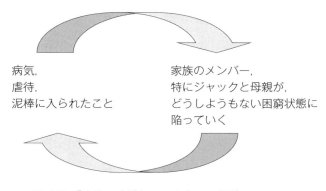

図 4.7　「家族－病院システム」への推移

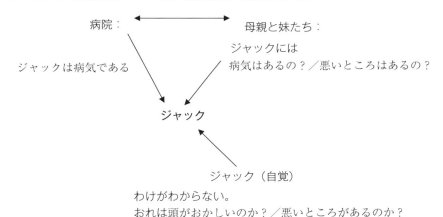

図 4.8　ジャックは「病気をもっている」という定義を持続させるプロセス

「病気をもっている」と見られること，ジャック自身が自分は「病気をもっている」と考えることを当てにしている可能性もある。

状況的要素

システム論的アプローチは，状況がシステムに大きく影響することを強調する。ここでは特に，文化的要素や拡大家族，コミュニティ，異なる環境的状況による影響に言及している。ジャック一家については，以下の点を考察することになると思う。

- 一家のルーツは，宗教や家族の忠誠心，家族の親密さをとりわけ強調する別の文化（イタリア文化）にあり，一家はこの文化とつながっている。
- 母親の背景についてはあまりわかっていないが，どうやらイタリア系コミュニティでの自分の役割を受け入れ，それに価値を見出すようになったようである。
- 一家の男性陣には酒を飲む慣習があるように思われるが，男性陣，女性陣の双方に，ほかにも何か別の問題があるのかどうかがわかったとしたら，興味深いだろう。
- この家族は社会的にひどく孤立していて，支援は精神医学的なサービスからしか受けていないという感じがする。
- ジャックの妹たちに友だちや支援者がいるのかどうかが，わからない。

要　　約

定式化の初期段階では，さまざまな質問を作成する。これはシステム論的セラピーにおいて，「漸進的仮説構築 progressive hypothesising」という概念で表現されているものと同様の，繰り返し行われる流動的なプロセスだと見られている。調査は，最終的な定式化のために行うのではない。調査をどう進めたらさらに情報が得られるのか，その判断に役立つからこそ行うのである。それだけではない，調査は，どの領域に介入が可能かを見定める指針も提供する。次に，介入で行う最初の試みは，定式化の再形成や介入の方向づけに役立つ情報をさらに与えてくれるものだと考えられている。定式化の有用性を決めるのは，その定式化の結果として生まれたワークから，その家族がどの程度まで恩恵を得るようになるかである。

システム論的アプローチを行うセラピストが家族と定式化を共有するとき，主に活用するもののひとつが，リフレクティング・チームである。セラピストを支援するこのチームのメンバーは，家族の前でそれぞれの考えを述べ，自分たちの作成した多様な定式化を家族と共有する（図 4.9 参照）。

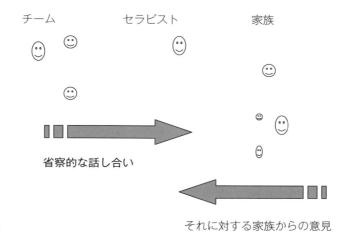

図 4.9　家族療法とリフレクティング・チーム —— 定式化の共有

統合：ジャックのためのシステム論的定式化

　では，ジャックと彼の家族に関する私たちの定式化を統合すると，どういうものになるのか？　入手できる情報の組み合わせ方はいろいろあり，選択する方向性は，私たち自身の臨床的経験や個人的経験が決めることにもなる。私たちに適合するものを，以下に述べるが，これは試案に過ぎないことをお断りしておく。

　私たちの定式化は，多重の苦悩というテーマを軸に展開している。ジャックはこの家族の中で患者と同定された存在であり，一家全体が「敵に包囲されている」という感じがある。確かに，ジャックと母親はさまざまなトラブルのせいで参っていて，妹たちもほとほと疲れ切っているようである。苦痛を伴う悲惨な出来事が発生したとき，一家はこれまで一度として，結果的に生じた苦悩に対して互いに支え合って取り組んだことがないのではないか。そう思えてしかたがない。まるで彼らは，ただ生き残ろうとすることにしか関心がないかのようである。幸せを感じたり安心したりすることは，これまでも，これからも，決して味わうことのできない贅沢のように感じているのかもしれない。

　時間を遡ってみると，ジャックは父親を失ったことでひどく苦しんでいたようである。殊に，両親の結婚の破綻が暴力と恐怖を伴う形で生じたことが理由だっ

たのかもしれない。この出来事によって一家は動揺し，無力感に苛まれるようになった可能性もある。その後，一家にはトラウマ的な出来事が重なる。ジャックが上司から受けた虐待はその最たるものである。ジャックの母親は精神的に疲れ切っていたため，ジャックが母親からの支援を当てにできると思ったり，当てにすべきだと感じたりしたということは，ありそうにない。母親は「自分のことで手一杯」だった。そこでジャックは自分の怒りと困惑を忘れようとして，一家の中の「強い男」の役割を演じようとしたのかもしれない。しかしながら，ジャックにとって，このプレッシャーは大きすぎたため，やがて慰めを求めてドラッグに向かい，怒りを爆発させることで苦悩を表に出すようになった可能性がある。

　残念ながら，このようなことすべてのせいで，周囲はジャックのことを父親と変わらない——父親より優しくて面倒見もいいどころか，まさに父親そのものだ——とみなすようになったのだろう。息子はしばしば父親に似るものだと考えられている。特に，体つきが似ていると，気質 temperament やパーソナリティまで似ていると取られかねない。このようなわけで，ジャックは次第に脅威だと見られるようになっていった可能性がある。わかってもらえないという感覚や，善意から行動しているにもかかわらず危険視されているという感覚は，ジャックにとってどうにも悩ましいものであり，怒りと苦痛とドラッグによる自己治療の間で揺れ動く自分を自覚するようにもなっていったかもしれない。一家の女性陣は，貧しい暮らしを送り，何度も泥棒に入られ，離婚の後遺症にも似た苦痛を味わったせいで，ジャックに思いやりをもてるような感情の余剰能力はほとんどなかっただろう。けれども，ジャックの苦悩が深まるにつれ，ジャックの恐ろしい行動は次第に，周囲の思い込み——彼は「本当に」父親そっくりだという信念——を実証するものなっていったのかもしれない。母親と妹たちは恐怖と怒りのあまり，ついには，もはや外部に助けを求める以外に方法はない，ジャックを精神科に入院させるしかないと思うに至ったのだろう。ジャックはそれを知り，自分が拒絶されていることをさらに実感し，ひどく傷ついて憤ったかもしれない。そこに生じるのは，病院を，支援を受けられる場所，もしくは，一種の善意の「父親代わり」と見る，自己永続的な循環である。しかし，残念ながらそのせいで，ジャックは「頭がおかしい」とみなされることになり，彼自身が次第に，自分は「頭がおかしい mad」と思うようになっていく。

　家族療法は実に多くの形で進行する可能性がある。重要なのは，家族のメンバー全員と肯定的な関係になる最初のプロセスである。ジャックと母親と3人の妹は，当初のセッションで，ひどく感情を爆発させるかもしれない。そこで，セラピストはまずジャックと面接し，彼とのワークの中でシステム論的定式化を利用して，

たとえば，ジャックが家族の中で果たしている役割の肯定的側面や，状況がどう変化してきたかについて話し合い，その後，女性陣とも面接し，彼女たちの理解と心配を探りはじめるとよいかもしれない。このようにすれば，ジャックと母親と３人の妹は，後の合同セッションに対する心構えができ，セラピストは５人全員との間に生まれた肯定的な関係を活用して，発生している可能性のある厄介な感情や力動の中を一家が進んでいけるよう手助けできるだろう。空いている椅子をジャックの父親に見立てるなど，他のモデルのテクニックを使い，家族の中核的問題だと思われるもの——父親が一家の情緒面に影響を及ぼしつづけていること——を探る方法もある。理想的には，家族との間にいったん信頼関係が結ばれれば，父親と連絡が取れるようにしたり，さらにはセッションに出席してもらったりすることも可能になるかもしれない。これは劇的な動きとなる可能性があるため，ジャックおよび女性陣との完全な協働体勢の中で考慮されるべき事柄であろう。ジャックとの個別のワークで，将来の仮定として，このような家族セッションについて話し合うのもよいかもしれない。たとえば，セラピストはそのセッションで，ジャック自身や母親，妹たち，父親がどのようなことを言ったり感じたりすると想像するかを訊ねるかもしれない。同様に，さまざまな活動に関する家族造形や評定尺度をジャックとのワークに組み入れ，家族の関係性についてジャックがどう認識しているのか，そうした関係性が彼の問題にどう関わっているのか，彼の問題がそうした関係性にどう関わっているのかを探るのに役立てることもできるだろう。

　家族療法のセッションは，通常，２週間おきに行われ，ジャックの場合，少なくとも 10 セッションは続けることになりそうである。ジャックが母親や妹たちとセッション以外の場で，冷静かつ建設的な態度で会えるようになれば，よい結果が出たと言えるだろう。家族が冷静にジャックと意志を疎通させられるようになり，また，家族同士も冷静に意志を通じ合えるようになって，皆が協力してジャックを助けられるようになれば，セラピーは終了するかもしれない。終了の時点はよくよく考えて決定されるべきであり，セラピスト側も，この家族ならこの先なんとかやっていけるはずであり，必要に応じてさらに助けを求められるはずだと確信できるようになって初めて，終了が決まる。

ジャネット：システム論的定式化

　システム論的ワークの大半は，成人ではなく，子どもをクライエントとする状況がもち込まれて行われるものである。以下は，不安と発達障害に苦しむ９歳の

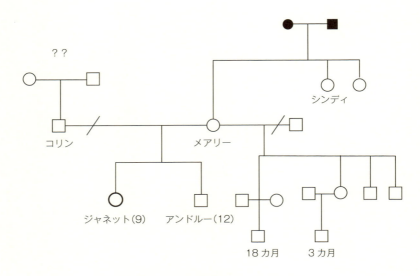

図 4.10 ジャネットのジェノグラム

少女ジャネットのジェノグラムである（図 4.10）。

問題の脱構築

本件のシステム論的定式化の重要な特徴は，以下のとおりである。

- メアリーには，ジャネットの行動と怖れに関して，心配していることがたくさんある。彼女は，ジャネットがきちんと食事を取らないこと，公共の交通機関を怖れるあまり，引きこもって孤立していること，その結果として友人や親戚との接触を欠くようになったことを心配しているようである。また，ジャネットのかんしゃくについて，特に自分に向けられたものを問題だと考えているようでもある。加えて，メアリーはジャネットとうまく絆を結べないことに気づき，ジャネットに対する自分自身の気持ちについても心配している。この気持ちのせいで結婚が破綻し，ずっと疲れが取れないと思ってもいる。社会的支援サービス機関や学校から伝えられている懸念を考えると，メアリーは，自らを母親失格だと感じ，ひょっとしたら，子どもに対する虐待やネグレクトを疑われて「細かく調べられている」のではないかと感じているのかもしれない。

- ジャネットは母親に腹を立てているようであり，問題は主に家庭に関することだと思っているようでもある。というのも，登校はできていて，学校には友だちもいるからである。おそらくジャネットは，母親が動き回れないことや病気であることに苛立っていて，ある意味，母親を真似ているのだろう。
- 社会的支援サービス機関は，ジャネットがなんらかの虐待もしくは身体的なネグレクトに苦しんでいるのではないかとひどく懸念しているらしく，その結果として入院を認めている。学校の保健室の先生も，ジャネットの体重減少を心配し，同じ懸念を表明している。
- メアリーは透視能力によって，「白いワゴン車」を見たことがジャネットの交通機関への恐怖と関係があるという，超自然的な信念を抱いているようである。

ジャネットの父親の考えはわかっていないが，彼はジャネットに拒否され，メアリーと社会的支援サービス機関に監視されているように感じているかもしれない。

例外と能力

ジャネットは友だちに恵まれ，学校の成績もまずまずである。メアリーは自分の姉と親しくしているようで，その姉はジャネットをかわいがっていると言われている。メアリーも，学校の教師となった息子の母親としては結果を出しており，そのことについて誇らしく思っているようである。

問題の維持パターンとフィードバックのループ

メアリーとジャネットの間には，拒絶と依存双方のパターンがあるように思われる。確かにジャネットは，母親のベッドにもぐり込んで眠るなど，母親を必要としていることを示すと同時に，母親に怒りをぶつけたり犬をけしかけたりするほか，母親の作った料理を食べないなど，拒絶も示している。食事を取らなかったり，交通機関の利用を怖がったりするため，ジャネットの不健康な状態と依存は続いている。メアリーも，ジャネットに対して，肯定的な気持ちと否定的な気持ちが入り混じった思いを抱いているようである。これは，メアリーが辛抱強く思いやりをもって面倒を見ようとしながらも，疲れ果てたのちに腹を立て，はねつける態度に出るという力動を反映しているのかもしれない。メアリーには子どもが6人あり，ジャネットはその末子である。この「最後の麦わら last straw〔我慢の限界を超えさせるもの〕」がやってきたあと，メアリーはどうしようもない疲労を感じながらも，守らなくてはならないという気持ちにもなったようである（図4.11

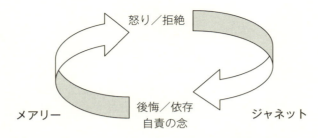

図4.11　ジャネットとメアリーをめぐる問題の維持サイクル

参照)。

　ジャネットは，父親が母親に暴力をふるうのを目撃していて，それを真似ていたかもしれない。メアリーは，ジャネットが経験したつらい出来事について，怒りを感じると同時に責任も感じ，自分が出産後ジャネットを拒絶したいと思ったことに後ろめたさもあったため，一貫した態度を取るのが難しいと感じているかもしれない。

信念と説明

　メアリーはどうやら，ジャネットに問題があるのは，出産直後にうまく絆を結べなかったせいだと信じているようである。実際これは，ふたりの関係性に関して，何か根本的に間違っているところがありそうな思い込みであり，さらには，自分は「悪い母親」かもしれないという思い込みにもつながっているのだろう。そして，この埋め合わせとして，絆を結べなかったのは，ひどく疲れていたのと人間関係が破綻していたせいだと彼女は考えている。メアリーはさらに，暴力をふるったという点で，ジャネットの父親にも責任の一端があるとする一方で，ジャネットと父親の接触を持続させようとしてきたようでもある。メアリーは，自分の子どもの状況にあまりに大きな差がある――片方は学校の教師で，もう片方は「自閉症的」問題がある――ことから，ジャネットには何か先天的な問題か医学的な問題があると思い込んでいたかもしれない。また，ジャネットが父親から，気が短いなど，特定の性質を受け継いでいると信じている可能性もある。また，自分の問題については，疲れ果てていることや貧しい地域に暮らしていること，乱暴な元夫と連絡を取りつづけようとすること，優れない健康と折り合いをつけていかなくてはならないことなどの点から捉えていた可能性もある。

　ジャネットは，母親が自分のことを構ってくれないと思い込んでいたかもしれ

ない。母親が健康でないことにも苛立っていただろう。ジャネットは怒りや不安を——おそらく父親といると安全ではないだろうと——感じて，父親の家に一泊するのをいやがっている可能性もある。

家族外の信念

社会的支援サービス機関も，ジャネットの不安の原因は家族の機能不全だと信じているかもしれない。あるいは，虐待も原因に含めているかもしれない。家庭で種々の問題が出てきているのとは対照的に，学校でのジャネットは落ち着いているように見えるという事実が，その信念をさらに後押ししている可能性がある。

社会文化的信念と言説（ディスコース）

この一家と専門家の信念を形成している支配的な言説（ディスコース）は，ネグレクトと虐待に関するもの，もしくは，ジャネットが抱える器質的問題のなんらかの型に関するもののいずれかということになりそうである。支配力の劣る言説（ディスコース）には，彼女たちの社会的状況や社会的に恵まれない地域で暮らしていることに関するもの，おそらく，ロマ（ジプシー）の家系であるがゆえに社会の隅に追いやられていることに関するものもあるだろう。影響を及ぼしている支配的な言説（ディスコース）はもうひとつある。「自然の摂理としての母性」に関するものである。すなわち，状況はどうあれ，メアリーはよい母親として，自分の子どもたちに対して肯定的な気持ちをもち，愛情を注ぐはずであって，ジャネットを施設に入れたいなどといった「悪い」考えや「自然の摂理に背く」考えをもつはずがないとする考え方に関するものである。

民族的／サブカルチャー的信念

一家は，ロマの家系であるがために，問題を引き起こす超自然的な原因に関する信念をもっているようである。そうした信念は，一家にとっては有意義なものであっても，一家を支配的文化基準の外側に位置づけている。

事態の推移，感情，アタッチメント

これは情緒的力動の性質のことで，特に，家族のメンバーの間で発生したり世代を越えて発生したりするアタッチメントと情緒的依存を指している。家族造形を使って変化を描写すると，たとえば，父親が家を出る前から，ジャネットは自分の孤立を感じて不安になっていたことが明らかになるかもしれない（図4.12参照）。

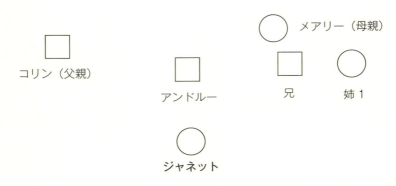

図4.12 家族造形：ジャネットの父親コリンが家族と共にいたとき

　メアリーとジャネットの間のアタッチメントには，早い時期から問題があったことがはっきりしているようである。ジャネットが生まれたとき，メアリーは悲しくて落ち込み，その結果として，あまり温かな気持ちにもほっとした気持ちにもなることができず，ジャネットに優しい気持ちで接することもうまくできなかった。こうした反応は，ジャネットの不安定なアタッチメントの表出——自分は愛されていない，必要とされていない，愛される価値がないという感覚——につながった可能性がある。こう考えると，ジャネットの行動の取り方——不安げに母親とつながりつづけようとしたり，母親の承認と愛情を求めつづけたりする理由——を一部は説明することができる。家族造形からは，ジャネットがまるで，母親から好かれていないことを早い段階から自覚しはじめていたかのようであることも伺われる。次第に孤立感を深め，愛されていないという気持ちが強まっていく中で，暴力をふるう恐ろしい存在だった父親に対しては，相反する感情を抱いていたかもしれない。メアリーは夫の威嚇を感じながらも，子どもたちと父親とをなんとかしてつないでおこうとする厄介な課題を抱え込んでいた。
　公共の交通機関に関する不安は，母親から引き離されることへのジャネットの怖れを表しているのかもしれない。私たちは，メアリーのアタッチメントに関する過去については知らないが，姉とは近い関係にあると思われる。メアリーはこれまでに何度か喪失を体験しているはずである。両親を亡くし，子どもたちの父親2人とは関係が切れている。彼女の両親がいつ亡くなったのかは不明だが，このことは，ジャネットとのアタッチメントの問題とつながっているかもしれない。
　上4人の子どもの父親とメアリーとの関係が，虐待の絡むものであったのかどうかはわからないが，人間関係で虐待を受ける女性はしばしば，子ども時代に不

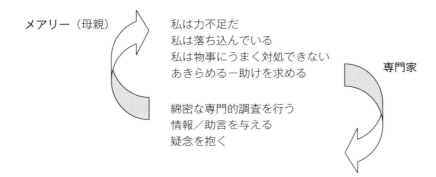

図4.13　専門家と家族の依存サイクル

安定な人間関係を体験しており，暴力の犠牲になっている人を目撃していたり，当人が犠牲になっていたりするものである。こうした体験は，低い自尊感情や自分が力不足であるという感覚につながることが多く，そういう気持ちがあるせいで，大人になってから虐待の絡む人間関係に陥りやすい。その根底には，「これ以上の待遇を受ける価値なんて，自分にはない」という思い込みがある。

状況的要素

メアリーとその家族は数多くの不都合に直面している。一家は社会的に恵まれない地域で暮らしていて，メアリーは体が弱く，支えになってくれるはずの両親もすでに亡くしている。ジャネットの父親は暴力をふるうアルコール依存症者で，おそらく今もまだメアリーには虐待的な振る舞いをしているのだろう。家計が苦しいことも，まず間違いない。さらに，ロマ系であることも，社会の隅に追いやられる理由のひとつになっているかもしれない。専門機関は，この家族とメアリーの親としての能力について，かなり強い疑念を抱いている。メアリーはそのせいで不安に陥り，苦悩し，自分は出来損ないだと感じ，自責の念にかられているとも言えそうである。かなりの長期にわたって社会的支援サービス機関と関わりつづけているため，メアリーは助言や指示をもらおうとして，専門家に依存するようになっている可能性もある。同時に，母親としての自分の権威が傷つけられているとも感じていて，気持ちは落ち込んだまま，無力感に苛まれつづけている（図4.13参照）。

統合：ジャネットのためのシステム論的定式化

問題を形成し維持している要因は複雑に絡み合っている。上記の枠組みは，私たちの注意をそうした複雑な要因に向けるのに役立つかもしれない。それにしても，メアリーとジャネットについて，私たちがすでに提供しているちょっとした例ですら，それがあっという間に，万華鏡のように目まぐるしく変化する事実の色模様となって私たちを圧倒してくることは，すぐにわかることである。なんとかしてこの大量の情報を結合させ，処理しやすいひとつの定式化にまとめなくてはならない。そのためには，問題の理解のカギと考えられる要因を選び出さなくてはならない。出来事と行動と状況をつなぐ物語を構築して，「つながり合うパターン」ともいうべきストーリーに仕立て上げる必要がある。

そこで，この家族に関するシステム論的定式化になりそうなものを，以下のとおり，ふたつ作成した。いずれも網羅的なものとは言えないが，共に，入手できた情報に適合する見解を提供しようとするものである。つまり，実際の場では，特徴や詳細によって，向けられる注意に差が出てくるということである。

第 1 の定式化

ジャネットと家族が抱える困難は，メアリーが出産後すぐ，ジャネットの子育てをめぐって体験したことが原因となっている可能性がある。メアリーは虐待に遭っていて，一家は困難な状況に陥っていた。ジャネットは 6 人きょうだいの一番下だったため，メアリーは心身ともに疲れ果てていて，ジャネットの世話をする体力が残っていないと感じていたのかもしれない。ジャネットの父親との間には，もうひとり子どもがいたが，夫婦の間がうまくいっていなかったため，メアリーは，最初の子どもアンドルーが生まれたときにはたぶん感じた夫婦関係への希望を，このときすでに失っていた可能性もある。子どもが生まれたら，破綻しかけている夫婦関係が修復されるだろうとか，相手が変わってくれるだろうなどと期待する夫婦は少なくない。もしジャネットの父親が娘の誕生に肯定的な反応を示さなかったら，メアリーは自分が打ちのめされ，虐待され，疲れ切っていることを実感して，ジャネットとの絆は簡単には結べなかったかもしれない。これをきっかけに，自責のパターンが生まれた可能性があり，メアリーはこのパターンのせいで，さらにジャネットにうまく向き合えなくなったかもしれない。たとえば，ジャネットが自分のベッドに入ってきて眠ることについて，メアリーが明確なルールを設定できないのは，かつて自分が娘を拒絶したことに対する後ろめ

たさゆえかもしれない。このパターンに対して，今度はジャネットが反応し，これをさらに悪化させている可能性がある。ジャネットは，母親から安心を得ようとして要求を増やし，母親に依存する方法を見つけようとする一方で，母親に敵意を向ける方法も見つけようとするのである。このようにして，ふたりの間に，持続的にエスカレートしていく「慰めと拒絶」のパターンが存在するようになったのかもしれない。メアリーは，親としての自分の能力に自信がなく，家庭内の虐待や恵まれない生活環境のせいで自尊感情も概して低いが，これらもこのパターンを強化しているかもしれない。

第2の定式化

　第2の定式化では，第1の定式化より，ジャネットと父親との関係および専門機関とメアリーとの関係に注目している。ジャネットは最近，父親の家に一泊するのを拒否しているが，この状況には若干の懸念がつきまとう。ジャネットは自宅で独り寝を怖がっていて，これは，父親による虐待的な出来事があった可能性につながるかもしれない。拒食も，たとえばオーラル・セックスの強要などの性的虐待に関係している可能性がある。メアリーはこれらの可能性について考えるのをいやがるかもしれない。というのも，娘と父親が接触すれば，その間メアリーは一時的にジャネットからいくらかでも離れて休息できるからである。また，責任ある母親として，ジャネットには父親との関係を継続する必要があることを認めてもいる。さらに，メアリーは社会的支援サービス機関の疑念にも気づいていて，もし自分の心配をもっとオープンにしたら，虐待があったかもしれないことになぜもっと早く注目しなかったのかと，自分が責められることになるのを怖れているのかもしれない。メアリーは，子どもたちを取り上げられることも怖れているかもしれない。メアリーがなんの行動も起こさないせいで，ジャネットも「自分を守ってくれない」母親に腹を立てている可能性がある。互いへの疑念と関心が次第にエスカレートしていく様子は，以下に示したとおりである（図4.14参照）。

コメント

　以上に挙げたふたつの定式化は，これらが唯一絶対というわけではなく，このあとにいくらでも追加できるものだと捉えていただきたい。第2の定式化は，ジャネットの父親を疑い，非難しているように見えるかもしれない。別の見方としては，ジャネットの父親は，「虐待者」で，アルコール依存症で，乱暴で，無責任だというステレオタイプにはめ込まれようとしていると考えることもできる。あ

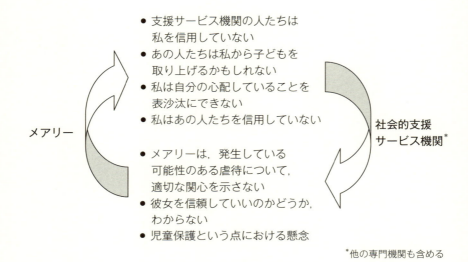

図 4.14　メアリーと社会的支援サービス機関との間の不信感が
エスカレートしていくパターン

のような恵まれない社会状況の中で暮らす家族は，そうした見方をされがちかもしれないが，このような状況下でのみ虐待が発生するわけではないという点や，家庭が貧しく恵まれない地域で暮らしているからこそ虐待が発生すると想定するのは差別になりうる点を憶えておくことは重要である。しかしながら，もし過去にさまざまな被害が発生している状況下であれば，こうした仮説も，少なくとも考慮する必要はあるだろう。ともあれ，ここで重要なのは，家族と社会的支援サービス機関がどのように，良くも悪くも状況をエスカレートさせているかについて，システム論的仮説が考察しようとしている点である。疑念がエスカレートしていくサイクルは，メアリーのような母親がもつ挫折感や最終的に絶望して言いなりになる姿勢に拍車をかけかねない。

　最初の重要な問題は，家族のどのメンバーをファミリー・セッションに招集するかである。ジャネットの父親と母親の間に生じうる対立や危険性を考えると，最初のミーティングでは，ジャネットと，一家の母親側のメンバーを招集することになるかもしれない。最も効果的に変化を促すためにも，定式化を行うためにも，広範囲の家族のメンバーに会うことが重要である。このケースでは，通常，ジャネット，母親，おばのシンディ，兄のアンドルー，父親の違うきょうだいた

ちがその範囲に含まれるであろう。最初のワークは，問題に関する各人の見方と，原因についての各人の見解に焦点を絞るかもしれない。家族造形や評価尺度を用いる質問など，すでに解説した説明的概念も，家族のメンバーの考えを明らかにするという点で，変化の促進に役立つ。ワークを進めていくために，家族のメンバーは，問題の少ない新しい形で触れ合うことも必要になり，これまで我慢してきた問題——話せば厄介なことになりそうな問題——について，セラピストや治療チームの助けを借りて話し合えるようになることも必要である。ジャネットの両親が出席するセッションの設定に努めることも重要であろう。両親が対立を乗り越えて前進し，子どもの幸せな暮らしについて建設的に話し合っている姿を見ることは，子どもにとって大きな恩恵になりうる。両親が依然として相当な不和状態にある場合には，子どもを含めるセッションを始める前に，その子どもの両親としてのふたりのために何回かセッションを行うと，有用なスタートを切ることができるだろう。

定式化のもつ政治的問題

　アセスメントと定式化を理論的に体系化して，臨床家の手本となるような明確で詳細なガイドラインを示すことができるなら，そのような体系をぜひとも練り上げてみたいものである。これは，とりわけ，関わっている課題の複雑さを明らかにするという点で役立つが，その一方で私たちはむしろ，定式化には，あらゆるセラピーに関係のある概念的で心理学的かつ哲学的な中核的課題が含まれているという点について，提言したいと思っている。最も根本的なことになるが，私たちは，自分が理解しえた内容を，ひとつの問題もしくは症状だとみなすよう強いられる。家族療法は，問題の原因と維持に関する社会的モデルを提供するものであり，最近では，問題を病的なものとみなす医学的プロセスに対して，次第に批判的になってきてもいる（White and Epston, 1990; Hoffman, 1993; Dallos and Draper, 2010）。家族のメンバーに関する仮定が過酷なものになりそうな場合や，家族のメンバーがまるで義務でもあるかのように，自分自身に関してそうした仮定を立てるよう強いられる場合には，上記の枠組み内において，その仮定に対して疑義を唱えるよう努めるという意味で，批判的立場を取っているのである。

　　私はときに思う。苦しみを抱えて私を訪ねてくる人の 99 パーセントは，自分に貼られたレッテルや自らに関して抱いている軽蔑的な考えによって，どれだけ貶められた気持ちになっているかという問題を，どうにかして処理しなく

てはならない状態にあるのではないだろうか。

(Hoffman, 1993: 79)

突き詰めれば，これは，現代の家族療法のやり方を特徴づけている（ポストモダンの）社会構成主義的立場の土台である。さらに広く見れば，家族と協働する臨床家はこれを土台とすることによって，定式化に関して種々の複雑な立場に立たされることになる。

- 私たちは，（たいていの場合）国家に雇われた身として，社会統制の要素を含む定式化を提供しなくてはならないというプレッシャーを感じているかもしれない。たとえば，ある家族の子どもが，授業を妨げる「破壊的な行動を減らし」て，学校に戻れるようにする，など。
- 家族が，顕著な医学的問題をどのように内面化し，その問題に関する自らの定式化に，ADHD やアスペルガー症候群などの診断カテゴリーをどう適用するようになっているのかという点を考察することが重要である（Rapley et al., 2011）。
- 定式化を行う際は，家族内の苦悩や対立悪化の原因となり，問題の発生に寄与してきた不平等と抑圧のパターンに注意しなくてはならない。
- 何がクライエントの問題なのか，そもそも「問題」はあるのかどうか——この 2 点の定義が競合することに，私たちは気づいているかもしれない。個人，家族，家族のメンバー，さまざまな組織——警察や社会的支援サービス機関，学校，法体系，文化体系，セラピストの専門職システム——が，それぞれ異なる考えをもつ可能性がある。

実のところ，定式化のもつ最も重要な側面は，家族の問題に関して出てくるこうした競合する定義や解釈を，巧みにさばいて調整することである。家族療法に取り組む臨床家は，自らの職業のもつ遺産と同僚からの期待も斟酌しなくてはならない。たとえば，クリニカル・サイコロジストはアセスメントと定式化の「専門家」だと期待されているかもしれない。もっと具体的に言えば，その家族のその人物が「本当に」個人的問題，もしくは，家族の問題を抱えているのかどうかを評価できるはずだと期待されているのである。

Lynn Hoffman からの引用に戻るが，政治的な次元をシステム論的定式化に加えることで，自己懲罰的な否定的かつ破壊的見解がどのようにして発生し維持されていくのかという点に関する定式化を，より広範なものにできることがわかる。

システム論的アプローチは，家族とその他の親密な関係者を定式化の第1焦点にするが，これは出発点に過ぎない。システム論的セラピーは，家族が多様なシステムにつながっていることや，そうしたシステムすべてについて，定式化を拡大しなくてはならないことを承知している。これは，初期の家族療法から大きく変わった点である。初期の家族療法では，家族が，病的なものを発生させていくプロセスの新たな現場になる危険性があった。すなわち，家族のメンバーを尋常でない状態や病んだ状態にしたとして，事実上，家族を責めるような定式化を行いがちだったのである。家族やそのメンバーは強烈な文化的なパワー——構造的なもの，イデオロギー的なもの双方——の影響を受けていると考えるアプローチは，人々をその縛りから解放しようという強い意図を，他のアプローチと共有している（Boyle, 1990; Johnstone, 2000）。

システム論的定式化の重要な特徴

- 問題は，個々の中にあるのではなく，関係性の展開プロセスにあると考えられている。
- 定式化は，主として，家族が問題に関して抱いている意味や解釈，説明の探求に取り組むものだと考えられている。
- 定式化は，活発に繰り返される力動的プロセス（漸進的な仮説構築プロセス）だと考えられている。
- 定式化のための探求と情報収集は，変化を促すものであるとも考えられている。探求と定式化と介入の間に明確な区別があるとはされていない。
- 定式化は協働的な作業だと考えられている。セラピストは家族と共に定式化を進めながら，問題の新しい理解の仕方を引き出そうとする。
- 家族のメンバーは，対立する個別の定式化をもっている可能性があり，セラピストは，そうした異なる複数の定式化が描く全体像を把握しようとしなくてはならない。

参考文献

Boyle, M. (1990) *Schizophrenia: A Scientific Delusion?* 2nd edn. Hove, UK: Brunner-Routledge.

Byng-Hall, J. (1980) 'Symptom bearer as marital distance regulator: clinical implications', *Family Process,* 19, 4: 355–365.

Carr, A. (2006) *Family Therapy: Concepts, Process and Practice.* 2nd edn. Chichester: Wiley.

Carter, E. and McGoldrick, M. (1988) *The Changing Family Life Cycle: A Framework for Family Therapy.* 2nd edn. New York: Gardner.

Cecchin, G. (1987) 'Hypothesizing, circularity and neutrality revisited: an invitation to curiosity', *Family Process,* 26, 4: 405–413.

Dallos, R. (1991) *Family Belief Systems, Therapy and Change.* Milton Keynes: Open University Press.

——(1996) *Interacting Stories: Narratives, Family Beliefs and Therapy.* London: Karnac.

Dallos, R. and Draper, R. (2010) *Introduction to Family Therapy: Systemic Theory and Practice.* 3rd edn. Milton Keynes: Open University Press.

Goldner, V. (1998) 'The treatment of violence and victimisation in intimate relationship', *Family Process,* 37, 3: 263–286.

Haley, J. (1973) *Uncommon Therapy: The Psychiatric Techniques of M.H. Erickson.* New York: Norton.

Hoffman, L. (1993) *Exchanging Voices: A Collaborative Approach to Family Therapy.* London: Karnac.

Johnstone, L. (2000) *Users and Abusers of Psychiatry: A Critical Look at Psychiatric Practice.* 2nd edn. London, Philadelphia: Brunner-Routledge.

Palazzoli, M.S., Boscolo, L., Prata, G. and Cecchin, G. (1978) *Paradox and Counter-paradox: A New Model in the Therapy of the Family in Schizophrenic Transaction.* New York: Jason Aronson.

Palazzoli, M.S., Boscolo, L., Cecchin, G. and Prata, G. (1980) 'Hypothesising-circularity-neutrality: three guidelines for the conductor of the session', *Family Process,* 19: 3–12.

Proctor, H. (1981) 'Family construct psychology'. In S. Walrond-Skinner (ed.) *Family Therapy and Approaches.* London: Routledge.

Rapley, M., Montcrieff, J. and Dillon, J. (2011) *De-Medicalising Misery: Psychiatry, Psychology and the Human Condition.* Basingstoke: Palgrave.

Stedmon, J. and Dallos, R. (2009) *Reflective Practice in Psychotherapy and Counseling.* Maidenhead: McGraw Hill.

Tomm, K. (1987) 'Interventive interviewing, part II. Reflexive questioning as a means to developing self-healing', *Family Process* 26: 167–183.

Watzlawick, P., Weakland, J. and Fisch, R. (1974) *Change: Principles of Problem Formation and Problem Resolution.* New York: Norton.

White, M. and Epston, D. (1990) *Narrative Means to Therapeutic Ends.* London: Norton.

第 5 章

定式化とナラティブ・セラピー
異なるストーリーを語る

David Harper & Dave Spellman

定式化とナラティブ・セラピー

　本章では，定式化 formulation がナラティブ・セラピーというひとつの学派の中でどう理解されているかについて論じていく（White and Epston, 1990）。システム論的家族療法やコミュニティ心理学などのアプローチと同様，ナラティブ・セラピーも，問題は当人の中にあるという見方はしない。ときには，人に力を与えようとする進歩的な人間中心主義のアプローチだと誤解されることもあるが，ナラティブ・セラピーは，それらとはかなり異なる想定をし，質問を重ねていくやり方で「ストレングス（強み）」などの概念にアプローチし，因果関係に関するわかりやすい定式化を提供する。そこで，まずこのアプローチの想定を概説してから，定式化の問題に向き合い，その後，ジャックとジャネットとの取り組みをどう定式化するかについて説明しようと思う。

ナラティブ・セラピーの発達を促した理論的影響

　Michael White と David Epston は共にソーシャルワーカーで，のちに家族療法のトレーニングを受けている。ふたりは別々の国（それぞれオーストラリアとニュージーランド）に暮らしながらも，ひとつの協働的アプローチを開発した。ふたりの研究は，主に3つ影響を受けて進められたと言えるだろう。最初は，ふたりがある事実に気づいたということである。すなわち，治療中の会話には，自分自身についてのストーリーを語るクライエントが参加しているにもかかわらず，従来のサイコセラピーはナラティブの重要性にあまり注意を払っていないと

いう点に気づいたのである。ふたりはさまざまな理論家が書いたものを読みはじめ，たとえば，含蓄に富むナラティブとそうでないナラティブはどこが違うのか，といったことを知ろうとした。次に，ふたりが，Clifford Geertz や Barbara Myerhoff などの人類学者の業績に影響されたということがある。人類学はしばしば，私たちが当たり前のこととして理解している世の中のことについて，熟知していることを未知のこととし，未知のことを熟知していることとすることによって，一歩離れたところから疑問視できるように手助けする方法だと考えられている。ふたりは，薄っぺらな記述 thin description と厚い記述 thick description という Geertz（1933）の概念について，後者は前者より豊かな質感のあるナラティブを提供することに気づき，その概念を発展させていく。前者の表面的で「薄っぺらな」記述は，たとえば，精神医学的診断のレッテルによって与えられるものを指している。ふたりは，日常生活の習慣的行為を調べ，その知識を利用して新たな習慣的行為を引き起こす方法を，人類学の中に発見した。新しい習慣的行為は，新しいストーリーの強化に役立つ可能性がある。たとえば，Myerhoff（1982）の年長者グループに関する研究からは，自分自身に関する自分のストーリーは「真の自分 true self」をその中に見つけるというような私的なものではないという見解を打ち出している。それどころか，アイデンティティとは，自分自身や他者についてのストーリーを語る人々がいてこそ公に獲得できるものであり，聞き手は，そうしたストーリーを聞いて，自分自身や他者について語る方法を形成すると考えたのである。

　最後に，フランスの哲学者で思想史家のミシェル・フーコーの研究から影響を受けたということがある。フーコーはあまたの「ポスト構成主義」の思想家のひとりで，人間科学への構造主義的哲学の影響に疑義を呈した人物である。セラピーには，行動について，内的状態や感情，衝動，思考など「より深い」メカニズムに由来する反応だと考える伝統があり，その伝統には，構造主義の影響を見て取ることができる。たとえば，認知療法（その認知やスキーマ），精神分析（その衝動や防衛），構造主義的家族療法（そのヒエラルキーと境界）などが，その例である。White と Epston が特にフーコーから影響を受けたのは，パワーと知識のつながりに焦点を絞っている点と，この世界に対する特有の見方が特定の社会システムにどう具体化されているかという点である。ふたりはフーコーから，正常化を狙う社会の注視によって，人間が微妙に——しばしば，さほど微妙にでもなく——管理されていることへの懸念を引き出している。

これらの考えと社会構成主義との関連

　こうした理論的動向の一部は，すでに心理学にも取り入れられている。たとえば，Jerome Bruner，Theodore Sarbin，Miller Mair などの心理学者は，ナラティブを心理学の基本的メタファーとみなすことの潜在的重要性について，概略を述べている。Ian Parker や Erica Burman などの心理学者はフーコーの研究を社会心理学に利用している。加えて，1980 年代半ば以降，Kenneth Gergen などの数多くの心理学者がこれらの考えを，社会構成主義[注1] の大々的な旗印のもとに前面に押し出しはじめている。社会構成主義とは，ポスト構造主義に関連した考えの多くを心理学に組み入れた，ひとつの立場だと考えることもできる（Burr, 2003）。

　社会構成主義をひとつの定義に絞り切ることはできない。というのも，それは，言葉で明確に描写された理論モデルというより，概念的枠組みに近いものだからである。さらに，この伝統内には，さまざまな理論家から成る非常に大まかな学派が存在する。しかしながら，Gergen（1985）は，たいていの社会構成主義の研究には暗黙の想定が 4 つあると主張する。ひとつは，当たり前のこととされている知識を根本的に疑うということである。したがって，社会構成主義者は質問を重ねていくやり方で，心理学的概念に取り組む。たとえば，Burr（2003）が言及しているとおり，「パーソナリティ特性」や「認識力 cognitions」など，解明可能な生得の心理学的特性もしくは本質について，説明しようとはしない。次に，知識を，歴史的かつ社会的，文化的に特有のものだとみなしているということである。さらには，社会的かつ文化的プロセスは，「真実」だとされるものに影響を与えると主張しているということ，最後に，私たちが現象を描写したり説明したりするときの方法は「ニュートラル」ではなく，むしろ，特定の見解を支

注1）いろいろと混乱があるようだが，はっきりさせておくべき重要な点がひとつある。構成主義 constructivism と社会構成主義 social constructionism の違いである。残念ながら，多くの書き手がこのふたつの用語を互換性のあるものとして使っている。セラピーへの構成主義的アプローチはナラティブ・セラピーより前から存在し，Kelly（1955）のパーソナル・コンストラクト理論 Personal Construct Theory に追随するセラピストたちは，構成主義者とするのが最も正確であろう。構成主義者は，個々人が自分自身の世界の見方を構成していることを認めている。しかしながら，社会構成主義者はさらにもう一歩前進し，そうした個人の構成は社会の中で形成されるものであり，さらに，そうした社会では，さまざまな構成がさまざまな社会的パワーをもっていると主張している。

持して，他を排除することに役立っていると主張していることである。言い換えると，特定の方法でこの世界について話したり書いたりすることで，特定の世界の見方を発生させている――すなわち，構成している――ということなのである。しかしながら，これらの考えに社会構成主義のレッテルを貼るのは，実際のところ心理学のみであり，わずかに社会学でも，そういうことがあるという程度である。White や Epston を含む数多くの著者は，自分の研究を説明するのにこのレッテルを使うことはなく，代わりにポスト構造主義 post-Structuralist という用語を好んで用いている。にもかかわらず，社会構成主義は確かに，同様の考えに影響を受けている一群のセラピストには，家族の類似性を同定する有用な方法を提供している（McNamee and Gergen, 1992）[注2]。心理学者やサイコセラピストにとっては，どちらかと言えば，社会構成主義の方がよく馴染んでいる枠組みなので，本章ではこの用語を使うこととする。

ナラティブ・セラピーの想定

すでに非常に多くの専門家がナラティブ・セラピーについて説明している（たとえば，Freedman and Combs, 1996; Madigan, 2011; Morgan, 2000; Payne, 2006; White and Epston, 1990）[注3]。したがって，ここでは詳細な説明はしないが，ナラティブ・セラピーは，生きていく上での問題を，自分自身に関する入手可能なストーリーが実際の体験と合致しないときに発生するものだと考えている。ここに，社会構成主義の関心とのつながりがある。すなわち，ナラティブ・セラピーも，質問を重ねていくやり方で，当たり前のこととされている知識に取り組み，知識は歴史や文化特有のものと考えるという立場を取るのである。つまり，診断上のさまざまな構成概念は，実際の科学的実体として――すなわち自然の部分として――しばしば描かれ，たとえば，当人に利用可能な唯一のストーリーと見なされている。White と Epston は，このような当たり前とされている概念を「脱自然化」しようとした。人が専門家の助けを求めるとき，その人の生活は，豊か

注2）McNamee と Gergen（1992）の著書が発刊されて以来，社会構成主義的観点をもつ他のアプローチが数多く出現するようになった。たとえば，Ekdawi ら（2000），性的虐待に取り組む Sam Warner のヴィジブル・セラピー Visible Therapy（Warner, 2009），Parker（1999）への寄稿者などである。

注3）ナラティブ・セラピーについてさらに学びたい方々には，数多くの書籍やリソース，無料でダウンロードできる論文が用意されている http://www.dulwichcentre.com.au/ をお勧めする。

な質感のある多様なストーリーではなく，制限的かつ有限で皮相的な単層構造の
ストーリーになっている。もしその人が長く困難を抱えていて，メンタルヘルス
の介入を受けているとしたら，そのストーリーは，問題のしみ込んだ病的なもの
になっていることが多く，やがて，そのストーリーには，問題を個別化して内在
化させるレッテルが貼られるようになる。White と Epston は，苦悩のもつ別の
意味を生み出せるような，これまでとは種類の異なる会話をしようとした。たと
えば，ふたりは問題のヒストリー（歴史）や支配的なナラティブのヒストリーに
関心を抱いてはいたが，それまで隠されていた新しいストーリーを軸に，別のヒ
ストリーを構想しようともした。しかしながら，さまざまなストーリーが内的状
態や「本質的に制限的」などの特性をもつ概念に関して出来上がっていくのを見
たため，ふたりは意図的ナラティブという Bruner の概念を利用し，「ストレン
グス」などの内的状態ではなく，「目的，価値観，信念，希望，夢，未来像，生
き方に対する関心」（White, 2004: 86）に注目したストーリーを創るよう，クラ
イエントを励ました。ちなみに「ストレングス」という概念は，なんらかの意味
をもつために「弱点」という概念に依存している。さらに，ふたりはクライエン
トに対し，そうしたストーリーから一歩下がり，それが生活を向上させ豊かにす
るか，生活を制限して縮小させるかを見きわめて選択するよう，絶えず勧めたの
である。クライエントはしばしば，それまで気づいていなかった選択肢があるこ
とを理解するようになり，自分のストーリーの判断基準を身につけることによっ
て，自分の価値観（すなわち，自分にとって何が重要かということ）に対する気
づきを深めていったのである。

　White と Epston が会話を通して特定しようとしていたのは，周辺に追いやら
れていたり軽んじられていたりしたストーリーの痕跡，すなわち，支配的なナラ
ティブを覆すストーリーや，クライエントが自分自身の見方を向上させ，自分の
生活の中で入手できる選択肢を増やすものとして体験するはずのストーリーの痕
跡である。ふたりは，知識が社会的プロセスによってどう維持されているかを示
すために，その時点で特定の支配的ナラティブを支持している文化的儀式に注目
するよう，クライエントを促している。例を上げれば，診断を下すプロセスは，
診断のカテゴリー化によって発生するストーリー（たとえば慢性化）とアイデン
ティティ（たとえば「統合失調症」）を持続させると同時に，他の要因（たとえ
ば社会的な烙印，差別，精神疾患の投薬治療の副作用など）の影響を曖昧にする
役目も果たしている。しかしながら，ふたりはここでも，二の次にされていた下
位のナラティブを持続させうる新しい儀式を生み出す可能性を見て取ったのであ
る。

オルタナティブ・ストーリー（代替的ストーリー）の痕跡を見失うのは簡単
で，それらは，人生に関する支配的なナラティブから削除されかねない。すなわ
ち，重要な人やその人たちとのつながりは，失われて忘れられる可能性があると
いうことである。こうしたストーリーを念入りに作成する方法は，治療のための
会話の中で，足場を設置するプロセス——Vygotsky（1978）の最近接発達領域
という概念を奉じる理論家が生み出した概念——に取り組むことである。ここで
は，出現しようとしているストーリーの展開を支える（もしくは，その展開に「足
場を組む」）ために，特定の質問が投げかけられる。White と Epston も，**問題
を外在化する会話**に取り組んでいる。こうした会話の中で，クライエントは自分
の問題を，内在化され個別化された障害もしくは病状の徴候——自分に責任のあ
ること——ではなく，自分自身の外側にあるものだと考えるよう，勧められる。
セラピストとクライエントと他者はこうして，外にあるとされる問題との闘いの
中で団結し——「人が問題なのではなく，問題が問題なのである」が重要なモッ
トーとなり——これに助けられ，支配的ナラティブの結果として生じることの多
い挫折感を徐々に削り取っていくのである。White はのちに，ストーリーは他者
に反応してもらったときに豊かさを増すと指摘している。たとえば，自分が語っ
ている自分のストーリーに対して，相手が別のストーリーで反応したり，感情を
表して反応したり，ジョークを返したりするとき，そうした反応がストーリーの
語りの方向づけをする。アイデンティティは公的に獲得されるものとされ，クラ
イエントのストーリーに他者の反応を含めることが重要になったのである。ス
トーリーの聞き手は「アウトサイダー・ウィットネス（外部の証人）」とみなさ
れ，Michael White は治療セッションの中でしばしば，家族のひとりと面接した
あと，家族の他のメンバーもしくは外部証人グループのメンバーと面接し（Tom
Andersen のリフレクティング・チームによるアプローチと似ている），そのストー
リーに対する反応について訊ねたものである（たとえば，「このストーリーはあ
なたが体験した何かとどう共鳴しましたか？」など）。そのあと，話し手との面
接に戻り，他者の反応についてどう反応したかを訊ね，そのストーリーをさらに
念入りに仕上げていったのである。
　最後に，White と Epston が，パワーの影響力と，正常化を狙う社会の注視が
いかにドミナント・ストーリー（支配的ストーリー）を支えているかを痛感して
いた点について述べる。たとえば，若い女性が体型と食事を気にする気持ちを理
解しようと思ったら，彼女たちが社会的プリズム——利益追求を旨とする広告業
界やファッション業界，出版業界によって維持されているプリズム——を通して
自分の体型をどう見ているかを理解しなくてはならない。痩身こそが美であり，

道徳にも適っていると考え，男性用とは別の，女性用の美の基準が設定されている。支配的ナラティブと社会におけるパワーとの間には，ひとつの関係性がある（第6章参照）。たとえば，パワー関係の影響を曖昧にするために，到底達しえない理想的な標準イメージと自分自身とを，不利を承知で比較することが勧められる。その結果，人は自分自身に関して，「慢性的な統合失調症」だの「ADHD の子ども」だのと，問題のしみ込んだ描写をするようになる。White と Epston はクライエントと面接し，問題が生活の中で優位に立つために使った戦術にクライエントが気づけるよう，パワーに関する自分たちの理解を積極的に活用しようとした。

　ナラティブ・セラピーは，直線的な因果関係のパラダイムからは一歩下がったものである。ここでは，専門家は見つけ出して治すという役割を担い，それゆえ，解決志向療法と同様に，問題の原因に関して意見をすることはない（White in Stewart, 1995）。「事実」の観点から構成された原因の説明は，皮相的なストーリーや単層構造のナラティブとみなされる内在化された心理的プロセスに似ている。ナラティブ・セラピーのセラピストは，そうした原因の説明よりも，意図的に語られる多層構造の豊かなナラティブの方を好む。したがって，問題の原因に的を絞った定式化は，このアプローチのものではない。ナラティブ・セラピーの想定が有効性に関する研究の課題となっているのは，この研究が，伝統的にまったく異なる認識論の想定を基盤にしているためである（Harper et al., 2013）が，有望なエビデンスベースも出現してきている（Chenail et al., 2012）。

定式化の概念を拡大する

　定式化は，通常，問題の原因（増悪要因や維持要因など）に関する説明であり，治療的介入の優先事項を示すものだと解釈されている。セラピストを専門家に位置づけるそうした定義は，社会構成主義にとって特別な難題となっている（Harper and Moss, 2003）。しかし，定式化は，問題について扱いさえすればよいのか？　病因や病理に関する理論を基盤としていない理論には，どう適合しうるのか？　さらに，「問題」の内容を明確にするのは誰なのか（Boyle, 2001; 第4, 12章も参照）？　定式化は，因果関係と過去を扱うものでなくてはならないのか？

　このような難問を解決するひとつの策を，Alan Carr（2012）が提唱している。Carr はこれまで，問題の定式化と同様，そうした問題の例外に対する解決志向的観点から，類似した定式化を構築し，問題を持続させている相互作用的プロセスを同定することも可能だと示唆してきた。本章の著者のひとり（David

Harper）は Duncan Moss と協働して，別の提案をしている。セラピストは自分がしている取り組みを，問題の原因に関する客観的説明，もしくは，準客観的な説明をするプロセスと考えるのではなく，協働的に理解を進める持続中のプロセスだと考えることもできると提案したのである。これは，他の家族療法の学派（第4章参照）に見られる漸進的な仮説構築の概念に似ている。このようにして定式化は，特定の状況に位置づけられ，特定の目的に向かって指向するのである。換言すれば，それらはさまざまな観点である。どこともしれない位置からの見方に関する科学的概念ではなく，ある特定の位置からの見方である。これを，もうすこしナラティブ寄りの言葉で表現すると，もし臨床の取り組みが一連の対話や会話とみなされるなら，セラピストの定式化は，ひとりの人間のストーリー，すなわち，クライエントのストーリー（とは言え，クライエントとの協働で著されるもの）と，その会話に関する説明である，となる（Harper and Moss, 2003）。この観点からすれば，定式化は，セラピストとクライエントのために構築されたストーリーであり，事態がなぜ今のようなものになったのか，状況を変えるには何が起きる必要があるのか，どうすればセラピストとクライエントは前進できるのかといったことに関する説明である（Bob, 1999; Corrie and Lane, 2010; Parry and Doan, 1994）。定式化は発見されるものではなく，構築されるものであり，したがって，最も重要なのはその有用性であり，それがクライエントに適したものになっていることである。しかし，となると，定式化はフィクションということになるのだろうか？　家族療法のセラピスト，Bebe Speed は，この疑問に関して興味深い見方を提示している。

　　私は自分自身について，たくさんのストーリーを語ることができる。自分の人となりや，多様な自己，すなわち，他者と交わる際に呼び起こされる私のパートについて語ることができる。[ただ]，いかなる状況においても，自分が[どう]行動し[どう]感じるかは，でたらめではなくパターンがある。私の人生はフィクションではない。……クライエントと私は，今起きていることに関する説明を共に構築していく。そこで構築されうるものは，唯一のもの，すなわち，その状況に関する真実というわけではない。……その状況について，私と（他のセラピストは言うまでもなく）クライエントとで，共に構築できた説明は，ほかにもいろいろあるだろうし，クライエントにうまく適合しそうなものや，その状況にはまずまず充分だろうというようなものもあるだろう。

（Speed, 1999; 136）

定式化に関する私たちの定義は曖昧なように感じられるかもしれないが，定式化の概念は，もし問題の原因を当人の過去から探ろうとする従来の概念化から，病因や病理とは無関係の解釈にまで至る幅広いアプローチをカバーするとなれば，いくらかは拡大する必要がある。

ケースへの序

本書への他の寄稿者も述べているように，会ったことのないクライエントに関する定式化を提供するのは難題である。殊に，ナラティブ・セラピーの基本のひとつは，クライエントの実際の言葉を聴くことと，他のアプローチでは問われないような質問を投げかけることに重点を置いているため，難しさもひとしおである。しかしながら，定式化を行ってみることの教育学的価値を考えて，この試みを受け入れることになった。ただ，読者諸氏におかれては，私たちがふたりのクライエントにもその家族にも会っていないこと，これらのケースは，文献に出てくるあらゆる寸描と同様，異なる理論指向のセラピストによる面接を基盤として行ったナラティブの構築であることをご承知おきいただきたい。

システム論的心理学やコミュニティ心理学は，定式化を力動的かつ継続的なものと考えているが，ナラティブ・セラピーの観点はこれをさらに進め，セラピーと定式化は互いに絡み合った活動だと考えている。ナラティブ・セラピーは多くの読者にとって，さほど馴染みのあるものではないかもしれないので，このあとに続く例では，私たちがセラピーを行ったとしたら，セッションはどのように進んでいっただろうかという点（たとえば，どのような質問をなぜしたのか，など）と，そうしたセッションからどのようなナラティブが出てきただろうかという点の双方に焦点を絞り，説明に重きを置いた定式化を行っていくつもりである。どのようなナラティブが出てきた可能性があるかは，必然的に推論が多くなるだろう。というのも，治療の会話の方向性は，部屋にいる人物の反応の仕方に大きく左右されるからである。

ジャック：ナラティブ・セラピーの定式化

ナラティブ・セラピーのセラピストは，ジャックとのセッションを始めるに当たり，概念化の代替方法と，精神症すなわち「統合失調症」の徴候があると取られそうな体験を報告している人物との取り組みの代替方法について，多少の知識は身につけておくだろう（Brigitte et al., 1996; Dulwich Centre, 1995; O'Neill and

Stockell, 1991; Parker et al., 1995; Stewart, 1995; White, 1987）。最近では，精神症のようだとされる体験に関するナラティブで，より大きな希望が感じられるものへの関心が，相当な高まりを見せている（Dillon, 2011）。

　このあと，Morgan（2000）のナラティブ・セラピーへの入門ガイドに従って，ジャックとの会話がどのように進行しえたかについて考えるための構造を提供する。言うまでもなく，セラピーは力動的かつ循環的なプロセスであり，したがって，ガイドが取り上げている要素が必ずしも，その順序で続くわけではなく，探っていく領域の順番は，ジャックとセラピスト次第であろう。セラピストはここで，あるアプローチを採用することによって，内在して稼働中の支配的ナラティブ（ジャックが明示したもの，彼の家族が明示したもの，専門家が明示したもの，広い範囲の文化が明示したもの）と，下位のナラティブかもしれないもの（たとえば，ジャックの能力，ジャックに及んでいるトラウマの影響など）の双方を考察しながら，紹介状にあった想定をじっくり検討できるかもしれない。ジャックのケースでは，セラピストはジャックに初めて会うときまで，紹介状の内容に関する情報がほとんどない状態が続いていた。

問題を外在化する会話：問題に名前をつける

　すでに述べたとおり，ナラティブ・セラピーのセラピストは，以前は見えていなかった選択肢を見えるようにするために多種多様な方法を使い，クライエントが二の次にしていた**下位のナラティブ**をもっと希望のもてるものに仕上げられるよう手助けする。問題を外在化する会話はここでも役立つ可能性がある。というのも，助けを求めている多くの人々は，自分の問題の責任は，ある意味，自分にあると感じているからである。ナラティブ・セラピーの観点からすれば，この言説も，正常化を狙う社会の注視によるものだと考えられるかもしれない。

　Morgan（2000）は，外在化できるものは数多くあると示唆している。たとえば，感情，人と人の間に生じる問題，文化社会的な慣習，人が自分の問題を語るときに使うメタファーなどである。ジャックの問題の説明からも，外在化できそうなものがたくさんあるように思われる。問題があるのかどうか，もしあるとしたら，誰がその問題の内容を明確にするのかという疑問を心に留めておくことが重要である。そうすれば，セラピストは，仮にジャックがそれを問題だと考えていたとしても，どういう経緯で彼がそう考えるようになったのかに，しっかり集中することができるだろう。

　セラピストは，ジャックの話を聴きながら，専門用語ではなく，ジャック自身の言葉と言い回しを使って問題を外在化する機会をうかがうだろう。たとえば，

ジャックは「不安」ではなく「恐怖」について話すかもしれない。これについては，有名な例がある。ウィンストン・チャーチルはしばしば，自分の鬱々とした気分を指して，私の「黒い犬」という言い方をしていた。確かに，多くのクライエントはごく自然に，問題を外在化する形で語っているので，セラピストはそれを拡大することができる。

　ジャックに関する情報から，彼が恐怖の問題について語っている可能性があることが推測される。恐怖は多くの点でジャックの生活に影響を及ぼしている。彼はロビー・ウィリアムズとそのボディガードたちを怖れている。襲われるといけないので，外出するのを恐がっている。また，鏡を覗き込んだときに，そこに父親の顔が映っていて自分を見返していたことも怖がっている。ことによると，「恐怖」を感じたのは，自分が父親にそっくりだとわかっているということなのかもしれない（特に，アルコールに関して父親と同じ問題を抱えていると仮定した場合）。母親と妹たち——殊に，レイプされたと彼が信じ込んでいる妹——のことを思っての恐怖もある（レイプについては，実際に起きたという証拠はない）。

　もうひとつ，外在化できそうなのは，罪悪感である。ジャックが「罪悪感」にどう影響されていたかに関心のある読者もいるだろう。仮にジャックが土曜日の仕事で男性上司の性の犠牲になっていたとしたら，彼はここで，セックスに関する罪悪感について語るかもしれない。また，自分が家族にトラブルをもち込んだと感じていることに関する罪悪感や，母親から家を出るように言われる原因となった出来事に関する罪悪感についても，語る可能性がある。男性は一家の稼ぎ手であるという支配的な文化的ディスコースを考えると，ジャックはそうしたドミナント・ストーリーに従い，罪悪感によって，自分は「出来損ない」だと思い込まされているかもしれない。罪悪感を抱くことで，両親の離婚についても自分に責任がありそうだと納得した可能性もある。

　怒りは，外在化にはもってこいのものとして生じるかもしれないが，このことについては，注意深く考える必要があるだろう。たとえば，ここで「怒り」を外在化させると，ジャックは，自分の行動の結果に対する責任感から遠ざかっていいという気持ちになるかもしれない。Carey と Russell（2002）は，外在化するかどうか，するとして，いつ何を外在化するのかという点に関する問題を，いくつか論じている。Alan Jenkins（2009）は，ジャックが怒りに集中したい場合の他の代案を，いくつか概説している。しかしながら，怒り——ロビー・ウィリアムズに関する怒りや父親の行動に対する怒り，彼自身が受けた虐待に対する怒りなど——がジャックや彼に近い人たちにどのような影響を与えるかを探ることはできるかもしれない。同様に，ジャックは，飲酒やドラッグ，窃盗，ホームレス

状態が自分の生活や他者の生活に及ぼした影響について，話したいと思うことも
あるだろう。

　重要なのは，外在化できるものはたくさんあるが，いずれを取り上げるかは，
協働しているジャックとセラピスト次第だということである。興味深いことに，
ジャック自身の説明からすると，彼はロビー・ウィリアムズや印税の小切手，妹
が遭ったとされるレイプに関する自分の**信念を，正確な意味では**問題として同定
していないため，ここではそれらを，介入のターゲットにはしていない。もしそ
れらがジャックにとって重要な焦点であることがはっきりすれば，他者と共有で
きていない信念が，専門家などのさらに有力な他者から社会的にどう低く評価さ
れるかについて，ナラティブ・セラピーのセラピストは特に言及することもある
だろう（Boyle, 2002; Georgaca, 2000: Harper, 2011; Heise, 1988）。しかしながら，
信念はしばしば，それを信じている者にとってドラマティックなナラティブを提
供するものである（de Rivera and Sarbin, 1998）。これはつまり，信念の正確さ
より，信念と当人との関係性——たとえば，信念によってどの程度まで，自分の
送りたいと思っている生活が混乱させられるか，など——に焦点を絞る方が重要
だということになるかもしれない（Harper, 2011; Knight, 2009）。たとえば，「パ
ラノイア」についてのナラティブ・セラピーと社会構成主義の思考は，すぐさま
それを，西洋文化における迫害と監視と差別（人種差別など）の体験に結びつけ
る（Cromby and Harper, 2009; Hardy, 2001; Harper, 2011）。

　Morgan（2000）がナラティブ・セラピーのセラピストに提案していることの
ひとつに，問題に名前をつけるようクライエントに頼んではどうかということが
ある。名前をつけてから，その問題を徹底的に探究して擬人化し，クライエント
が自分のアイデンティティと問題のアイデンティティとを分離するのを手助けす
るプロセスを続けるのである。ここで問う質問は，その問題がジャックの生活で
優位に立つために使っているトリックや戦術に焦点を絞ったものになるであろう
（この手の論考例は Brigitte et al., 1996 参照）。その問題の目的で，ジャックにとっ
てプラスになるものは何か？　その問題の協力者は誰か？　たとえば，ジャック
は，これまでずっとイタリア系イギリス人である自分に対するジョークを浴びせ
られてきたとか，メンタルヘルスの問題を理由に差別されてきたなどと言うかも
しれない。この場合，人種差別と不当行為は，問題の協力者とみなされる可能性
もある（Patel and Fatimilehin, 1999 参照）。

　この手の会話を続けながら，セラピストはジャックに，「今の問題の状態につ
いて満足していますか？　それとも，変わってほしいと思っていますか？」など
と，問題との関係をどう説明するかを訊ねるかもしれない。そうした質問の目的

は，会話を交わしながら，ジャックが問題との関係の修正（たとえば，問題の阻止，あるいは，別の方法での問題との共存など）に取り組み，これまで見たことのない選択肢を開拓していくことである。ジャックはひょっとしたら，「問題に支配されている今の状態には不満だし，状況が変わってくれたらいいと思う。もっと未来に希望をもちたいと思う」と言うかもしれない。

問題の歴史を明らかにする

ナラティブ・セラピーはときに，過去に関心のない「今ここ」のセラピーとして，誤って伝えられることがあるが，ナラティブ・セラピーのセラピストは，現在と過去と未来の間を行ったり来たりして，軌跡を明らかにする質問に多くの時間をかける。したがって，セラピストは次に，ジャックの人生における問題の歴史と，それらと彼の関係性を調べる可能性がある。読みやすくするために，ここではひとつの問題に言及するが，クライエントがたくさんの問題を話し合おうとする場合には，それらに優先順位をつけるようクライエントに頼むことを，Morgan（2000）は提案している。

ジャックには，まず，「最初に問題の影響に気づいたのはいつですか？」と訊ねてから，「時間が経つうちに，それがどう変わってきましたか？」と訊ねるかもしれない。このような会話をすると，問題は必ずしも固定的ではなく，変わらないわけでもないということを，相手に感じてもらいやすくなる。Allan（1994）は，Michael White が挙げた例を引用し，「パラノイア」と診断されたクライエントとの取り組み方について，以下のように述べている。

> ざっくりパラノイアと括られた人には，「どのようにして，監視されているかもしれないという感覚に取り込まれるようになったのですか？」というような質問をいくつか続けてするかもしれない。この質問への返答の中で，当人は自分の体験について，これまでより政治的に語る。
>
> （Allan, 1994; 31）

次に，「恐怖」を感じて，自分が襲われるかもしれないと確信しはじめた時期を訊ねるかもしれない。ジャックは，「母が体を壊して，家計が苦しくなった頃です」と答える可能性もある。ほかには，その恐怖と結託していたと思われる状況や人についても訊ねるだろう（たとえば，ジャックを性的に虐待した上司など）。

問題の影響を探る

　問題はしばしば，当人の生活に否定的な影響を置き土産として残していくが，そうした問題の名残をしっかり認識しておくことは重要であり，まさに不可欠でもある。ナラティブ・セラピーでは，クライエントが自分のアイデンティティと問題のアイデンティティとを区別できるような形で，これを行うことに焦点を絞っている。これをやり遂げる方法のひとつは，問題が当人の生活に及ぼす影響をマッピングすることである。たとえば，ジャックには，「その問題は，自分自身と自分の未来に関する見方にどう影響していますか？」と質問することができるだろう。問題は，彼の生活をどのように妨げるのだろう？　たとえば，「恐怖」のせいで，彼は何をするのをやめるだろう？　ジャックは，外出を控えるようになり，家族など他者との重要な関係性を失いはじめていると言うかもしれない。音楽への関心を失いはじめていることについて語るかもしれない。ほかにも，「罪悪感」のせいで，自分の見方がどう変わったかや，「怒り」のせいで，身近な人々との関係性がどう変わったかを訊ねてもいいだろう。

　セラピストはクライエントに，これらの影響を評価するようにも言う。Michael White はのちの著作の中で，ジャック・デリダの著作に収められた研究を利用して，「そこに存在してはいないが，暗黙の了解がある」という概念を展開している（Carey et al., 2009）。言い換えると，クライエントが語る自らの体験の説明の中から，暗黙の価値をどう見つけ出すことができるか，ということである。たとえば，クライエントは，問題の否定的な影響について語りながら，同時に，自分にとって重要な価値観や人々や活動についても語っている。そうした価値観や人々や活動は，新しいストーリーの土台になりうるものである。したがって，ジャックには，「こうした影響があったことについて，あなたやあなたの家族はどう感じていますか？」と訊ねることもできるであろう。もしジャックが否定的にそれらを見ているなら，その理由を訊ねることができる。それに対して，彼は，こうした問題が妨げになって，他者への愛を示すことができなくなった経緯や，家庭外で友情を築けなかったり，思うままに家族と親しくすることができなかったり，望みどおりに他者に対して親切にできなかったりした経緯を語るかもしれない。

問題を状況の中に置く：脱構築

　Morgan（2000: 45）は，ナラティブ・セラピーの観点から，「問題が持続して悪化するのは，特定の考えや信念，原則に支持され，後押しされるときのみであ

る」と主張している。正常化を狙う社会の注視にさらされる結果として，理想化された標準や基準に従って自分を判定したとき，人はしばしば，まるで自分が出来損ないであるかのように感じる。ナラティブ・セラピーのセラピストは，こうした想定を探究に利用できるようにしたいと考える。Morgan はこれを脱構築と呼んでいる。Dallos と Stedmon（第4章）は，システム論的セラピーのセラピストも脱構築を活用している実態を論じている。

　たとえば，当たり前のこととされている文化的な考えで，ジャックの問題に関係のありそうなことに関心をもつ人もいるかもしれない。イタリア系イギリス人にとって，罪悪感に関するローマ・カトリック教的な考え方や，男性の役割，家族の社会的地位は，ストーリーの中で重要な役割を果たす可能性がある。男性の立場からすれば，アルコールや暴力，特定の感情（たとえば怒り）の表出，表出させない感情（たとえば恐怖，悲しみ，寂しさなど）について，文化的観点から得られるストーリーがあるかもしれない。また，一家の大黒柱となるべき人物や，母親や姉妹と比較した際の父親と息子の役割（家業の継承など）についての信念もあるかもしれない。

　セッションに出席するクライエント以外の者（家族のメンバーなど）も，このような文化的な考えについて訊ねられる可能性がある。この手の会話は，グループやコミュニティの会合などの状況において特に効力があり，問題が単に内輪の個人的なものにとどまらず，政治的なものでもあることを明らかにする（Brigitte et al., 1996; Denborough, 2008; Freedman and Combs, 2009; O'Neill and Stockell, 1991）。進め方の選択肢としては，雑誌や新聞に目を通したり，テレビ番組や映画のビデオを見てもらったりして，文化的観点から，どのようなドミナント・ストーリーが得られるかを考えてもらうという方法がある。ジャックの場合は，メンタルヘルスについてのストーリーや，イタリア人に関するストーリー，男性に関するストーリーなどが得られるかもしれない。そうした会話を交わすことによって，人はドミナント・ストーリーから一歩下がり，それらを普遍的な真実としてではなく，文化や歴史に特有なものだと考えられるようになっていく。

　セラピストはここまで，当該問題とその影響，その問題を持続させる暗黙の想定に焦点を絞ってきた。しかしながら，代わりとなるストーリーを明らかにするプロセスに入るためには，その問題がジャックの生活の中でうまく支配的になれなかった場合の実例を探さなくてはならない。ナラティブ・セラピーでは，それらを**特異な結果 unique outcomes** と呼んでいる（解決志向療法の「例外」に似た考え方）。このような特異な結果は，私たちがクライエントと共に足場にしようとしている新しいストーリーの構成要素になりうる。

特異な結果

　セラピストが特別な関心を寄せるのは，クライエントが，たとえちょっとした形であっても，問題になんとか挑戦もしくは抵抗しようとしたり，何か別の方法で問題との間に，もっと希望のもてる関係を築こうとしたりする時期である[注4]。セラピストは耳をそばだてて，クライエントへの問題の影響が減ってきたと思われる時期，あるいは，まったく影響がなくなったと思われる時期を知ろうとするだろう。そうした時期は，問題のしみ込んだドミナント・ストーリーの代わりに，オルタナティブ・ストーリーを構想しはじめる好機となる。特異な結果には，計画や行動，感情，夢，誓い，思考などが含まれている可能性がある（Morgan, 2000）。もしクライエントが特異な結果と言えるようなエピソードを思いつくことができないなら，セラピストは，「問題の悪化をどうやって止めることができたのですか？」などと質問してもいいだろう。

　ジャックには，たとえば，「恐怖」の力にどのようにして抵抗しているかを訊ねることができるだろう。ジャックは，セッションに通うため，あるいは，母親に付き添ってすぐそこの店に行くために，恐怖をどう乗り越えてきたかを説明するかもしれない。そのほか，ときには恐怖で立ちすくんでしまうこともあるだろうが，そういうとき，どのようにしてその恐怖を抑え込むことができたのかを訊ねてもいいだろう。さらに，「罪悪感」が人生に及ぼしてきた影響は変化したことがあるのかどうか，「怒り」の衝動に抵抗できたことがあるのかどうかといった質問をすることも可能だろう。さらにいろいろ質問することで，新たに生まれようとしているストーリーを豊かな内容に仕上げられるようになるはずである。

　ジャックについてわかっていることから判断すると，特異な結果にたどり着けそうな道はたくさんある。たとえば，家を追い出されてホームレスになったとき，どのようにして路上で生き延びたのか，あるいは，どのようにしてホームレス支援プロジェクトの中で新たな関係性を築いたのかと訊ねることができる。ジャックは，たとえ短期間とは言え，どのようにしていくつかの仕事をなんとか頑張りつづけたのだろうか？　また，自分の身に降りかかった性的虐待と父親からの暴力にどう対処してきたのかについても質問することができる。Wade（1997; 23）の主張によれば，人は手ひどい扱いを受けると，必ずそれに抵抗する方法を見出

注4）　初期のナラティブ・セラピーでは，セラピストは問題に関する話し合いで，抗議のメタファー（たとえば，闘争，抵抗など）を自由に利用していたが，のちのナラティブ・ワークでは，はるかに幅広いメタファーが用いられている（Stacy and Hills, 2001）。

すものだという。したがって、「暴力と抑圧の各歴史に並行して、慎重で創造的かつ決然たる抵抗の歴史が存在する」のである。同様に、Warner（2009）も指摘しているとおり、飲酒や合法薬物・違法薬物の過剰摂取などの行動は、専門家から問題だとみなされるかもしれないが、見方を変えれば——のちに、その行動を、自分が送りたいと思っている人生の妨げだと痛感することになるとしても——そのときの虐待の名残に対処しようとする創造的な方法であるとも言えるのである。

　このような特異な結果と、当人（もしくはアウトサイダー・ウィットネス［外部の証人］の立場にいる人や、治療室には来ないけれどもジャックの人生に関わっている人）の反応は、当人の人生に関する下位のナラティブを構成する重要な要素となる。こうした特異な結果、すなわち、「きらきら輝く出来事」を豊かに描写することによって、ジャックは自分の人生に関する新しいストーリーを作成するかもしれない。たとえば、自分のことを、自分の人生の消極的な観察者としてではなく、積極的に動く主体だと見はじめる可能性もある。このような新しいストーリーはしばしば非常に脆弱であるため、それらを当人の歴史に根づかせて念入りに仕上げられるようにするには、相当の努力とスキルが必要である。

特異な結果の歴史と意味を明らかにし、オルタナティブ・ストーリーに名前をつける

　セラピストが特異な結果の歴史を明らかにしようとするのは、「それらをしっかり根づかせ、よりはっきり見えるようにして、出現しつつある新しいストーリーとなんらかの形でそれらをつなぐ」ためである（Morgan, 2000; 59）。これには相当の努力が必要で、セラピストは個々の特異な結果に関する詳細に関心をもたなくてはならない。誰が、何を、どこで、いつといったことを知らなくてはならない。質問にはふたつのカテゴリーがあり、ひとつは「行動の状況」に関する質問、今ひとつは「アイデンティティの状況」に関する質問である。

　行動の状況に関する質問は、たとえば、「ホームレスになっていた間、どのようにして自分の面倒を見たのですか？」、「それはいつのことですか？」、「ほかに誰がそこにいましたか？」、「それはどれくらい続きましたか？」、「その直前と直後には何が起きましたか？」、「どうやって覚悟を決めましたか？」などである。アイデンティティの状況に関する質問は、クライエントの欲求、意図、好み、信念、希望、個性、価値観、誓い、計画などに焦点を絞ったものになる。たとえば、ジャックには、路上生活を耐え抜いたことで、自分は「出来損ない」だという思いを訂正しようという気持ちになったかどうか、時には都会でしたたかに生きて

いける自分の能力を活かして身の安全を確保したと考えられるかどうかを訊ねることができる。こうした質問に答えることで、ジャックは、自分自身の知識と主体性とをつなぎ直しはじめるかもしれない。

特異な結果の歴史を明らかにし、オルタナティブ・ストーリーを念入りに仕上げたあと、クライエントはそのストーリーに名前をつけることを勧められるだろう。ジャックなら、「出来損ない」と「恐怖」を物ともしない強さと生き残りの物語とでも名づけるだろうか。とは言え、さらに先に進み、この新しいストーリーの内容を濃くし、この新しい発見をしっかり根づかせることが重要である。

リ・メンバリングする会話

Morgan (2000) が述べているとおり、人は問題に直面したとき、さまざまな関係性から切り離されて孤立していると感じることが多い。「リ・メンバリングre-membering」する会話とは、クライエントがそうした重要な関係性、すなわち、「メンバーシップ」——Michael White が、その人の「人生クラブ」と呼んだもの——と再びつながるのを手助けしようとする会話のことである (Payne, 2006)。そうしたメンバーシップには、生死を問わず、さまざまな人が含まれている（たとえば、友人、家族、先生、隣人、家族の友人など）。実在の人物か想像上の人物かも問わないし、動物やおもちゃ、ペット、場所、シンボル、物さえ含まれることもある。したがって、ジャックには、「ほかに誰か、あなたが恐怖に立ち向かっていることを知っている人はいますか？」とか、「不正な行為と闘うというあなたの誓いについて、誰か、ストーリーを語ってくれそうな人を思い浮かべることはできますか？」などと問いかけるかもしれない。この手の会話は、新たに出現しようとしている——まだ脆弱な——オルタナティブ・ストーリーを強固にするのに役立つ。新たなストーリーは、クライエントの過去の登場人物や記憶の住処となるため、セラピストが、過去から現在を経て未来の可能な時点までを追跡していくのに従って、そのクライエントの人生という織物の中に、いっそうしっかり織り込まれていく。

治療記録

治療記録はしばしば、「クライエントが重要な誓いを立てたときや、重要な成果をいつでも祝える状態になったとき」に書かれるものだと、Morgan は指摘している (2000: 85)。Fox (2003) は数多くあるタイプについて概説している。治療記録はクライエントと協働で書かれるものであり、症例記録や退院時の書類にあるような通常の説明——事態を病的に捉えがちで、問題がしみ込んでいる説明

——に「反論する記録」としての働きをする。治療記録は，クライエントが使った
実際の単語やフレーズやメタファーをできるだけ利用して作成しなくてはならな
い。確かに，Michael White は治療を行いながら，クライエントが使った言葉を
一字一句変えずに，よくメモしていたものである。ジャックに役立ちそうなもの
としては，当人についての新しいストーリーを記録する「アイデンティティの記
録」がある。これは，ヴォイス・ヒアリングを犠牲にした状態の対処に役立つこ
とが明らかにされている（Brigitte et al., 1996; Stewart, 1995）。

レター形式の治療記録

治療の記録は，レター形式で行われることもある。そのレターも，ナラティ
ブ・セラピーではさまざまなタイプのものを用いることができる（Fox, 2003;
Morgan, 2000; White and Epston, 1990）。たとえば，セッションが終わるたびに，
そこで語られた新しいストーリーをレターに要約して（次のセッションまでに回
答を考えておくべき質問を記して）もらえたら，ジャックは助かるのではないだ
ろうか。さらに，「関係者各位」に宛てて出す参照用レターも，当人が明らかに
しているアイデンティティの説明と目的を記録し，否定的なうわさに反論するの
に役立つであろう。ほかにも，**儀式やパーティ**を行って，問題を発生させている
ドミナント・ストーリーから離れていく特定の段階を祝うこともできる。これは，
特定の家族行事や文化的行事を利用することになるかもしれない。

会話を拡大する：同盟とチーム

さまざまな問題を体験し，それらの影響から脱出した人々は，相当な認識とス
キルと専門的知識をもっている。ナラティブ・セラピーのセラピストは数多くの
ネットワークの創設を手助けしてきている。たとえば，反拒食症同盟や反過食症
同盟（Grieves, 1997）はその一例で，これらのリーグの一部は，レター配信キャ
ンペーンに取り組んでいて，若い女性向けの雑誌で「痩せすぎ」のモデルを使う
ことに抗議している。Epston（2008）はこれをさらに詳細に説明しており，**抗議
の記録：反拒食症／反過食症**がアーカイヴに保管されている[注5]。ジャックのケー
スでは，恐怖と闘った経験があったり，身体的虐待や性的虐待の後遺症を抱えて
生きてきた経験や，ドラッグやアルコールとの関係をどうにか変えてきた経験が
あったりする他の若者の認識を，どう活用するかについて考察するかもしれない。
「人生クラブ」のメタファーを発展させた最近の活動に，Ncazelo Ncube の「人
生の木」がある。南アフリカには，多くの子どもや若者がエイズの後遺症を抱え
て生きているが，これは，その子どもや若者との協働で生まれた重要な関係性を

探求して記録するための，創造的な方法である。「人生の木」は他の場所でも活用されている。たとえば，ロンドンのハックニーにて，メンタルヘルスの公共サービス機関に関わったアフリカ系カリブ人男性たちと行っている「開拓者」プロジェクトも，そのひとつである（Byrne et al., 2011）。「人生の木」とそれに関連するスポーツ由来のメタファー「人生のチーム」については，Denborough（2008）が詳しく論じている。

O'Neill と Stockell（1991）は，「統合失調症」と診断されて社会の隅に追いやられ，専門家の間では否定的に取り沙汰されていた若者のグループとの取り組みについて，説明している。このような取り組みは，ジャックの孤立感を減らすのに非常に役立つ可能性がある。Michael White は，否定的なうわさを立てられた人々のグループ作りを手助けした（Brigitte et al., 1996）。ナラティブ・セラピーのワークは，大きなコミュニティの集まりでも行うことができる（ACT Mental Health Users Network and Dulwich Centre, 2003; Byrne et al., 2011; Denborough, 2008; Dulwich Centre, 1995; Freedman and Combs, 2009; White, 2003）。最後にもう一点，このワークの一部は，他者（たとえば，看護スタッフ，その地域の精神科の看護師など）が行うことも可能である。

アウトサイダー・ウィットネスのグループと定義の儀式

すでに述べたとおり，ナラティブ・セラピーでは，セラピーのセッションの出席者は誰でも，アウトサイダー・ウィットネスの立場に立つことを勧められる可能性がある。とは言え，ときには，アウトサイダー・ウィットネスのグループが採用されることもある。この手のプロセスは，定義の儀式というカテゴリーに分類されている。ジャックのケースで「聴衆」になるのは，家族や，彼のケアに当たっている専門家，同様の課題と闘っている他の人々（たとえば，O'Neill and Stockell, 1991 の若者グループ）ということになる。こうしたミーティングで「オーディエンス」の立場にいる人々は，特有の構造をもつセラピストとジャック間の会話（ひとつの「語り」）に耳を傾けたあと，今聞いた会話の内容について，セラピストからインタビューを受ける。セラピストはインタビューのあと，ジャックを理解する方法として，どのような新しい方法（ひとつの「語り直し」）がここから生み出せるかを探っていく。その後，セラピストはジャックにインタビューし，今聞いた話〔語り直された話〕について訊ね，それらが彼自身に関するどのよ

注 5）　http://www.narrativeapproaches.com/antianorexia % 20folder/anti_anorexia_index.htm（最終アクセスは 2002 年 8 月 20 日）参照。

うな新たなストーリーにつながっていくか（ひとつの「語り直しの語り直し」）
を訊ねる。会話は，語りと語り直しの間を何度も行き来する可能性があり，しば
しば，非常に豊かな内容になって，特に社会の片隅に追いやられたグループの人々
の心を深く揺さぶるものになることがわかっている。

　言うまでもなく，こうした新しいストーリーは行動に根差したものであること
が重要である。ジャックは，将来への希望について説明しはじめると同時に，自
分の人生でこの次にやりたいと思うことについて選択できるようにもなりうる。
これは，次のような会話につながっていくかもしれない。「どこに住みたいです
か？」，「家族と一緒に住みたいですか？」，「ひとり暮らしをしたいですか？」，
「誰かほかの人と暮らしたいですか？」，「自分の時間をどのように使いたいです
か？」，「自分の創造的な音楽の才能をなんらかの形で活かしたいですか？」，「もっ
と教育を受けたいですか？」，「ほかに何かしたいことはありますか？」など。

定式化するのか，しないのか？

　ナラティブ・セラピーのセラピストは問題の原因に関するストーリー作成を目
的にはしていないという点を考えると，この取り組みを，通常の定式化の構造に
押し込むのは適切ではないと感じている。ナラティブ・セラピーにおいて，より
理論的に一貫した定式化の類似物と言えば，セッション後の要約レターなど，問
題の影響に関する詳細とオルタナティブ・ストーリーの発生経過を概説する治療
記録であろう。すでに指摘したとおり，通常，これは，ジャック自身の言葉と選
択を使い，特異な結果の実例を添えて，ジャックと協働で行われるものである。
したがって，このあとに掲載するレターは，かなり推測に頼ったものである。レ
ターの内容は，レターがジャックひとりに宛てたものなのか，家族や専門家など
の他者にも読んでもらうためのものなのかによって，変わってくるかもしれない。
私たちは教育上の目的のためにこのレターを提示しているので，普通に送る手紙
よりも少し長く，内容も詳細なものになっている。

　　前略　ジャックさま
　　　ご記憶かと思いますが，先日お会いしたとき，あの席上で話し合った重要なことを何
　　点か記録して，のちほどお送りする旨，お伝えしました。
　　　あなたはまず，お母さまが体を壊し，家計が苦しくなってすぐ，**恐怖**がどのように自
　　分の人生に入り込んできたかを話してくれました。それはいつの間にか忍び寄ってきて

いて，そのせいで，自分がしたいと思っていたことができなくなり，送りたいと思っていた生活が送れなくなっているという感じだったとのことでした。**恐怖**は，数多くの恐ろしいことが本当に起こるぞと，あなたに思い込ませようとしていたとも言っていました。でも，あのとき話し合ったことですが，どうやらあなたはもう，その恐怖が自分の人生に仕掛けようとしていたことに感づいておられるようですね。あなたが，ささやかながらもいろいろな形でそれに抵抗しようとしていることに，私たちはとても感動しました。たとえば，あなたはある時点で実際になんとか外出して，このミーティングに参加するようになっています。また，投薬治療がひと役買っていると思うとのことでしたが，変わるために投薬治療とどう協力してきたかをお訊ねしたときの回答からすると，主導権はあなたがかなり握っている感じでした。それにあなたは，**恐怖**が自分の人生に求めていることと，自分が自分自身の人生に求めていることは，まったく異なっていることに気づいていますし，すでに私たちに，将来に向けた希望のいくつかを話すようになっていて，これには私たちがたいへん元気づけられました。

　あなたが特定していたもうひとつの問題は**罪悪感**で，これがあなたの人生を破滅させようとしているとのことでした。**罪悪感**のせいで，自分が直面している困難の多くは自分の責任のように思えるのですね。過去のあなたの人生には，信頼されるべき立場を悪用した人がいるようですが，**罪悪感**は，そのような人たちの一部と結託しているように思われたのですよね。けれども，もしそうだとすると，ご家族がどれだけあなたを愛しているかについて聴き取った内容や，あなたが自分自身を受け入れていた頃の話，将来の希望を語るあなたの姿と，整合しないんです。

　私たちは，**罪悪感**の戦術のいくつかにすでに気づいています。罪悪感は，あなたが落ち込んでいるときにあなたを攻撃する傾向があります。生活に突然発生したちょっとしたつまずきをセンセーショナルに表現したりしているときも，そうなりがちです。ちょっとしたつまずきなんて，生きていれば，いつかはあるものです。こういうことを経験している間も，あなたはずっと，この世界で役立ちたいという自分の思いを信頼するようになり，家族にできるだけのことをしてあげたいと思うようになってきました。あなたはこうした価値観から力を得て，自分の人生を**罪悪感**から取り戻そうとしているように見えます。

　あなたはここ何年か，こうした問題や，怒りをなんとかしようとするときに直面する難題，アルコールとドラッグとホームレスの問題を抱え，本当につらい目に遭ってきました。路上で生き抜くことがどれだけたいへんか，このような問題に直面したときに，なんとかして仕事に出るのがどれほどきついかといったことを，多くの人はわかっていません。しかしながら，私たちはあなたとのミーティングで，あなたがどれだけ工夫して

路上での日々を生き抜いてきたかを知り，どんなに長くそれまでの仕事を頑張りつづけたかに驚き，つまずいたあと，どのようにして再び立ち上がり，仕事を求めに行ったかに目を見張りました。これらは，私たちには到底，「出来損ない」のストーリーだとは思えませんでした。それどころか，希望と克服のストーリーでした。

また近いうちにお会いできることを楽しみにしています。同時に，あなたが**恐怖**と**罪悪感**からなんとかして自分の人生を取り戻そうとして実践していたちょっとした方法が，ほかにもあったのかどうかを知りたいと思いました。この点に関して，ぜひよく注意して探しつづけていただけたらと思います。そうすれば，次回，さらにお話をうかがうことができるのではないでしょうか？

草々

デイヴ・ハーパー，デイヴ・スペルマン

ジャネット：ナラティブ・セラピーの定式化

　ナラティブの観点から治療に取り組んでおられる方々は，子どもとその家族へのこの方法の採用に直接関係する文献のいくつかをよくご存じであろう（たとえば，Freeman et al., 1997; Morgan, 1999; Smith and Nylund, 1997; Vetere and Dowling, 2005; White and Epston, 1990; White and Morgan, 2006）。この観点については，ジャックに関連してかなり詳しく概説したので，ジャネットとその家族に対して取りうる方法については，やや簡単にいくつか述べたいと思う。

専門家への紹介にまつわる事情

　役に立ちそうな出発点を見つけるのは，難しいこともある。現時点で自問すべき有用な質問は，「自分は，誰から何を頼まれているのか？」である。クライエントを紹介してくる側はしばしば，「懸念」を連ねた長いリストをよこすだけで，なぜそれらが懸念であり，その懸念が誰に対するものであるかについては，ほとんど指摘することがない。そのように「懸念」と想定された事柄を調べることが重要であり，その想定に沿って機械的に準備することがないよう，注意しなくてはならない。たとえば，ジャックのケースのように，ドミナント・ストーリーと下位のストーリーは，紹介のレターや当初の会話——紹介者との会話やクライエントとの会話など——の中で，すでに脱構築されつつある可能性もある。

　大人の場合でも，メンタルヘルスの公共サービス機関に差し向けられることに

当人が関与することはほとんどないが，子どもの場合はなおさらで，自分が専門家に紹介してもらうために診察を受けていることはもちろん，紹介されたことにも気づいていないかもしれない。そのような決定に子どもの意見が含まれることはめったになく，社会的な慣例として，大人がまず話をし，大人の見たことが問題の真相として伝えられることになる。

　最初のセッションでは，冒頭で歓迎の気持ちを伝える前置きをしてから，セッションの目的を簡潔かつ率直に説明することが重要である。また，問題はさて措き，家族を知っておくことも重要である。もし可能なら，解決志向療法のセラピストが「問題トーク」と呼んでいるものにいきなり入るのではなく，家族のメンバーについて多少は調べたり，ひとりひとりから話を聴いたりして，家族のことを知っておくのである。

協働

　家族のことを知っておくために多少世間話などをしたあと，なぜこの公共サービス機関に来ることになったのかについて，家族ひとりひとりから話を聴くと役に立つ。質問する内容は，何を変えたいと思っているのか，具体的な心配事の性質と優先順位，紹介者の考えに賛同しているかどうか，などである。ナラティブ・セラピーのセラピストは，ひとりひとりがどういう状況になることを望んでいるかについての詳細な説明を重視する傾向がある。それが済んだら，セラピストは，家族が全体像に色づけするのを手助けするために，インタビューを開始する。このようにして，より協働的な取り組みの場を設定し，家族と共にワークに取り組み，家族のメンバーに対する共感を育てるのである。

　専門家への紹介状の内容をケースの説明とみなすのであれば，カギとなるテーマをいくつか明確に書き出そうとするのも一法だろう。読み取ったことから判断すると，どうやら懸念は，ジャネットが充分に食べているかどうかという点，ジャネットがかんしゃくを起こすという点，潜在的な社会的排除の影響，家族の歴史がもついくつかの厄介な側面にあるようである。これだけ問題の幅が広いと，中心的なテーマを見つけようとするべきか，ひとつひとつを個別に取り扱うべきなのかの判断は，難しくなりそうである。こうしたジレンマを家族と直接チェックすることが，私たちにとっては一般的なやり方になるだろう。

　私たちとしては，個別化の度合いが強いと思われるテーマよりも，関係性とつながりのあるテーマを考察したいところである。専門家に差し向けられると，個別の「病状」に焦点が絞られたり，「アンガー・マネージメント」や「親業トレーニング」を要求されたりする傾向がある。私たちはシステム論の考え方（第4章

参照）を利用し，出来事が関係性に及ぼしている影響をマッピングするよう，家族に勧めようと思う（たとえば，「ジャネットの**かんしゃく**はふたりが仲よく暮らしていくことにどういう影響を及ぼしていますか？」，「ジャネットがどのくらい食べたかについての言い争いは，ふたりが一緒に楽しく過ごすのをどの程度妨げていますか？」など）。これは，外在化の会話に混ぜて行うこともできる。外在化の会話では，セラピストが家族にインタビューして問題の影響を割り出し，それを人から分離していく。

　すでに指摘したとおり，こうしたインタビューの間，クライエントはずっと評価を行うよう指示される。クライエントの応答がかなり明らかだと思われる場合でも，これは変わらない。たとえば，「10までなんとか数え切って，かんしゃくを起こさずにいられたとき，あなたとお母さんにとって，状況はどんなふうになったのかしら？」などと問いかけるかもしれない。その回答が「それはもう，かんしゃくを起こしたときより，ずっとましだったわ」であれば，次は，そう評価した理由を考えてもらうことができる。その際には，「どうしてそれはあなたにとってよいことだったのかな？」，「どんなよい結果に気づきましたか？」，「どういうふうによかったの？」などと質問する。ここでは，クライエントの応答に対する感性が必要になる。相手がどのような質問を好むのか，どのような話し方が好きなのか，どのようなイメージやメタファーに反応するのかといったことを，敏感に感じ取らなくてはならない。

　ジャネットとその家族との会話は，誰が変われたらいいと思っているのか，どんなふうに変われたらいいと思っているのかに焦点が絞られることになるかもしれない。専門家は通常，何が変化を「必要としている」のかについて，かなり明確な見解をもち，これを念頭に置いて調査を進めていくが，ときに，両親や子どもの願いや好みを——専門家のそれとは大きく異なっていることがあるにもかかわらず——あまり顧みないことがある。ナラティブ・セラピーの治療家は，家族や専門機関の誰をも責めないストーリーを構築しようとする。

　治療として行う会話の次のステップは，特異な結果——たとえば，あとどのくらいでその家族は自分たちの好む状況が生じるのを目の当たりにするか——の探求になることもあるだろう。それは，言い争いが家族の関係性に否定的な影響を及ぼさなくなったときを言うのかもしれないし，ジャネットがもっと栄養を摂れるようになったとき，あるいは，いわゆる「絆を欠いた」過去があるにもかかわらず，家族がそろって楽しく過ごせるようになったときを言うのかもしれない。私たちはこのような特異な結果を探求し，それらがどう発生するのかを詳しく考察することになるだろう。

両親とのワークでは，よくある役に立たない文化的なドミナント・ストーリーの特定と，そうした観点に対抗するストーリーの構築がしばしば重要になる。無用で文化的なドミナント・ストーリーというのは，たとえば，「子どものせいにする」ストーリーや「母親のせいにする」ストーリー，「親のせいにする」ストーリーなどで，その一部は，「精神」関連の学問分野に由来しているかもしれない（第6章も参照）。

外在化

　外在化しうる問題で，メアリーとジャネットが協力できそうなのは，**恐怖，かんしゃく，言い争い，拒食**，メアリーとジャネットの間の**対立**などである。外在化されることになる問題に独創的な名前をつけるのは，家族みんなが楽しめそうである。

　ナラティブ的アプローチでは，問題への取り組みはたったひとりでするものではなく，「協働者」チーム（たとえば家族のメンバー，家族の「人生クラブ」に属する他の重要な人間関係）を形成しなくてはならない。どのようにしたら協働し，コミュニケーションを取り，気持ちを集中させ，共通の作戦を練られるのか——そのためのベストな方法について，家族は質問される可能性がある。問題が人とその人間関係との間に入り込んだようなときには分裂が生じることがあるが，協働的な取り組みは解毒剤として，その分裂を中和する可能性がある。また，人と問題を分離することもできるかもしれない。したがって家族には，自分たちのことを，外の問題と共に闘うひとつのチームだと考えるように勧めるのも一法である。セラピストは，もし全員がいくつかの目標に合意して協働し，全員の力を活用できたら，何を達成できるかという点について，家族と話し合うこともできる。こうすることで，家族は自分たちのためになる代替の可能性について，考えを進められるようになる。

　ナラティブ・セラピーの目的は，問題に偏っているパワーを移動させることであるため，個々人は手助けしてもらって，自分が選択する方向に動くためのリソースを見つけようとする。ここでリソースとなりうるのは，スピリチュアリズムと透視に対するメアリーの強い関心かもしれない。家族には，こうした概念が肯定的な形でどう生活に影響を及ぼしているかについて何か話すように勧める。一家の根っこには，ロマ（ジプシー）の伝統がもつ豊かな歴史があり，リ・メンバリングする会話の中で語られるべき重要人物が——生死を問わず——いるかもしれない。

　治療として行う会話の進め方は，明らかに無数にあるが，私たちは本章の目的に合わせ，ナラティブ的アプローチの一環として，ジャネットと母親に宛てて書

第5章　定式化とナラティブ・セラピー――異なるストーリーを語る　*167*

く可能性のあるレターを作成した。レターが必ずしも役立つとは限らないが，レターが送られることについてどう感じているか，その後，それを受け取ってどう感じたかについて，家族と話し合うことは非常に重要である。

　前略　メアリーさま　ジャネットさま

　　今日お会いした際，話し合いの内容と憶えておきたいことを記録しておく意味で，こちらからレターをお送りすることに同意していただきました。このレターを受け取ってどう思われたか，お話いただけたら幸いです。

　　私たちは，あなたがたおふたりが，今ある困難のいくつかを解決しようとして，熱心に取り組まれている姿をすばらしいと思っています。おふたり共，自分たちの関係性が失われているのをそのまま放っておこうとはしていないこと，それを取り戻そうと決意していることが，よく伝わってきます。

　　私たちは，なぜあなたがたが，自分たちにとって関係性がとても大事だと感じることになったのだろうと考えました。おふたりの生活のスタートが難しいものだったことはうかがいました。過去の挫折を並べ立てるのはつらかろうとは思いますが，とにかくたくさんありました。

　　メアリー，あなたは生まれて間もないジャネットといるときに悲しみと憂うつに邪魔され，自分が望んでいた形でジャネットに接することができなかったことについて，とても後ろめたい気持ちになりました。この罪悪感のせいで，コリンに暴力を振るわれたのも，**彼の**責任ではなく，自分のせいだと感じました。このようなことがあったにもかかわらず，あなたは今後の状況に対する望みは見失いませんでした。世の中には，この時点であきらめて，希望を失ってしまう人もいます。でも，あなたの場合，何かのおかげで，希望は消えずにいたようです。私たちは，この点について心から知りたいと思い，いったいそれは何のおかげだったのだろうと考えました。

　　それから，ジャネット，あなたがお父さんと連絡を取りつづけようと決め，でも，もう一泊するのはやめようと決めたことを知ったときも，私たちはたいへん心を打たれました。自分を大事にするために，そのような大きな決心をする勇気はどこから出てきたのかと驚きました。このことからも，あなたが自分を大切にできないという考え方には――誰かから言われたことがあるでしょうけど――疑問を感じずにはいられません。そう思いませんか？　言い争いのせいで家の中のすべてに暗い陰が落ちることがあるという点についても，ずいぶん話し合いました。ジャネット，あなたはそれを，大きく垂れこめた雨雲のようだと言っていましたね。

　　あなたがたはふたり共，それは望んでいる状態では**ない**と，きっぱり言いました。

メアリー，あなたはもう一度太陽の陽射しを見たいと言い，ジャネット，あなたはそれに同意しました。私たちは，おふたりが，共に動揺しながらも手を握り合ったのを見て，このミーティングの場にいくらか陽光が差し込んだようで，嬉しく思いました。このことに，お気づきになりましたか？　あれは，あなたがたがもっと見たいと思っている陽射しの兆しではありませんか？

　あなたがたの生活を細かく検討しはじめたとき，かなりの陽光がそっと差し込んでいるように思いました。その様子は，おふたりがお気に入りのテレビ番組を見て一緒に笑うときや，二，三週間前に海辺へ日帰り旅行をして楽しんだときの様子に似ています。おふたり共，ミーティングが終わる頃には，雨雲ではなく，自分たちの生活に差し込む陽射しに気づきはじめたように見えました。よかったと思いますか？　雨雲を無視することはできませんが，もし私たちが協力して，もっとたっぷり陽光に気づけるようになったら，どんな結果になるか，ぜひとも知りたいものです。

　もしこれがよい考えだと思われたのなら，おふたり共，試してみることはできますし，次のミーティングでどのように取り組んでいくかを話し合うこともできます。もしあなたがたがもっとふんだんに陽射しを取り入れることができるようになったら，生活はどのようになるのか，ぜひお話をうかがわせてください。

草々

デイヴ・スペルマン，デイヴ・ハーバー

ナラティブ・セラピー的な定式化の重要な特徴

- 定式化は，セラピストとクライエントが協働で，できるだけ自分自身の言葉やフレーズやメタファーを使って構築するストーリーだと考えられている。
- こうしたストーリーは，特定の場所でのみ通用する暫定的なものとされていて，因果の説明を意図するものではない。
- 精神科診断やその他の専門的分類は，念入りな仕上げが必要な「薄っぺらな」記述だとみなされるだろう。目的は，人々の人生を，豊かな質感で多層構造の「厚い」ナラティブに表現できるよう，働きかけることである。
- 定式化には以下が含まれるかもしれない。
  ─外在化された問題の説明。支配的な社会的ディスコースによってどう維持されているかなど，その問題がどのような戦術で自らのパワーを発揮しているかを特定するもの。

──新たなストーリー出現の足場を作るために，新しい地図と知識──たとえば，問題にどう抵抗しているか，問題と折り合いをつけて暮らしていくための方法をどう見つけているかなど──を同定すること。

──当人がより豊かに，より多層構造の生活を送ることができるように，意図（≠内的な状態）の観点から構成された，より下位のナラティブを同定すること。

──他者（たとえば「アウトサイダー・ウィットネス」など）の反応。

──クライエントの過去から続く重要な関係性を再びつなぐこと。そうした関係性は，かつて「隠された」オルタナティブ・ストーリーを支持するのに利用できるかもしれない。

──クライエントの人生におけるこれらのストーリーと関係性の位置づけに関して，クライエントがこれまでにしてきた選択の記録。

──その表現（たとえば，さまざまな種類の文書や儀式）の創造性と若干の（適切で感性豊かな）ユーモア！

謝辞

イースト・ロンドン大学で過去に訓練を受けたクリニカル・サイコロジストの皆さんや現在訓練中のクリニカル・サイコロジストの皆さん，ナラティブ・イーストのピア・スーパーヴィジョン・グループにかつて所属していた皆さんや現在も所属している皆さん（Heleni Andreadi, Angela Byrne, Grace Heaphy, Gillian Hughes, Georgia Iliopoulou, Philip Messent, Heather Qualtrough），Duncan Moss, Jane Herlihy, Tania Thorn に，Dave Harper は感謝の意を表します。また，2002 年にブリストルで行われた定式化に関するワークショップで，社会構成主義とナラティブ・セラピーと定式化に関する興味深い会話を展開して貢献してくださった皆さんにも感謝の意を表します。Jonathan Buhagiar からは，本章の草稿に有用な意見を頂戴しました。本章は Michael White（1948-2008）に捧げます。

参考文献

ACT Mental Health Consumers Network and Dulwich Centre (2003) These are not ordinary lives: the report of a mental health community gathering, *International Journal of Narrative Therapy and Community Work*, 3: 29–49.

Allen, L. (1994) The politics of therapy: Michael White in conversation with Lesley Allen, *Context: A News Magazine of Family Therapy and Systemic Practice*, 18: 28–34.

Bob, S.R. (1999) Narrative approaches to supervision and case formulation, *Psychotherapy*, 36: 146–153.

Boyle, M. (2001) Abandoning diagnosis and (cautiously) adopting formulation, paper presented at symposium on *Recent Advances in Psychological Understanding of Psychotic Experiences*, British Psychological Society Centenary Conference, Glasgow.

——(2002) *Schizophrenia: A Scientific Delusion?* 2nd edn. London: Routledge.

Brigitte, Sue, Mem and Veronika (1996) Power to our journeys, *American Family Therapy Academy Newsletter*, Summer: 11–16.

Burr, V. (2003) *Social Constructionism.* 2nd edn, London: Routledge.

Byrne, A., Warren, A., Joof, B., Johnson, D., Casimir, L., Hinds, C., Mittee, S., Johnson, J., Afilaka, A. and Griffiths, S. (2011) 'A powerful piece of work': African Caribbean men talking about the 'tree of life', *Context: A Magazine for Family Therapy and Systemic Practice*: 117: 40–45.

Carey, M. and Russell, S. (2002) Externalising: commonly asked questions, *International Journal of Narrative Therapy and Community Work*, 2: 76–84. (Also available at www.dulwichcentre.com.au accessed 20 August 2012).

Carey, M., Walther, S. and Russell, S. (2009) The absent but implicit: a map to support therapeutic enquiry, *Family Process* 48: 319–331.

Carr, A. (2012) *Family Therapy: Concepts, Process and Practice*, 3rd edn. Chichester: Wiley-Blackwell.

Chenail, R.J., DiVincentis, M., Kiviat, H.E. and Somers, C. (2012) A systematic narrative review of discursive therapies research: considering the value of circumstantial evidence. In A. Lock and T. Strong (eds) *Discursive Perspectives in Therapeutic Practice*. Oxford: Oxford University Press, pp. 224–244.

Corrie, S. and Lane, D.A. (2010) *Constructing Stories, Telling Tales: A Guide to Formulation in Applied Psychology*. London: Karnac.

Cromby, J. and Harper, D. (2009) Paranoia: a social account. *Theory and Psychology*, 19: 335–361.

De Rivera, J. and Sarbin, T. (eds) (1998) *Believed-In Imaginings: The Narrative Construction of Reality*. Washington DC: American Psychological Association.

Denborough, D. (2008) *Collective Narrative Practice: Responding to Individuals, Groups and Communities Who Have Experienced Trauma*. Adelaide: Dulwich Centre.

Dillon, J. (2011) The personal *is* the political. In M. Rapley, J. Moncrieff and J. Dillon (eds) *De-Medicalizing Misery: Psychiatry, Psychology and the Human Condition*. Basingstoke: Palgrave MacMillan, pp. 141–157.

Dulwich Centre (1995) *Speaking Out and Being Heard*. Special issue of *Dulwich Centre Newsletter*, 4.

Ekdawi, I., Gibbons, S., Bennett, E. and Hughes, G. (2000) *Whose Reality is it Anyway? Putting Social Constructionist Philosophy into Everyday Clinical Practice*. Brighton: Pavilion Publishing.

Epston, D. (2008) Anti-anorexia/anti-bulimia: Bearing witness. In D. Epston and B. Bowen (eds) *Down Under and Up Over: Travels with Narrative Therapy*. Warrington: AFT publishing, pp. 169–191.

Fox, H. (2003) Using therapeutic documents: a review, *International Journal of Narrative Therapy and Community Work*, 4: 26–36.

Freedman, J. and Combs, G. (1996) *Narrative Therapy: The Social Construction of Preferred Realities*. London: Norton.

——(2009) Narrative ideas for consulting with communities and organizations: Ripples from the gatherings, *Family Process*, 48: 347–362.

Freeman, J., Epston, D. and Lobovits, D. (1997) *Playful Approaches to Serious Problems*.

London: Norton.

Geertz, C. (1973). Thick description: Toward an interpretive theory of culture. In *The Interpretation of Cultures: Selected Essays*. New York: Basic Books, pp. 3–30.

Georgaca, E. (2000) Reality and discourse: a critical analysis of the category of 'delusion', *British Journal of Medical Psychology*, 73: 227–242.

Gergen, K.J. (1985) The social constructionist movement in modern psychology, *American Psychologist*, 40: 266–275.

Grieves, L. (1997) From beginning to start: the Vancouver Anti-Anorexia Anti-Bulimia League, *Gecko* 2: 78–88.

Hardy, K.V. (2001) African-American experience and the healing of relationships. An interview with Kenneth V. Hardy. In D. Denborough (ed.) *Family Therapy: Exploring the Field's Past, Present and Possible Future*. Adelaide: Dulwich Centre Publications, pp. 47–56.

Harper, D. (2011) The social context of 'paranoia'. In M. Rapley, J. Dillon and J. Moncrieff (eds) *De-Medicalizing Misery*. Basingstoke: Palgrave Macmillan, pp. 53–65.

Harper, D. and Moss, D. (2003) A different kind of chemistry? Reformulating 'formulation', *Clinical Psychology*, 25: 6–10.

Harper, D., Gannon, K.N. and Robinson, M. (2013) Beyond evidence-based practice: rethinking the relationship between research, theory and practice. In R. Bayne and G. Jinks (eds), *Applied Psychology: Practice, Training and New Directions*, 2nd edn. London: Sage, pp. 32–46.

Heise, D. R. (1988) Delusions and the construction of reality. In T. F. Oltmanns and B.A. Maher (eds) *Delusional Beliefs*. New York: Wiley, pp. 259–272.

Jenkins, A. (2009) *Becoming Ethical: A Parallel, Political Journey With Men Who Have Abused*. Dorset: Russell House Publishing.

Kelly, G. (1955) *The Psychology of Personal Constructs*. New York: W.W. Norton.

Knight, T. (2009) *Beyond Belief: Alternative Ways of Working with Delusions, Obsessions and Unusual Experiences*. Berlin: Peter Lehmann Publishing. Available for free download from: http://www.peter-lehmann-publishing.com/beyond-belief.htm, accessed 20 August 2012.

Madigan, S. (2011) *Narrative Therapy*. Washington, DC, US: American Psychological Association.

McNamee, S. and Gergen, K. (1992) *Therapy as Social Construction*. London: Sage.

Morgan, A. (ed.) (1999) *Once Upon a Time: Narrative Therapy with Children and their Families*. Adelaide: Dulwich Centre Publications.

——(2000) *What is Narrative Therapy? An Easy to Read Introduction*. Adelaide: Dulwich Centre Publications.

Myerhoff, B. (1982) Life history among the elderly: performance, visibility and re-membering. In J. Ruby (ed.) *A Crack in the Mirror: Reflexive Perspectives in Anthropology*. Philadelphia: University of Pennsylvania Press, pp. 231–247.

O'Neill, M. and Stockell, G. (1991) Worthy of discussion: collaborative group therapy, *Australian and New Zealand Journal of Family Therapy*, 12: 201–206.

Parker, I. (ed.) (1999) *Deconstructing Psychotherapy*. London: Sage.

Parker, I., Georgaca, E., Harper, D., McLaughlin, T. and Stowell-Smith, M. (1995)

Deconstructing Psychopathology. London: Sage.

Parry, A. and Doan, R.E. (1994) The re-vision of therapists' stories in training and supervision. In A. Parry and R.E. Doan, *Story Re-Visions: Narrative Therapy in the Postmodern World*. New York: Guilford Press, pp. 187–205.

Patel, N. and Fatimilehin, I. (1999) Racism and mental health. In C. Newnes, G. Holmes and C. Dunn (eds), *This is Madness: A Critical Look at Psychiatry and the Future of Mental Health Services*. Ross-on-Wye: PCCS Books, pp. 51–74.

Payne, M. (2006) *Narrative Therapy: An Introduction for Counsellors*. 2nd edn. London: Sage.

Smith, C. and Nylund, D. (1997) *Narrative Therapies with Children and Adolescents*. New York: Guilford Press.

Speed, B. (1999) Individuals in context and contexts in individuals, *Australian and New Zealand Journal of Family Therapy*, 20: 131–138.

Stacey, K. and Hills, D. (2001) More than protest: Further explorations of alternative metaphors in narrative therapy, *Australian and New Zealand Journal of Family Therapy*, 22: 120–128.

Stewart, K. (1995) On pathologising discourse and psychiatric illness: an interview within an interview. In M. White, *Re-Authoring Lives: Interviews and Essays*. Adelaide: Dulwich Centre Publications, pp. 112–154.

Vetere, A. and Dowling, E. (eds) (2005) *Narrative Therapies with Children and their Families: A Practitioner's Guide to Concepts and Approaches*. Abingdon, Oxford: Taylor & Francis.

Vygotsky, L.S. (1978) *Mind and Society: The Development of Higher Psychological Processes*. Cambridge, MA: Harvard University Press.

Wade, A. (1997) Small acts of living: everyday resistance to violence and other forms of oppression, *Contemporary Family Therapy*, 19: 23–39.

Warner, S. (2009) *Understanding the Effects of Child Sexual Abuse: Feminist Revolutions in Theory, Research and Practice*. London: Routledge.

White, M. (1987) Family therapy and schizophrenia: addressing the 'in-the-corner' lifestyle, reprinted in M. White (1989) *Selected Papers*. Adelaide: Dulwich Centre Publications, pp. 47–57.

——(2003) Narrative practice and community assignments, *International Journal of Narrative Therapy and Community Work*, 2: 17–55.

——(2004) Folk psychology and narrative practice. In M. White, *Narrative Practice and Exotic Lives: Resurrecting Diversity in Everyday Life*. Adelaide: Dulwich Centre Publications, pp. 59–118.

White, M and Epston, D. (1990) *Narrative Means to Therapeutic Ends*. London: Norton.

White, M. and Morgan, A. (2006) *Narrative Therapy with Children and their Families*. Adelaide, South Australia: Dulwich Centre Publications.

第 **6** 章

社会的不平等の影響を再定式化する

パワーと社会的公平

Lynn McClelland

社会的不平等の観点からのアプローチとは？

　社会的不平等の観点から進める定式化 formulation の中核的な特徴は，問題形成における社会的状況および文化的状況の役割を強調する点であり，従来の心理学の境界を越えている点である。これは主にふたつの形で示されている。ひとつは，一部の人間が社会の構造的特徴によって体系的に主流から排斥され，その力を奪われているとする見方である。今ひとつは，心理（状態）自体を，自分自身についての考え方や感じ方を形成する観念的要因の一部だとする見方である。重要なのは，これには，無難な行動だと考えられているものも，異常な行動だと考えられているもの——精神的に「病気を抱えている」とされるものなど——も含まれているという点である。実際，心理的体験という概念自体が「健康」状態を示すものと想定されていることにこそ問題があり，しかも，この想定はあまねく浸透しているのである。

　心理学や社会学の専門家の大半は，多くの人々が体験する苦しみの実態に気づかずにはいられない。そうした実態には，たとえば，基本的な有形財やシェルター，ヘルスケアにアクセスすることができない，安全を確保できなくて虐待にさらされている，環境の悪化が進んでいる，戦争や大量虐殺，テロリズムの影響を受けている，移住や移動を余儀なくされている，有害な労働環境の影響を受けている，などといったことがある。心理学や社会学の専門家の仕事はしばしば，トラウマや「破壊的なグローバリゼーション」によって情緒面や実地面に生じた結果——規模で言うなら，大きなものから生じた小さな結果——に対して，局所的かつ個人的なレベルで，直接，働きかけをする。けれども，たいていの治療的「解決策」

は，精神内レベル，もしくは，対人関係レベルに焦点を絞る傾向がある。

　対照的に，社会的不平等の観点が示唆するところによれば，この世界には，一部の人々を制限して束縛し，その他の人々に特権とパワーを与える構造的な差別もしくはヒエラルキーが存在する。そして，その構造が利益の対立を生み，そうした対立の存在を暴露し，社会的な関係や支配力や背景に人の注意を惹きつけるのである。これは，フランクフルト学派の思想と，それから発生した後期資本主義社会および文化に関する「批判的理論」の影響を受けているアプローチである（Kagan et al., 2011）。

　人間と社会の現実に関するこの理論は，精神分析や哲学，社会学の概念を取り入れ，資本主義における経済的プロセスと社会的プロセスの間の矛盾や利益の対立を検討し，漸進的な変化が可能かどうかを検討する。人間の行動に関するそうした説明は，心理学やサイコセラピーにおける衝動や動機，意図，内的葛藤についての従来の個別化された説明とは異なっている。社会的不平等の観点からのアプローチは，多くの構成要素から成る方向性のない個人の概念を，心理学における分析の中心的単位とすることを問題とし，心理学が精神内部のプロセスと個人の行動に気を取られていることに，疑義を唱えている。心理的なものは社会的関係——対人関係のみならず，集団および社会の体系的関係——から発生するものであり，かつ，それに依存するものだと考えているのである。このアプローチは，省察的実践の重要な側面についても示唆している。すなわち，「もし知識と実践の集まりである心理学が別の社会もしくは別の文化の中で発達したとしたら，異なる様相を呈するものになっただろうか？」と質問することが重要だとしているのである。このようにして，理論と実践に関する私たちの現在の形は必然のものであるという事実を強調している。

　内的な思考や感情のもつ両面価値や一貫性のなさは，ただ個人的に発生したものであったり，「治し」が必要な生来の欠点であったりするだけでなく，矛盾し対立する期待によって形成されている社会的な世界の一部でもある。定式化は，そうした複雑な全体像を反映するものでなくてはならない。Kagan ら（2011）が指摘するとおり，これは，必ずしも人間であるという身体的現実を否定する必要はないが，対人レベルを越えた社会的な現象が人間という行為者の構造——その考えや欲望，偏見，感情，好み，癖，生活習慣や文化など——をどう形成しているかを，言葉で明確に表現しようと試みるものなのである。

社会的不平等とは？

> 社会的不平等が現れるのは，ジェンダーや人種，民族性，社会的階級，身体障害などの生得的な特性によって，社会的価値のあるリソースへのアクセス範囲が定められる場合である。すなわち，金銭や地位とパワーへのアクセス，とりわけ，社会の規則や権利や優先権を定義するパワーへのアクセスが限定される場合である。
> (Williams and Watson, 1988: 292)

この定義を利用して，社会的不平等がメンタルヘルスに及ぼす影響に関する作業マップを作成することができる。このマップは，人々が生活内の不平等の影響を経験し，それに抵抗していくプロセスを明確に述べるのに役立つ可能性がある。こうしたマップを作成することで，メンタルヘルスの問題が不平等の「徴候や症状」として現れていることに注目を集め，慎重に概念的なつながりを作った上で，苦悩を定義するために医学モデル内で「徴候や症状」といった用語が当たり前のように用いられるのを途絶させようというのである。

定式化への私たちのアプローチがわかるモデルの一例を図 6.1 に示している。

社会的不平等とメンタルヘルス

経済的リソースおよび社会的リソースが社会で不平等に分配されているという事実は，一部の集団が他に比べて心理的な支援サービス機関の助けを求める可能性が高くなる理由を説明する際の中核である（Fryer, 1998）。残念なことに，すでに何度も立証されていることだが，最も否定的で，最も無力感に苛まれる内容で支援サービス機関に連絡してくるのも，「低い地位」にいる集団である（Morgan et al., 2001; British Psychological Society, 2008, 2012）。

不平等については，数多くのさまざまな定義が可能であり，人と抑圧との交差に取り組もうとする心理学的観点も多々ある。ここでご紹介する私のアプローチを説明する言葉としては，**批判的コミュニティ心理学**（Kagan et al., 201; Fryer, 2008）がベストである。こうしたアプローチはすべて，主流の西洋的心理学理論と実践に対して「批判的」であり，コミュニティ・レベルの定式化や社会レベルの定式化，および，コミュニティ・レベルの介入やさらに広範な組織レベルの介入を支持する発言をする傾向にある。主流の西洋的心理学理論と実践は，個々人を背景から切り離し，社会的現実や政治的現実，物質的現実をわかりにくくして

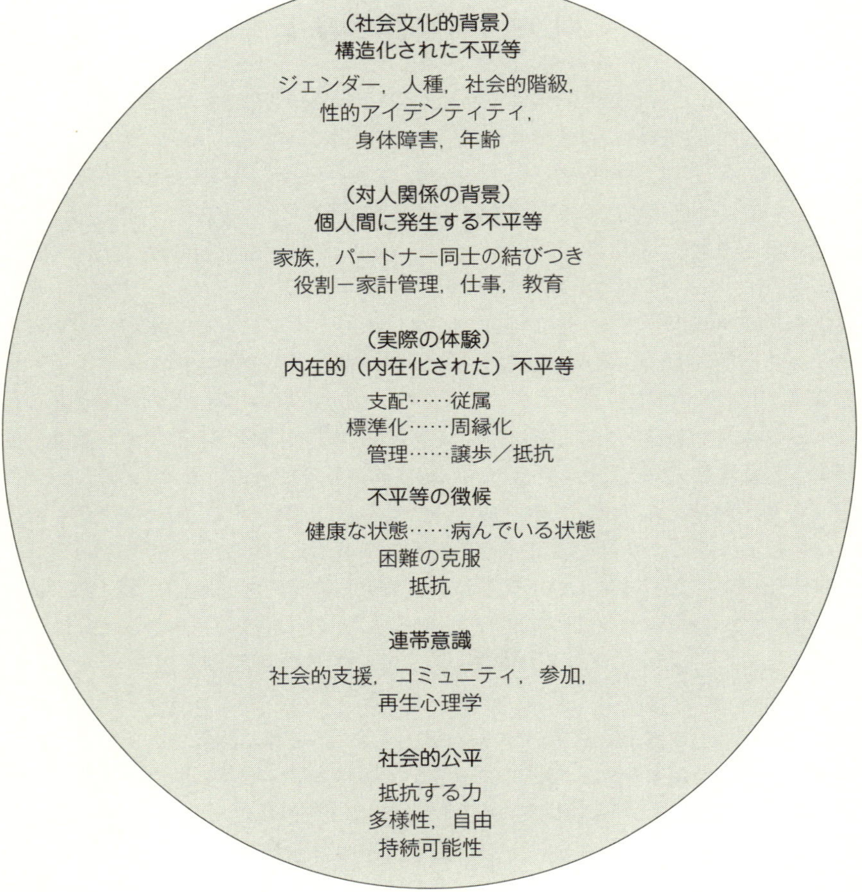
（社会文化的背景）
構造化された不平等
ジェンダー，人種，社会的階級，
性的アイデンティティ，
身体障害，年齢
（対人関係の背景）
個人間に発生する不平等
家族，パートナー同士の結びつき
役割ー家計管理，仕事，教育
（実際の体験）
内在的（内在化された）不平等
支配……従属
標準化……周縁化
管理……譲歩／抵抗
不平等の徴候
健康な状態……病んでいる状態
困難の克服
抵抗
連帯意識
社会的支援，コミュニティ，参加，
再生心理学
社会的公平
抵抗する力
多様性，自由
持続可能性

図 6.1 社会的不平等を示すマップ

いるからである。

Orford（2008）は，コミュニティ心理学に関する主要な総説（レヴュー）の中で，**平等化，権限付与，社会的公平**という中核的価値をめぐって体系化された理論と実践の中に「生まれつつある意見の一致（コンセンサス）」について述べている。Kagan ら（2011）は批判的コミュニティ心理学の自分たちのモデルに「**社会的責務**（スチュワードシップ）」を加えたが，これは，現在の環境危機に対する心理学的応答としての「エコ心理学」の出現（Rust and Totton, 2012）につながっていく。持続可能な環境の構築と人的システム内の根本的相関性の認識は，きわめて重要であり，現在，心理的健全性にはこれらが不可欠だとされることが増えてきている。

　というわけで，私たちが今，目の当たりにしているのは，心理学とサイコセラピーを修正しうるプロセスであり，この作業は，個人とコミュニティと社会の健全性に関する国際的な社会的公平という広範な観点を導入して進められている（Prilleltensky et al., 2007）。解放心理学（Watkins and Shulman, 2008）と，人種と植民地独立後に関する批判的理論(Dalal, 2002; Fernando, 2010; Hook, 2011)は，Aldorondo（2007）がメンタルヘルスの専門職における「改革派精神」と呼んだものに寄与している。これらの見解は，ある新興の批判的学派に属するものであり，この学派には，批判的コミュニティ心理学の研究者や急進的なサイコセラピスト，社会学者，哲学者，政策立案者などが含まれている。また，この学派の考え方には，サバイバーの観点，支援サービス利用者の観点，障害者権利運動の観点，フェミニストの観点，LGBT の観点，反人種差別活動家の観点も含まれている。彼らのおかげで，エビデンスや理論や実践の影響力は増大しつつある。新生の実践方法や支援で特に優れているものは，このように異なる専門家集団や非専門家集団にまたがって提携しているという特徴をもつことが多い。

「エビデンスベース」に関する批判的評価

> 心理学的知識と専門技術はまず，行動の病理を診断し，概念化し，管理しようとすることによって，自らの科学的信頼性，専門家としての地位，社会的重要性を確立しはじめた。
> (Rose, 1985: 226)

　社会的不平等の観点は，このところ臨床心理学や医学，その他の学問分野において，エビデンスに基づいた実践が強調されている実態について，特別な見方をしている。たとえば，社会の隅に追いやられ，主流から締め出されがちな人間の条件に関する考えを再確認し，社会学やフェミニスト理論の中にある「エビデンス」に手を伸ばし，広く採用されている「隠喩的な医学モデル」や「生物心理社会モデルのふりをしている生物・生物・生物モデル」に対して批判的に取り組んでいる（Boyle, 2002; Read et al., 2009）。科学者－医療関係者モデル固有の客観的かつ社会的にニュートラルな研究という概念を粉砕し，たとえば，苦痛を左右するものとしての有害な環境ではなく，個人の「認知」と行動に焦点を絞る姿勢を批判的に捉えているのである。

この観点は，研究デザインや利害関係者の既得権益，エビデンスの提示に関わる出版バイアス——たとえばNICE（英国国立臨床研究所）のガイドラインなど——の妥当性にも異議を唱え，代わりに，「データ」と「事実」の提示はイデオロギーの機能を果たしうることを認めている。このことは，Jones（2011）が，英国メディアの偏見とステレオタイプ化に関する分析の中で証明している。英国メディアでは，「チャブ〔労働者階級に属する粗野で攻撃的な白人の若者を指す〕」と「生活保護をせしめている人々」が最下層階級として悪者扱いされている。トーリー党と労働党双方の上昇志向——と同時に社会を断片化する——政策によって置き去りにされた人々は，貧しさにあえぎ，主流から締め出されているが，Jonesは，この定式化のせいで，貧困と締め出しに関する複雑な全体像が曖昧にされていると主張し，市民権を剥奪されて暮らす人々との一連のインタビューを通して，さまざまな「真実」の対立を説明している。以下の女性の声も，別の形で事実への関心を呼び起こす。

　　私たちは死ぬ思いをしたんだよ……鉱山が全部閉まった途端，一緒に暮らしていた連中はみんないなくなっちまった。それからはもうずっと，とんでもない不景気さ……なんとかして生き延びるしかなかった。それだけさ……ごまんといた45歳以上の男たちは，二度と働くことはなかったね。

(Jones, 2011; 185)

　Jonesの研究は，Pierre Bourdieu（2000）が社会的苦痛の重圧について行った分析を思い起こさせる。Bourdieuは，フランスの労働者階級のさまざまなコミュニティで，数世代にわたる民族グループにインタビューしている。その結果得られた「データ」は，社会資本や体型，象徴的な暴力に関する彼の理論——批判的コミュニティ心理学の中で，個人の安寧と集団の安寧に密接に関連づけられるようになった考え——の説明に活用されている。

　社会的不平等と，健康およびメンタルヘルスとの関係は，健康とソーシャルケアに関する国内外の政策リポート（British Psychological Society（BPS），2008; Department of Health, 2010, 2009; Marmot, 2012; Institute of Health Equity（IHE, 2012; World Health Organisation, 2009; UNICEF, 2011）や，支援サービス利用者の相談（Bates, 2002; Sashidharan, 2003; Morgan et al., 2001）に，詳細に記録されている。Marmotは総説で，健康に関する不平等の軽減は公正さと社会的公平の問題であると主張し，健康とメンタルヘルスには，際立った社会的勾配があることを明らかにしている。集団および個人の安寧は，社会的不平等を減らすた

めの行動と密接に関連している（Wilkinson and Pickett, 2009）。現在の経済的状況は，景気後退中でコミュニティへのプレッシャーが強まっていることもあり，私たちのメンタルヘルスや心理的安寧にとって直接的な脅威となっている。殊に，社会的不平等と財政的不平等の拡大が黙認され，メンタルヘルスの問題をもつ人々が以前より脆弱になっている場合は，尚更である。また，そうした人々は，公共のヘルス・サービスや社会的支援サービスの削減による脅威のせいで，さらに傷つきやすくなっている可能性もある。

　経済的下降が政策変更に及ぼしうる影響に関する IHE（Institute of Health Equity）の報告（2012）は，社会的不平等を増加させる数多くの要因を要約し，失業の増加，悪化する労働条件，収入の低下，基本的ニーズを満たすための支払能力欠如，しかるべき手頃な住宅の不足，子どもの貧困などを挙げている。また，長期的影響が生じる可能性もあり，それに伴って心身の健康が衰えること（たとえば自殺や抑うつ状態，殺人，家庭内暴力の増加など）も予言している（p.7）。

　この研究の示唆するところによれば，特定のグループはこうした変更によってことさらに影響を受けている可能性がある。特に，若者（25歳未満）と，低レベルのスキルと教育しかない男性，もしくは，不安定な職についている者が影響を受けるかもしれない。経済的下降に関する以前の研究が示唆するところによれば，悪化する労働条件――仕事の不安定さと財政的不安定さ，借金の増加，要求の増加に直面してコントロール感覚を失っていくことなど――が労働者に及ぼす心理的影響は，不安や抑うつ状態の発生率をかなり上昇させ，家族やコミュニティのつながり――安寧のもうひとつの指標――に連鎖反応を引き起こす。したがって，心理療法を行う者は，人々の生活や精神の中にあるこうした強力な「遠因」の力（Smile, 1993）について，適切な質問をすることがきわめて重要である。

　これらのプロセスは「助けてもらっている」人々と「助けている」人々に影響を与える可能性があるだけでなく，双方の間の関係性にも影響を与える可能性があり，おそらく「不利益の分極」の一部となって，最貧地域の公共サービスに特有のプレッシャーをかけることになるだろう（Marmot, 2012; Hoggett, 2006）。臨床心理学内ではこうしたつながりへの注意喚起が数多く試みられている（Bostock, 2003, 2004; Fryer, 1998, 2008; Orford, 2008; Smail, 2011; Rapley et al., 2011）にもかかわらず，この観点は，依然として臨床心理学の理論と実践ではあまり重視されていないのが実情である（Boyle, 2011; Miller and McClelland, 2006）。気がかりなことに，社会的不平等とその重苦しい心理的影響は増大傾向にあるかもしれない。

パワーと不平等

> パワーは，あからさまに対立している二者の一方による他方の明白な支配よりも，事実上変化することのない想定が日常的に適用されている現実……単に，社会的機関の日常的な活動……に由来することの方が多い。
>
> (Ng, 1980; 14)

　批判的な社会的アプローチには，さらに，従来の定式化にイデオロギーと支配的な言説(ディスコース)が存在している点に注目しているという面もある。これらは，不平等を仮面で隠して正当化し，私たちの注意を誤った方向に向ける傾向があり（Newnes, 2012)，確立されたパワー・バランスを維持する働きをする（Williams, 1999)。メンタルヘルスの専門職や医学や心理学などの学問分野は，そのような言説(ディスコース)を生み出す重要な場所であり，また，それらを論議する重要な場所でもあると見られている（Foucault, 1980; Rose, 1989)。

　臨床的言説(ディスコース)に関する社会事業的背景と言えば，広義での「診療所」であり，これは，狂気／正常に関するさまざまな考えを発展させてきた歴史的プロセスの一部であると同時に，メンタルヘルスの専門職と社会の片隅に追いやられてきた集団（治療する者／治療される者）との共依存を示すものでもある。この観点から，私たちは定式化に際して，社会的コントロールの一プロセス内に置かれていると言うことができる。そのプロセスは，長期の施設収容と容赦ない身体的治療という明白な形から，診断のプロセスと技術，投薬とセラピーなど，より巧妙な形に変化してきているが，双方とも，同じ目的に叶うものである。

　Hoggett（2006）が主張するとおり，メンタルヘルスのサービス機関は，価値観と政策に関する絶え間ない質疑と議論が特徴の，複雑な公的組織の内部に位置している。そうした質疑や議論は，クライエントと治療者が出会うサービス受渡地点で展開され，過熱する。したがって，診療所という世界の外側にまで目を向けることが不可欠である。Hoggett はメンタルヘルスのサービス自体の役割を，障害と狂気に関する社会的不安を取り込む容器として働くものであり，社会が──自らの中に存在しているにもかかわらず──自分のものと認めないものの多くを収容する公然かつ暗黙の機能を果たすものであると定式化している。

　本アプローチが用心しているのは，管理政策信奉者とネオリベラルの言語がメンタルヘルスの場で採用される最近の傾向である。そうした言語は，あの「治療」にするのか，この「治療」にするのかについて，選択する権利のある「クライエ

ント」と「顧客」に対し，「品物とサービスの提供」に関するトークをするとき
に必要だとされている。本アプローチは，関係性が商品化される可能性があるこ
とや，その結果として，倫理とその治療法本来の意味が剥奪されることに注目し
ている。対照的に，Allen, Allen, Hogarth と Marmot（2013）は，健康に関する
不平等への取り組みにおける医療専門家や保健衛生専門家の役割を論じた最近の
総説の中で，健康（メンタルヘルスを含む）に関する社会的決定要素に対して適
切な対策を取るために，影響力をもちうる献身的な主張者として，専門家たちを
適切に配置することを提案している。

　Miller と McClelland（2006; 132）は，物議を醸しそうな価値観と利益の関与
が定式化に認められる場合，クライエントの生活の中でパワーがどう機能して
いるのかについて問う省察的な質問（Bostock, 2003; Prilleltensky and Nelson,
2002）を，その定式化に対する批判的アプローチの一部として活用することを勧
めている。たとえば，「この定式化から，『よい生活』や『よい社会』に関して，
どのような考えが浮かんできますか？」（自己利益か協力か？　平等の追求に基
づいたものか他者を犠牲にするものか？），「どんな領域にせよ，人はどのように
してパワー／主体性を手に入れるようになったと思いますか？」などと問うので
ある。

　このような質問をすることによって，メンタルヘルスの問題の原因が個人にあ
るとする説明に異議を申し立て，抑圧と変化に関する責任を，別の場所に求める
のである。一方で，その問題に関する当事者意識を強調するために，「これは誰
の問題ですか？」と問うことも必要である。

実生活の多様性を熟考し，違いを認識する

　第三世代のフェミニスト理論（Gillis et al., 2007）も，性差による体験の理解
に影響を及ぼし，民族・性に関する思想や社会学の主流外にいる人々に発言権を
与えている（Boyle, 1997）。人種や植民地独立後や多文化の視点からの批判的ア
プローチ（Dalal, 2002, 2012; Hook, 2011; Ryde, 2009; Sewell, 2009; Fernando and
Keating, 2008）は隆盛を極め，個別のシステム論的グループ・セラピーの発展に
影響を及ぼしてきた。

　最善のモデルの多くは，**不平等の複合的原因**──支援サービス利用者の説明に
見られる共通の要因──の影響を，メンタルヘルスとトラウマの累積的「危険因
子」であると考えている（White, 2004; McGoldrick and Hardy, 2008）。この初期
例として，人種に関して「日常的に発生する」ごく小さな攻撃を研究したものが

ある。ごく小さな攻撃というのは，特に社会の周辺に追いやられた集団が体験する，ささやかで，しばしば言葉を使わない，ありふれた侮辱的な行為のことだが，そうした行為は，実際行われても，公正であって差別的ではないとさえ考えられている（Sue et al., 2007）。ほかにも，Almeida の「カルチュラル・コンテクスト・モデル（CCM）」がある（Almeida et al., 2007）。このモデルは，社会的公平の原則と，植民地独立後に関する分析，多層的介入を組み合わせ，文化的抵抗と生き残りに関する多様な世代の歴史を探っていく。これが提供するのは，支援サービスの構造とセラピーのプロセス双方の「再定式化」であり，それによってセラピーを，社会からの日常的な重苦しい期待を新たに応諾し黙認するものではなく，解放と癒しの旅にしようと努めている（p.179）。こうした考えのいくつかが，以下に続くジャックとジャネットの話に反映されている。

ジャックをさらに可視化する：批判的定式化

　ジャックについて解釈しはじめる前に，まずは，ジャック本人が今回のことに関与も参加もしていないために，私たちにできることがいかに少ないかを認めておくことが肝要である。「ケース」はすでに背景から切り離して考えられていて，臨床的に注視される状態になっている。そこにいるのは，自分自身について私たちに語るジャックではない。自分の苦境を理解するプロセスに直接関わっていると思われるジャックではない。それはたぶん，彼自身のストーリーの中心にいるジャックであり，自分自身の人生の専門家であるジャックであろう。このことから，自分自身の人生を自分のものだと感じるジャックの気持ちがすでに薄らいでいる（と思われる）点を，善意からではあっても抑圧的になる可能性のあるナラティブによってややこしくしないよう，私たちは注意しなくてはならない。私たちは，ジャックが不在の状態で，ジャックについて以下の会話を交わすことに不安を感じている。

　さらに，メンタルヘルスのサービス利用者として，ジャックはすでに，西洋文化固有の主要モデルの支配下にあることも考えられる。すなわち，医療対象とされ，彼の困難が病理的に説明されていて，自分の経験に関するジャック自身の説明は，さまざまな症状を示すものとみなされる以外は，無視されているのかもしれない。メンタルヘルスのサービス利用者の治療に関する書類は，しばしば分厚いものになるが，それに目を通しさえすれば，「当人」とその「ストーリー」との切り離しを確認することができる。当人はすでに苦痛や混乱や絶望で弱っているため，苦痛を精神科や心理学の対象とすること（Dillon et al., 2012; Smail,

2011; Fryer, 1998）によって，この分離は簡単に達成することができる。臨床的な定式化は，単なる別の「専門家」の独白になる危険性がある。そうした独白は，臨床的なコヒーレンス（首尾一貫性）をもたせようとして，当人が腕を伸ばせば届くところに回復の中心を設定し，対象化され疎外される当人の体験を増やし，治療に役立つ真の取り組みを複雑化する。したがって，臨床的な定式化は，サービス利用者がそれをどう体験するかという観点から，その定式化の資格を証明しなくてはならない。私たちが質問できる立場なら，特に，そのプロセスがどれだけ参加型になっているか，それが当人自身の体験と信念にどれだけ根ざしているかを問うだろう。

協働的定式化：ジャックの体験を位置づける

2006 年，私たちはこの問題を，若者で構成する「レファレンス・グループ」にもち込んだ。この若者たちの人生経験が，ジャックに関する説明の中で同定できるテーマの一部について，情報に基づいた「証言」の土台を提供してくれるのではないかと，私たちに（彼らにも）思われたからである。この若者たちは全員，メンタルヘルス・サービスの場で出会っていて，全員が疎外された経験をもち，全員がなんらかの形の虐待を受けていた。彼らはほかにも数多くの経験をしてており，もちろん，さまざまな才能や関心，自分の人生に対する期待ももっていた。この点で，私たちの方法は，Almeida, Dolan-Del Vecchio と Parker（2007）の「カルチュラル・サークル」と「連合グループ」（Friere, 1970）につながっており，専門家グループと非専門家グループとを混在させて活用することで，過酷な規範を問題にし，連帯意識を生み，説明責任を高めたのである。私たちは，ジャックがこの共通感覚を共有してくれることを願うばかりである。この方法は，ナラティブ・セラピーのテクニックである「リフレクティング・チーム」（White, 1995）と関連してはいるものの，そのメンバーが非専門家であるという点で異なってもいる。とは言え，今回のケースでは，男性のクリニカル・サイコロジストが要約を提供している。以下に要約されている会話の展開は，私たちが重要な問題とテーマのいくつかを同定するのに役立っている。

話し合い：「トラブルまみれの世界について」

パラグラフ 1，x ページ

第 1 段落のジャックの描写には，興味をそそられた。レファレンス・グループの若者たちの中には，目に見えないなんらかの規範に照らして自分の感情を「評価する」という体験を話してくれた者もいる。このような評価は，問題が医療対

象とされたからこそ可能になったことであり，徴候や症状のテンプレートに照らして「適否」を決定する権利は医療側が保有している。表現された感情を定量化して対象物とみなすことで，もっとシンプルな「なぜ？」という問いかけが曖昧になる。なぜジャックは，今そのように感じているのか？

パラグラフ　2

レファレンス・グループの若者たちの何人かは第2段落で，社会の期待と家族の期待というテーマを同定した。これは，「特別扱いされること」の恩恵と重荷に関する興味深い話し合いにつながった。自分自身の大望をあきらめるという観点から追従の代価について話し合い，拒絶や非難，プレッシャーの増大など，抵抗する場合の代価についても話し合った。ある若者はひとり息子として，期待されるこのプレッシャーを「肩をぐっと押さえつけられている」ように感じていたと言い，振り返ってみると，唯一の抵抗手段は失敗することだったと言った。レファレンス・グループの中にも音楽好きが何人かいて，ジャックはそのせいで，家業を継ぐ期待と葛藤することになったのだろうかと気にかけていた。

パラグラフ　3

この段落に関して，グループ内では活発な議論が交わされた。以下のようにコメントした者もいる。「メンタルヘルスのサービスや『ケースフォーミュレーション』には，暴力を目撃したり暴力をふるわれたりしたことの影響や，子どもの頃に性的虐待を受けたことの影響を最小化する傾向があるけれど，タイトルの『トラブルまみれの世界について』は，この傾向を反映しているのだろうか？」グループのメンバーは，彼ら自身の人生にもパワーによる同様の虐待があり，しばしば彼らに破滅的な結果をもたらしたことを認めた。

パラグラフ　4

第4段落では，グループはすぐさま，性的虐待とアルコール使用の出現が時期的に近いことを指摘した。グループの若者の多くが，アルコールとドラッグの使用は苦痛を「自己治療」する魅力的な手段であることを認めている。そのほかには，以下の重要なライフ・イベントが同定されている。

- 中等教育一般証明試験（GCSE）に関係するストレス。
- ジャックもまた，家族の崩壊や両親の離婚，父親がイタリアに帰国して消息不明であることに対処しなくてはならないという事実。妹たちよりジャック

の方が，父親の出奔をつらく感じたのは，おそらくジャックの男性としての
ジェンダーゆえであろう。

● レファレンス・グループは，離別に至った時期についても推測した。ジャックの両親は，ジャックと3人の妹たちに対して，情緒面でどのように接していたのだろう？　グループの何人かは，ジャック同様，自分の虐待について打ち明けることはできないだろうと感じたという。両親は話を聞いてくれそうにないから，もしくは，話を聞く余裕がなさそうだからというのがその理由だった。

パラグラフ　5

この段落を読んだあと，グループのひとり，ふたりが，自分たちの人生にも同じような疎外と混乱の時期があったことについて語った。彼らはその時期について，「どこにも居場所がない」という感じだったと表現し，大切にしてもらえないと感じ，何事も誰のこともどうでもよくなり，何よりも自分のことがどうでもよくなったと説明した。ひとりは，「落ち込むっていうのは，頭の中のことだけじゃなくて，生活全部のことなんだ。誰か，そのことをわかってくれるべきだったんだ。でも，ぼくのために，そのことをわかってくれる人はいなかった。彼のためにわかってくれる人もいなかったのさ」と言った。全員とは言わないが，多くのメンバーが，メンタルヘルスのサービス機関と初めて接触したときのことを，「自分自身について考えた最悪のことを，全部間違いのないことだと確認している」ようだったと説明した。グループには，ジャックとの強い連帯感があった。

パラグラフ　6

今や，家族全員が苦しんでいるように思われた。レファレンス・グループは，ジャックがこの時点で窮境に陥っていると考えた。ジャックが呼び込むことになった診断名はさらに深刻で，彼に否定的なレッテルを貼る大きな力をもっていた。それでも，私たちのグループはまだ，ジャックの身に何が起きつづけているのかについて，論点を捉えきれていない状態であった。以下は，メンバーの発言の一部である。

「彼は自分の人生から消えてしまいたいんだ」「彼は本当に頭がおかしくなっているような口ぶりだ。もうこんな人生はたくさんだと思っているんだろう。ロビーの人生を手に入れたいんだ」「彼は，家族のこと，心配しているんだろうか？　妹たちのことはどうだろう？　家族の助けになっていないから，

苦しんでいるんだろうか？」「本当に，頭から父親のことが離れないんだ」「たぶん，父親のようになりたいんじゃなくて，ロビーのようになりたいんじゃないかな。うん，誰か別の人間になる必要があるんだ。でも，誰になるんだ？」

次に，この話し合いで浮かび上がってきたテーマについて，詳しく検討していく。

話し合いに関する批判的考察

男らしさを問題のあるものとして捉える

男らしさ，すなわち，男に生まれてきたこと，自分自身との関わり方やこの世界との関わり方を男として身につけようとしてきたことは，ジャックの人生におけるいくつかの主要領域で，重要な役割を果たしているようである。父親については，「恐ろしい体験として，鏡を覗き込むと，そこに父親の顔が映っていて自分を見返していたと話したこともある」。ジャックは父親のアルコール依存症の影響を受け，家族と自分自身に対する暴力の影響も受けている。さらに，文字通り父親の足跡をたどり，家業を引き継ぐことも期待されていた。ジャックはこれらの経験を通して，社会生活への適応の仕方や男らしさの取り入れ方の一部を身につけてきた。

さらに厳密に言うと，私たちは，ジャックが男性特有の苦痛処理方略を学んできたのかどうかという点に引っかかっている。Miller と Bell（1996）は，特別扱いの男性的役割を果たそうとすると，男らしさについて予想されるものが押しつけられ，そのせいで，男性およびその家族の女性や子どもたちのメンタルヘルスに深刻かつ有害な影響が及ぶ可能性があると主張している。さらに，男性の社会生活への適応によって生じる最も有害な結果のひとつは，男性が寡黙で頑強であることを求められることであり，個々人には，自分の弱さや無力さを認め，それらと建設的に取り組む余地はほとんど残されていないことだとも主張している。その代わりに男性が提供されるのは，外の世界を支配し管理することによって得られる安全と，正当化された暴力という手段によって得られる生き残りである。ジャックは，これが――他者を対象物とみなし，暴力とアルコールを濫用することによる――男性の苦痛処理方略だということを知っているのだろうか？ ジャックは，自分が家族と父親の間で「板挟みになっている」と感じているのだろうか？ ジャックは，力を奪われ不当に差別された自分の家族の女性たちの気持ちを察しているのだろうか？ そして，ジャックは，父親から認められ受

け入れられることも切望しているのだろうか？　私たちに推測できそうなのは，ジャックが自分自身を，双方から疎外された，いずれの側でもない存在だと感じていたかどうかについてである。彼は父親には力があると思っていたかもしれないが，自分は無力だと感じているように思われる。支配する立場になる期待と現実の人生との間の相違を，どうにかして調整しなくてはならない状態に置かれているのである。この意味で，私たちの定式化は，「ジャックには，両面価値と，矛盾した内的思考および感情がある」ではなく，「彼の内的世界は，彼の文化のもつ矛盾した期待によって形成されている」となる。

　このジレンマが劇的かつ深刻に複雑化するのは，ジャックが，自分に対して支配力のある地位にいるもうひとりの男性から性的虐待を受けたせいである。このことについてジャックが口をつぐんだのは珍しいことではない。Watkins と Bentovim（1992）はある総説の中で，性的虐待が過少報告されることに矛盾はなく，これは普遍的な現象であると示唆している。男らしさという点に限って言えば，どうやら，性的暴行の影響は一種の心理的な去勢によって増大し，被害者はそのせいで，文字どおり，力とジェンダーを失い，一人前の男になることに失敗するようである（McMullen, 1990）。ジャックの場合，彼の人生においてきわめて危機的で脆弱な時期に，これが起きている。問題の男性は，もし弱っているジャックに父親のような関心をもったなら，大きく異なる結果をジャックにもたらしていただろう。しかし，実際には，ジャックの弱さにつけこんだのである。ジャックは，おわかりのとおり，当時この件を両親に打ち明けてはいないし，その後も，ほとんど触れることもできないでいる。ジャックのストーリーは「再認の失敗」を指し示している（Fraser and Honneth, 2003）。

パワーを定式化する

　私たちは，人々の人生を「薄っぺらに」ではなく，「厚く」記述することによって，症状ではなく経験に焦点を絞るように努めている（White, 1995; 第５章参照）。私たちが還元主義をうまく回避できたかどうかを判断できるのは，たぶん，ジャック自身だけであろう。私たちの定式化では，「障害の語彙」を避けるよう努めている。ジャックはこれまでに「妄想を伴う統合失調症」と診断されたことがあるが，今そう診断されているわけではなく，したがって私たちは，統一見解や客観的事実を示唆することはない。それは実際，盛んに議論されていることだからである（Boyle, 2002; Johnstone, 2000; Harper, 2011; Knight, 2012）。本アプローチは，診断と定式化が支配力の不均衡を伴う相関的なプロセスであることを認識している。ある反応のせいで，ジャックの行動が正気でないもの／精神症によるも

の，「常軌を逸したもの」とされているとしたら，その反応は，彼が疎外される
ようになったプロセスを裏づけるであろうし，多様なトラウマと社会的不平等の
体験によってすでに始まっていた「自分を見失う」状態の一因でもあるのだろう
（White, 2004）。

　最も重要な最初の焦点は，妄想を取り除くことではなく，彼がもっている信念
を受け入れ，意味を共に構築することに絞られている。「妄想」を，肯定的で能
動的なコーピング方略としてリフレーミングし，その時点での彼の安全保全に役
立てるのである。ジャックのケースに見られる現実をめぐる混乱は，自分の人生
には数多くのレベルで「隠蔽」があったという気持ちに深く関わっており，器質
的な疾患プロセスとの関連は薄い。ジャックはこれまでに何度も，生き残るため
に「自分を見失い」，他者の行動に合わせるために自分自身を歪めている。虐待
した子どもを現実に脅して迫害し，その結果として死の恐怖に陥れるのは，虐待
する人間が共通して使う策略である。社会的スティグマやタブーのせいで事実を
隠したり，感情を露わにして制裁を受けたりすることでこじれると，これはさら
に大きな混乱を発生させる可能性がある。そのようにして，「自分は外出しては
いけない－襲われるかもしれない」という信念は，この世界で自分の身を守るこ
とができず，人の食い物になるという現実の体験の中に組み入れられるのである。
それは，ジャックが想像した絵空事ではなく，機能性を欠いた信念でもない。現
実の生活状況に対して試みられた解決策なのである。

　仮に，メンタルヘルスの治療法のかなりの部分が頼っていると思われる正常と
異常の間の不連続性（Dillon et al., 2012）を想定しなければ，「他者であること」
や「彼らと私たち」という思考——数多くの「治療者－クライエント」間の関係
性を表す特徴——の発達を軽視することになる（May, 2000; Dalal, 2002）。ジャッ
クを「妄想的」であり「パラノイア」であると位置づける一方で，私たちは自分
自身を，正気で，バランスが取れていて，情報によく通じていると位置づけてい
るのである。それゆえにジャックは，「自分が間違っている」と「世間が間違っ
ている」のいずれかで，誤った選択を強いられるのである。この選択は，上記の
力動状況を反映し，それを悪化させていく。

社会的公平とエンパワーメントの可能性

　たいていのメンタルヘルスの治療法とは対照的に，私たちはジャックのいわゆる
「妄想」について，具体的な診断の観点から彼の体験を分類することよりも，彼
の局所的な対人関係に関わる文化的背景から理解することの方に関心をもった。
ジャックとロビー・ウィリアムズの類似点に，エンパワーメントと回復の可能性

を見つけようとして，遠くまで目を向ける必要はない。ロビー・ウィリアムズは，同時代の男らしさを象徴する集団的かつ文化的な力強いアイコンであり，成功と立身出世物語（社会的流動性の存在を証明した労働者階級のヒーロー），強烈なセックス・アピール，音楽的創造性の表象である。ジャックが「妄想」を選んだことは，行き当たりばったりでも無意味でもなく，彼の人生における他の男性役割モデルと明確な対照を示している。また，ロビーも理想像とはほど遠く，ジャックは彼に共感することはできない。ロビーは，自分自身の薬物乱用や性行動，プレッシャーと闘っていることが知られている。同様に，ジャックが「盗まれたお金」と「支払われるべきお金」のことばかり考えている状態は，社会的公平の感覚や社会経済の減退が彼の生活に及ぼしている深い影響と大きく共鳴している。ジャックには何か貸しがあり，すでに彼は多くを奪われている。世間はジャックが失ったものを彼に返さなくてはならない。そして，この意味で，彼は「不平」を訴えているのである（Bentall, 2009）。

　ほかにも数多くいる虐待や家庭内暴力の被害者と同様，ジャックは社会に適応していくプロセスの中で，「社会的関係性の階層制による被害者−加害者」の型にはまったと考えることができる。彼は，性的危害を引き起こす可能性を予期し，虐待の被害者によく見られるトラウマ生成のプロセスにはまってしまっているようである（Baker and Duncan, 1985）。その状態になると，虐待と復讐の可能性ばかりか，ついには自分が味わった暴力の再現で頭がいっぱいになり，身動きが取れなくなる可能性もある。ジャックは，虐待の被害者は少なくとも自分が虐待者になるような虐待はしないであろうとする研究があるにもかかわらず，メンタルヘルスの支援サービスの内外で広く横行している支配的言説^{ディスコース}の影響を受けているのかもしれない。このような恐怖にくよくよ悩む中で，ジャックはうっかり，社会的不平等の否定と，虐待の中核を成すパワー・プロセスの否定に注目している。

　ジャックに役立つ抵抗の源は，サバイバーと支援サービス利用者による運動や，「適応させようとするもの」ではなく「変化させる力のあるもの」を促す臨床的アプローチの中に見つかるはずである。ちなみに，適応させようとするアプローチでは，忍従と無力を強調するのに対して，変化させる力を促すアプローチでは，有意義であることと創造性を強調する（たとえば，「マッド・プライド」，「ヒアリング・ヴォイス運動」，「サバイバー運動」，「エクスペリエンス」グループによる「エクスパーツ」など）。私たちの感触では，ジャックの音楽に対する情熱が主要なリソースとなり，創造性と抵抗の源や，彼の一部分が「自分は大丈夫だ，力を奪われる前の状態だ，自由で有能で，すべてそろっている」と感じるための源になりそうである。さらに，男性としての肯定的な役割を再定義するこ

ともできそうである。重要なのは，私たちが MIND（「若者の声を聴くプロジェクト」）との協働で，精神症を経験している若者のためのスペースを地域に作ったとき，彼らの選んだ交流手段が，話し合いではなく音楽だったということである。「MAC-UK」はその好例である（www.mac-uk.org.uk）。

ジャネットをさらに可視化する：批判的定式化

　時間とスペースの関係で，ジャネットとメアリーのレファレンス・グループについて説明することは叶わなかったが，ロマと女性漂泊民群を対象としたパワー・マッピング（Hagan and Smail, 1997b）に関する Appleton ら（2003）の例を利用することができた。この研究と，コミュニティ・ディベロップメント・ワーカーズと共に活動している私たちの経験から考えつくことは，社会からの疎外と恐怖，他から認められる地位の喪失，就労機会の欠如，教育を受ける機会を得る難しさから成る歴史が，どうやら密接に関係しているらしいということである。トレーニング・コースを担当し，メンタルヘルス・チームに所属した私の経験からすれば，メディアによるこのコミュニティに関する最近の描写はおおいに否定的な影響を及ぼしている。

　ここでは，ジャネットとその家族に関して，上記のテーマを探っていく。

女らしさを問題のあるものとして捉える

　まず，女性が苦難を経験して支援サービス機関に出向く「状態にあること」の根本的な「リスク」がある（Williams, 1999; Chesler, 1994; Beckwith, 1993; Ussher, 1991）。そうした支援サービス機関では，当人の思考や感情や行動は，担当が精神科医かソーシャルケア組織の者かによって，「精神錯乱」と解釈されるか「悪い状態」と解釈されるかが決まる確率が高くなる。さらに，Walkerdine（1996）が主張するとおり，社会学および心理学の文献の範囲内で支配的言説を分析すると，英国では，女性は主に「母親」として，恵まれない女性や「労働者階級」の女性の話し合いに出席している。

> 　医療・教育・社会・法的機構に関する利用可能な取り組みを通じて，常時，母親として観察され，監視されることになる。というのも，母親は，民主的市民の生産における中継点とみなされているからである。何よりも，道徳と政治的秩序に従い，反乱を起こさないのが，母親である。
>
> （Walkerdine, 1996; 146）

Walkerdine の主張によれば，女性集団，特に母親集団をターゲットとする心理学を通して，これがひとつの規定様式となったため，女性たちは，（たとえば誤った子育てや有害な子育てをしたり，うまく絆を結べなかったりすることで）社会的病理を「遺伝させる」役割を帰せられているのである。同時に，自分の苦難による心理的影響について，真剣に取り組もうとする試みも忌避されている。こうした事態は，母親が別の種類の差異を体験している場合——マイノリティ・グループ出身の母親，レズビアンの母親，ティーンエイジャーの母親，高齢の母親，性的虐待を受けた子どもをもつ母親などの場合——は，さらに発生しやすくなっている。このような「ソフトな形の規定」は，実にさまざまな組織的な場（たとえば社会的支援サービスなど）で機能していて，殊に，メンタルヘルス・サービス（たとえば子どもと若者を対象とするメンタルヘルス・チーム）では，子どもや母親に適合するものとして，主観性と発達が正常と病理という観点からのみ理解されるため，それが顕著である（たとえば，ADHD に関する言説；Timimi, 2011）。

パワーを定式化する

母性に関する専門知識を——しばしば白人男性の中産階級的見地から——主張する多くの研究や実践には，イデオロギー的機能がある。私たちは，メアリーとジャネットのケースで，その機能を識別したいと思うだろう。いや，それよりも，母親を顧慮し，母親自身を中心に据えた種々の試みに関するエビデンス，つまり，根拠があり，その状況を十分に説明するエビデンスを探そうとするだろう。この場合，ひとつ，複雑な事態が発生する。「そうした調整に伴う不安とその投影は，母親たちの自らの見方や自らの不安定な部分にきっと現れる」という点である（Walkerdine, 1996; 152）。たとえば，その女性たちは，心の中で自分自身のことを，愚かだ，性被害に遭ってぼろぼろだ，母親として不十分だ，などと思っているかもしれない。このことは，無抵抗な当人による内在化の単純なプロセスとして概念化する必要はないが，物資の乏しいマイノリティ・グループの中で生き残るために，また，威圧的な支配グループの神話やファンタジーを守るために，これまで長く実践してきたことの結果だと捉えることができる。

定式化は，批判的な意識の高まりを利用するアプローチから恩恵を受けるだろう（Almeida et al., 2007; Dalal, 2002; Prilleltensky et al., 2007; Ryde, 2009; Friere, 1978）。診断と母性に関する病理的説明の脱構築を試みる（Woollett and Phoenix, 1997; Van Scoyoc, 2000）ことによって，ジャネットとメアリーのケースで稼働している数多くのパワー・プロセスに対する気づきを深めるのである。第一に，メアリーは医学的診断に「囚われて」いる。医学的診断は，女性の苦悩

を症状として医療の対象にすることで，社会的不平等を隠そうとする昔ながらの方法である（Ussher, 1991; Woollett and Phoenix, 1997）。第二に，メアリーとジャネット双方に対する家庭内暴力の影響には，曖昧にされている部分がある。それはおそらく，ジャネットの夜驚症や母親に対する攻撃性，神経性やせ症（拒食症）に現れている。

メアリーとジャネットに関するここまでの定式化は，母親を非難する言説^{ディスコース}（Woollett and Phoenix, 1997）と，異性愛関係における従来の母親の役割に関するダブルバインドの影響を受けている可能性があり，人間関係と子どもたちの発達に父親がどう影響しているかについての説明が欠けていると，私たちは仮定するかもしれない（上記のダブルバインドは，なんのパワーもなく，リソースにもアクセスできない状態が，育児の全責任を負い，暴力にさらされ，育児支援も得られない状態と結びつき，その上に，育児の心理的かつ情緒的苦痛が加わって起きるものである）。家族に関する臨床的言説^{ディスコース}には，このようにジェンダーを反映した性質があるが，CAMHS（Child and Adolescent Mental Health Services：児童青年精神保健サービス）の支援サービスに差し向けられた数多くのケースによくあるとおり，この性質はいまだに問題にされていない（Almeida et al., 2007）。私たちはさらに，メアリーへのハラスメントとジャネットへの虐待のリスクを指摘する個人的な評価や研究が数々あるにもかかわらず（Hester et al., 2000），なぜ監督者をつけることもなく，虐待的な父親との接触を続けているのか，その理由について，質問するかもしれない。

内在化によって隠されたジャネットの苦悩は，少女であることの特徴というだけでなく，家庭内暴力を目撃した子どもであることの特徴でもある。少年が必要とするものは，複雑さは同様であっても，メンタルヘルスのサービス機関や学校，社会全体で，少女の場合よりはっきりしている傾向にある。というのも，少年は，行動上の問題や青少年犯罪など，非常に目立つ形で苦悩をあらわにしがちだからである。同様に，逆境における生き残り方略としての母娘の相互依存は，尊重される可能性は低く，社会的に構築されジェンダーを反映した西洋式の自主独立に関する基準に照らし，症状として評価されがちである。極端な場合には，代理による虚偽性障害（代理ミュンヒハウゼン症候群）による架空の疾患が，診断名として用いられることもあるかもしれない。支援サービスで女性が必要とする関係性関連のものは，「Women's Mental Health Strategy（女性のメンタルヘルス方略）」（Department of Health, 2003）で認められている。このことからわかるのは，シンディが虐待をしない共同親であり，ロマのコミュニティ，すなわち，その地域社会で「アウトサイダー・ウィットネス（外部の証人）」（White, 1995: 26; 第5

章参照）として関わっている可能性である。したがって，メアリーは，専門家への紹介では一見「母親失格」だが，その実，「生き残ろうとしている母親」と祖母としてリフレーミングすることもできるだろう。年齢の進んだ子どもたちの母親であり，そのうちのひとりが特殊な困難／障害（自閉スペクトラム症）を抱えているというメアリーの体験は，彼女のストーリーや彼女の自己感覚，支援サービスを利用するための彼女のさまざまなスキルの重要な一部分とみなせるであろう。

社会文化的背景を可視化することで，意味を復活させる

　考慮すべき社会文化的背景の拡大を重視する家族介入への関心が高まっている。たとえば，Korbin（2003）は，児童虐待における多次元の背景的要因，特に，ソーシャル・ネットワークや近隣との絆，コミュニティとのつながりの影響を強調している。Gracia と Musitu（2003）の論文は，ふたつの異なる文化的背景をもつ複数の家族を比較し，虐待が起きていた家族は，そうでない家族に比べて地域活動との関わりが少なく，大きなコミュニティに対して否定的な態度を取っていたことを明らかにしている。虐待を行う親の仲間集団は小さく，そうした親は実家との接触が少なく，親族から得る助けが少なく，コミュニティの中で感じている疎外感が強かった。主流の支援サービスは必ずしも，こうした種類のサブカルチャーの存在と意味を取り上げるわけではない。Gracia と Musitu（2003）は「社会的貧窮」のプロセスを説明し，公式・非公式の支援源から隔離されることで，支援を利用できるケースであっても利用しない家族がいるとしている。メアリーとジャネットのケースでも，この手の主流からの排斥があるのかもしれない。

　英国における Sheppard（1998）の研究では，不利な立場や収入が低いこと，社会的支援の欠如に影響されて，家族が社会的サービスの事例化に向かって「進んでいく」ことや，母親たち間にある，不利な立場や虐待，抑うつ状態のつながりに影響されて，社会的サービスや保健師の取扱い件数が——ケアに進むかどうかとは関係なく——変わることを明らかにしている。社会的支援と支援サービスへの関わりがきわめて少ない地域では，傷害や育児放棄のリスクが高くなっていた。

　Fatimilehin, Raval と Banks（2000）も，定式化の文化的背景に関する重要ポイントをいくつか指摘している。ジャネットに当てはめると，以下のようになる。

- マイノリティ・グループという位置づけから来る本ケースでの要因の組み合わせ。主流文化の価値観，人種差別，ハラスメント，専門家の言説からの疎外がパワーと支配を生み，このパワーと支配に関連して，多様な不利益が発

生している。

- 同化による文化変容がもたらすさまざまな世代への影響と，その結果として生じる文化の歴史や文化遺産の希釈と，それらとの断絶。文化的ジェノグラム（文化的家系図）の利用が役立つかもしれない（Hardy and Laszloffy, 1995）。
- 子どもの発達に関する規範的理論。自主独立，育児法。
- 自己のアイデンティティと種族的／民族的アイデンティティの形成に，問題があるかもしれない。
- 苦悩に関する民族的定義が主流とは異なっている。児童虐待，死別，人種差別の影響，ハラスメントの否定。
- 教育システムとの相互作用。言語，抱負，スティグマ，業績。
- 黒人および少数民族の家族において，親がメンタルヘルスの問題を抱えている場合の具体的支援供給の欠如。

ジャネットが示している多くのレジリエンスについても，記しておきたいと思う。たとえば，学校に対する強い興味，友人たちとうまく交流していること，過去につながりうるものとしての家族のスピリチュアリズムなどがある。

医療関係者は差異に取り組めるようになるべきであろう（Sewell, 2009）し，支援サービスのもつ文化的力量は次第に重要性を増していくであろう。したがって，私たちは，今ある制度上の不平等（根拠のない作り話，説明，人種差別）に関する理解を深めていきたいと思う。質的アセスメントに焦点を絞り，文化的な説明責任という課題を手助けするために，文化面でのコンサルタントやアウトサイダー・ウィットネス，コミュニティ・グループやコミュニティの代表者が関与できるようにもするだろう（Tamasese and Waldegrave, 19937）。また，スピリチュアルでホリスティックな代替介入の可能性や，それらを届けるためのコミュニティ・ベースの可能性を探ることもできるであろう。

省察的実践

社会的不平等の観点から進めるアプローチは，**省察的実践**に取り組む医療従事者の再生という意味を含んでいる（Bleakley, 2000）。これには，定式化の内容と背景双方に関する個人的な省察と集団の省察が必要である。ここで強調されているのは，定式化が，特異的なものだけでなく，規範的なものに対しても脆弱である点や，その説明責任を具体化する背景の創造がそれにとって重要であるという

点である。これに関して，私たちは相手の代弁をしていないだろうか？　クライエントのストーリーにしっかり注意を払っているだろうか？　ひょっとして，自分自身の知的関心と特別の好みを満足させているだけではないだろうか？

　私たちはまた，批判的な医療従事者として，より広い社会的プロセス，組織的背景や制度的背景，そうした組織や制度が行うそれら自体の価値観に基づいた実践を，可能な限り認める立場を採ることも必要である。たとえば，まさにこの説明も，私自身の，白人女性で異性愛のメンタルヘルス専門家という立場によって位置を定められ，規制を受けている。パワーと特権を考慮し，社会的不平等に関する気づきを深めていくスーパーヴィジョンのプロセス（Aitken and Dennis, 2004; Patel, 2004; Ryde, 2009）は，このアプローチの発展と維持におおいに役立っている。

　しかし，この立場を維持するのは決して簡単ではない。ほぼ確実に反体制文化的であり，しばしば支配的言説^{ディスコース}およびイデオロギーと著しい対照をなし，防衛的な反応を引き寄せるからである（Boyle, 2011）。このような倫理的なジレンマは，あらゆるレベルで日常的に展開している可能性がある。「私は同僚を問題にしているのか？」，「私は病棟回診に同行するのか？」，「私は，診断 A もしくは治療計画 B に異議を申し立てているのか？」，「私は不備のある支援開発計画に参加しているのか？」といった具合である。こうした疑問は際限なく湧いてきて，簡単には答えが出せそうにない。同様に，このような形の挑戦的な取り組みは，事態をシンプルにするどころか複雑にする。「自分の仕事は何だろう？」という疑問に対する回答は，シンプルなものになることも，わかりやすいものになることもなさそうである。たぶん，私たちはそれによって，何よりも，自分の価値観と実際の業務，並びに，抑圧と不当な迫害を味わった自らの経験を，批判的な省察と議論にさらすことを要求されるだろう。こうした難題の多くに役立つのは，自分自身の社会的背景に目を向け，志を同じくする人や組織とのつながりを，見つかるはずのところならどこであれ，活発に探し求めることである。私の場合，それは，利用者グループや専門家のネットワークとの関わりである。これらは，支援と健全さのきわめて重要な源である。そして，熱心な関与や具現化された対応を，社会政治的活動を活発にする人たちのようだ（Crociani-Windland and Hoggett, 2012; Shohet, 2008）と恐れてはならない。それは，私たちがよく知っている「感情」と「定式化」に関する「認知され文明化されすぎた」話に対する適切な反応なのだから。

社会的不平等の観点から行う定式化の重要な特徴

- 承認と尊重の機会を提供する。
- 材料となる現実と関連する社会的背景を可視化する（生活の領域，構造，関係性，リソース，プロセス）。
- 社会的不平等の曖昧化につながるイデオロギーと支配的言説（ディスコース）の存在について，批判的な意識を高める。
- 過去の重要な出来事と反応をマッピングする。リソース，能力を認める。虐待やパワーの誤用と共に，抵抗や生き残り方略をマッピングする。
- 言葉遣いに注意し，位置づけや理解の差異に注意する。
- 差異は認めるが，「アザーリング（他者化）」は避ける。
- 個人の説明を，より広範な社会政治的ナラティブの中に置く。
- 具現化が，ひとつの心理社会的プロセスであることを認める。耐えがたい常習行為は，そのプロセスの中で内在化され，アイデンティティの定式化と相互作用を展開する。
- クライエントを中心に据える。セラピスト，不当な迫害に関して浮かび上がってきた説明，それらを下支えしている社会的窮状を，中心から外す。セラピストはクライエントに，専門家としてではない「連帯意識」を提供する。
- パワー・プロセスと虐待についてはっきり述べる。虐待や他の不平等を打ち明ける機会をさらに作る。苦悩の表出が抑制されていることを認識し，文化やジェンダー，個人的ナラティブの観点からそれを探求する。
- 症状／診断の脱構築を行う。重荷，役に立たない概念や力を奪う概念（異常性，医学モデル）を取り除く。当事者意識を取り戻し，与えられた診断に抵抗し，それを問題にして異議を唱え，それに口答えする権利を取り戻す。苦悩に関する代替のモデルを構築する。
- 協働的もしくは参加型の定式化を行う。その定式化によって，穏やかで敬意に満ちた公正なプロセスが展開するだろうか？　そのプロセスは，自分の人生に影響していた決定事項に，有意義な情報をもたらすだろうか？　クライエントはこの定式化の中で，積極的な人物／消極的な人物として描かれているか？　この定式化は何に対して作用するのか？　それは多様性（アイデンティティ，意味，行動）を尊重する気持ちを高めるだろうか？　それは社会的公平の問題に的を絞っているか？

謝辞

この再定式化に関して，有用なコメントを下さった Joe Miller に感謝の意を表します。

参考文献

Aitken, G. and Dennis, M (2004) Gender in supervision. In Steen, L. and Fleming, I. (eds) *Supervision and Clinical Psychology: Theory, Practice and Perspectives*. London: Brunner-Routledge.

Aldorondo, E. (ed.) (2007) *Advancing Social Justice through Clinical Practice*. New Jersey: Lawrence Erlbaum Associates.

Allen, M., Allen, J., Hogarth, S. and Marmot, M. (2013) *Working for Health Equity: The Role of Medical and Health Professionals*. London: IHE UCL.

Almeida, R., Dolan-Del Vecchio, K. and Parker, L. (2007) Foundation concepts for social justice-based therapy. In E. Aldorondo (ed.) *Advancing Social Justice through Clinical Practice*. New Jersey: Lawrence Erlbaum Associates.

Appleton, L., Hagan, T., Goward, P., Repper, J. and Wilson, R. (2003) Smail's contribution to understanding the needs of the socially excluded: the case of Gypsy and Traveller women, *Clinical Psychology*, 24, 40–46.

Baker, A. and Duncan, S. (1985) Child sexual abuse: a study of prevalence in Great Britain, *Child Abuse and Neglect*, 9, 457–467.

Bates, P. (2002) *Working for Inclusion: Making Social Inclusion a Reality for People with Severe Mental Health Problems*. London: Sainsbury Centre for Mental Health.

Beckwith, J.B. (1993) Gender stereotypes and mental health revisited, *Social Behaviour and Personality* 21 (1), 85–88.

Bentall, R. (2009) *Doctoring the Mind: Why Psychiatric Treatments Fail*. London, New York: Allen Lane.

Bleakley, A. (2000) Adrift without a life belt: reflective self-assessment in a post-modern age, *Teaching in Higher Education*, 5, 4, 405–418.

Bostock, J. (2003) Addressing power, *Clinical Psychology* 24, 36–39.

——(2004) Addressing poverty and exploitation: challenges for psychology, *Clinical Psychology* 38, 23–26.

Bourdieu, P. (2000) *The Weight of The World: Social Suffering in Contemporary Society*. Palo Alto, CA: Stanford University Press.

Boyle, M. (1997) Clinical psychology theory: making gender visible in clinical psychology, *Feminism and Psychology* 7 (2), 231–238.

——(2002) *Schizophrenia: A Scientific Delusion?* (2nd edn) London: Routledge.

——(2011) Making the world go away, and how psychiatry and psychology benefit. In Rapley, M., Moncrieff, J. and Dillon, J. (eds) *De-Medicalizing Misery: Psychiatry, Psychology and the Human Condition*. London: Palgrave Macmillan, pp. 27–43.

British Psychological Society (2008) *Socially Inclusive Practice. Discussion Paper*. Leicester: British Psychological Society.

——(2012) *Guidelines and Literature Review for Psychologists Working Therapeutically with Sexual and Gender Minority Clients*. Leicester: British Psychological Society.

Chesler, P. (1994) Heroism is our only alternative. Cited in Women and madness: a reappraisal, *Feminism and Psychology*, 4 (2), 298–305.

Crociani-Windland, L. and Hoggett, P. (2012) Politics and affect, *Subjectivity* 5, 161–179.

Dalal, F. (2002) *Race, Colour and the Processes of Racialisation*. London: Routledge.

——(2012) *Thought Paralysis*. London: Karnac.

Department of Health (2003) *Women's Mental Health Strategy: Into the Mainstream*. London: Department of Health.

——(2009) *Tackling Health Inequalities: 10 years on*. London: Department of Health.

——(2010) *Equity and Excellence: Liberating the NHS*. London: Department of Health.

Dillon. J., Johnstone, L. and Longden, E. (2012) Trauma, dissociation, attachment and neuroscience: a new paradigm for understanding severe mental distress, *Journal of Critical Psychology, Counselling and Psychotherapy*, 12 (3), 145–155.

Fatimilehin, I.., Raval, H. and Banks, N. (2000) Child, adolescent and family. In N. Patel, E. Bennett, M. Dennis, N. Dosanjh, A. Mahtani, A. Miller and N. Nadirshaw (eds) *Clinical Psychology, 'Race' and Culture: A Training Manual*. London: BPS Books.

Fernando, S. (2010) *Mental Health, Race and Culture*. London: Routledge.

Fernando, S. and Keating, F. (2008) *Mental Health in a Multi-Ethnic Society: A Multi-disciplinary Handbook*. London: Routledge.

Foucault, M. (1980) *Power/knowledge: Selected Interviews and Other Writings*. London: Harvester Wheatsheaf.

Fraser, N. and Honneth, A. (2003) *Redistribution or Recognition: A Political-Philosophical Exchange*. London: Verso.

Friere, P. (1970) *Pedagogy of the Oppressed*. New York: Continuum.

——(1978) *Education for a Critical Consciousness*. New York: Seabury Press.

Fryer, D. (1998) Mental health consequences of economic insecurity, relative poverty and social exclusion, *Journal of Community and Applied Social Psychology* 8, 75–80.

——(2008) Community psychologies: what are they? What could they be? What does it matter? *The Australian Community Psychologist*, 20 (3), 7–15.

Gergen, M. (1999) *An Invitation to Social Constructionism*. London: Sage.

Gillis, S., Howie, G. and Munford, R. (2007) (2nd edn) *Third Wave Feminism: A Critical Exploration*. London: Palgrave Macmillan.

Gracia, E. and Musitu, E. (2003) Social isolation from communities and child maltreatment: a cross-cultural perspective, *Child Abuse and Neglect* 27, 2, 153–168.

Hagan, T. and Smail, D. (1997a) Power-mapping I. Background and basic methology, *Journal of Community and Applied Social Psychology*, 7, 4, 257–284.

——(1997b) Power-mapping II. Practical application: the example of child sexual abuse, *Journal of Community and Applied Social Psychology* 7, 269–284.

Hardy, K. and Laszloffy, T. (1995) The cultural genogram key to training culturally competent family therapists. *Journal of Marital and Family Therapy* 3, 227–237.

Harper, D.J. (2011) The social context of paranoia. In Rapley, M., Moncrieff, J. and Dillon, J. (eds) *De-medicalizing Misery. Psychiatry, Psychology and the Human Condition*. Basingstoke and New York: Palgrave Macmillan.

Hester, M., Pearson, C. and Harwin, N. (2000) *Making an Impact: Children and Domestic Violence: A Reader*. London: Jessica Kingsley.

Hoggett, P. (2006) Conflict, ambivalence, and the contested purpose of public organizations. *Human Relations* 59 (2): 175-194.

Hook, D. (2011) *A Critical Psychology of the Post Colonial: The Mind of Apartheid.* London: Routledge.

Institute of Health Inequalities (2012) *The Impact of Economic Downturn on Policy Changes on Health Inequalities.* London: UCL.

Johnstone, L. (2000) *Users and Abusers of Psychiatry: A Critical Look at Psychiatric Practice*, (2nd edn) London, Philadelphia: Brunner-Routledge.

Jones, O. (2011) *Chavs: The Demonisation of the Working Class.* London: Verso.

Kagan, C., Burton, M., Duckett, P., Lawthom, R. and Siddiquee, A. (2011) *Critical Community Psychology: Critical Action and Social Change.* BPS Blackwell for John Wiley and Sons.

Knight, T. (2012) Can the mental health system cause paranoia? *Asylum Magazine,* Spring.

Korbin, J. (2003) Neighbourhood and community connectedness in child maltreatment research, *Child Abuse and Neglect* 27, 2, 137–140.

Marmot, M. (2012) Executive summary in: *Fair Society, Health Lives: The Marmot review Strategic review of Health Inequalities in England post-2010.* London: UCL.

May, R. (2000) Routes to recovery from psychosis: the roots of a clinical psychologist, *Clinical Psychology Forum* 146, 6–10.

McGoldrick, M. and Hardy, K.V. (2008) (2nd edn) *Revisioning Family Therapy: Race, Culture and Gender in Clinical Practice.* New York: The Guilford Press.

McMullen, R. (1990) *Male Rape: Breaking the Silence of the Last Taboo.* London: Gay Men's Press.

Miller, J. and Bell, C. (1996) Mapping men's mental health concerns, *Journal of Community and Applied Social Psychology* 6, 317–327.

Miller, J. and McClelland, L. (2006) Social inequalities formulation. In L. Johnstone and R. Dallos (eds) *Formulation in Psychology and Psychotherapy: Making Sense of People's Problems.* London: Routledge, pp. 26–153.

Morgan, E., Bird, L., Burnard, K., Clark, B., Graham, V., Lawton-Smith, S. and Ofari, J. (2001) *An Uphill Struggle: A Survey of People who use Mental Health Services and are on a Low Income.* London: Mental Health Foundation.

Newnes, C. (2012) Introduction to the Special Issue: *The Journal of Critical Psychology, Counselling and Psychotherapy,* 12 (3), 145–155.

Ng, S.H. (1980) *The Social Psychology of Power.* San Diego: Academic Press.

Orford, J. (2008) *Community Psychology: Challenges, Controversies and Emerging Consensus.* Chichester: Wiley.

Patel, N. (2004) Power in supervision. In Steen, L. and Fleming, I. (eds) *Supervision and Clinical Psychology: Theory, Practice and Perspectives.* London: Brunner-Routledge.

Prilleltensky, I. and Nelson, G. (2002) *Doing Psychology Critically: Making a Difference in Diverse Settings.* Basingstoke and New York: Palgrave Macmillan.

Prilleltensky, I., Dokecki, P., Frieden,G. and Ota-Wang, V. (2007) Counselling for wellness and justice: foundations and ethical dilemmas. In E. Aldorondo (ed.) *Advancing Social Justice through Clinical Practice.* New Jersey: Lawrence Erlbaum Associates.

Rapley, M., Moncrieff, J. and Dillon, J. (eds) (2011) *De-Medicalizing Misery: Psychiatry,*

Psychology and the Human Condition. London: Palgrave Macmillan.

Read, J., Bentall, R. and Fosse, R. (2009) Time to abandon the bio-bio-bio model of psychosis, *Epidemiologia e Psichiatria Sociale* 18, 299–310.

Rose, N. (1985) *The Psychological Complex.* London: Routledge.

——(1989) *Governing the Soul: The Shaping of the Private Self.* London: Routledge.

Rust, M-J. and Totton, N. (2012) *Vital Signs: Psychological Responses to Ecological Crises.* London: Karnac.

Ryde, J. (2009) *Being White in the Helping Professions: Developing Effective Intercultural Awareness.* London, Philadelphia: Jessica Kingsley Publishers.

Sashidharan, S. P. (2003) *Inside Outside: Improving Mental Health Services for Black and Minority Ethnic Communities in England.* Maryland, US: National Institute for Mental Health.

Sewell, H. (2009) *Working with Ethnicity, Race and Culture in Mental Health.* London: Jessica Kingsley Publishers.

Sheppard, M. (1998) Social profile, maternal depression and welfare concerns in clients of health visitors and social workers: a comparative study, *Children and Society* 12, 125–135.

Shohet, R. (ed.) (2008) *Passionate Supervision.* London: Jessica Kingsley Publishers.

Smail, D. (1993) *The Origins of Unhappiness: A New Understanding of Personal Distress,* London: Secker and Warburg.

——(2011) Psychotherapy: illusion with no future? In Rapley, M., Moncrieff, J. and Dillon, J. (eds) *De-medicalizing Misery. Psychiatry, Psychology and the Human Condition.* Basingstoke and New York: Palgrave Macmillan, pp. 226–238.

Sue, D.W., Capodilupo, C.M., Torino, G.C., Buceri, J.M., Holder, A.M.B., Nadal, K.L. and Esquilin, M. (2007) Racial micro-aggressions in everyday life: implications for clinical practice, *American Psychologist,* 62(4), 271–286.

Tamasese, K. and Waldegrave, C. (1993) Cultural and gender accountability in the 'Just Therapy' approach, *Journal of Feminist Family Therapy,* 5, 229–245.

Timini, S. (2011) Medicalizing masculinity. In Rapley, M., Moncrieff, J. and Dillon, J. (eds) *De-medicalizing Misery. Psychiatry, Psychology and the Human Condition.* Basingstoke and New York: Palgrave Macmillan, pp. 86–97.

UNICEF (2011) *State of the World's Children Report: Adolescence: An Age of Opportunity.* New York: UNICEF.

Ussher, J. (1991) *Women's Madness: Misogyny or Mental Illness?* Amherst, MA: University of Massachusetts Press.

Van Scoyoc, S. (2000) *Perfect Mothers, Invisible Women.* London: Constable and Robinson.

Walkerdine, V. (1996) Working-class women: psychological and social aspects of survival. In Wilkinson, S. (ed.) *Feminist Social Psychologies.* Philadelphia: OUP.

Watkins, B. and Bentovim, A. (1992) The sexual abuse of male children and adolescents: a review of current research, *Journal of Child Psychology and Psychiatry and Allied Disciplines,* 33, 197–248.

Watkins, M. and Shulman, H. (2008) *Towards Psychologies of Liberation.* London: Palgrave Macmillan.

White, M. (1995) Reflecting teamwork as definitional ceremony. In M. White (ed.)

Re-Authoring Lives: Interviews and Essays. Adelaide: Dulwich Centre Publications.

——(2004) Working with multiple trauma, *International Journal of Narrative Therapy and Community Work,* 1.

Wilkinson, S. (ed.) *Feminist Social Psychologies.* Philadelphia: OUP.

Wilkinson, R. and Pickett, K. (2009) *The Spirit Level: Why More Equal Societies Almost Always Do Better.* London: Allen Lane.

Williams, J. (1999) Social inequalities and mental health. In C. Newnes, G. Holmes, and C. Dunn, (eds) *This is Madness: A Critical Look at Psychiatry and the Future of Mental Health Services.* Ross-on-Wye: PCCS Books.

Williams, J. and Watson, G. (1988) Sexual inequality, family life and family therapy. In Street, E. and Dryden, W. (eds) *Family Therapy in Britain.* Milton Keynes: OUP.

Woollett, A. and Phoenix, A. (1997) Deconstructing developmental psychology accounts of mothering, *Feminism and Psychology,* 7 (2) 275–282

World Health Organisation (2009) *Mental Health, Resilience and Inequalities.* Copenhagen: WHO Regional Office for Europe.

第7章

パーソナル&リレーショナル・コンストラクト 心理学における定式化

クライエントの目を通して世界を見る

David Winter & Harry Procter

パーソナル・コンストラクト心理学

　パーソナル・コンストラクト心理学（Personal Construct Psychology; PCP）は，アメリカの心理学者 George A. Kelly が創始したものである。2 巻から成る彼の代表作は 1955 年に出版され，遺稿は，Maher（1969）が収集している。本アプローチは，今日に至るまで，豊富な文献の中で詳述されつづけている（たとえば，Fransella, 2003; Neimeyer, 2009; Walker and Winter, 2007; Winter and Viney, 2005 など）。PCP はパースとデューイのプラグマティズム哲学から発展したもので，その中で，人は**探求**というプロセスに取り組む存在であり，仮説を立て，発見と実験を通してこの世界に関する理解を深めていくとされている。すなわち，人は科学者に似ているというのである。したがって，Kelly のアプローチで重要なのは，人は絶えず，自分の仮説が妥当か妥当でないかに反応しているという考え方である。「現実の」科学者にとってもそうであるように，自分の考えが妥当でないとわかり，その考えを変えなくてはならなくなるという体験は，非常に激しい気持ちを掻き立てる出来事である。科学者は，穏やかに理性的に試験と反証を進めていくことを基本としているわけではなく，自分の理論に愛着をもち，喜びや怒り，苦悩，絶望を感じているはずであり，たとえば，一生をかけた仕事であったりするその理論が否定されたときには，もうお終いだという気持ちにさえなるかもしれない。私たちの世界観，すなわち，「中核的な構成概念」についても，それと同じことが言える。

　セラピーにおいて，これの意味するところは，クライエントとセラピスト双方がすでに**定式化**に関与しており，双方が状況を理解し，自分たちの現在の状況を

自分たちがどう解釈しているかに従って，さまざまな選択をしているということである。PCP はしばしば，広義の**構成主義**というカテゴリーに分類されるが，それには，ピアジェの研究や，厳密な認識論としてのラジカル構成主義者であるフォン・グラーゼルフェルトやマトゥラーナなども含まれている。社会構成主義（第 5 章参照）も，ときにはこの広義のカテゴリーに含まれることがある（Raskin, 2002）。構成主義を定義するとしたら，「人間がこの世界を理解し，この世界で行動するに当たって，どのように意味体系を創造しているかを研究し，応用すること」となるであろう。

　PCP の際立った主要な特徴のひとつに，「私たちは固有の**双極**構成概念を形成して活用することによって機能している」という考え方がある。経験に意味を与えるということは，類似点だけでなく相違点も理解するということである。人が自分自身を**打ち解けていない**と見ているとしたら，その人は心の中で，**幸せな状況**や，**積極的になっている状況**，**周囲とうまくつき合っている**状況など，特定の別の状況との比較を行っている。当人の判断を理解するということは，その人が具体的にどのような差別化を行い，どのような類似点を引き出しているかを知るということである。このように，構成概念にはふたつの極が存在する。構成概念が当人固有の経験を支配するだけでなく，行動を組織化するのは，当人がふたつの選択肢の間で選択を行っているからである。心理的な変化とは，その構成概念の一方の極から他方の極に至る範囲内を移動したり，構成概念の意味を修正したり，別の構成概念と置き換えたりすることを指している。構成概念は内容の濃い心理的概念であり，構成概念のおかげで，通常は個別のものと見られている数多くのさまざまな人間の機能領域——たとえば，認知，感情，行動，相関的相互作用など——の統一が可能になる（Procter, 2009a）。私たちはメンタルヘルスに取り組む者として，定式化を行う際には，専門家の診断上の構成概念だけでなく，活用できそうな個々人の構成概念にも十分に注意する必要がある（Procter, 2009b）。

　人はいろいろなことを解釈する。その原点は，当人が育つ文化や信念体系，言説_{ディスコース}の中にあるものだ（Procter and Parry, 1978）が，誰もがひとりひとり，それらの中で，この世界を解釈する自分自身の方法を形成しながら，自らの経歴に特有な出来事を処理していく。ごく一般的な問題や不平不満ですら，各人が特有のやり方で理解するのである（Wright, 1970）。したがって，PCP は，困難を説明するための標準化された方法や，困難に取り組むためのマニュアル化された方法には，用心している。定式化はそれゆえ，各クライエントの状況ごとに，クライエント固有の解釈と，クライエントの周囲の人々——特に家族，友人，同僚，

関与している専門家など——の解釈とを考慮しながら，新たに行われなくてはならない。

このようなわけで，PCP はふたつのレベルでの稼働が可能である。すなわち，クライエントが自分の世界をどのように理解しているかを探る際に，ひとつの理論として使うことができると同時に，包括的な視点として省察的に使い，異なる心理的アプローチや治療的アプローチでの解釈を比較して利用することもできるのである（Procter, 2009b）。本書で紹介されているような治療モデルは，それぞれ特定の構成概念を用いている。たとえば，「ネガティブな自動思考」は認知行動モデルで，「投影同一視」は精神分析モデルで，「対称的拡大」はシステム論的モデルで用いられている専門的構成概念である。PCP はこのように，クライエントの苦境を理解するためのさまざまな方法を組織化して統合した，優れた「メタ治療的枠組み」となっている。Kelly の**構成主義的代替主義**の精神に則るなら，物事の見方をひとつの方法に絞らなくてはならないわけではない。PCP はそれ自体の方法と言語を提供しているが，私たちは自由に，他のモデルや枠組みが使っている解釈の仕方に注目することができる。ただし，それらが必ずしも PCP と哲学的に相性がよいとは限らないことは，心に留めておかなくてはならない。本アプローチの精神は，実験と遊び心の精神，すなわち，「これを調べるなら，こっちの新しい方法を試してみよう！」である。セラピーでは，まったく新しい方法で状況を再解釈することがよくある。その新しい方法が，前進するための新たな選択肢と可能性を開拓するのである。

パーソナル・コンストラクト的定式化

定式化の概念は，認知行動派に由来するものだとされることが多い（Bruch, 1998）が，実際は，Kelly のアプローチの中核を成すものである。Kelly はふたつのタイプの定式化を区別し，一方を**構造化 structualisation**，もう一方を**解釈 construction** と名づけた（Kelly, 1955: 454）。「構造化」は仮説の意味合いが強く，基本的に，臨床家が今後の参考のために臨床上の情報をざっくり組織化したものである。この構造化の過程で，臨床家はクライエントの行動を解釈していくことになるが，その解釈は，社会の規範的観点からだけでなく，クライエントが問題だと考えている事柄で，かつ，他者も問題だと考えているはずだとクライエントが思い込んでいる事柄の観点からも行われる。たとえば，ジャックとの最初の面談後に，臨床家は規範的観点から，ジャックの解釈の仕方がいかに常軌を逸していて「妄想的」であるかに注目するかもしれないが，ジャック自身の問題

の捉え方や，彼が「妄想」の中で表現したテーマのみならず，家族に関する懸念についても注目する可能性がある。さらに，臨床家は，ジャックの観点と，彼の問題を家族がどう捉えているか――ジャックに入院要請をするに至った考え方――についてのジャックの思い込みとを比較するかもしれない。構造化では，クライエントが予測した妥当性の顛末，すなわち，クライエントがこれまで，さまざまな出来事をどの程度うまく予期できてきたかについても，多少は注意が向けられる可能性がある。

　Kelly のもうひとつの定式化「解釈」は，クライエントの個人的構成概念と推定されるものの観点から，クライエントの行動を組織化し，その後，それらの構成概念を解釈もしくは「包摂」する。包摂とは，自分自身の個人的解釈や価値観からの干渉をできるだけ少ない状態にして，別の人間の構成概念を自分自身の構成概念システムに組み入れることで，いわば「その相手の立場になる」ということである。この目的のために，Kelly は，専門家の診断上の構成概念（次項で説明）から成る「包摂解釈システム」を作り上げ，臨床家がクライエントの解釈を解釈するために使えるようにしている。たとえば，ジャックについて考察する場合，臨床家は，ジャックの主要構成概念のいくつかを同定しようとするだけでなく，Kelly が「診断上の構成概念」と呼んだものを適用して，ジャックの構成概念がどのように構築され，使用され，修正されているかも考察することになる。

　Kelly のシステムの一部は，精神科診断の基盤であるクレペリンの疾病分類アプローチに，根本的に取って代わるものである。Kelly が苦心して指摘しようとしたのは，自分の診断上の構成概念システムは「疾病の命名法」ではないということと，このシステムの構成概念は，心理的障害があるとされている・いないにかかわらず，どのような人の解釈にも（省察的に，臨床家の解釈も含めて）適用できるということである。Kelly の言うように，「それらは元来，よくも悪くもなく，健全でも不健全でもなく，適応的でも不適応的でもない」（Kelly, 1955: 453）ため，精神科の分類とはおおいに異なっている。パーソナル・コンストラクト・アプローチは，クライエントを固定された診断カテゴリーに分類するのではなく，「推移する診断」を定式化し，診断は時と共に変わりうることをクライエントに強調する。Kelly の診断上の構成概念を概説する前に，心理的障害に関するパーソナル・コンストラクト理論の観点を，おおまかに考察しようと思う。

　これまで見てきたとおり，Kelly は人を科学者とみなし，誰しもこの世界について仮説を立て（解釈し），それらを検証し，もし妥当でなければ修正し，妥当であれば強化すると考えた。彼はこの循環的プロセスを「経験循環 experience cycle」（Kelly, 1970）と呼んだが，定式化にはまさにそのような循環が含まれて

いると見ることができる。臨床家はこのプロセスを踏み，クライエントの解釈を定式化し，検証し，改善していく。「経験循環」で説明されている最善の解釈プロセスは，心理的障害で発生する解釈プロセスとは対照的と言えるかもしれない。Kelly は後者を，「一貫して妥当でないにも関わらず，繰り返し用いられる個人の解釈」と定義している。実際，心理的障害をもつ人の解釈プロセスは封鎖された状態になっていて，昨今では，その封鎖の発生が「経験循環」の初期であればあるほど，障害は深刻になると主張されている（Neimeyer, 1985）。したがって，この観点からすれば，この世界について明晰に予期することができない状態は，妥当性を否定されたのちの解釈の修正に失敗したことを示しているというよりも，より重篤な障害を示すものとみなされるだろう。けれども，これら双方のケースでは，当人は必ずしも自分の解釈を十分に検証しているわけではない。もしくは，Walker（2002）の言う「非検証」状態にある。当人はそうすることで自分の解釈が妥当でないとされるのを回避しているのであるが，Leitner（1988）が主張するとおり，もしこれに関わる構成概念が，他者との関係性における自己の捉え方として，当人にとって非常に重要なものであるとしたら，この回避は恐ろしい経験となるかもしれない。

診断上の構成概念

Kelly にとって，あらゆる対人関係の本質は，彼が「社会性」と呼んだもの，すなわち，他者の解釈プロセスを解釈しようとする試み，もしくは，自分の目を通してこの世界を見ようとする試みである。臨床家の診断上の構成概念は本質的に，クライエントとの社会的な交わりを促進する手段であり，クライエントの解釈のさまざまな側面が見えるようになるゴーグルを与えてくれるものである。

隠された解釈

Kelly は無意識という概念は使わなかったが，解釈の一部が「認知的気づきのレベル」の低部にある可能性を認識していたはずである。たとえば，**言語能力習得前の構成概念**は，一貫した言語的記号がまったくないものであり，おそらく言葉を使いはじめる以前に発達したものであろう。構成概念の一部にとって，一方の極は相対的に近づきにくかったり，**覆い隠されて**いたりする可能性があり，そのせいで，その構成概念は検証できないのかもしれない。また，その解釈の「含意が耐え難い」（Kelly, 1955: 474）もので，当人の他の構成概念システムと矛盾する場合，解釈はときに**中断**もしくは休止することもあるだろう。

したがって，クライエントの苦境の一部の側面は，隠された解釈の特徴という点から説明できる可能性があり，セラピーのひとつの焦点を，解釈に関するクライエントの気づきレベルの引き上げに絞ることもできそうである。

解釈の構造

人の構成概念は，当人にとって何が重要かによって異なってくる。Kelly は構成概念のシステムを，階層的に組織されたものとして捉え，**上位**の構成概念，すなわち，階層最上部の構成概念が，より**下位**の他の構成概念を包摂していると考えた。したがって，パーソナル・コンストラクト的定式化は，何がクライエントの上位構成概念であるかについて，いくらかでも示すものになっている可能性がある。これらの構成概念を同定することの重要性は，それらが変化に抵抗するという研究結果によって示されている（Hinkle, 1965）。したがって，臨床家は，少なくともセラピーの早い段階では，そうした構成概念を問題にするのは避けた方がうまくいくであろう。同じことが，**中核**の構成概念についても言える。中核の構成概念は**周縁**の構成概念とは対照的に，クライエントが自分の「アイデンティティと存在」を維持するために最も重視しているものである（Kelly, 1955: 482）。

解釈の方略

人は，自分の世界をよりよく理解し，自分の解釈が妥当でないものになるのを避けようとして，さまざまな方略を使う。構成概念の双極性を強調する理論であるからには当然ながら，Kelly は，両極としての方略をいくつか——すなわち，拡張と圧縮，緩い解釈と緩みのない解釈——を提示している。**拡張**では，矛盾する解釈に直面したクライエントは，知覚の領域を広げ，より包括的なレベルで構成概念システムを再組織しようとする。Kelly の言葉（1955: 477）を借りれば，そのクライエントは，「次々と話題を変え，子ども時代も未来もいっしょくたにして，とんでもない範囲の出来事を関連しているかもしれないと考え，やたらといろいろな活動に参加し，もしサイコセラピーを受けているとしたら，自分に起きたことはすべて，自分の問題に関係している可能性があると考える」。拡張が関係している障害（「躁的」，「妄想的」というレッテルを貼られそうな人に見られるもの）では，「当人の探求が当人の組織の範囲を越える」（Kelly, 1955: 846）のである。逆の方略，**圧縮**では，知覚領域の範囲を定め，解釈上はっきりわかる矛盾点を最小限に抑える。しかしながら，これは，「問題の蓄積を許すことになり，当人が最終的には乗り越えられそうにない不安に襲われる（Kelly, 1955: 908）」リスクがある。圧縮が関係している障害は，「恐怖症」，「抑うつ状態にある」と

される人々に，特にはっきり見て取れるかもしれない。

緩い解釈をすると，その解釈は曖昧で，変わりやすいものになる。解釈が正確でなければ，その妥当性の否定が非常に難しくなる。それゆえ，緩い解釈をして，繰り返し妥当性を否定されるのを避けようとする。Bannister（1960, 1962）は，これこそが，思考に障害のある統合失調症と診断されたクライエントのケースであることを示す証拠を提供している。対照的に，**緩みのない解釈**には，きわめて正確な予測と，「不安が浸み込む隙すらない」（Kelly, 1955: 849）構成概念システムが必要になる。しかしながら，そうしたシステムは妥当性の否定に弱く，それゆえに不安定になる。

私たちの大半は，ときに圧縮を行い，ときに拡大を行っている。でなければ，緩い解釈と緩みのない解釈の間を振り子のように揺れ動いている。これは循環的なプロセスであり，Kelly はこれを，創造性に不可欠なものだと考えている。もっぱら特定の方略のみを使い，それとは逆の方略は使わないという状況は，心理的障害には見られるかもしれない。そのような場合，セラピーは通常，たとえば，習慣的に緩い解釈をしている当人の解釈の一部をきつく締めるなどして，クライエントの方略の使い方をバランスの取れたものにしようとするだろう。

コントロール

Kelly は循環をもうひとつ説明している（Keely, 1955）。「慎重－先取り－コントロール・サイクル Circumspection-Preemption-Control（C-P-C）Cycle」という，意思決定に関わる循環である。このサイクルの「慎重」の段階では，意思決定が絡んでいる問題について考え，「先取り」の段階では，最上位の問題もしくは構成概念を選択し，「コントロール」の段階では，その構成概念の特定の極を出来事に適用することを選択する。繰り返しになるが，たとえば，「慎重」段階で過度に反芻したり，この段階を短縮して衝動的に行動したりすることによって，サイクルを完結させるのは失敗であり，そうしたやり方をすることが障害を特徴づけているのかもしれない。確かに，Kelly は，「解釈の障害はすべて，誤ったコントロールが絡んでいる障害だ」と考えている（Kelly, 1955: 927）。

「感情」

すでに見てきたとおり，Kelly（1955）は人間を全人的に見ていて，認知と感情と動機づけを従来どおりに区別することはしなかった。ひとつの構成概念には，感情と感覚のみならず，認知と行動も含まれている（Procter, 2009a）。Kelly が言うように，「人間の差別は，『生理的』もしくは『感情的』と呼ばれてきたレベ

ルでも起きている可能性がある。差別は必ずしも，言葉で表現されるとは限らない。非常に原始的な行動レベルでも起きている」（Kelly, 1969: 219）。

Kelly にとって，通常，感情とみなされるものは，必然的に解釈の推移に関する気づきを伴っている。そうした推移は，具体化した状態として体験され，当然ながら，それらの状態自体も解釈の対象となる。それらの推移の一部は，解釈の妥当性が否定された結果生じたものであり，それらに関係している感情は特定タイプの障害を特徴づけている。たとえば，**脅威**は，中核の構造に総合的な変化が差し迫っていることを意識するようになったときに発生する。**不安**が発生するのは，自分の世界を解釈できなくなっていることがわかったときである。そうわかったために，解釈の妥当性が否定されることを実質的に回避しようとして，この世界は依然として予想可能だと確信することで不安を軽減しようとするのである。**罪悪感**を感じるのは，自分の中核的役割，すなわち，自分らしい他者との交わり方を退けてしまったことに気づいたときである。**攻撃性**は，知覚領域の精緻化が活発に行われている状態で，たとえば，他者を解釈しようという気遣いをほぼ欠いたまま，この状態になると，問題を引き起こすかもしれない。**敵意**は，解釈の妥当性が否定されたとき，自分の解釈を実社会に合わせるのではなく，実社会を自分の解釈に合わせようする試みである。たとえば，自分には可愛げがないと信じている人は，今は愛情を示してくれている相手からも，いずれはきっと疎まれるような行動の取り方をするかもしれない。

依存

Kelly（1955）は，さまざまなタイプの依存的関係に関わっている状態が，最もよく機能している状態だと考えていたが，心理的障害の中には，**依存先が分散されていない状態**が存在するかもしれない。それは，たったひとりの人，もしくは，ごく少数の人に依存するという形である。逆に，必要なことをすべて，大勢の人に無差別に依存するという形もある。依存は，Kelly の診断上の構成概念体系の主軸ではなかったが，クライエントの困難に関する定式化と，それによって定まるセラピーの焦点における，重要な側面かもしれない。

解釈の内容

Kelly の診断上の構成概念は主として，解釈のプロセスと構造に関するものであるが，障害は「当人の構成概念の形式ではなく，その内容」（Kelly, 1995: 935）から発生するという点を Kelly は明確に指摘している。彼の理論は，合理主義的な認知的アプローチと異なり，世界の見方に正解はないと想定しているため，

Kelly がそうした障害にあまり注目しなかったのは当然である。にもかかわらず，パーソナル・コンストラクト的定式化は，クライエントの構成概念がもつ支配的な内容を考察する。というのも，これは，クライエントに開かれた道を示すものであり，これを使えば，クライエントが行った選択の説明に役立つからである。特に，クライエントの解釈の論理的矛盾によって生じたジレンマを特定できるかもしれない。ある構成概念の好まれる方の極が，別の構成概念の好まれない方の極と結びついている場合などが，その例である（たとえば，「うつ状態になるのはいやだ。敏感になりたい。でも，うつ状態の人は敏感なんだ」などという場合）。

障害に関するパーソナル・コンストラクト的観点の発達

Kelly の（1955）2巻本のパーソナル・コンストラクト心理学の説明は，概して非常に体系的に書かれているが，心理的障害に関する彼の分類法を紹介している2章は，さほど体系的ではない（Winter, 2009）。Kelly はこの部分の序で，「代表的な心理的障害をすべて目録に載せようとするのは，現実的ではない－もしそうできたとしても，誰がその手の詳しい説明書を書きたいと思うだろうか？」と述べている（Kelly, 1955: 836）。これらの2章はいくつかの点で，Kelly がこの作業に熱心でなかったことを映し出している。障害〔disorder，すなわち「異常」〕という用語自体，あまりに機械論的で，Kelly の理論と調和しないように思われるし，代わりに使えそうなもの（たとえば，対照的な方略ペアの片方を優先的に使用している状態を表すもの）を挙げるとしたら，「不均衡」あたりになるだろうか（Walker and winter, 2005; Winter, 2003a）。にもかかわらず，Kelly の診断上の構成概念は，広範かつ多様な臨床的問題に関するパーソナル・コンストラクト的定式化の基盤を提供し，そうした定式化の多くは研究結果に支持され，それらの問題を解決するための，エビデンスに基づいたパーソナル・コンストラクト療法的アプローチになっていったのである（Winter, 1992; Winter and Viney, 2005）。

Leitner らは，障害を個人の発達史として見るという，もうひとつのパーソナル・コンストラクト的観点を提唱しているが，社会性は，その観点の重要な構成要素である（Leitner et al., 2000）。彼らは，子ども時代のトラウマが自己や他者の解釈に「発達的／構造的な停止」を引き起こし，その停止が事実上「凍結状態」になるのかもしれないと考えている。この状態は，その後，当人のアタッチメント・スタイル，特に，依存および他者との距離の取り方に関する対人関係のスタイルに影響を及ぼすようになる。障害に関するこの見方で最も重要なのは，役割関係からの撤退，すなわち，他者の解釈プロセスの解釈を伴う関係性の回避

である。互いの体験の最も中核的な側面を解釈し，それに従って行動しようとするような親密な人間関係には，人の中心的な役割――すなわち「社会的存在として支持されているという暗黙の了解」――の妥当性を否定されるリスクがあるからである（Kelly, 1955: 502）。社会性に関して生じる困難や，心とメンタライゼーション〔心の状態を想定すること〕に関する理論にある関連概念も，自閉スペクトラム症や他の精神障害だと診断された人々の問題には，非常に重要であるかもしれない（Bateman and Fonagy, 2012; Procter, 2001）。社会性に関する Kelly の理論と，心とメンタライゼーションの理論との比較は，Procter が論じている（近刊）。Fonagy のメンタライゼーションは，他者の心的状態に対立するものとしての，当人自身の内的な心的状態に関する省察が多くなっている。これは Kelly が予期していたことであり，Procter は，人の心的状態は共有され相互に作用するものだと認めることによって，これを拡大している（以下参照）。

関係性に関する PCP の拡大

　パーソナル・コンストラクト理論とパーソナル・コンストラクト的定式化で進展してきたのは，対人関係に関する解釈の拡大である（Dallos, 1991; Procter, 1981）。Kelly の構成概念は，個人の構成システムのみならず，家族の構成システムや，さらに大きな社会体系の構成システムにも当てはまる（Procter, 1981）。したがって，パーソナル・コンストラクト的定式化も，一般的に，さまざまなメンバーがその家族や社会体系内で行う解釈と，当人がこの広いシステム内で取る立場との間に生じる相互作用のパターンを考察する。こうすることで，関係性に関するパターンや言説（ディスコース）が，個人の解釈や体験の発達をどのように抑制し，構築し，促進しているかを知ることができるのである。私たちとしては，こうした構成概念は前もって定められた形で「存在する」のではなく，私たちが予期し，行動し，他者と相互に影響を与え合う間に，絶えず創造されていると主張したい。これは，Kelly の元々の理論化精神と両立するものである。こうした進展は，関係性と人を等しく重視しているため，本アプローチを「パーソナル＆リレーショナル・コンストラクト心理学」と命名し直すことも可能である（Procter, 2009b）。このようにすれば，数多くの人間の困難は関係性に関わるものであり，そこには，たとえば，敗北や対立，妥当性の否定，無視，虐待が絡む力関係や，家族の別のメンバーに発生した個人的な機能障害（たとえばアルコール乱用や認知症）が関わっているということを認識できるようになる。

関係性と，対人関係の解釈レベル

　発達に関するこのプログラムの一部には，社会性に関する Kelly の見解を拡大
したものが関わっている。それは，ある人物が別の人物の解釈をどう解釈してい
るかだけでなく，自分自身と他者との関係性はもちろん，人々の間の関係性を
どう解釈しているかまで含めているためである。たとえば，人はふたりの人間の
関係性を，非常に**似ている**もしくは**異なっている**と解釈し，**互いに同意見である**
もしくは**同意見ではない**と解釈し，**互いに親しみを感じている**もしくは**互いに**
誤解していると解釈する（2 項から成る解釈）。このように，**対人関係の解釈**は，
関係性の**レベル別**に考察することができる（Procter, 近刊 ; Ugazio et al., 2008）。
たとえば，単項レベルでは，ある人物が別の人物とその人物の解釈を解釈し，2
項レベルでは上記例のようになり，3 項レベルでは，3 者間の関係性がテーマと
なる。最後の例としては，ふたりの人間がもうひとりの人間を仲間はずれにして
力を奪ってしまう状況や，ひとりの注目を得るために，残りのふたりが張り合う
状況などが考えられる。より上位レベルの解釈は，より下位レベルの解釈を包摂
する。すなわち，2 項レベルは単項レベルの社会性を包摂し，3 項レベルは，そ
の 2 項レベルと単項レベルを包摂するのである（Procter, 2011）。この分析法は，
のちに提供するジャネットのケースの定式化で例証する。

パーソナル・コンストラクト的アセスメントの方法

　パーソナル・コンストラクト的定式化まで来たら，臨床家は解釈をアセスメ
ントするために，さまざまな方法を利用することができる（Caputi et al., 2011）。
そうした方法のいくつかを，簡単に説明しようと思う。

面接

　この段階で行うあらゆるアセスメントの基本的な構成要素は，クライエントが
自分の問題と，他者が問題もしくは病気だと信じていることについて，どう捉え
ているかを探ることである。Kelly（1955: 797）が指摘しているとおり，「パーソ
ナル・コンストラクト心理学の観点からすれば，クライエントが語る内容は，当
然ながら，問題に関する真の定式化である」。これは一種の「ばか正直なアプロー
チ」で，そこでは，クライエントの見解が尊重され，額面どおりに受け取られ
る。臨床家もその問題に関する代わりの定式化を考慮しているかどうかは関係な
い。こうしたアプローチは，Kelly のいわゆる「第一原則」の中で，「**クライエ**

ントの何が問題なのかがわからなかったら，当人に訊ねよう。**教えてくれるかも
しれない**」と，適切に述べられている（Kelly, 1955: 201）。したがって，最初の
面接の重要な焦点は，不定愁訴，すなわち，「臨床的な問題に関する素人の定式化」
（Kelly, 1955: 789）となりそうである。不定愁訴を推敲して精緻なものに仕上げ
るには，Kelly が提案するさまざまな面接用の質問が役立つであろう。面接での
質問は，クライエントが自分の問題をどう捉えているかを探ると同時に，クライ
エントが自分の問題を「タイムライン」上に並べて眺めたり，問題を「流動的で
一過性のもの」だと考えたりできるようにもする。たとえば，「これらの問題は，
どのような状況下で最初に発生したのですか？」，「治療や時間の経過と共に，ど
のような変化が出てきていますか？」というような質問をするのである（Kelly,
1955: 962）。面接では，その後，クライエントの解釈の他の側面を探っていくこ
とになるだろう。中核の構成概念を顕在化させ（Leitner, 1985a）たり，クライ
エントが子どもの場合（Procter, 2007; Ravenette, 1980）や家族の場合（Procter,
2005）に活用したりするための特有の質問形式は，すでに種々提案されている。

自分自身の性格描写

クライエントが自分自身について行う解釈をさらに調べるには，当人に性格描
写をしてもらうという方法もある。Kelly のオリジナル版では，クライエントの
ことを非常によくわかっていて共感している第三者が書いているかのように，三
人称で書くことになっていた。

レパートリー・グリッド・テクニック

レパートリー・グリッド・テクニックは，パーソナル・コンストラクト心理学
由来の重要なアセスメント方法である（Fransella et al., 2004）。この方法では，
一般的に，一連の要素——通常は，クライエント自身およびクライエントから見
て重要な他者に関するさまざまな側面——の顕在化から始める。ジャックのグ
リッドに関する仮説例では，現在の自己，理想の自己，子ども時代の自己，未来
の自己，父親，母親，3人の妹，ロビー・ウィリアムズ，かつての上司を，その
要素として使っている。こうして，連続的に3要素をクライエントに提示し，3
要素ごとに，それらの要素のうち2要素がどう似ていて，残り1要素とどう異な
るのかを質問することによって，クライエント個人の構成概念を顕在化させるの
である。その構成概念にはクライエント自身の言葉を使用する。ジャックのケー
スでは，「成功している－メチャクチャでなんの希望もない」と「虐待する－虐
待を受ける」という構成概念がこのプロセスから明らかになったという仮説を立

ている。最後にクライエントは，各構成概念に関する各要素を評価もしくはランクづけをすることによって，構成概念の観点から要素を分類する。したがって，ジャックは以下のように質問されたかもしれない。「1から7までの評価尺度で言うと，『今のあなた』はどのくらい成功していると思いますか？」

　クライエントの構成概念の内容は分析され，グリッドも，ソフトウェア・パッケージによるさまざまな量的分析方法の対象になる可能性がある。そうした分析は，何よりも計測方法として，異なる要素に関するクライエントの解釈にどの程度の類似性が見られるかについてや，クライエントの構成概念間の関係性，緩みのなさなどの解釈の構造的特性，解釈する際の葛藤とジレンマなどを知る手立てとなる。主成分分析を行えば，クライエントの解釈を図表で表すこともできる。これをクライエントと共有し，セラピーの焦点を明確にすることもできる。そして，セラピーの最後に別のグリッドを完成させることで，クライエントの解釈における変化の観点から，治療結果を個別にアセスメントすることが可能になる（Winter, 2003b）。

質的グリッドと「蝶ネクタイ」図

　レパートリー・グリッド・テクニックは，バリエーションがいくつかできていて，質的グリッドは，その一例である。質的グリッドの中には，パーシーバー・エレメント・グリッド（Procter, 2005）がある。ここで，家族や他のグループの各メンバーは，自分が自分自身と他の各メンバーをどう見ているかを簡単に述べ，その見解は，グリッドに加えられる。グリッドの横の欄には，知覚される対象として（要素^{エレメント}として）の家族のメンバーを入れ，縦の欄には，知覚する者^{パーシーバー}としての家族の各メンバーを入れる。この方法は，関係性の解釈を調べるパーシーバー・ダイアド・グリッド（Procter, 2002）と同様，このあとのジャネットの定式化で例証している。ジャネットのケースは，「蝶ネクタイ」図（Procter, 1985）も使って説明している。「蝶ネクタイ」図は，相互作用の自己永続的パターンに陥っているクライエントの解釈と行動を調べる方法である。これらの方法は，クライエントの人生に登場する多様な人物に関する解釈を並べて示し，より冷静な省察と状況の理解を促していくセラピーのプロセスそのものにおいて，役に立つ。

構成概念の含意を明らかにする

　上位の構成概念は，梯子^{はしご}を昇るのと同じ手続きを踏むことで同定できるかもしれない（Hinkle, 1965）。この方法では，クライエントは，構成概念のいずれの極を使って説明されたいと思うかという点と，その理由について，連続的に訊ねら

れる。こうすることで顕在化する各構成概念は，その直前に明らかになった構成概念よりも上位にあるとされる。

ABC テクニック（Tschudi and Winter, 2011）は，ひとつの構成概念の各極がもつ肯定的含意と否定的含意を，クライエントから引き出す方法で，その含意のひとつがクライエントの症状と関係していることが多い。

ジャックとジャネット

私たちに課せられたタスクは，簡単な人物描写を土台にして，ふたりのクライエントの状況を定式化することであり，難題ではあるが，Kelly 自身（1961）がかつて引き受けたものに似ている。そのとき Kelly は，さまざまな理論的観点をもつ臨床家が自殺志願のクライエントのケースを考察する書籍に，寄稿を頼まれたのだった。Kelly（1961: 259）は，この難題が，「利用できるエビデンスがごくわずかしかない中で，根拠のあやふやな推測を行うもの」であることを指摘している。これは，ジャックとジャネットに関する私たちの定式化にも言えることであり，本書の他の章でも記されているとおり，クライエントは自由に代替解釈を受け入れていいという点を，私たちも充分に認めている。

ジャック

妥当性をめぐる過去

ジャックの家族が共有している構成概念システムは，それ自体，たぶんイタリア系コミュニティでの生活と関係性を解釈するときの共通の方法に根差しているのであろうが，ジャックの人生の最初の 10 年に起きた出来事を予測する根拠として，かなり確たるものを提供しているように思われる。この 10 年間におけるジャックの成長の仕方は，学校での様子や対人関係に反映されているとおり，もっぱら，自分は成功して価値のある人生を送る運命にあるという解釈を妥当とみなすのに役立つものであったはずである。しかしながら，彼と彼の家族の構成概念システムは，明らかにその後，妥当性をはなはだしく否定されつづける。たとえば，父親に関するジャックの見方の妥当性や，ジャックと将来に関するジャックと彼の家族の見方の妥当性が否定されている。ジャックは仕事をするようになると，父親でない別の男性が上司として権威をもつ状態を初めて体験するが，これもまた，妥当性の否定を根深く進めていったはずである。父親がいなくなると，

彼の解釈の妥当性を認める代理人として，たぶん母親が特に重要な存在になっただろうし，その母親との口論が高じて家を追い出されたことは，ジャックにとって，さらに重大な妥当性の否定体験となった可能性がある。家族の求めに応じて精神科病院に入院したことも，やはり重大な妥当性の否定体験だったかもしれない。

過去15年間にジャックが体験した妥当性の否定は，一連の喪失を伴っていたと考えていいだろう。ジャックは父親を失っただけではなく，自分自身のヴィジョンと未来も失っている。現代の構成主義者なら，これを説明して，彼の自己ナラティブは深刻な崩壊に遭っていると言うだろう（Neimeyer, 2004）。死別を体験した多くの人々同様，ジャックは意味を探しつづけなくてはならなくなり，おそらくそれを「妄想的な信念」の中に見つけているのである。

ジャックの構成概念

ジャックの状況に関するジャック自身の説明を入手できないため，彼が自分の世界を予期しようとして使っている構成概念を推測するのは，不可能とは言わないまでも，困難である。しかしながら，彼が同定した問題領域は，彼にとって上位に位置する問題の核心をいくつか示している。たとえば，自分に支払われるべきものを奪われていること，恐怖，身体的虐待と性的虐待，家族についての懸念，行方知れずの父親，錯乱状態などである。彼にとってさらに上位に位置する構成概念は，「メチャクチャでなんの希望もない」状態に関係しているように思われる。この状態とは真逆の成功と富裕こそが，子どもだった彼に予期されていたものであり，彼は，自分に支払われるべき印税を受け取った暁にはそうなるだろうと予期しつづけているのである。

ジャックがそれまでの人生の中で，パワーをもつ男性が虐待する側で，母親や妹たちのようにパワーの劣る者が虐待される側であることを体験してきた点を考えると，ジャックは虐待を，パワーと成功に結びつくものだと解釈していた可能性がある。これは，ロビー・ウィリアムズに関する彼の解釈にも反映されているように思われる。そうしたジレンマのせいで，自分の成功を認める方向への前進は，ジャックには難しくなったのであろう。というのも，もし成功すれば，自分が虐待する側になることも認めなくてはならなくなりそうだからである。

解釈の構造とプロセス

ジャックの解釈と行動に見られる突然の転換は，Kelly（1955: 38）が「スロット・ラトリング〔位置をすばやく処理すること〕」と表現したものを示している。スロッ

ト・ラトリングでは，人や出来事に関する個人の解釈が，解釈の一方の極から他方の極に移動する。たとえば，ジャックは，「ハイ」な状態から絶望を感じる状態へ，父親を愛している状態から憎む状態へと突然変わっている上，彼の履歴には，仕事に就いている間の比較的安定している状態と「道を踏み外す」状態の間を振り子のように揺れるパターンが見られる。このような一貫性のなさと感情の混乱から示唆されるのは，彼の構成概念システムは概して緩い構造になっているのかもしれないということである。ジャックには，たとえば，父親の暴力と上司の虐待にさらされたことによって解釈の妥当性否定を思い知らされた体験があるが，構造の緩さはひょっとしたら，そうした解釈の妥当性否定に対する反応かもしれない。すでに見てきたとおり，解釈を緩めておけば，解釈の妥当性をさらに否定されることに対する脆弱性は低下する。しかしながら，ロビー・ウィリアムズに関する彼の「妄想」は，それがなければ緩いシステムになっていたところに，緩みのない構造の島を作るという目的に役立っているのかもしれない。したがって，彼の「妄想症」のしつこさは，その妄想が少なくとも彼にとっては，自分の世界を理解する手段を提供してくれるものであるという点から，たやすく理解することができる。「空想に逃げ込む傾向」が彼にあるのは，自分の世界の限界を定めようとする圧縮のプロセスを反映しているのかもしれない。ジャックは自分の世界を，自分の解釈が比較的よく仕上がっている領域に限ろうとしていて，たとえば，混沌としている「現実世界」の問題には向き合おうとしない。彼を担当する心理士なら，こうした問題について話し合いたいと思うはずである。しかしながら，彼の「妄想」圏内では，彼の解釈が膨張していき，彼を苦しめるテーマの観点から説明される出来事が，ますます増えていきそうである。

事態の推移に関する構成概念

ジャックの履歴からわかるのは，彼の土台が子ども時代にひどく揺さぶられていることと，彼が自分の中核の解釈に生じた根本的な変化に次第に気づくにつれ，そうした日々が彼を脅かすようになっていっただろうということである。現時点でのジャックの混乱――たとえば，父親に対する彼の感情など――は，自分の解釈では自分の体験を理解できないという不安の問題を示しているように思われる。ひょっとしたら，彼は父親に関する解釈を，その含意が耐えがたいとか，それによって脅かされている気分になるといった理由で，一部保留しているのかもしれない。このことは，ジャックが味わった性的虐待の経験についても言えるかもしれないし，Sewell（1977）が外傷後ストレスに関して説明しているとおり，ジャックはこの体験に関する「解釈上の破産」状態にある可能性がある。ジャッ

クはそれについて話し合うのを渋っているが，そのせいで，件の虐待に関する自分の解釈を念入りに仕上げる機会を失うことになるだろう。

　ジャックはかつて，社交的で人気があり，将来は成功しそうな子どもだったが，子ども時代のその中核的役割から外れたことに対する罪悪感についても，エビデンスがある。ほかにも数多くいる性的虐待のサバイバー（Erbes and Harter, 2005; Freshwater et al., 2001）と同じように，ジャックは今，自分は社交的ではないと考え，ほかの人たちとひどく異なっていると思っている可能性がある。逆説的なことに，家族の中で彼に割り当てられていた役割は本来，父親のあとを継ぐことであったが，彼は今，家業のトップとしてではなく，父親と同じ不出来な大酒飲みとして，実際に父親のあとを継いでいる。鏡を覗き込み，そこに父親の顔が映っていて自分を見返しているのを見て，彼が恐怖と自己嫌悪を感じたというのも，驚くには当たらない。

　Kelly（1955: 512）は，「人は罪悪感という暗黒の虚空から顔をそむけておくために，他者に対して敵意に満ちた態度を取ることもある」と考えていた。ジャックの敵意は，ロビー・ウィリアムズに関する自分の思い込みの証拠をでっち上げたところに現れている可能性がある。そのように思い込むことによって，ジャックは，自分には少なくとも成功する可能性があり，今は不当な行為によって成功を否定されているだけだと思いつづけることができたのである。

　自分の「妄想」の世界への引きこもりも，役割上の関係性から逃げ出すという目的に役立ってきたかもしれない。人はこうした役割上の関係性の中で，相手の解釈を理解しようとする。ジャックの場合，そのような理解をしようにも，重要な関係性がごくわずかしかなさそうであり，また，彼自身の行動に見られる一貫性のなさも，おそらく，重要な他者が彼とのつき合いを好む気持ちになれなかったということなのだろう。したがって，役割上の関係性に関する彼の体験は，概して，自分の中核的な役割の妥当性を否定されるものであり，それらと結びついた「否定的な」感情の寄せ集め——Leitner（1985b）が恐怖と呼んだもの——であった可能性がある。それゆえ，ジャックはおそらく強い不信感を抱いて，すなわち，「中核の解釈の妥当性を否定されることを予期して」（Rossotti et al., 2006: 165），その後に発生した重要な関係性に取り組んでいったであろう。

介入に向けて

　ジャックとの治療的関係の基本は，性的虐待を受けた多くのサバイバー（Cummins, 1992）の場合と同様に，セラピストがこれ以上彼の解釈の妥当性を厳しく否定することがないように注意するなどして，ある程度の信頼関係を築く

ことである。他のどのようなクライエントに対してもそうだが，パーソナル・コンストラクト療法のサイコセラピストはジャックに対して，頭から信じる態度を取り，彼の世界観を——たとえ妄想のように思われても——真剣に受け取るだろう。Bannister（1985）が説明しているとおり，ここでは，具体的内容ではなく，彼の信念がもつ上位のテーマや比喩的側面を考察する。したがって，ジャックに支払われるべきものが否定されているという問題や虐待に対する彼の恐怖といった問題は，ジャックがロビー・ウィリアムズに責任があると考えている特定の悪事を考察しないのであれば，話し合うことができる。それに続く介入は，喪失を経験した人の場合と同様に，意味の再構築を進めようとするものとなり（Neimeyer, 2001），たぶん，彼の世界の予期方法を，「妄想」によるものではなく，もっと現実味のあるものにするべく，念入りに取り組んでいくことになるかもしれない。

　すでに指摘してきたとおり，ジャックの解釈は，レパートリー・グリッドなど，パーソナル・コンストラクト療法のアセスメント方法を使ってさらに探求され，有益なものになるであろう。図 7.1 は，仮説としてジャックが作成したかもしれないグリッドの主要構成要素を分析したものから引き出したものである。この図で，比較的近い位置にある構成要素と構成概念は，「支払われるべき報酬を奪われている−特別扱いされている」，「混乱している−確信がある」，「メチャクチャでなんの希望もない−成功している」,「怖がっている−怖いものは何もない」,「虐待を受ける−虐待する」というような解釈に基づいて，ジャックが自分自身をロビー・ウィリアムズと比較していることを示している。ジャックは今では自分自身のことを，子ども時代に比べて，理想からかけ離れていると考えている。グリッドからは，ジャックが確かに成功のジレンマに直面していることもわかる。成功は彼にとって，たとえば，虐待をする側になることや思いやりがなくなることと結びついているからである。この場合には，Feixas と Saúl（2005）によって説明されているテクニックが，そうしたジレンマの解決に用いられるかもしれない。たとえば，成功して，なおかつ思いやりをもっていられるようにする方法を，念入りに作り上げるのである。このテクニックでは，Kelly（1955: 1075）がタイム・バインディングと呼んだものも用いられるかもしれない。ただし，その場合は，ジャックがジレンマ的解釈（「成功した人間は虐待する」など）をすることで，自分の人生初期の出来事を理解しやすくしようとしている点を認識しつつも，このやり方はこの件のみに限定し，そうすることによって，ジャックが，現在や将来の出来事を解釈する別の方法を自由に作り出せるようにしなくてはならない。

　ジャックの新しい役割を臨床的に作成する際には，音楽に対する彼の関心と音

第7章 パーソナル&リレーショナル・コンストラクト心理学における定式化
——クライエントの目を通して世界を見る 221

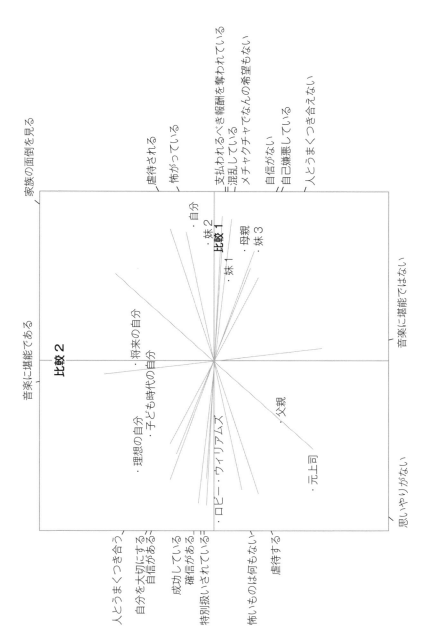

図 7.1 ジャックに関する仮説としてのレパートリー・グリッド分析

楽的技能を役立てることができるかもしれない。少なくとも音楽は，彼の「妄想」をさらに精緻化することなく使えるのであれば，彼のアイデンティティを探る上で，あまり威嚇的でない方法として利用することができるであろう（Button, 2006; Scheer, 2006）。ジャックは音楽によって，たとえば，トラウマ的な過去の出来事など，気づきの下層にあって，まだ言語的なレッテルの貼られていない解釈の表現方法も見つけられるかもしれない。

最後に，性的虐待の他のサバイバー（Harter and Neimeyer, 1995）と同様に，似たような体験をしてきた人々のグループに参加することで，ジャックは「遍在」を体験することができるようにもなるだろう（Yalom, 1970）。すなわち，自分はほかの人たちとあまり違っていないと考えられるようになるのである。集団療法は，社交性を育てる手立てにもなりうる。社交性を育てる方法には，家族療法もある。パーシーバー・エレメント・グリッド（Procter, 2005）などのテクニックを使い，家族のメンバーが互いの解釈について，理解しやすくするのである。

ジャックの履歴を考えると，治療効果が即座に，もしくは，簡単に得られるとは思えない。それでも，パーソナル・コンストラクト療法のサイコセラピストは，あらゆるクライエントと取り組む場合と同様，ジャックと取り組む際にも，「この世界に対処する方法として選択できる代替解釈は，必ずほかにもいくつかある……」ので，「誰ひとり，自分の経歴の犠牲になる必要はない」（Kelly, 1995: 15）という姿勢で臨むのである。

ジャネット

パーソナル＆リレーショナル・コンストラクト心理学は，ある状況に陥っている人々の解釈と，彼らの取るさまざまな立場が，現在および時間の経過と共に互いにどう関わり合うかという点に範囲を定めて，人間の問題をひたすら理解する。ジャネットに関して提供されたプロトコルでは，家族のメンバーの解釈について，ほとんど触れられていないため，本アプローチで定式化を行うのは，かなりの難題である。しかしながら，子ども関連のサービス機関への紹介状（以下「紹介状」と略す）は，えてしてそういうものであるため，私たちは情報不足を逆手に取り，本アプローチの思考の本質を詳しく述べていこうと思う。話し合いは，すでに説明した**対人関係の解釈レベル**（Procter, 近刊）に従って進めていく。

Kelly（1955）にとって，クライエントの文化的背景を理解することは不可欠である。私たちは単に文化の産物というだけではない。ひとりひとりが文化のあれこれを素材として，新たに解釈システムを構築してもいるが，文化は，自分が

「真実だ」と思うことについて，それらを妥当だとするためのエビデンスを多々供給してもいる。ジャネットがもつロマの文化は，私たちの定式化に大きく関わってきそうである。ロマ，すなわち，ジプシーの漂泊コミュニティは，「定住コミュニティ」すなわち英国の「ゴージオ（ジプシーでない人たち）」から，とてつもない敵意を向けられやすく，また，そうした「ゴージオ」から虐待も受けやすい。ロマは自分たちの暮らし方が脅威にさらされていると感じていて，それを守ろうとする中で，その多くが教育と識字能力に対して大いなるアンビヴァレンスを感じている。というのも，教育と識字能力は「洗脳」に関わるものとみなされている一方で，子どもたちに力をつける手段であることにも気づいているからである（Levinson and Silk, 2007; Silk, 2011）。このような理由から，ロマは「ゴージオ」の支援サービス機関とのやり取りでも，自分たちの解釈を隠しつつ，また，子どもが保護されるのではないかと大きな恐怖を感じつつ，子どもたちへの助けを得るための方略を使うのかもしれない。このことから，なぜメアリーが，一般開業医などの「居住地域」の支援ではなく，救急外来を利用していたのかが明らかになるかもしれない。問題の医学的な解釈は，文化間の触れ合いの中で，重複部分とコミュニケーションが生まれる数少ない領域のひとつだと言えるだろう（Silk, 2011）。メアリーが彼女自身のロマ集団のどの辺りにいるのか——中心に近いのか，周縁に近いのか——を，私たちははっきりさせる必要がある。メアリーのパートナーたちもジプシーだったのか？　教師をしている年長の息子をメアリーが誇りに思っていることから，周縁に近い集団に属していると言えるかもしれないが，警察官になりたいというアンドルーの願いは，支配的な文化への降伏とも考えることができる。特に暮らしている地域のことを考えると，子どもたちは，たとえば「流れ者」と呼ばれるなど，重大な民族的虐待を経験している可能性もある。

単項（個人）レベルでの解釈

定式化を始めるには，質的グリッドのひとつ，パーシーバー・エレメント・グリッド，すなわち，PEG（図 7.2 参照）を利用すると，役に立つ。矢印は，左欄の知覚者（パーシーバー）が最上段の人すなわち「要素」を解釈していることを示している。左欄の項目を増やせば，たとえば，ロマ的見解，学校の友人など，パーシーバーを追加することもできる。また，この表の「要素」はすべて人になっているが，ほかにも，たとえば，**支援サービス機関**，**学校**，**「ゴージオ」**，**自分がどのような状況を望んでいるか**，**家族**などや，のちに考察する特定の関係性を含めることもできる。個体を要素として選択することで，単項レベルでの解釈を引き出すのである。この方法は，クライエントや家族と共に作成し，共有することもできるし，定式

家族のメンバー →

	ジャネット	母親	父親	兄	シンディ
紹介者	救急外来「虐待なし」 発達上の懸念：身体的問題なし 公共の交通機関を怖がる 徒歩通学 食欲が乏しい 学校生活：友人あり　熱心に仲間に加わる　年齢相応の基準に充分達している	ジャネットより年長の子どもが5人いる 年長の息子たちと孫たちを誇りに思っている ジャネットとうまく絆が結べない：罪悪感 シンディと親しい 心臓の手術を受ける予定 移動に制限がある ロマとしての信念	近所に住んでいる 一泊の交流は最近なくなった 依然としてジャネットに会っている 大酒飲み 母親に暴力をふるう 性的虐待をしている？	学校の成績がよい 大きくなったら警察官になりたい	ジャネットと特別な関係 ジャネットに関心がある
ジャネット	ロマ？	母親が作る食事が嫌い？ 私につらく当たる？ 母親が死んでしまうのではないかと心配している？	父親の家に一泊したくない 怖いことをされる？	警察官になりたいという願いを受け入れている？	
母親	ジャネットの体重減少、家での行動、交通機関の使用拒否を心配している 車椅子が必要 自宅に閉じ込められた囚人のよう	ジャネットの誕生以降、悲しみと落ち込みが長く続いている ジャネットを連れ去ってくれたらいいのにと思う ジャネットとの絆がなぜこうなったのか、自分でもわからない 心臓と移動に問題がある 透視	乱暴 大酒飲み ジャネットの問題に責任がある？ 当初一緒にいたときには、彼のことを肯定的に捉えていた？		助けになる？
父親					

図7.2　ジャネットの家族に関するパーソナル・エレメント・グリッド（仮説は太字）

化やスーパーヴィジョンの際に，主として専門家用のガイドとして利用すること
もできる。

　図7.2の１段目は，専門家などへの差し向けを指示した**紹介者の解釈**で，紹介
状を要約している。これをグリッドに入れることで，それが**解釈**であることが強
調されることになる。ケースの材料を，感情を交えずに――すなわち，「事実」
として「客観的に」――提示するのは簡単であるが，実際には，いかなる説明も
必ず「誰かに所属している」。本ケースで言えば，医師，ソーシャルワーカー，
学校の保健室の先生などである。この点を無視すると，いかなる観察者にも，当
人の文化や行為主体性や職業に基づいた個人的な立場やイデオロギー的な立場が
あるという事実を見逃すことにもなりかねない。そうした立場は，とてつもなく
大きな含意やパワーの問題を伴っている。たとえば，ジェンダーに関する態度，
ロマの文化や階級，ロマの医学的解釈や社会的解釈，ロマの宗教的解釈を伴って
いるのである。この１段の材料は，「ゴージオ」の集団によって疑わしげに解釈
されることになりそうである。

　PEGにある途切れや空欄は，これから埋められる部分として役に立つことが
多い。この取り組みでは，しばしば，自分がしっかりわかっていることに注目し，
気づいていない領域については完全に忘れてしまう傾向が見られる。本件では，
それが原因で，データが不充分なものになっているのかもしれないが，途切れて
いる部分は，支配された者の声や秘密にしておくこと，家族のメンバー自身が自
らの解釈に気づいていなかったり，気づいていても言葉で表現できなかったり，
表現する気持ちになれなかったりすることを示している可能性もある。特定の人
物――特に子どもや若者，障害を抱える者，コリンのような消息不明の親，きょ
うだい，祖父母など――の解釈を見過ごすこともある。直接一緒にワークに取り
組むことのない相手であっても，あらゆるメンバーの解釈を心に留めておかなく
てはならない。

　ジャネットの解釈についてはなんの情報もないとは言え，最初はジャネットに
集中し，ジャネットの世界のいくつかの側面について，推測していくことになる
であろう（**太字**の項目は私たちの仮説もしくは疑問点）。PEGの最初の縦欄を読
むと，ジャネット自身や，彼女の父親，シンディ，アンドルー，彼女の友人たち
が，どのようにジャネットを解釈しているのかについて，私たちには何もわから
ないことがわかるが，紹介者と母親はジャネットに関して，かなり念入りに大量
の**医学的解釈**を行っている。身体的な問題や虐待の証拠はないとする安心材料は
多少あるものの，救急外来にたびたび訪れていることや小児科絡みのこと，低体
重で食欲があまりないこと，車椅子を必要とする移動上の問題や，彼女の全体的

な発達に関する懸念があることはわかっている。ジャネットは，おそらくその人生の大半を，病気で障害があるとみなされて生きてきた。そのような体験は，高レベルの**妥当性の否定**と結びついている可能性がある。こうした妥当性の否定は，ジャネットが自分自身のリソースを活かし，自信をもってこの世界を解釈しようとする試みに影響を与えるだけでなく，彼女の発達や肯定的な自尊心，健康，行為主体性，パワーにも影響を与える。これの埋め合わせをしているのは，徒歩通学をし，学校にいろいろな友だちがいて，熱心に仲間に加わり，年齢相応の基準に充分達していることがわかっていること，および，シンディと友人たちがジャネットを肯定的に捉えてくれていることであろう。

　ジャネットとの最初の面接はここから開始し，彼女が関心をもっていることや自発的に選択することを自由かつ詳細に話してもらい，学校で楽しんでいることや得意なこと，誰のことを好きで，誰から好かれているのか，今の状況にいる自分をどう解釈しているのかについても，話を聞いていくことになるだろう（Procter, 2005, 2007）。このプロセスは，理想的には，今いる家族の他のメンバー——たぶん，メアリー，アンドルー，シンディ——と共に進めたいところである。このプロセスを通して，家族の解釈におけるジャネットの地位は，すでに押し上げられはじめ，ジャネットのものだとされている今の問題あるアイデンティティには，反証が上がりはじめるだろう。アンドルーとのセッションでは，子どもたちが思い出せる愉快で楽しかった時間が明らかになるだろうか？　私たちが目指すのは，ジャネットの構成概念——特に**上位の構成概念（先に述べた梯子式メソッド参照）**——のいくつかを，さまざまな方法を使って顕在化させ，何が彼女の選択を決定しているのかを理解し，「理解してもらって，評価されている」という気持ちを彼女が高められるようにすることになるだろう。こうすることで，ジャネットに関する彼女自身と他者の解釈は，医学的な問題と障害という観点だけで捉えたものではなく，ひとりの人間として捉えたものに仕上がるはずである。ところでジャネットは，ロマとしてのアイデンティティと大志に関して，自分自身の考えをすでにもちはじめているのだろうか？　ひょっとしたら，これが彼女と母親の対立の根底にあり，背信行為とみなされているのかもしれない。

　心理的解釈のレベルでは，ジャネットには，不安と恐怖と恐怖症的なものがあるという解釈も多くある。徒歩通学をしていると言っても，「自宅に閉じ込められた囚人のよう」に外の世界を避けていると見られていて，父親の家に一泊するのをやめたがり，公共の交通機関を怖がっているほか，白いワゴン車にまつわる件もある。すでに指摘したように，PCP 用語では，**不安**は，出来事が当人の解釈に都合のよい範囲を越えていることに気づくこと，すなわち，予測できないこ

とやコントロールできないことを怖れる気持ちだとされている。ジャネットには
これが当てはまるのかもしれない。あるいは，ここではむしろ「脅威」——自己
の中核的解釈に包括的な変化が生じたことに対する気づき——が問題になってい
る可能性もある。ジャネットは，さまざまな出来事に対処する際，解釈方略のひ
とつである**圧縮**を用いているように思われる。つまり，外の世界と公共の交通機
関を避けることで，解釈の範囲を狭くし，父親については，少なくとも一泊する
のをやめるという点で，自分の生活から取り除こうとしている。白いワゴン車か
らは，さまざまな仮説がもたらされる。ジャネットは，たとえば，スクールバス
内でのいじめや民族的な虐待などのつらい体験をしたことがあるのだろうか？
誘拐の脅しに近いような目に遭ったことはあるのだろうか？ それとも，白いワ
ゴン車が関わっている犯罪活動を目撃したことがあるのだろうか？ ジャネット
は心臓の手術を怖がっていて，母親が死ぬのではないかと恐れているが，やって
来たと思ったら母親を連れ去る可能性のある救急車について，何かあるのだろう
か？ 母親はかつて，ジャネットを連れ去ってくれたらいいのにと思ったが，こ
れは，そのときのことと共鳴している。もう一点，注目すべきことがある。ロマ
の文化から来ていることで，母親もしくは先祖は生活の一手段として，トレー
ラー・ハウスで暮らしていたという点である。誘拐や転居，自暴自棄，予測でき
ない恐ろしい世界に投げ込まれること，もはや「ママの娘」ではなくなったこと
に関する解釈が，問題となる可能性がある。これに加えて，父親の問題もある（下
記参照）。これらすべてについて，ジャネットが信頼し安全だと感じているセラ
ピストとのセッションで，きめ細かく探っていく必要があるだろう。

２項（２者関係）レベルでの解釈

メアリーやコリン，その他の人々について，このまま単項レベルで調べつづけ
ることも可能だが，ここでは，種々の重要な２項から成る関係性を，私たちやメ
ンバー自身がどのように解釈できるかを見ていこうと思う。

このレベルでの定式化にも，やはり質的グリッド——図7.3のような２項レベ
ルでのパーシーバー・ダイアッド〔２項〕・グリッド（PDG）——を利用するこ
とができる。ここでもまた，各メンバーが自分たちの関係性をどう解釈している
かについての詳細が，実に，ほとんど見当たらない。こうした関係性の理解こそが，
パーソナル＆リレーショナル・コンストラクト心理学における定式化にとって，
きわめて重要であるにもかかわらず，である。しかしながら，２項レベルのグリッ
ドをうまく使えば，本ケースの関係性に関わる側面に焦点を絞ることができる。
関係性に関する解釈は，個人の特性に関する解釈よりもはるかに多様化する傾向

相互関係（DYADS）

→	母親／ジャネット	父親／ジャネット	母親／父親	アンドルー／ジャネット	シンディ／ジャネット
紹介者	うまく絆を結べていない 一緒に寝る ジャネットは母親が作った食事を食べない 虚偽性障害（代理ミュンヒハウゼン症候群）？	ジャネットの頼みで、父親宅での一泊を中止 虐待？	ジャネットが3歳のときに別れる 対立と暴力		特別な関係 シンディは親愛の情からジャネットに関心を抱いている
ジャネット	ママの作った食事は嫌い？ ママは私にひどく当たる？ ママが死ぬのではないかと心配している？ ママは私以外のきょうだいのことの方が気にかかる？ ママにひどく腹を立てている？	パパと一緒にいたくない 父親が恐ろしい行動に出る？ジレンマ？	対立と暴力を目撃した？		ジャネットも同じように感じている？
母親	最初からジャネットをあまり愛せない べったりくっついてくる 喧嘩をする 犬をけしかけられた件		対立 私に暴力をふるう		
父親					

図 7.3　ジャネットの家族に関する 2 項レベルでのパーソニーバー・エレメント・グリッド（仮説は太字）

があり，それゆえに，変化は起きうるとする治療的楽観主義および治療的認識の源となる。

　母親とジャネットの関係性は，本件の困難にとって最も重要なことであり，どうやら難題を抱えたスタートを切ったようである。母親がなぜかわいいジャネットをうまく愛せないと思ったのかを考えてみるのも一法であろう。メアリーは6番目の赤ちゃんを望んでいなかったのだろうか？　赤ちゃんが女児で，発達障害を抱えているように思えたからだろうか？　それとも，彼女自身のコリンとの関係がダメになりかかっていたからだろうか？　メアリーは自分自身の気持ちに罪悪感を抱き，どうしてそのような気持ちになったのかわからないと思っているかもしれない。子どもをほしがらないというのは，ロマの文化特有のタブーの可能性もある（Silk, 2011）。母親とジャネットは今，相手の行動を証拠にして，相手に関する解釈を維持するという悪循環にはまっているのかもしれない。このことは，図7.4のいわゆる「蝶ネクタイ」図に例証されていて，これを見ると，相手に関する解釈が緊張と対立のサイクルによって維持されているのがわかる。メアリーは自分自身の心臓の問題で疲れ果て，ジャネットの行動やかんしゃく，恐怖，べったりくっついてくることにすっかり参っていると感じている。母親の解釈が行動や態度に現れるのを見て，ジャネットは，母親が自分を（特にきょうだいや甥っ子たちとは対照的に）愛していないことを確認し，その結果，大きな不安や恐怖，怒りを感じて，挑むような行動を取る。それを見た母親は，自分の解釈を妥当だとみなすのである。

　ジャネットが数年間，定期的に父親の家に泊まりに行っていたという事実は，ふたりの間の受容と愛を示しているかもしれない。しかしながら，この滞在は，父親の深酒によって気の滅入るものになったように思われる。深酒は殊に夜，問題になりうる。満足できるような交流にはならなかった可能性について，調べなくてはならない。飲酒とパートナーに対する暴力は，子どもたちに対する身体的な虐待および性的虐待とも結びついていることが，統計から明らかになっている（Hester et al., 1998）。この状況は，ジャネットにとって強烈なジレンマとなっている可能性がある。父親に対する愛と誠実が，ぞっとするような不適切な触れ合いに基づく解釈とぶつかり合うのである。ジャネットは完全に父親を拒絶した可能性があるが，その場合は，喪失と自暴自棄という，妥当性を否定する感覚が大きくなっていたかもしれない。私たちはさらに，その他の2項グリッドの解釈についても把握したくなる。たとえば，ジャネットとアンドルーの関係性，それに，特にシンディとの関係性には，満足した体験や，自己の肯定的解釈の源になるものが，もっとたくさん含まれているように思われる。

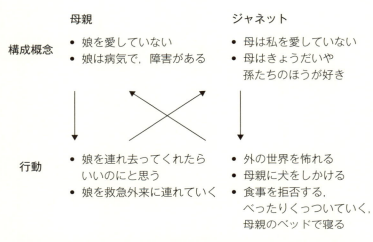

図7.4 母親とジャネットの間の解釈を表す仮説的「蝶ネクタイ」図

3項（3者関係）レベルでの解釈

　3項レベル（Procter, 近刊；Ugazio et al., 2008）では，母親とジャネットとの関係性を，母親と他の子どもたちおよび孫たちとのはるかに前向きな関係性と比較することで，ジャネットをめぐる問題が出てきそうである。メアリーはジャネットに，「あなたはなんで，ほかの子たちのようにできないの？」とまで言って，図7.4の問題をさらにこじらせるかもしれない。母親／父親／ジャネットの3項は，実に多くのトラブルの原因になっている可能性があり，そうしたトラブルはおそらく，強度の「分裂」，すなわち，矛盾する解釈を伴っているだろう。ジャネットが誠実であろうとしている両親は，不和になり，互いを責め合い口論して，暴力沙汰にまでなっているからである。ジャネットはこの暴力沙汰を目撃している可能性があり，このことは，彼女の恐怖症的な反応や摂食の不足を理解するのに役立つかもしれない。ジャネットのそうした反応には，両親が共に自分のニーズに関心を寄せてくれることを願い，ふたりを無理やり元の鞘(さや)におさめようとする「敵意のこもった」試みが含まれている可能性もある。

　私たちは，母親がジャネットと父親との関係性を気にしている点について推測するかもしれない。この状況は，数多くの離婚家庭や別居家庭によく見られる特徴である。同様に，ジャネットも，両親の関係性についてひどく心配している可能性がある。多くの子どもは，両親によりを戻してほしいと思いつつも，ふたり

第 7 章　パーソナル＆リレーショナル・コンストラクト心理学における定式化
——クライエントの目を通して世界を見る　　*231*

の対立と喧嘩の記憶に怯えてもいるため，相当なアンビヴァレンスを体験する。このようなわけで，2 項レベルと 3 項レベルでは，PCP の言う「含蓄的ジレンマ」（Feixas et al., 2009）がその解釈に含まれるかもしれない。「両親には元どおり一緒になってほしいけれど，そうなると，ふたりの喧嘩を思い出す／両親にはもう別れてほしい。だって，パパとママが憎み合っているのを見ると，悲しくなるから」

論　　考

定式化は，医師への紹介状の情報に基づいて行う場合は特に，全く的を外した結果になることが多い。PCP は，たとえ同一の生い立ちであっても，私たちがひとりひとり唯一無二の存在であることを強調している。私たちが探求しているのは，「よくある不定愁訴の特異性」（Wright, 1970）である。非常によく似た体験でさえ，まったく異なる解釈から発生するというのが実態であり，それゆえに，PCP はこの段階で緩みのない定式化を仕上げることには，きわめて慎重である。定式化の目的は，常に逆説的に，クライエントの唯一無二の解釈と状況に対して，セラピストの心を開いておくことでなくてはならない。しかしながら，意識的に構築した定式化は，セラピストの仮定や偏見に対する認知的な気づきのレベルを高めることによって，修正や処置がたやすくできる可能性もある。

定式化は，関係している特定のセラピストが納得できるものであることが重要である。セラピストはスーパーヴァイザーからの定式化を，見境なく自動的に採用するべきではない。とは言え，これは明らかに，セラピストの経験レベルに左右されるものである。自殺を図った男性について論じている Kelly（1961: 277）の言葉を引用すれば，「もし彼のセラピストが精神分析医なら，治療計画は，精神分析の用語を用いて説明するのがベストであろう。何もわざわざ，精神分析の観点から立てたパーソナル・コンストラクト的治療計画に従おうとして，混乱を招くことはない」のである。これは，心理的状況のさまざまな解釈方法に対する柔軟性と寛大さを強調している。パーソナル・コンストラクト的アプローチは，メタ治療的な枠組みであると同時に，それ自体，心理療法のアプローチでもあり，この柔軟性と寛大さを，際立った特徴としている。

パーソナル・コンストラクト心理学の観点から行う定式化の重要な特徴

● パーソナル・コンストラクト心理学（PCP）では，人は自分の世界について

絶えずさまざまな解釈を行っており，そうした解釈は，別の解釈による置換を進んで受け入れると想定している。

- 定式化を行う際には，人の行動や経験，困難が，それらの解釈の仕方によって形成され，構築されるという認識が必要である。そうした解釈は，当人特有の，本質的に双極である個人的構成概念を利用して行われる。

- 定式化は，クライエントが自分の状況をどう解釈しているかという点と，自分の人生において重要な他の人物をどう解釈しているかという点をよく理解した上で行われなければならない。

- セラピストは，クライエントの見方や信念に対して**頭から信じて受け入れる**姿勢を取り，クライエントの目を通して世界を見ようとすることを勧められる。

- PCP は定式化のプロセスを手助けするために，専門的構成概念もしくは診断上の構成概念一式と，アセスメントの方法を提供する。

- 定式化は個人の解釈だけでなく，より広範な家族や社会の解釈も考察し，単項レベルの解釈だけでなく，2項レベルや3項レベルの解釈も考察する可能性がある。

- 定式化は緩みのあるものにしておき，クライエントの苦境特有の状態とその苦境の解釈に対して，最大限の受け入れ態勢を整えておかなくてはならない。

- PCP 固有の省察性，すなわち，心理学的理論としての弁明能力は，臨床家がクライエントと取り組む中で，自分自身の構成概念と行動を常に意識し調べることによって，この上なく省察的実践に適したものになる。

- 定式化は，クライエントと話し合いながら作り上げていくことも可能で，このプロセスを手助けするために，パーソナル・コンストラクト的アプローチのアセスメントの方法——ABC テクニック，梯子式メソッド，「蝶ネクタイ」図，レパートリー・グリッド，質的グリッドなど——を活用することができる。

- 定式化は，心理面の進展と治療による変化のプロセスを予測して促進するために，設計され，構築されなくてはならない。セラピストの頭の中ではひとつのガイドでありつづけるかもしれないが，むしろ，セッションでの話し合いや，セッションとセッションの間にクライエントもしくは家族に宛てて出すレターなど，適切な方法でクライエントと共有するものになりそうである。

謝辞

　数々の貴重な提案をしてくださったPatricia Stewart, Avril Silk, Bernadette O'Sullivan, それにもちろん, Rudi Dallos, Lucy Johnstone にも，感謝の意を表します。

参考文献

Bannister, D. (1960) Conceptual structure in thought-disordered schizophrenics, *Journal of Mental Science,* 106, 1230–49.

——(1962) The nature and measurement of schizophrenic thought disorder, *Journal of Mental Science,* 108, 825–42.

——(1985) The psychotic disguise in W. Dryden (ed.), *Therapists' Dilemmas*, London: Harper and Row.

Bateman, A.W. and Fonagy, P. (2012) *Handbook of Mentalizing in Mental Health Practice*, Washington: American Psychiatric Association.

Bruch, M. (1998) The development of case formulation approaches, in M. Bruch and F.W. Bond (eds.), *Beyond Diagnosis: Case Formulation Approaches in Cognitive-Behavioural Therapy*, Chichester: Wiley.

Button, E. (2006) Music and the person in J.W. Scheer and K.W. Sewell (eds.), *Creative Construing: Personal Constructions in the Arts*, Giessen: Psychosozial-Verlag.

Caputi, P., Viney, L.L., Walker, B.M. and Crittenden, N. (2011) *Personal Construct Methodology*, Chichester: Wiley-Blackwell.

Cummins, P. (1992) Reconstruing the experience of sexual abuse, *International Journal of Personal Construct Psychology*, 5, 355–65.

Dallos, R. (1991) *Family Belief Systems, Therapy and Change*, Milton Keynes: Open University Press.

Erbes, C.R. and Harter, S.L. (2005) Personal constructions in therapy with child sexual abuse survivors in D.A. Winter and L.L. Viney (eds.), *Personal Construct Psychotherapy: Advances in Theory, Practice and Research*, London: Whurr.

Feixas, G. and Saúl, L.A. (2005) Resolution of dilemmas by personal construct psychotherapy in D.A. Winter and L.L. Viney (eds.), *Personal Construct Psychotherapy: Advances in Theory, Practice and Research*, London: Whurr.

Feixas, G., Saúl, L.A. and Avila, A. (2009) Viewing cognitive conflicts as dilemmas: implications for mental health, *Journal of Constructivist Psychology,* 22, 141–169.

Fransella, F. (2003) *International Handbook of Personal Construct Psychology,* Chichester: Wiley.

Fransella, F., Bell, R. and Bannister, D. (2004) *A Manual for Repertory Grid Technique* (2nd Edition), Chichester: Wiley.

Freshwater, K., Leach, C. and Aldridge, J. (2001) Personal constructs, childhood sexual abuse and revictimization, *British Journal of Medical Psychology*, 74, 379–397.

Harter, S.L. and Neimeyer, R.A. (1995) Long term effects of child sexual abuse: towards a constructivist theory of trauma and its treatment in R.A. Neimeyer and G.J. Neimeyer (eds.), *Advances in Personal Construct Psychology,* Vol. 3, Greenwich, CT: JAI.

Hester, M., Pearson, C. and Harwin, N. (1998) *Making an Impact: Children and Domestic Violence*, Barnardo's; School for Policy Studies; University of Bristol; NSPCC; Department of Health.

Hinkle, D. (1965) *The Change of Personal Constructs from the Viewpoint of a Theory of Construct Implications*, unpublished PhD thesis, Ohio State University.

Kelly, G.A. (1955) *The Psychology of Personal Constructs,* Vols 1 & 2, New York: Norton. (2nd edn, London: Routledge, 1991)

——(1961) Suicide: The personal construct point of view in E. Schneidman and N. Farberow (eds.), *The Cry for Help*, New York: McGraw-Hill.

——(1969) The psychotherapeutic relationship in B.A. Maher (ed.), *Clinical Psychology and Personality: The Selected Papers of George Kelly* (pp. 216–223), New York: Wiley. (Original work written 1965.)

——(1970) A brief introduction to personal construct theory in D. Bannister (ed.), *Perspectives in Personal Construct Theory*, London: Academic Press.

Leitner, L.M. (1985a) Interview methodologies for construct elicitation: searching for the core in F. Epting and A.W. Landfield (eds.), *Anticipating Personal Construct Psychology*, Lincoln: University of Nebraska Press.

——(1985b) The terrors of cognition: on the experiential validity of personal construct theory, in D. Bannister (ed.), *Issues and Approaches in Personal Construct Theory*, London: Academic Press.

——(1988) Terror, risk and reverence: experiential personal construct psychotherapy, *International Journal of Personal Construct Psychology*, 1, 299–310.

Leitner, L.M., Faidley, A.J. and Celentana, M.A. (2000) Diagnosing human meaning making: an experiential constructivist approach in R.A. Neimeyer and J.D. Raskin (eds.), *Constructions of Disorder: Meaning-Making Frameworks for Psychotherapy*, Washington, DC: American Psychological Association.

Levinson, M. and Silk, A. (2007) *Dreams of the Road: Gypsy Life in the West Country*, Edinburgh: Berlinn.

Maher, B. (1969) *Clinical Psychology and Personality: The Selected Papers of George Kelly*, New York: Wiley.

Neimeyer, R.A. (1985) Personal constructs in clinical practice in P.C. Kendall (ed.), *Advances in Cognitive-Behavioral Research and Therapy*, Vol. 4, New York: Academic Press.

——(2001) *Meaning Reconstruction and the Experience of Loss*, Washington, DC: American Psychological Association.

——(2004) Fostering posttraumatic growth: A narrative contribution, *Psychological Inquiry*, 15, 53–59.

——(2009) *Constructivist Psychotherapy: Distinctive Features*, London: Routledge.

Procter, H.G. (1981) Family construct psychology: An approach to understanding and treating families, in S. Walrond-Skinner (ed.), *Developments in Family Therapy*. London: Routledge and Kegan Paul.

——(1985) A construct approach to family therapy and systems intervention, in E. Button (ed.), *Personal Construct Theory and Mental Health*, Beckenham: Croom Helm.

——(2001) Personal Construct Psychology and Autism, *Journal of Constructivist Psychology*, 14, 105–124.

——(2002) Constructs of individuals and relationships, *Context*, 59, 11–12.

——(2005) Techniques of personal construct family therapy in D.A. Winter and L.L. Viney (eds.), *Personal Construct Psychotherapy: Advances in Theory, Practice and Research*. London: Whurr.

——(2007) Construing within the family in R. Butler and D. Green, *The Child Within: Taking the Young Person's Perspective by Applying Personal Construct Theory*, 2nd Edition, London: Wiley.

第 7 章　パーソナル＆リレーショナル・コンストラクト心理学における定式化
——クライエントの目を通して世界を見る　*235*

——(2009a) The construct in R.J. Butler (ed.), *Reflections in Personal Construct Theory*, Chichester: Wiley-Blackwell.

——(2009b) Reflexivity and reflective practice in personal and relational construct Psychotherapy in J. Stedmon and R. Dallos (eds.), *Reflective Practice in Psychotherapy and Counselling,* Milton Keynes: Open University Press.

——(2011) The roots of Kellian notions in philosophy: The categorial philosophers Kant, Hegel and Peirce in D. Stojnov, V. Džinović, J. Pavlović and M. Frances (eds.), *Personal Construct Psychology in an Accelerating World*, Belgrade: Serbian Constructivist Association/EPCA.

——(in press) Qualitative Grids, the Relationality Corollary and the Levels of Interpersonal Construing, *Journal of Constructivist Psychology.*

Procter, H.G. and Parry, G. (1978) Constraint and freedom: The social origin of personal constructs in F. Fransella (ed.) *Personal Construct Psychology 1977*, London: Academic Press.

Raskin, J.D. (2002) Constructivism in psychology: personal construct psychology, radical constructivism, and social constructionism, *American Communication Journal*, 5, 3.

Ravenette, A.T. (1980) The exploration of consciousness: personal construct intervention with children in A.W. Landfield and L.M. Leitner (eds.), *Personal Construct Psychology: Psychotherapy and Personality*, Chichester: Wiley.

Rossotti, N.G., Winter, D.A. and Watts, M.H. (2006) Trust and dependency in younger and older people in P. Caputi, H. Foster and L.L. Viney (eds.), *Personal Construct Psychology: New Ideas,* Chichester: London.

Scheer, J. (2006) Living with jazz: Construing cultural identity in J.W. Scheer and K.W. Sewell (eds.), *Creative Construing: Personal Constructions in the Arts*, Giessen: Psychosozial-Verlag.

Sewell, K. (1997) Posttraumatic stress: towards a constructivist model of psychotherapy in R.A. Neimeyer and G.J. Neimeyer (eds.), *Advances in Personal Construct Psychology,* Vol. 4, Greenwich, CT: JAI.

Silk, A. (2011) Personal communication.

Tschudi, F. and Winter, D. (2011) The ABC model revisited in P. Caputi, L.L. Viney, B.M. Walker and N. Crittenden (eds.), *Personal Construct Methodology*, Chichester: Wiley-Blackwell.

Ugazio, V., Fellin, L., Colcagio, F., Pennachio, R. and Negri, A. (2008) 1 to 3: From the monad to the triad. A unitizing and coding system for the inference fields of causal explanations, TPM. *Testing, Psychometrics, Methodology in Applied Psychology*, 15: 171–192.

Walker, B.M. (2002) Nonvalidation vs. (In)validation: implications for theory and practice in J.D. Raskin and S. Bridges (eds.), *Studies in Meaning: Exploring Constructivist Psychology*, New York: Pace University Press.

Walker, B.M. and Winter, D.A. (2005) 'Psychological disorder and reconstruction' in D.A. Winter and L.L. Viney (eds.), *Personal Construct Psychotherapy: Advances in Theory, Practice and Research,* London: Whurr.

——(2007) The elaboration of personal construct psychology, *Annual Review of Psychology*, 58, 453–477.

Winter, D.A. (1992) *Personal Construct Psychology in Clinical Practice: Theory, Research and Applications*, London: Routledge.

Winter, D.A. (2003a) Psychological disorder as imbalance, in F. Fransella (ed.), *International Handbook of Personal Construct Psychology*, Chichester: Wiley.

Winter, D.A. (2003b) 'Repertory grid technique as a psychotherapy research measure', *Psychotherapy Research*, 13, 25–42.

Winter, D.A. (2009) The personal construct psychology view of disorder: did Kelly get it wrong?, in L.M. Leitner and J.C. Thomas (eds.), *Personal Constructivism: Theory and Applications*, New York: Pace University Press.

Winter, D.A. and Viney, L.L. (2005) *Personal Construct Psychotherapy: Advances in Theory, Practice and Research,* London: Whurr.

Wright, K.J.T. (1970) Exploring the uniqueness of common complaints, *British Journal of Medical Psychology*, 43, 221–32.

Yalom, I. (1970) *The Theory and Practice of Group Psychotherapy*, New York: Basic Books.

第 **8** 章

理論における統合的定式化

Rudi Dallos, Jacqui Stedmon, Lucy Johnstone

<ruby>統合的定式化<rt>インテグレイティヴ・フォーミュレーション</rt></ruby>

　前章まで，広範な治療的介入モデルの中で，定式化がどのように概念化され，発達してきたかについて，その概観を紹介してきた。これには，定式化の**内容**，すなわち，その構成要素は何かという点に関するさまざまな考えだけでなく，定式化の**プロセス**，すなわち，それはどのように行われるのかという点に関するさまざまな考えが含まれている。しかし，重要な問題は，臨床的な取り組みにとって最も有用な形で，これらの種々のモデルを結合もしくは統合することができるのかどうか，また，それはどのようにしたら可能なのかということである。最も急進的な方法は，出来上がった定式化，すなわち**結果としての定式化**から，定式化していく過程，すなわちプロセスとしての定式化へ，焦点を移すことによるものである。本章では，統合的定式化への最新のアプローチをいくつか取り上げ，その長所と限界についてまず論じてから，より複雑で力動的な統合モデル，すなわち，治療関係や個人的な意味，個人の発達，定式化を流動的な協働的プロセスと捉える考え方を利用するモデルについて，論じていく。

　専門家向けのガイドラインでは，通常，臨床家は自分が行う治療において，数ある種々のモデルを利用することができ，したがって，定式化においてもそれらを同様に利用することができなくてはならないと規定している。たとえば，Health Professions Council（2009: 3a.1）がクリニカル・サイコロジストの基準として求めているのは，「生物学的要因や社会学的要因，状況関連もしくはライフ・イベント関連要因がいかに心理的プロセスに影響を与え，心理的なウェルビーイングに作用を及ぼすかについて取り扱っている心理学的モデルを理解するこ

と」である。さまざまな調査が一貫して明らかにしているところによると，サイコセラピストとカウンセラーにとって唯一最も評判のよいのは，ある種の折衷主義である（McLeod, 2009）。しかし，奇妙なことに，統合的定式化の構築方法についてはほとんどコンセンサスがなく，数多くの多様な枠組みが提案されているだけである（Lapworth and Sills, 2009; Gardner, 2005; Eells, 1997; Ingram, 2006; Weerasekera, 1995; *Journal of Psychotherapy* 1996, 6, 2; Corrie and Lane, 2010）。問題解決を目ざす種々の試みについて，統合的セラピーに関する文献でも論じられてはいるものの，よい結果を出しているものは，ごく一部でしかない。認知行動的観点や精神力動的観点，システム論的観点など，いわゆる「単一モデル」の観点からですら，心理療法と定式化は区分と分離によって改悪されているではないかと思ったとしても，驚くべきことではない（Norcross and Goldfried, 2005; Palmer and Woolfe, 2000; Lapworth and Sills, 2009）。そうした区分には，個人に特異的な定式化と問題に特異的な定式化の差異や，個人的背景を強調する定式化と社会的背景を強調する定式化の差異，「真実」に焦点を絞った定式化と結果として生じたものの「有用性」に焦点を絞った定式化の差異によるものなどがある（さらに議論を進めるには Division of Clinical Psychology, 2011 参照）。加えて，種々のモデルにはそれぞれ異なる哲学的ルーツがあり，それによって，人間の本質やこの世界との関係性に関する前提も異なっている（Howard, 2000）。たとえば，私たちがここまで見てきたモデルは，何よりも以下の暗黙の前提に関して異なっている。

問題の原因。「問題」は主として，生物としての形態や生理／身体／脳内化学作用にあるのか（精神医学）？ 心にあるのか（認知療法，一般的な心理学）？ 家族や関係性にあるのか（関係論／システム論）？ もっと広い社会にあるのか（男女同権論／コミュニティ心理学）？

行為主体性。自分で自分の生活と行動をコントロールしているのだろうか（人間性心理療法）？ ただ環境に反応しているだけなのか（行動主義）？ 内的動因に動かされているのか（精神分析）？ 生化学的アンバランスに動かされているのか（精神医学）？

倫理観。本質的に人を大事に思い，善意で行動しているか（人間性心理学）？ 本能的な衝動をコントロールしておくために，常に闘っている状態か（精神分析）？ 道徳的に中立な形で環境に対応しているか（厳格な行動主義）？

これらの観点すべてに一種の「真実」の要素がある——などと，即座に反応すると，統合的セラピーと統合的定式化にある根本的な問題との取り組みに失敗す

る。根本的な問題とは，以下のとおりである。

- これらの要素は，概念的に一貫性のある形で結びつけることが可能か？
- 選択した構成要素をすべて，**折衷主義**として，共有の鍋に放り込むだけでいいのか？
- 代わりに，根底にある概念的つながりがどういうものであるかを，**概念的統合／統一**によって引き出そうとするのか？

　この概念的統合の選択は，臨床的ワークのいかなる部分の実用性重視の手法よりも役に立つ。というのも，概念的統合はほぼ間違いなく，病因学の臨床的理論とモデルが発展するための地均しをし，介入への新たなアプローチを生む刺激となりうるからである。**概念的統合**を試みる統合的定式化は，さまざまなモデルの重要な特徴を同定して結びつけ，定式化と介入に関する斬新かつ効果的で活力のあるモデルを創ることを目標としている。
　これは重要なポイントである。というのも，財政面が不透明で，予算が制限され，長い順番待ちを余儀なくされる状況において，新たな開発は通常，そうした限られた資源を得るために，費用対効果の高さや困難なケースに対する有効性の高さを主張することによって，すでに確立しているやり方と競わなくてはならないからである。その結果として，新たな統合的開発の提案者は，買い手に対して自らを正当化するために，効果を力強く主張しなくてはならないというプレッシャーを感じるかもしれない。たぶん，このこともあって，数多くのいわゆる統合モデルは実用性を重視して推進されるのであろう。また，同じ理由から，エビデンスに支持され現場で効果を上げていると思われる方略に基づき，複数のモデルの結合やそうしたモデルの側面の結合以上のことがほとんど行われていないのであろう。
　私たちはこれから，サイコセラピー統合への主要アプローチ——折衷主義と概念的統合——の双方を詳細に調べていこうと思う。すべてではないが，一部は，この調査の結果と言えそうな定式化を概説している。

折衷主義

　折衷主義的アプローチでは，異なるモデルの概念的特徴を調整して統合することについて，特に関心があるわけではない。代わりに，実用性を重視した結合を活発に進める。すなわち，エビデンスに支持され現場で効果を上げていると思わ

れる方略を基盤にして，複数のモデルやそうしたモデルの側面を結び付けるのである（Wachtel, 1991）。折衷主義は専門家向けガイドラインが暗に示しているものだが，ガイドラインはカウンセラーやクリニカル・サイコロジストなどに対して，多種多様な**要因**を自分の治療法に組み入れることを要請しながらも，それらをどう統合すべきかについては明記していない。

単純な折衷主義のさまざまなバージョンに，公式の名称は付いていないかもしれない。しかしながら，それらは以下の立場のひとつから派生している可能性がある。

1 「診断」もしくは「症状」とセラピーのタイプとを合わせる

これには，抑うつ状態など，いかなる問題についても，たとえば，探索を行うセラピー（精神力動的短期療法）の臨床的有用性と，方法を指示するセラピー（認知行動療法など）の臨床的有用性との比較に関する考察が伴う可能性がある。医学的メタファーすなわち「薬物メタファー」を利用するものとしても説明されてきた（Stiles and Shapiro, 1994; Green and Latchford, 2012）このアプローチは，特定の診断に対する適切な薬物もしくは治療を採用する。それは，統合に向けた「エビデンスに基づく」研究を指針としたものだと主張されることが多い。ここから浮かび上がる想定は，私たちが臨床的症状に役立つセラピーの有効成分を承知していて，それらを同定することができるということである。たとえば，認知行動療法とシステム論的セラピーとを組み合わせた治療法は，摂食症（摂食障害）をもつ若者に有効だと言われている（Dare et al., 1990）。また，信頼できないという悪評のある精神科診断システムだが，介入法を「病気」に適合させるために，このシステムを妥当なものだとする想定もある。このモデルは，セラピーがいかに働くかに関して，医学的基盤に基づいて出来上がったものであるとは言え，ほかでも幅広く論じられているとおり，実際にはほとんど支持されていない（たとえば，Green and Latchford, 2012）。

2 進展段階に合わせる

このアプローチの基盤にあるのは，同一クライエントにも，変化する治療段階に合わせて異なる治療アプローチを採ることが望ましいとする知見である。特によく知られているのは，「同化モデル」（Stiles and Shapiro, 1994）と「変化段階モデル」（Prochaska and DiClemente, 1982）のふたつである。これらの示唆するところによれば，クライエントは治療的介入を受けるに当たって，さまざまな準備段階にいる可能性がある。たとえば，「熟考前」段階では，支援によって改

善しそうな問題が自分にあるという事実にまだ気づいていなかったり，そうした事実について熟考しはじめていなかったりする。この段階では，事実に気づいてもらい，変わろうとする意欲をもってもらうために，探索を行うセラピーが有用だろうとされている。「熟考」段階では，いくらか問題に気づき，それを受け入れはじめていることもあり，問題の根底にある信念や思考を明らかにしはじめるという意味で，認知的アプローチが役立つであろう。この段階では，熟考して「変化を起こす」次の段階に進むのをためらう矛盾した思考や気持ちに気づくようになることもある。変化を妨げている防衛を明らかにするために，精神力動的アプローチが用いられることもあるかもしれない。

3 技法と方略を収集する

　これは，「技法的折衷主義」として知られていることもある。一例として，Lazarus（2005）が開発した集学的アプローチがある。これは，「数多くの指向性から効果的な技法を——それらを生み出した理論に同意することなく——用いる」（p.103）セラピストのためのものである。Lazarus は，行動（Behaviour），感情（Affect），感覚（Sensation），心象（Imagery），認知（Cognition），対人関係（Interpersonal），薬物／生物学（Drugs/biology）の領域に関する介入についての考察をセラピストに促すために，各領域の頭文字をつないだ「BASIC ID」を利用している。別の例としては，Gerard Egan の『The Skilled Helper（熟練のヘルパー）』（2009）がある。これは，訓練中のセラピスト向けのガイドブックで，セラピーのさまざまな段階とタスクに適したコミュニケーションのスキルと方略，および，問題解決用のスキルと方略を幅広くまとめたものである。あらゆるワークは，相手に共感して救いの手を差し伸べるという関係性の中で行われなくてはならないと明示されている一方で，概念レベルでスキルを統合しようという明確な試みはいっさいない。

4 臨床に関する仮説を収集する

　最もよく知られた統合的定式化の 2 例は，このカテゴリーに属している。Ingram（2006）は，臨床に関する 28 の中核的仮説を集めた野心的なリストを提供し，このリストには，あらゆる理論と指向性が包含されていると主張している。小見出しには，喪失，生物学的原因，誤情報が流れるプロセス，社会的支援の欠如などが並んでいる。Ingram はこの枠組みについて，概念的な統合を試みたものではなく，あらゆるモデルの中核的な考えを要約したものであると明記している。まず間違いなく，Weerasekera（1955）もこのカテゴリーに属している。

Weerasekera の枠組みについては，のちに論じる。

概念的統合

すでに述べたとおり，これらは単に複数のアプローチを結合しようとするだけではなく，それ以上を試みるものである。目的は，より効果的かつ包括的な新モデルを開発するために，理論的統合を達成することである。広範な同一学派の中で発達している数々のセラピー（人間性心理療法，行動療法，精神力動療法）は互いに矛盾しないものになる可能性が高い。確かに，それぞれに固有の名前をもつセラピーも，関連する同族セラピーがもつ概念の要素をなんらかの形でもっているようである（Lapworth and Sills, 2009）。

概念的統合の試みは，以下のカテゴリーのひとつに属することになりそうである。

1 既製の統合モデル

これらは，どのような定式化をする際にも，標準化された統合的フォーマットを使用する。その好例が認知分析療法（Ryle, 1995）で，これは，パーソナル・コンストラクト理論（第 7 章）や対象関係論（第 3 章）など，数多くの他のモデルを結合する。Lapworth と Sills（2009, 第 9 章）も，統合的な定式化と介入の基盤として使える詳細な統合的枠組みを概説している。これらのアプローチはたぶん，これまでで最も洗練された概念的統合の試みの代表であろう。このカテゴリーに最近加わったのは，アタッチメント・ナラティブ・セラピー（Dallos, 2006）で，これについては次章で掘り下げていく。このセラピーが目ざすのは，問題の原因に関するさまざまなレベル——すなわち，関係性（システム論的）レベルと個人（アタッチメントとナラティブ）レベル——の考えを統合することである。

2 共通因子の統合

概念的一貫性を進めた統合がさかんに求められるようになったのは，ひとつには，異なるサイコセラピーに共通する活性成分を同定できるかもしれないという考えに対する関心が広まったためである。この共通因子は，サイコセラピーの研究者にとって，「聖杯」である。調査結果として，最も一貫性があり，有用でもあるとわかったのは，「治療同盟」と呼ばれるものに関係している。治療同盟には，クライエントとセラピストの関係性，および，治療目的と変化を達成するための方法に関する合意の程度が含まれている（Toukmanian and Rennie, 1992; Paley and Lawton, 2001; Wampold, 2001; Luborsky et al., 2002; Green and Latchford, 2012)。また，効果的なセラピーには「意味の転換」（Sluzki, 1992）――すなわち，問題の捉え方と自分自身の見方に生じる根本的な変化――が含まれていることも明らかになっている。

セラピストとクライエントの関係性を統合因子として使っているアプローチの例は，Michael Kahn が『Between Therapist and Client（セラピストとクライエント）』（1996）で，Petruska Clarkson が『The Therapeutic Relationship（治療的関係）』（2003）で概説している。Kahn は，「関係性**こそ**がセラピーだ」（1996: 1）と主張し，人間性心理学的アプローチをするセラピストの温かさとおおらかさが，精神分析由来の転移・逆転移に関する洞察と統合されることによって，最も効果を上げることができると信じている。Clarkson はわずかに異なる見方をしている。概念的統合のタスクとは明らかに距離を置き，「あらゆるストーリーは，特定の時点で，特定の観点から見れば，真実である」（2003: xxiii）と主張している。そして，概念的統合を遠ざけた代わりに，メタ理論的枠組みを提案し，どの時点にも存在しうる関係性の5つの側面を，その枠組みに含めている。その5つの側面とは，作業同盟，転移／逆転移，発達の過程で必要になる関係性，個人対個人の関係性すなわち「現実の」関係性，超個的な関係性である。私たちは，治療関係を統合因子とみなし，その詳細をのちほど論じる。

3　個人特有の統合

経験を積んだ臨床家は，概して，長年の間に自分独自の治療の進め方や定式化の方法を編み出し，自分が最もよく納得でき，最もよい結果を得られるように思うモデルや概念や方略を利用する。単純な折衷主義に対立するものとして，これがどれだけ真の統合になっているかどうかは，当然ながら，いかなるケースにおいても判断は難しい。本章の最後に，折衷主義ではなく，この個人特有の統合を支持するのに役立つ一般原則をいくつか提案するつもりである。

考察：現場での暗黙の統合

やや大雑把ながら，興味深い疑問がある。すべてのモデル――したがって，すべての定式化（少なくともプロセスという意味での定式化）――は必然的にどの程度まで，実際の現場で統合を必要としているのかという疑問である。私たちは，異なる学派のセラピストたちが互いのやり方を批判し合う場に立ち会ったことが何度もある。たとえば，認知行動療法は，治療関係を犠牲にしてまで，うまく機能しない認知を変えるための技法を強調する点を非難されることがある。認知行

動療法の治療家は，通常，それに対して防御の構えを取り，自分たちは治療関係
構築の必要性を非常に気にかけており，もしクライエントがセラピストを信頼も
しくは信用していなければ，認知行動療法に含まれている家庭での面倒な課題に，
クライエントは取り組もうとしないだろうと返答する。興味深いことに，これを
裏づけているのは，BorrillとForeman（1996）が飛行恐怖のクライエントに行っ
た認知行動療法に関する質的研究である。クライエントたちは，自分にとって最
も重要な要因はセラピストと良好な関係を築くことだったと報告している。これ
を痛快なまでに証明したのは中核的なテーマのひとつで，クライエントはそれ
を，自分の恐怖を克服できるという「信念」はセラピストから「借りることがで
きる」と表現した。同様に，精神分析のセラピストも，素因となる精神内部のプ
ロセスにばかり関心をもち，問題を持続させている可能性のある現時点での個人
間の力動に充分な注意を払っていないと批判されることが多い。通常，精神分析
のセラピストは自らを守るために，現状に関する話し合いや，その力動にどう対
処して事態を進展させるかについての話し合いは現場でかなり行われると主張し
ている。

　こうした議論の一部は，セラピストが自分の理論の観点から実践すると言って
いる内容と，実際の現場で実践する内容は一致しているのかという疑問を一変さ
せる。この点に関する調査としてよく知られているのはTruax（1966）の研究
であり，Rogers派（1955）の非指示的カウンセリングは，受容と信頼という経
験的な観点からはあまりうまく概念化することはできないかもしれないが，セラ
ピーの過程で生じる偶発的報酬としての微妙な変化に関しては概念化できること
を明らかにしている。たとえば，セラピストは，これまでとは違った形でクライ
エントの行動を促す存在だとみなされた。すなわち，クライエントが自己開示し，
洞察を得て，自己受容できるように，セラピストはうなずいて微笑み，「なるほど，
よくわかります」，「それは興味深いですね」などと言葉をかけ，パラ言語（「あ
あ，ふむふむ」）でメッセージを送り，態度で非言語的コミュニケーションを取
るなどして，クライエントを励ましたのである。また，さまざまな基本的モデル
が開発され，次第に洗練されていくにつれ，そうしたモデルは互いからアイデア
を借り合うことが増えてきている。ただ，その事実は認識されていないことが多
い。たとえば，認知行動療法は，近年「スキーマ」に焦点を絞るようになり，そ
の中で，無意識と非常によく似た概念を取り入れている。スキーマとは，クライ
エントが気づいていないこともある中核の信念で，心に深く根づいているものを
いう。同様に，Bertrando（2007）は，ミラノ派のチームなど，システム論的ア
プローチのセラピストが，家族のメンバーの感情的な口調に対する介入をカリブ

レーションする際に，以前受けていた精神分析的トレーニングをどう利用したかについて，説明している。

　セラピストが定式化や治療で他のモデルに影響されるのは，たとえ取り組みの中で明言されないとしても，充分にありうることである。明白な例を挙げよう。いかなるセラピストも，精神力動論由来の治療関係についての考えを意識しないでいるのは難しいであろう。その根底にあるモデルの信条の多くに同意できなかったとしても，それらに気づかずにはいられまい。そのような気づきは，たとえそのセラピーが強化と報酬のパターンの観点から表現されているにせよ，セラピーに影響を及ぼすであろう。さらに，経験を積んだセラピストというのは，指向する理論は異なっていても，互いに似ているものだが，その類似度は，特定のアプローチ内で訓練を受けた駆け出しのセラピスト同士よりも高いことが研究によって立証されている（Luborsky et al., 2002; Wampold, 2001）。このことが示唆するのは，先の要点に一致することだが，あらゆる臨床家は時間をかけて自分自身の統合を進めているということ，さらに，その統合は暗黙のうちに，ある中核の関連要因を基盤にしているということである。また，いわゆる「スーパーシュリンクス」〔優れた精神科医〕が平均の10倍近くよい結果を出し，クライエントとの同盟が脅かされることに「過敏」で，治療関係の維持にけんめいに取り組むことも，研究によって示されている（Okiishi et al., 2003）。

　最後に定式化の話に戻るが，私たちは，英国心理学会の臨床心理学部会（DCP）のガイドラインだけでなく，定式化が特定の状況と目的に合わせて設計されるものであることにも留意しなくてはならない。たとえば，認知行動療法の図表で，不安とパニックによる感情と回避行動のつながりを示す単純な単一モデルは，任意の時点にいるクライエントにとって，最適の出発点となる可能性がある。「明らかに，日々の実践における定式化の大半は，背景となりうる状況や原因となる因子すべてに当てはまることはない」（DCP, 2011: 15）。完全に統合された定式化は必ずしも必要なわけでも有用なわけでもない。しかしながら，「広範囲を扱うモデルになりそうなものや広範囲に影響を及ぼす原因になりそうなものから，狭い範囲を扱う定式化や単一モデルの定式化を，自覚をもって正当に選択できなくてはならない」（DCP, 2011: 15）。言い換えると，臨床家は常に，充分に練り上げた複数のモデルの定式化を頭に入れておくことができなくてはならないということである。

Weerasekera の枠組み

　ここからは，統合的定式化へのアプローチを詳細に見ていき，この作業を試みることの利点と課題を明らかにしていく。出発点として，4つのPから成る枠組み「4Ps」を利用する。「4Ps」とは，「素因（Predisposing）」，「増悪要因（Precipitating）」，「維持要因（Perpetuating）」，「保護要因（Protective）」の英語の頭文字「P」から来ている。「現在の問題（Presenting issues）」――クライエントがセラピーにもち込んだ困難の要約――を最初のステップとして含めると，「5Ps」として説明されることもある（詳細な概説は第2章参照）。

　Weerasekera（1995）のモデルには，軸が2本ある。第1の軸は問題の原因（個人的要因とシステム的要因／関係性に関する要因）から成り，第2の軸は「4Ps」の枠組みを利用する。最初の軸には，個人レベルにおける認知行動療法や精神力動的アプローチ，行動的介入など，さまざまな治療的アプローチが含まれている（図8.1参照）。

　これら2本の軸は，介入パッケージを決定するための包括的な枠組みである。このモデルは，コーピング・スタイルについても考察する。コーピング・スタイルとは，家庭や職場，余暇の場など，さまざまな状況におけるクライエントの問題対処法に見られる特徴的な側面のことである。このモデルには，家族の関係性が影響しているコーピング・パターンも含まれている。これは，システム論的な家族療法の「試してみた解決策」という概念に相当する。

ジャック：Weerasekera の枠組みを使った定式化

アセスメント

　第1段階では，最初のガイドとして「4Ps」を使い，アセスメントを行う。ここでは，個人的要因とシステム的要因双方に関わる各「P」について考える。これに必要な情報は，ケースの記録や紹介状の情報，クライエントおよびその家族との面接から幅広く引き出し，たぶん補足として，行動や思考に関する日記，家族間のやり取りの観察や，それらに関する省察も用いられるであろう。このアセスメントが進むにつれ，家族の特徴的なコーピング・スタイルについての考えが形成されていく。このグリッドは，私たちの知識と情報との相違を浮き彫りにするのにも役立つ。

	個人的要因	システム的要因
	1. 生物学的要因 　—気質, 身体的障害, 遺伝的要因など 2. 行動的要因 　—学習, モデリングなど 3. 認知的要因 　—ネガティブな自動思考, スキーマ, 中核的スキーマなど 4. 精神力動的要因 　—防衛, アタッチメントなど	1. カップル(夫婦・恋人など) 　—コミュニケーション, 親密さ, 扶養 2. 家族 　—家族の力動, しきたり 3. 職場／学校 　—雇用, 学業 4. 社会 　—人種, ジェンダー, 階級, コミュニティの資源
素因(Predisposing): 人もしくはシステムが, 体験中の困難に対して脆弱になる原因		
増悪要因(Precipitating): 問題が進展していく時期に近接して発生した出来事		
維持要因(Perpetuating): 問題の維持に関わっている要因		
保護要因(Protective): レジリエンスに寄与する要因		

コーピング・スタイル*　←→　治療の選択

*ストレスや苦悩に対する特徴的な対応方法

1. 気質的要因　———　変わることのない当人の特徴
2. 一時的要因　———　状況によって変わる要因
3. 個人的要因　———　生物学的要因, 行動的要因, 認知的要因, 精神力動的要因
4. システム的要因　—　カップル, 家族, 職業, 社会

図8.1　Weerasekera のグリッド

グリッドが埋まったら，個人レベルもしくはシステム・レベルで「4Ps」に取り組むために，いずれの治療モデルが活用できるかについて考察する。この決定は，クライエントが好んでいるコーピング・スタイルにも左右される。たとえば，クライエントが行動指向のアプローチに対する好みを示したら，行動的方略で始めるのがベストかもしれない。

このグリッドは，複数のモデルを一斉に結合するのではなく，連続的に使っていくことも示している。セラピーが進むにつれ，根底にある防衛や感情を探るために，行動的観点から精神力動的観点への転換が生じることもあるだろう。ケースによっては，ふたつ以上のモデルの同時使用がグリッドによって示唆されることもあるかもしれない。たとえば，家族の関係性に生じている問題に取り組むために，システム論的セラピーと同時に，子どもに焦点を絞った認知行動療法のワークを取り入れることもある（図8.2参照）。

個人のコーピング・スタイル

ジャックは，投薬療法を受けていて，それを「役に立つ」と思っているところからすると，現在，生物学的な観点は充分に受け入れているようである。治療への第1歩としては，行動指向の技法の方が彼には受け入れやすかったのではないかという気はする。ジャックは，虐待など，きわめて悩ましい体験のいくつかについて，家族には打ち明けられないでいるようである。おそらく，家族を守るために，そうしたことは自分の心の内に秘めておこうとしているのだろう。しかし，このコーピング・スタイルでは，未解決の問題は増大するばかりで，しまいには爆発するかもしれない。

システムのコーピング・スタイル

ジャック同様，彼の家族も，現時点では医療が提供されることを評価しているようである。家族がトラウマ的な体験をしている点を考えると，家族のコーピング・スタイルも行動指向である可能性が高そうである。家族は，たとえば，安全だと感じる必要があり，ジャックをなんとかするための方略をもつ必要があり，必要なときに助けを得る必要があるからである。

Weerasekera の枠組みと「4Ps」の利点と限界

Weerasekera の枠組みにはいくつか利点がある。それらの利点は，「4Ps」を単独で使う場合にも当てはまる。たとえば，私たちは完璧なアセスメントや分析

第 8 章　理論における統合的定式化　*249*

	個人的要因	システム的要因
素因（Predisposing）：人もしくはシステムが，体験中の困難に対して脆弱になる原因	ジャックは性的虐待と家族の崩壊を体験している。家庭内の暴力を目撃していて，おそらく暴力をふるわれる側でもあったろう。父親はアルコール依存症になり，家業は破綻。その後，父親との接触が途絶え，一家は文化的基盤を失う。聡明で有能な生徒だった彼が学業を放棄するに至る間に，多岐にわたる喪失と失敗を体験している。	ストレスと苦悩の類似パターンが生じた結果，家族は打ちのめされ，生活を脅かされ，自分たちは社会的に不適格だと感じるようになったと思われる。イタリア系コミュニティとのつながりを断たれたというのも要因のひとつである。
増悪要因（Precipitating）：問題が進展していく時期に近接して発生した出来事	ジャックの「妄想性」症状の出現は，母親が「深刻な」健康問題を抱えるようになった時期や，家計が「さらに逼迫して」きた時期と一致するようである。	家族の口論は，ジャックの問題を引き起こす引き金の役割を一部果たしたかもしれない。
維持要因（Perpetuating）：問題の維持に関わっている要因	ジャックの問題は，低い自尊感情や自分自身に関する否定的信念，不安定なアタッチメント，数多くの怖れによって維持されている可能性がありそうだ。彼は父親と自分を同一視しつづけるかもしれないが，これについては，強いアンビヴァレンスを体験するであろう。自分は未熟で失敗してばかりいる上に「病気である」という彼のアイデンティティは今や，「精神疾患をもつ患者」という位置づけによって維持されているようである。加えて，続行中の投薬療法は，自分には何か具合の悪いところがあるという考えを強化しているかもしれないし，無気力になるなどの副作用もあるため，治療活動への取り組みを難しくしているかもしれない。	この家族は，自分たちが崩壊しかかっていると感じているかもしれない。また，ジャックのことを心配すると同時に怖れてもいるかもしれない。拒絶感覚と恐怖心にこうして周期的に襲われるせいで，家族はジャックを一家から締め出したままにしようとしている可能性がある。家族が不安を感じているということは，家族は精神科の支援を求めつづけるということであり，ジャックは「病気である」というアイデンティティに留め置かれるということである。実際，精神科システムは，ジャックの共同養育者と見ることもできる。こうなると，自己永続的な依存状態が確立しかねない。
保護要因（Protective）：レジリエンスに寄与する要因	ジャックは聡明で，社交的かつ創造的な子どもだったと報告されている。「素直」だとも説明されていて，これはたぶん，よい治療同盟を形成できそうだということであろう。ジャックは自分が困難のさなかにあるにもかかわらず，たとえば，妹の安全を心配するなど，家族への労りと関心を示している。	災難続きにもかかわらず，家族はつながりを保ち，経済的にもなんとかやっているようである。私たちには，ジャックの妹たちのことはあまりわかっていないが，彼女たちには，家族が頼れるストレングスと幸運があるのかもしれない。

図 8.2　ジャックとその家族に Weerasekera のグリッドを用いた例

を行うよう励まされるが，それは，見落としていたり無視していたりする要因を探すようにという警告である。Weerasekera の枠組みも，完全版では，介入のタイミングと順序について多少のガイダンスを提供し，コーピング・スタイルについても考察している。介入をクライエント／家族のコーピング・スタイルに合わせることで，協働的な姿勢を促し，治療同盟を強化することができる。

　この枠組みには，本書のテーマの観点からすれば，明白な限界もいくつかある。その限界は，「4Ps」を単独で使う場合にも当てはまるかもしれない。そうした限界は以下の領域に分類することができる。

　協働か，専門家中心か。定式化は主として，セラピストが専門家の立場から行うものという想定があるらしく，より協働的な意味づけの共同構築プロセスに対立するものとされているようである。

　省察性。これは，たとえば，セラピスト自身の想定や価値観や信念についての考察を指すが，双方の枠組みに欠けている。

　異なるモデルの適合性。個人療法とシステム論的療法とでは，問題の原因や問題に対する責任の捉え方のニュアンスが異なっている。Weerasekera はどうやら，「疾病」モデルと心理学的モデルは問題なく組み合わせることができ，同様に，システム論的モデルは個人に焦点を絞ったモデルに簡単に追加できると想定しているようである（この問題に関する詳細な論考は第 10 章と第 12 章参照）。

　さまざまな介入の適合性。同様に，さまざまなモデルに由来する介入が互いに適合するかどうかについて，まったく論じられていない。たとえば，投薬療法を単純に家族療法に追加できるのかどうか，感覚機能が減退したり，問題の原因に関するメッセージを伝えたりすることによって，家族療法を弱体化させることはないのかどうかといったことが論じられていない。

　確実性とパターンのマッチング。すでに述べたとおり，特定のセラピーを，「既製の」やり方で特定のタイプの問題に合わせることができるとする想定について，支持する材料がほとんどない。

　文化的背景やその他の背景。生物医学的モデルなど，一部のモデルのもつパワーや観念的な支配に関する考察，並びに，困難を生み出し提起している可能性のある文化的問題に関する考察がない。

　実行不可能。はっきりしている現実的観点から言えば，多忙な臨床家には，そこまで詳細なアセスメントを引き受ける時間はなかろうし，アセスメントが指摘するリソースや介入をすべて入手できる可能性はさらに低いだろう。

しかし，本書が採用している観点から見た最も重大な限界は，以下の領域にある。

概念的統合。Weerasekera の枠組みは，異なるモデルをどのようにして一緒に用いるかについて，明らかにしていない。言い換えると，本質的に折衷主義であり，概念的には統合されていないということである。これは「4Ps」についても言えることである。いずれも，概念的統合というゴールに向かう第1歩として利用することはできるが，それ自体で概念的統合をしようとはしていないし，どのようにすればそれができるのかを示してもいない。

治療関係。すでに論じたとおり，あらゆる指向の効果的セラピーに共通する特徴で，最も広く支持されているのは，治療同盟である。このことは，Weerasekera の枠組みにおいても，「4Ps」の枠組みにおいても，認められていない。ただ，セラピーのモデルをクライエントのコーピング・スタイルに適合させることによってクライエントの協働姿勢を高めるべきだという考察が，多少あるだけである。

個人的な意味。「4Ps」でも，Weerasekera の枠組みでも，クライエントの人生に及びうる数多くの影響がクライエントの個人的な意味とは無関係に，ただ追加式にリスト化される危険性がある。この点で，最終結果は，「精神疾患の分類と診断の手引き（DSM）」の精神科診断の軸，すなわち，付加的特性に似ているかもしれない。つまり，最後に得られるのは，「要因リスト」的定式化と言われてきたものになるかもしれないということである。たとえば，「ジャックの両親は，口論と家庭内暴力の挙句に別れた。父親はアルコール依存症だった。ジャックは上司から性的虐待を受けた。ジャックは父親がいなくて寂しいと思った。彼の家族は数多くの社会的ストレスに直面した。彼は抑うつ状態になっている」といったものである。この要因リストは，唯一，個人的な意味を付加することでのみ，定式化に進化させることができる。繊細な協働的話し合いを通して，ジャックのアイデンティティや自信，感情，自他の捉え方に影響を与えている個人的な意味を顕在化することで，それらがリストの各要因をどのようにつないでいるのかが明らかになる。

要約すると，Weerasekera の枠組みと「4Ps」の枠組みは，アセスメントの方法，すなわち，体系的な情報収集のツールであり，したがって，定式化を行う際の有用な第1ステップだと理解しておくのが，たぶんベストであろうということになる。このふたつは，現場で用いる最善の定式化の基準を満たしてはいない上に，完全に統合された定式化に不可欠な概念的統合を，いまだに達成していない。

というより，試みてすらいない。さらに，プロセスとしての定式化ではなく，出来事としての定式化に焦点を絞ることで，治療関係の質の優位性を示す大規模な研究を斟酌してもいない。

統合的定式化：実践上の原則を目ざして

これまでの議論を要約しておこう。

歴史的に見ると，異なる治療法を「直接」比較し，治療モデルによって効果に優劣があることを証明したとするアウトカム研究が，長年，過度に重視されつづけている。「サイコセラピーの丸いペグを，医学の四角い穴に合わせようとする」のは不適切であるにもかかわらず，このやり方は「いくつかの点で依然として魅力的であり，たとえば，西洋社会およびヘルスケア・システムの厳しい経済的実態の中で，その医科学的見地は広く受け入れられている」（Miller et al., 2004: 4）。

このパラダイムにすんなり適合する認知行動療法のようなセラピーは，特に重点的に研究される傾向があるが，危険なのは，そうして重点的に研究されたセラピーが，見たところ他のセラピーより有効性を強く主張している点を根拠に，不当に優位に立つことである。逆説的になるが，エビデンスに基づいて行われているセラピーに関する膨大な文献は，ある事実を無視している。すなわち，「30年以上にわたる心理療法の研究で得られた最も一貫性のある知見は，哲学的な主眼点や適用の仕方が異なっていても，さまざまな治療モデルは一般的に似たようなアウトカムを出す傾向がある」（Paley and Lawton, 2001: 13; Wampold, 2001 も参照 ; Luborsky et al., 2002）という事実が黙殺されているのである。この事実を説明できるものがある。変化を達成するために治療室内で最も重要視されている要因は，たとえば，温かさ，注目，理解，励ましなど，関係性の質であるという，充分な根拠のある知見である。実際，治療同盟は，アウトカムの変動要因として占める割合が 30%から 60%であるのに対して，モデルや技法は，5%から 10%に過ぎない（Miller, 2006）ことが明らかになっている。これを受けて Paley と Lawton（2001）は，「経験的に支持されている治療法」よりも「経験的に支持されている関係性」を支持する旨の主張をし，研究と実践と訓練のもつ深い含意にも触れている。その上で，ふたりは以下のようにも主張している。

今はまだ，いかなるアプローチの優位性を推測することも，セラピーの折衷主義的モデルなり統合的モデルなりを充分に定義することも，時期尚早である。実態がわかっていない現状では，すべてのアプローチは，治療ルートをたどる

有効な方法として尊重されるべきであろう……研究者やトレーナーや実際の治療に当たる者にとっての難題は，この多様性を，治療関係が首位に導かれるまでの種々の兆候だと了解することである。

(Paley and Lawton, 2001: 16)

　最近，こうした知見が詳細に検討され，治療アウトカムが有意に向上しうるのは，「クライエントがもっている変化の理論」として知られているものにしっかり沿った取り組みを行う場合であることが明らかになってきている。すなわち，「変化がどう起こるかに関する**セラピストの理論**にクライエントを適応させるのではなく……**クライエント**の考えを中心に据え，何が有用で何が無用なのかについて，**クライエント**の観点に合わせてセラピーを調整していく」（Robinson, 2009: 60。強調は原文のまま）場合にアウトカムが有意に向上するというのである。これは，治療で行われる最善の定式化で求められるもの——協働と，クライエントの観点への敬意——と一致している上に，出来事としての定式化ではなく，プロセスとしての定式化を強調する私たちの姿勢とも一致している。Duncan と Sparks（2004: 31）の言葉を借りれば，「クライエントがもっている変化の理論は，セラピストら専門家の質問によって見つかるような，クライエントの頭の中にある解剖学的構造ではなく，むしろ，クライエントがセラピストの思いやりに満ちた好奇心に促され，自分の体験を打ち明けながら，セラピストとの会話の中で協働して練り上げていく計画」なのである。主観的な意味から成るクライエントの世界に適合する応答をすれば（かつ，言外の含みとして，定式化が行われれば），クライエントはそれを有用なものとして体験し，さらに，セラピーを進める間によいアウトカムを達成する可能性も，そういう応答がなかった場合より有意に高くなる。いわゆる「一流の精神科医」は充分な柔軟性をもち合わせていて，クライエントの目的を達成するためには，いかなる治療手段であれ，たいていは取り入れるものである。

　要約すると，あらゆるモデル，したがって，これらのモデルを基盤とするあらゆる定式化には，それら自身の——しばしば相補的な——ストレングスと限界がある。本書の定式化に広範囲のアプローチが提供されているのも，そういう理由からである。特定のモデルのみに忠実に従い，それ以外に敵意を抱くのではなく，この事実を認めることによって，私たちは必要に応じてさまざまなアプローチを利用できるようになり，それと共に，クライエントの変化の理論に適合する介入をクライエントに提供する力をつけていく。「統合的なサイコセラピーは，各アプローチに対する敬意を失うことなく，ひとつのアプローチのみがすべての真

実を有していることはないと信じて，数多くのリソースを利用する」（Lapworth and Sills, 2009: 9 に引用されている Humanistic and Integrative Psychotherapy Section of the UK Council for Psychotherapy 1999: xiv）。

　概念的に統合された定式化は，概念的に統合されたセラピー同様，いまだに完成には至っていない。しかしながら，このゴールまでの道中には，有用な道標がいくつかある。最も的を射た手がかりは，定式化の認識の仕方にあると私たちは考えている。すなわち，定式化は名詞ではなく動詞として理解し，出来事ではなくプロセスだと理解するのがベストだとする認識に，重要なヒントがあると考えているのである。これが示唆するのは，臨床的に最も有用なタイプの統合は**プロセスとしての定式化**を通して発生するべきだということである。プロセスとしての定式化は，治療関係そのものと切り離すことができない。治療関係の本質とその育み方については，当然ながらさまざまな理論がある。にもかかわらず，治療関係に焦点を絞った柔軟で流動的なプロセスとして，定式化を重要視するのは，多様な理論的背景をもつ経験豊かな臨床家によく見られる特徴である。そうした臨床家たちは，自分自身のスタイルを構成する自分好みの概念と方略を特異的に発展させてきているが，直観や，傾聴して異種の情報を統合する能力，数多くの異なる観点を包含する仮の立場を維持する力などの特性も，利用しつづけるであろう。この立場は，「双方とも／しかも」と説明されることもあるが，治療現場で長年取り組んだ最終的な結果と見ることもでき，本来，トップダウン式の理論主導のものではなく，関係性を築いていく臨床サイドで着手することによって，本来到達できる立ち位置である。これがどういうことかと言うと，臨床の実世界には，「統合的心理療法家の数だけ，統合的心理療法がある」（Lapworth and Sills, 2009: 15）ということである。拡大すれば，同じことが統合的定式化にも当てはまる。

治療関係の中で定式化することによって統合する

　もしこのことを，指針となる原則として認めるのであれば，以下を強調して，私たちの統合的定式化をお伝えしたいと思う。

活発なプロセスとしての定式化

　定式化は，相互に影響を与え合う活気に満ちたプロセスである。単なる知的な追求ではなく，力動的な社会的状況の中で私たちがクライエントと情報を伝え合いながら行う，個人間の主観的な追求である。また，単に，理に適った「客観的」

な方法で事実を収集することではなく，進化していく治療関係という状況の中で行われていくものでもある。したがって，このプロセスの中核には，**省察性，協働，再定式化**への不断の意欲がある。定式化を，力動的かつ再帰的なプロセスとして強調することは，本書と次章の中心的テーマである。

定式化の中核的統合要因としての個人的な意味

Weerasekera の枠組みに関連して論じたとおり，統合的定式化には，クライエントの人生に及びうる数々の影響が追加形式で単にリスト化されるだけとなる危険性がある。統合を織り進める中核の糸としての**個人的な意味**にしっかり焦点を絞ることは，この危険の回避に役立つであろう。これは，「**個人的な意味**は心理的定式化における統合要因である」（強調は原文のまま）とする英国心理学会の臨床心理学部会（DCP）のガイドラインと一致している（DCP Guidelines, 2011: 15）。

個人的成長と統合

臨床家は自分好みの治療の仕方を選択するが，でたらめにそうしているわけでも，厳密にエビデンスに基づいてそうしているわけでもなく，その指向の選択には，パーソナリティ特性と価値体系が一役買っている――このことが立証されたのは，ずいぶん以前のことである（Horton, 2000）。この主張を拡大して，Fear と Woolfe（2000）は，自分の治療レパートリーを広げるための基礎として，自分が最も好んでいるモデルを活用し，クライエントの役に立てるようにすることこそ，セラピストとしての自分たちの仕事であろうと提案している。したがって，「統合に向けて進むカウンセラーの旅は，無意識のタスクがセラピーに含まれている場合，クライエントの中核部分を映し出すことになる。人の人生の不連続部分をつなぎ合わせ……『断ち切られた』部分を再統合して，受け入れられるようにする……カウンセラーの仕事は……人としての統合を完成させることである」（p.328）。これと一致するのが，治療の成功に緊密に関係しているのは治療の種類ではなく，カウンセラーの性格特性であるとする知見である（Miller et al., 2007）。私たち全員に必要なのは，自分がどのモデルやアプローチを好んでいるのかに気づき，この好みが自分について何を伝えているのかを問い，自分の選択と，他の観点のストレングスに関する知識および気づきとを，意識して比較対照しようとすることかもしれない。

統合的定式化の成功例に関するチェックリスト

　最後に，統合的定式化の質と完全性のアセスメントに役立てられるよう，成功例に関するチェックリストについて触れておくのも有用であろう。DCP ガイドラインの監査ツール（DCP Guideline, 2011: 29-30）は，仕上がった成果としての定式化とプロセスとしての定式化双方の特徴をリスト化している。この監査ツールは，本章で論じた問題も取り上げている。

まとめ

　統合的定式化は種々の複雑な問題を提起する。折衷主義的な定式化モデルとは対照的な，概念的に統合された定式化モデルを完成する際の困難について，私たちはここでいくつか概説し，現在行われているこの課題への試みのいくつかについても，その特徴とストレングス，限界を調べてきた。また，臨床に役立つように効果的かつ統合的に定式化しようとする際の一般原則についても，そのいくつかを概説している。土台となるのは以下の原則である。

- 定式化をプロセスとみなし，治療関係の本質的な側面とみなす。
- 定式化および再定式化は，感覚を研ぎ澄まし，協働的かつ省察的に行う。
- 個人的な意味を，中心的統合要因として活用する。
- 専門家の個人的成長につなげる。

　このようにすれば，定式化は「協働して流動的かつ力動的に意味を形成していくプロセス」であるとする第 1 章での定義に最もぴったり一致するであろう。

　次章では，これらの統合的原則を，アタッチメント・ナラティブ・セラピーを使って説明していく。この観点からの定式化がどのようなものになるかという点だけでなく，ジャックと協働してどのように定式化に取り組むかという点も明らかにしていくつもりである。換言すれば，仕上がった成果としての定式化とプロセスとしての定式化双方における統合を考察するということである。

参考文献

Bertrando, P. (2007) *The Dialogic Therapist,* London: Karnac.

Borrill, J. and Foreman, E.I. (1996) Understanding cognitive change: a qualitative study of the impact of cognitive-behaviour therapy on fear of flying, *Clinical Psychology and Psychotherapy* 3(1): 62–74.

Clarkson, P. (2003) *The Therapeutic Relationship* (2nd edn), London, Philadephia: Whurr.

Corrie, S. and Lane, D. (eds) (2010) *Constructing Stories, Telling Tales: A Guide to Formulation in Applied Psychology,* London: Karnac Books.

Dallos, R. (2006) *Attachment Narrative Therapy,* Maidenhead: Open University Press.

Dare, C., Eisler, I., Russell, G.F. and Szmukler, G.I. (1990) The clinical and theoretical impact of a controlled trial of family therapy in anorexia nervosa, *Journal of Marital and Family Therapy,* 16: 39–57.

Division of Clinical Psychology (2011) *Good Practice Guidelines on the Use of Psychological Formulation,* Leicester: British Psychological Society.

Duncan, B.L. and Sparks, J.A. (2004) *Heroic Clients, Heroic Agencies: Partners for Change. A Manual for Client-Directed Outcome-Informed Therapy and Effective, Accountable, and Just Services,* E-Book: ISTC Press.

Eells, T.D. (ed.) (1997) *Handbook of Psychotherapy Case Formulation,* New York: Guilford Press.

Egan, G. (2009) *The Skilled Helper* (9th edn), Belmont, CA: Brooks/Cole.

Fear, R. and Woolfe, R. (2000) In S. Palmer and R.Woolfe (eds) *Integrative and Eclectic Counselling and Psychotherapy,* London: Sage, pp. 329–340.

Gardner, D. (2005) Getting it together: integrative approaches to formulation, *Clinical Psychology Forum* 151, 10–15.

Green, D. and Latchford, G. (2012) *Maximising the Benefits of Psychotherapy: A Practice-Based Evidence Approach,* Chichester: John Wiley and Sons.

Health Professions Council (2009) *Standards of Proficiency: Practitioner Psychologists,* London: Health Professions Council.

Horton, I. (2000) Principles and practice of a personal integration. In S. Palmer and R. Woolfe (eds) *Integrative and Eclectic Counselling and Psychotherapy,* London: Sage, pp. 315–328.

Howard, A. (2000) *Philosophy for Counselling and Psychotherapy: Pythagoras to Post-Modernism,* Basingstoke: Palgrave MacMillan.

Ingram, B.L. (2006) *Clinical Case Formulations: Matching the Integrative Treatment Plan to the Client,* New Jersey: John Wiley and Sons.

Kahn, M. (1996) *Between Therapist and Client: The New Relationship* (2nd edn), New York: W.H. Freeman/Owl Books.

Lapworth, P. and Sills, C. (2009) *Integration in Counselling and Psychotherapy* (2nd edn), London: Sage.

Lazarus, A.A. (2005) Multimodal therapy. In J.C. Norcross and M.R. Goldfried (eds) *Handbook of Psychotherapy Integration,* New York: Basic Books, pp. 105–120.

Luborsky, L., Rosenthal, R., Diguer, L., Andrusyna, T.P. et al. (2002) The Dodo bird effect is alive and well – mostly, *Clinical Psychology: Science and Practice,* 9, 1, 2–12.

McLeod, J. (2009) *An Introduction to Counselling* (4th edn), Buckingham: Open University Press.

Miller, S. (2006) ShrinkRapRadio no.66, Dec 14. Available at: www.ShrinkRapRadio.com (accessed 18 September 2012).

Miller, S.D., Duncan, B.L. and Hubble, M.A. (2004) Beyond integration: the triumph of outcome over process in clinical practice, *Psychotherapy in Australia*, 10, 2, 2–19.

Miller, S.D., Hubble, M. and Duncan, B. (2007) Supershrinks: what is the secret of their success? *Psychotherapy in Australia*, 14 (4), 14–22.

Norcross, J.C. and Goldfried, M.R. (eds) (2005) *Handbook of Psychotherapy Integration*, New York: Basic Books.

Okiishi, J., Lambert, M.J., Neilson, S.L. and Ogles, B.M. (2003) Waiting for supershrink: an empirical analysis of therapist effects, *Clinical Psychology and Psychotherapy*, 10, 6, 361–373.

Paley, G. and Lawton, D. (2001) Evidence-based practice: accounting for the importance of the therapeutic relationship in UK National Health Service therapy provision, *Counselling and Psychotherapy Research*, 1, 1, 12–17.

Palmer, S. and Woolfe, R. (2000) *Integrative and Eclectic Counselling and Psychotherapy*, London: Sage.

Prochaska, J.O. and DiClemente, C.C. (1982) Transtheoretical therapy: towards a more integrative model of change, *Psychotherapy, Theory, Research and Practice* 20, 161–173.

Robinson, B. (2009) When therapist variables and the client's theory of change meet, *Psychotherapy in Australia*, 15, 4, 60–65.

Rogers, C. (1955) *Client-Centred Therapy*, New York: Houghton Mifflin.

Ryle, A. (1995) *Cognitive Analytic Therapy*, Chichester: Wiley.

Sluzki, C.E. (1992) Transformations: a blueprint for narrative changes in therapy, *Family Process*, 31, 217–230.

Stiles, W.B. and Shapiro, D.A. (1994) Abuse of the drug metaphor in psychotherapy process-outcome research, *Clinical Psychology Review*, 9, 521–543.

Toukmanian, S.G. and Rennie, D. (eds) (1992) *Psychotherapy Process Research: Paradigmatic and Narrative Approaches*, London: Sage.

Truax, C. (1966) Reinforcement and non-reinforcement in Rogerian psychotherapy, *Journal of Abnormal Psychology* 71(1), 1–9.

Wachtel, P.L. (1991) From eclecticism to synthesis: towards a more seamless psychotherapy integration, *Journal of Psychotherapy Integration* 45, 709–720.

Wampold, B.E. (2001) *The Great Psychotherapy Debate: Models, Methods and Findings*, Hillside, NJ: Erlbaum.

Weerasekera, P. (1995) *Multiperspective Case Formulation*, Florida: Krieger.

第 **9** 章

実践における統合的定式化

力動的な多層アプローチ

Rudi Dallos & Jacqui Stedmon

プロセスとしての定式化と治療関係

　私たちは前章で，定式化 formulation は臨床的な取り組みにおける活発なプロセスであるという結論を下した。それは，相互に影響を与え合う，活気に満ちた流動的なプロセスであり，私たちはその過程で，クライエントの特異性を理解するようになり，その特異性に取り組みはじめる。本章では，この考え方が統合的定式化のプロセスを概念化する際の基盤になることと，この力動的プロセスの中核において，治療関係が形成され，維持され，発展していくことについて，提案するつもりである。定式化はこのように，幾多の重要なプロセスの間に発生するものとして捉えることができる。

1　クライエントの信念と感情とストーリーに焦点を絞る。
2　クライエントとセラピストとの相互作用の性質に注意を払う。
3　家族状況など，クライエントに影響を及ぼす外的要因を考察する。
4　セラピストは面接を進めながら，個人的な信念と感情を処理していく。

　さまざまな治療モデルは，これらの各構成要素に対して，ほぼ間違いなく相対的に貢献しており，種々の統合的な組み合わせを可能にしている。たとえば，認知行動療法（CBT），精神力動的療法，ナラティブ・セラピー，パーソナル・コンストラクト心理学（PCP），アタッチメント理論の観点は，すべて1に貢献できる。システム論的セラピー，アタッチメント理論，精神力動的療法の観点は，特に2に貢献し，ナラティブ・セラピーとシステム論的セラピーのモデルは，特

に3に重点を置き，精神力動的療法，アタッチメント理論，PCP，システム論的
セラピーの観点は4に重きを置いている。

　私たちはこのあとトランスクリプト（筆記録）を使い，治療面接の進行中に「作
動している」定式化のプロセスを説明していく。トランスクリプトを利用するこ
とで，異なるモデルがどのように織り込まれて，力動的に徐々に進展していく定
式化の「その瞬間の」プロセスになるのかという点のみならず，包括的な定式化
がどう構築されていくかについても明らかにしていきたいと思う。そののちに，
統合的な定式化がこのプロセスの中で発生する様子を例証するために，アタッチ
メント理論，システム論，ナラティブ・セラピーの観点を組み合わせた統合的モ
デルを形成しようとする私たちの試みを説明する。当然ながら，さまざまなモデ
ルを別の形で統合的に組み合わせたものの観点から，私たちが導き出したものを
考察することも，同様に可能である。

　すでに指摘したとおり，定式化は単なる知的な活動ではなく，個人間で進めら
れる主観的な活動であり，私たちは，力動的な社会的状況の中でクライエントと
触れ合う。それは単に，理に適った「客観的」な方法で事実を収集することでは
なく，**進化していく治療関係**という状況の中で行われていくものである。セラピ
ストは，クライエントの取り組みレベルに波長を合わせつづけ，コミュニケーショ
ンの流れの速さを整えて新しい意味が発現する足場を組み，治療同盟の決裂を回
避し，感覚を研ぎ澄まして苦痛の徴候に対応しなくてはならない。したがって，
定式化という行為には「自己の活用」が必要であり，省察的実践と重なり合う部
分がかなり存在する（Stedmon and Dallos, 2009）。すなわち，定式化は感情に左
右されないプロセスではなく，おおいに感情に動かされるプロセスなのである。

　省察的実践との重要なつながりはもうひとつある。定式化は，プロセスとして
の定式化という意味で，**その瞬間に発生する**だけでなく，**その瞬間に関する**意味
も提供する。実は，治療の取り組みでは，まさにその本質からして，その場の
勢いで定式化することが要求され，やり取りの流れの今ここでクライエントの
フィードバックに応答し，無理のない臨床的判断を下さなくてはならない。たと
えば，私たちがしようと思っている質問，掘り下げたいと思っているトピックや，
逆に，質問しないで慎重に避けようと思っている事柄，私たちのためらいや間合
い，感情的な反応のすべてが，ごく小さな定式化を構成していると考えることが
でき，そうした定式化は，もっと大きな包括的定式化の一部となる可能性がある。
このプロセスも，「アセスメント」として説明できるのかもしれない。しかし，
私たちとしては，自分たちがする質問と，クライエントと共にたどることにした
探求の道は，事実上，こうした極小の定式化に先導されているのではないかと言

いたい。ただし、これは、予め決定されているアセスメントのプロトコルを、極端に厳しく守ろうとしないのであれば、という条件つきではある。

　取り組みを進めていくと、クライエントや家族、チームとの会話や相互関係が、ピリッとすることがあるかもしれない。たとえば、感情が爆発したり、自分自身の体験と結びついている思考や記憶やイメージが一瞬入り込んできたりする場合である。実際、定式化のプロセスは、複数の感覚が絡んでくる活動であり、情報へのアクセスは、表象の言語的 – 意味的レベルだけでなく、非言語的レベルや**手続き**レベル、具象化された感情レベルでも行われている。手短に言えば、私たちは治療の取り組みで、ただ傾聴しているだけではなく、視覚や嗅覚、感情や共感の意識化、省察など、感覚を総動員しているということである。おそらく、少し時間を経て——たとえばスーパーヴィジョンの最中になって——やっと、落ち着いて振り返り、より理論的な情報に基づく定式化のマップを作成できるようになるのであろう。このマップは、「もの」もしくは「成果」としての定式化の基盤となり、覚書として記録され、別の専門家たちに伝えられる。担当のセラピストはこれをガイドとして、次のセッションの準備をする。この区別は、Schon（1983）による、作動「中」の省察と作動状況「に関する」省察の区別に似ている。

ジャックとの仮定の会話

　ケース**について**語ることによって、定式化の経験的かつ力動的な特徴を例証するのは難しいため、ジャックとの治療的／臨床的な会話を想定し、そこから抜粋したものを考察していこうと思う。この仮説としての面接は、クライエントとセラピスト間の治療同盟の構築過程が、省察的実践（Stedmon and Dallos, 2009 参照）によって先導される定式化の進展にとってどれだけ重要かを証明している。この抜粋の基盤にあるのは、ジャックと同様の困難を抱えている実在のクライエントとの面接を編集したものである。この「実在の」クライエントとの面接の詳細をいくらか組み入れることによって、定式化の過程でどのように新たな情報が出現するかを示している。たとえば、ジャックの両親は共にアルコールの問題を抱えていて、それが、ジャックの言う暴力の拡大パターンの一因になっていることが明らかになっている。

　協働で意味を構築して種々の定式化を共有するために、ジャックもこの面接で定式化を行っているようではあるが、それをどのようにしていたかについて、ここでは体系的に説明していない。ただ、そうしていると思われる部分では、いくつか重要なポイントを提案している。

アクティビティ〔経験学習上のポイント〕。最初は，私たちのコメントは読まずに，このトランスクリプトを読み，あなたの頭に浮かんできた考えや説明，感情に注目するようにしましょう。どんな定式化が頭に浮かんできていますか？ あなた自身の定式化のプロセスを探っていくために，どのような質問を追加したり，新たに作り出したり，あるいは，削除したりすることになるでしょうか？ セラピスト／面接者の頭の中には，どのような定式化が浮かんでいると思いますか？

セラピスト（太字部分）	コメント：意見，および，明らかになりつつある定式化
ジャック，ご両親の間がまずい状況になっていたときのことを，いくつか思い出せますか？	この最初の質問で，セラピストは両親の間に問題があった可能性（システム内の関係性の枠組みによって形成されるもの）を探ろうとしているようである。こうすることで，ジャックの父親は「虐待的だ」とする支配的な定式化に，異なる観点を加えている。セラピストは，ジャックがそうした出来事を思い出せるかどうか，すなわち，そうした出来事が解離させられ身体化されていないかどうかも，探ろうとしている。
う〜ん……（長い中断）。つまり，両親が言い争いしてた頃って，ぼくはまだすごく小さくて……ただまあ，いくら小さい子どもだと言っても，いつもふたりを引き離そうとしましたよ，叫ぶとかなんかして―。だけど，ちっとも効果はありませんでした，本当にちっとも。そう，で，だんだん激しくなっていって，気になってしかたないって言うか，すごいストレスって言うか，そんなでした。	ここでは，ジャックが両親を取りなそうとしたことを憶えているという点も重要である。そうした行為は，身体的にも情緒的にも，ジャックにとって危険なものだった可能性がある。
では，激しい口論があったのですね？	
そうです，何度も（うなずく），はい。	これによって，繰り返されるトラウマ的状態と結びついている暴力への曝露が，ジャックの「精神症的」症状の根底にあるという定式化が強化される。
お父さんはかなりの大酒飲みだったと言いましたね。それをどう解釈していましたか？	ここでは，父親が大酒飲みだった理由について，ジャックがどのような信念とナラティブをもっているかに関する定式化を探ろうとしているようである。飲酒はおそらく，単に結婚生活の問題によるものだったわけではないだろう。この時点でセラピストの頭の中には，アタッチメント理論の観点から，飲酒は自分を落ち着かせるためにしていることだという考えが浮かんでいる。

第9章　実践における統合的定式化——力動的な多層アプローチ　　**263**

セラピスト（**太字部分**）	コメント：意見，および，明らかになりつつある定式化
まあ，口論とやっぱり同じことかなあと……お酒飲むって，そう，あんまりはっきり印象に残っていないんですけど，お酒飲むのは，その，ほら，現実を見て見ないふりをするためのものっていうか，いや，普通のことだって思っていただけかもしれないなぁ。でも，あとになって，ふたつをくっつけたような気もします，何年も経ってからのことですけど。	ジャックはここで，飲酒は父親の感情処理に役立っていたかもしれないという定式化を提供しようとしているようである。つづいてセラピストはさらに質問をし，アルコールが情緒的慰安もしくは苦痛感情の回避に果たす役割についての定式化を探ろう（ジャックと協働で作っていこう）とするかもしれない。この仮説では，さまざまなアタッチメント方略によってどのように感情がうまく処理されるかを関連づけるアタッチメント・モデルが利用される（アタッチメント・ナラティブ・セラピーの最終部分参照）。しかし，これを探っていくと，ジャックが感情的になる可能性があるため，治療関係によって安全と信頼が提供されているかどうかを判断する必要があるかもしれない。この危険を冒すのは早すぎないか？
お酒を飲むのはいつもお父さんでしたか？　ほかにも誰か飲みましたか？　たとえば，お母さんとか。	ここでは，飲酒をめぐって，家族の中になんらかのシステム的なプロセスがあったかもしれないという定式化を探りはじめていて，すべての問題の責任は父親だけにあったのではない可能性を伝えている。もうひとつの定式化は，飲酒は苦痛感情にうまく対処するために，両親が共に使っていた方法である，といったものになるかもしれない。
はい，母もかなり飲みました。いつも飲んでいて，母が飲むと，必ず当たり前のように口論になり（手ぶり），やっぱり，ふたつはつながっていますね。	ここでジャックは，母親の飲酒と口論勃発とのつながりを考えはじめる。彼は手を動かしながら，無意識のうちに当時の身体的暴力を思い出しているのかもしれない。それは，あまり処理されていない形で身体化された記憶として保存されているのだろう。セラピストはこのときの手ぶりを記録して，ジャックがこうした形で思い出を処理しながら，感情が高ぶってきていることを示しているとするかもしれない。 セラピストはこの時点で，臨床的判断を迅速に下さなくてはならない。次の段階は，ジャックを励まして，協働的定式化の出現プロセスに寄与するような意味的かつ省察的つながりを見出してもらうことになるだろうが，もしジャックが感情的に高ぶった状態であれば，これは案外難しいかもしれない。ひょっとしたらセラピストはこの時点で方針を変え，感情の非言語的コミュニケーションに対応して，（たぶん直観的に）ジャックの気持ちを探ることにしたかもしれない。
そのつながりが発生した具体的な状況を思い出せますか？	セラピストはここで，具体的な状況に焦点を絞ることによって，連続して起きた出来事の何が引き金となって，両親の間に暴力が発生したかを，ジャックが探り出せるようにしようとするかもしれない。アタッチメント理論も，トラウマになりそうな挿話的出来事に関する各個人の思い出に細かく注目するため，この質問は，セラピストの概念的知識基盤を利用している。
はい，とにかくしょっちゅう喧嘩していて，いつも台所かリビングだったなあ，そう，いつも一階でした（ため息……中断）。うん，ただもう同じこと。口論，喧嘩，泥酔——飲むと暴力が激しくなったっけ。	ジャックは頻度と場所を示し，その詳細を説明しながら，リズミカルに繰り返し言葉を並べるが，声の調子は憂うつそうである。同じこと，口論，喧嘩，泥酔。彼は，今心に浮かんでいる感情的な先入観（になっている可能性のあるもの）と，ぼこぼこと湧き上がるトラウマ的な記憶の中に入り込んでいる。

セラピスト（太字部分）	コメント：意見，および，明らかになりつつある定式化
そのとき，何歳でしたか？	事実を訊ねるこの質問は，セラピストがジャックの感情状態に波長を合わせ，この先の探求ペースのモニタリングに気遣っていることを反映しているかもしれない。このわかりやすい質問によって，ジャックには，そうした記憶についてもっと話をする覚悟が自分にあるかどうかを判断する余地が提供されている。しかしながら，この質問は同時に，脆弱な年齢だった可能性のあるジャックがそれらの出来事を目撃して受けた影響に関する定式化のプロセスに入っていることをほのめかしてもいる。 セラピストはその場で考えて，ジャックに今どう感じているかとはっきり訊ね，その上で，今はまだ難しすぎると感じるなら答えつづける必要はないことを伝えて，ジャックを安心させたかもしれない。セラピーにおけるこの「今ここ」の処理は，協働的な枠組みの維持に役立つものであり，治療同盟を決裂から守るかもしれない。
えーと，思い出せるのは，5，6歳くらいからのことだけで，そう，それ以前のことは思い出せません。そうだなあ，その歳だと，ふたりを止められるような大きな声では叫べなかっただろうな。	ジャックは明確に答え，興味深いことに，両親を「止められるような大きな声では叫べなかった」と，ちょっとしたユーモアも使い，たぶん，こうした記憶の感情的な強烈さから少し距離を置こうとしている。 この場違いな陽気さによって，セラピストは暴力についてさらにもう少し追及しようという気持ちになったかもしれないが，まず間違いなく，この体験をどのように感じたか，今もまだ絶望的な気持ちなのかという質問をすることによって，ジャックの脆弱さも探ったはずである。
では，次に何か起きたのか，もう少し話してくれますか？ **どのくらい頻繁に，飲酒から暴力沙汰になりましたか？** **暴力は体へのものだったんでしょうか？** **それとも，食ってかかるという感じ？その両方でしたか？**	ジャックはすでに，母親が飲酒するとよく暴力沙汰になったとして，ふたつをつなげている。しかしながら，その暴力がどういうものだったのか，父親による意図的な虐待になっていたのか，それとも，母親も暴力をふるったのかについては，まだはっきりしていない。これはまた，文化的背景やジェンダー間の不平等，男性による虐待という点で，探求には慎重を要する領域でもある。セラピストはセラピーの過程で，ジャックが抱える中核のジレンマに気づくかもしれない。ジャックはすでに，自分が恐怖を感じていたかもしれないと指摘しているので，彼は父親が母親を傷つけるのではないかと怖れていたとする定式化も可能である。これは確かに，父親の行動に関するジャックと家族の支配的定式化だと思われる。しかし，もしジャックが，父親に対していくらかでも誠実な気持ちをもっていて，母親にも暴力の責任があるとさえ考えていたとしたら，ジャックはこの定式化に混乱と葛藤を感じつづけることになる。セラピストは，制御できない関係性に関するシステム論的定式化によって「虐待的」行為を間接的に支持したり見逃したりすることは望めない上に，父親の虐待行動に関して，対照的な定式化を想定することもできないため，慎重にバランスを取って進む必要がある。

セラピスト（**太字部分**）	コメント：意見，および，明らかになりつつある定式化
どのくらい頻繁に両親が喧嘩したか，正確には思い出せませんが，当たり前のことのようになっていて，口論していても驚くことはありませんでした。少なくとも，週に2回はあったかなあ。はい，確かにそんな感じでした。間違っているかもしれませんが，月に1度ということはなかったし，2週間に1度でもありませんでした。喧嘩が暴力的になると，それはもう，すごく動揺しましたよ。母さんはいつも—まあ，いつもってわけでもなかったけど，酔っ払ってるときには父さんを叩くこともあって，そうすると当然……そうすると（ため息）……いや，そうすると父さんが叩き返して，ぼくは，なんて言うか，こんなのダメだよって思ってました。よくわかんないけど，母さんが父さんを叩くのはよくないですよ。でも，どうかな，母さんは酔っ払ってたし，だから，ほんと，わかんないけど，父さんが悪いわけじゃなかったんじゃないかな。だってね，母さんが父さんの顔を引っぱたいて，こうして，ああして，で，もう行き場のないところまで行っちゃったというか，ほんとにどうにもならないところまで行っちゃって，そのあと，ときどき父さんが……（中断）誰だって，ミスを犯しますよ。ときどきは，父さんが殴ることもあって，そう，母さんを殴りました。いや，本気で打ちのめすっていうんじゃありません，そんなことはしませんでしたよ，顔を平手でピシャッと叩いたり，背中をパンッと叩いたり，かな。ゲンコツで殴ったり，ヘッドロックをかけたりってことはなくて，ドンッって押してました。そう，ドンッって押してました，何度も。ギュッっとつかむこともありましたね。うん，最初は押してました。で，ときどき，いきなり顔をピシャッ，みたいな，そんな感じでした。	ジャックは，自分の生活の中で両親の喧嘩は「当たり前」のことになっていたことを示唆しはじめる。どうやらジャックは，母親による暴力の誘発や，女性の暴力に対して男性が理不尽な立場に立たされることなど，いろいろな観点から暴力を定式化しているようである。また，誰の責任だと考え，誰を非難するのかという点でも苦しんでいたようで，暴力は悪いことで人を動揺させるものだと考えたり，「ミスを犯す」とか「本気で打ちのめしているのではない」とすることで暴力を軽視するという矛盾した定式化を展開したりと，揺れ動いている。

セラピスト（太字部分）	コメント：意見，および，明らかになりつつある定式化
ご両親が喧嘩をしているとき，どこにいましたか？　その喧嘩のせいで，どんな気持ちになりましたか？　そのとき自分が何をしたか，思い出せますか？	セラピストはこの質問をすることで，ジャックがこれらの出来事に苦しめられていたという定式化を探っている。そして，たぶん，これが彼ののちの行動に影響した可能性があるという定式化も行っている。このような出来事を目撃したことによって，ジャックは不安定なアタッチメント表象を形成するようになった可能性がある。ジャックが不確かさや不安を感じていたことは，彼ののちの「問題」行動の一因になったのかもしれない。 セラピストは，ジャックがすでに多くの情報を伝えてくれたことに気づいていて，ふたりの関係が信頼し合える安全なものになっていると感じていることを示している。というわけで，気持ちをもっと深く掘り下げるのに，ちょうどよい頃合いのようである。
はい，えーと，ぼくたち（ジャックと妹たち）は両親と同じ部屋にいたわけじゃないんだけど，やっぱり我慢できなかったって言うか，くつろいでテレビを観ながら，父さんと母さんが顔を真っ赤にして怒鳴り合ってるのを聞いてるとか，無理だし，そのうちどっちかが「アーッ」ってなって，で，平手でピシャッってしてるのが聞こえてくるわけですよ。ヒラリー（すぐ下の妹）はたぶん，ぼくと同じように両親を止めようとしたんじゃないかな。で，ぼくたちはたいてい泣きはじめましたね。誰だって，親がそんなふうにしてるのを見てたら，普通，泣きますよ。	興味深いことに，ジャックは再び現在形で話しはじめている（「…見ながら～聞いてるとか，無理だ」）。また，異なる表象システムを用いてもいる。たとえば，暴力を「アーッ」という声や「ピシャッ」という音で表現する一方，「顔を真っ赤にして怒鳴り合って」という，鮮やかな視覚表現もしている。これもやはり，ジャックの感情がそうした記憶によって高ぶってきていることを示唆しているが，その後，そうした記憶から距離を置きはじめ，やがて「誰だって」という言い方をすることで，第三者のような扱いで自分たちに触れ，自分たちが泣いたことも，「普通，泣きますよ」という言い方をすることで，よくある反応として標準化している。セラピストは，こうしたパターンでの語りは回避性のアタッチメント方略を示していると，定式化していくだろう。
では，あなたと妹さんはときどき喧嘩を止めようとして割って入ったのですか？　そうしたとき，どんな気持ちになったか思い出せますか？	セラピストはこの質問をすることで，今進めつつある定式化——両親の間の暴力に巻き込まれることがジャックの現在の精神状態に重大な影響を与えてきたという内容の定式化——を，さらに探っているように思われる。
ひどく動揺していて，少し怖かったと思います。時には，カーラみたいに泣いてました。「お願いだからやめて，怒鳴り合わないで」と言いましたけど，たいていは，怖くて，怖くて，ただそこに座り込んで泣いていただけ……	ジャックはかつてを思い出しながら，再び感情を高ぶらせているようである。そのときのことを追体験しているかのように，当時発した自分の言葉を口にしている。 ジャックが現在形を使っているというような，細かな詳細のいくつかについて，セラピストは当時，自覚して書き留めることはなかったかもしれない。ただ，ジャックの感情の高ぶりをモニターすることによって，半意識レベルでは記録していたかもしれない。

セラピスト（太字部分）	コメント：意見，および，明らかになりつつある定式化
あなたは虐待を受けていたけれど，そのことについて両親にはいっさい話していないと，以前話してくれました。そのときの話の内容と，今話してくれていることとの間に，現時点で，何かつながりがあると思いますか？	セラピストのこの質問からうかがわれるのは，ジャックの両親は自分たちの対立に気を取られていて，それで手一杯だったため，ジャックがのちに体験した虐待に対応することができなかったという定式化を，セラピストが形成しつつあるということである。 この段階でこの質問をするのは少々野心的すぎると言えるかもしれない。つらい出来事について話したばかりのジャックには，落ち着きを取り戻すための時間がもう少し必要である。
つながりがあるかもしれませんが，ぼくはそのことについて考えたことがありません。そんなこと，思ってもみませんでした。ひょっとしたらあるかも，でも……	ジャックはここで，この定式化については，これまで考えたことがなかったと言っているが，じっくり考えてみようという気持ちになっているようである。この会話は，セラピストの定式化とジャックの定式化を結びつけ，それを調べてみようとしていることを伝えている。協働的な枠組みと定式化がどのようにして徐々に構築されていくかが示されはじめているが，ジャックの支配的な言説—自分は「精神的に病気である」—の方が，依然として彼の思考に大きな影響を与えている可能性がある。ここからは，セラピストは心して徐々に処置を講じ，ジャックと協働で代わりの意味を構築していき，セラピスト自身の定式化を強要しないようにしなくてはならない。

　さて，さまざまな点に関して，あなたの解釈はここで提案されているものとどう異なっていましたか？　このスクリプトを検討するに当たって，あなたはどのモデルをもち込みましたか？

　私たちはまず，実施中の臨床的ワークや定式化には，刻々と変化する力動的な性質があるということについて，一般的な重要点をいくつか述べるだろう。コメント欄には，セラピストが意識的な定式化を利用して，ジャックとの会話を先導していることを示すエビデンスがいくつか上がっている。次に，ほかにも構築できそうな定式化について——おそらくのちのスーパーヴィジョンで，ということになるであろうが——どのように検討しうるか，また，セラピストが暗黙のうちに，もしくは，半意識レベルで，定式化していた可能性のあるものを，どのように考察しうるかについても言及する。実際のコメントは，システム論的観点とナラティブ・セラピーの観点，アタッチメント理論の観点を組み合わせたものによる影響を受けてはいたが，まず間違いなく，さまざまなモデルの共有概念を代表するものである。セラピーを「実施中の」私たちがどう考えているかについては，根本的な共通点がいくつかありそうである。また，上記の３モデル由来の考

えは，経験を積んだセラピストの大半が用いる心理学的マップで広く利用されている（前章参照）。

　私たちは，ジャックとセラピストの間のものと仮定された上記の会話を分析することで，「作動している」定式化のもつ流動的かつ力動的で進化しつづける性質を示そうとしている。少しずつ時間を追って行ったこの会話の分析の中で，セラピストは絶えず定式化に取り組みつづけ，システム論／関係性から立てた仮説と，個人の観点から立てた仮説との間を，まるで複雑なダンスを踊っているかのように動き回りながら，重要な質問に対するジャックの反応が感情的なものになる状況と，そのあとのさまざまな質問を先導する基本的な理論との間で板挟みの状態にもなっている。上記の分析は，セラピストの定式化に焦点を絞っているが，ジャックも活発に意味づけに取り組んでいて，セラピストとジャックのいずれもが，互いのフィードバックを受け取りつつ，理解を深め，感情的反応を促し，定式化の出現を促している。実際，個人レベルでの分析とシステム・レベルでの分析とを概念的に区分するという，いかにも難題のように見えたものは，ジャックの人生をめぐる会話が展開するにつれて，徐々に消え失せている。ここでもち上がるのが，セラピストはこの場で折衷主義的統合に取り組んでいるのか，それとも，概念的統合に取り組んでいるのかという問題である。この区別は，実際のセラピーの場では曖昧になる。というのも，ジャックとセラピストの間のやり取りは，意識的な気づきのさまざまなレベルで発生しているからである。セラピストは，種々の心理学的モデルの明解な知識から得た情報を意識的に使って質問をしているように見えることもあれば，応答がきわめて共感的で，ジャックの感情的な色調に波長を合わせていることもある。明解な説明的知識を活かして質問をすることと，暗黙の手続き的知識に直観的に頼って治療関係をよい状態にして維持することとの間には，状況の進展がある。本書で概説しているいずれのアプローチにとっても，必ずジャックが感情的に安心できるようにすることと，充分な認知的リソースをもてるようにして，どのような新たな情報——特定の質問によって引き出され，共有によって進化していく協働的ナラティブを構築するもの——も処理できるようすることが重要である。精神力動的モデル，もしくは，アタッチメントに焦点を絞ったモデルを採用すれば，ほぼ間違いなく，コミュニケーションのもつこのような二重のプロセスに対して，よりよく反応できるようになる。私たちはセラピストとして，ジャックがどのような気持ちになっているか，生成されつつある関係性の情緒的雰囲気に自分たちがどう共鳴しているか，これがどう働いて協働的な意味づけを確実に行いうるのかをモニターしなくてはならない。その後，自分たちの理論をまとめて，セッション中に起きていたことや，次

回にはどのような道をたどって探求を進めたらよいと思うのか「に関して」，定式化を行うかもしれない。

　本章で提示している定式化へのアプローチは，力動的かつ協働的な枠組みを提供し，確固たる安心と安全の土台を治療関係の中で構築し，クライエントが思い切って厄介な記憶や体験を探求できるように支援するものである。以下に説明するアタッチメント・ナラティブ・セラピー・アプローチは概念的統合を目ざすものであり，3つのモデル——システム論的セラピー，ナラティブ・セラピー，アタッチメント理論——の中核的な心理学的特徴を活かし，治療関係が，成果としての定式化とプロセスとしての定式化双方にとってきわめて重要なものであると認めることを，常に中心に据えている。

アタッチメント・ナラティブ・セラピー（ANT）の定式化

　ジャックとの「生の」会話を伝えるトランスクリプトでは，セラピストがクライエントに提供する安心と安全のレベルにどれだけ注意を払っているかを示し，これによって，Bowlby の言う「揺るぎない土台」の考えを反映した関係性が築かれることを例証してきた。Bowlby（1973）はセラピーを説明して，年齢層に関係なく，相手の感情に波長を合わせた感度のよい「揺るぎない土台」を形成していくプロセスであるとしている。

> 　幼い子どもばかりか，あらゆる年齢層の人間が，もっとも幸せだと感じて自分の能力を最大限に活かせるのは，信頼できる人がひとりでも，複数でも，自分の後ろに立っていてくれて，困ったときにはその人が助けに来てくれると確信しているときだということが，今やはっきりわかっている。信頼するその人が提供してくれる揺るぎない土台を拠点として，そこから活動できるのである。
>
> （Bowlby, 1973: 359）

　アタッチメント・ナラティブ・セラピー（ANT）は Bowlby のわかりやすいアプローチを足場とし，システム論的モデル，ナラティブ的モデル，個人的モデルを統合した，理論レベルと実践レベル双方に適合するセラピーを提供している。Dallos と Vetere（2009）はこのアプローチを共用可能な枠組みに発展させ，ADHD や摂食障害，トラウマ，家庭内暴力など，種々の複雑な問題の理解に役立てられるようにしている。重要なのは，このモデルが概念的統合を試みていることである。この統合は，数多くの臨床家がさまざまなアプローチの融合を目ざ

して行っている特異的な試みを支持してもいる。アタッチメント・ナラティブ・セラピー（ANT）は異なるレベル——システム論的レベル（対人関係），個人的レベル（アタッチメント理論），社会的レベル（ナラティブ理論）——で作動するモデルをまとめているのである。

相補的モデルの概念的総合体に基づく統合

アタッチメント・ナラティブ・セラピー（ANT）の出発点は，私たちが摂食障害と死別の領域に取り組んでいる際に，アタッチメント理論によるモデル，システム論的モデル，ナラティブ的モデルの間に，概念的に重なり合う部分があることに気づいたことであった。さらに，各モデルにはそれぞれ欠点があったが，そうした欠点は残るふたつのうちのひとつで補えることに気づいたこともある。したがって，この3アプローチを対象に行おうとした統合は，単にそれらを並置するだけでなく，それらの中心的概念化を総合するという点で，概念的なものであった。この総合の核心に関係しているのは，セラピーは揺るぎない土台の創造とその維持に似ているとした，Bowlby の見解である。私たちはさらに，揺るぎない土台とその創造方法に関する概念が，これら3モデルの包括的概念化となっている点も示唆している。それだけではない。アタッチメント理論はそれ自体が統合モデルであり，Bowlby はこのモデルでシステム理論を利用し，子どもと親が互いの関係性の中でどのようにして恒常的な情緒的バランスに達成するのかを説明している。Main ら（1985）はアタッチメント理論を拡大し，初期体験がどのようにして個々のナラティブの構成と内容を構築するのかに焦点を絞っている。一方，他の2モデルもアタッチメント理論を拡大している。システム論は2項分析のみならず，3項分析にまで進み，ナラティブ・セラピーは，家族の関係性とアタッチメントを形成するナラティブで，広く文化的に共有されるものを考慮するようになっている。

システム論的モデル，アタッチメント理論によるモデル，ナラティブ的モデルのつながりと相違点

システム論的セラピー

第4章で見たとおり，システム論的定式化は，問題のもつ対人関係の性質を重視している。具体的に言えば，家族の力動という点で，「問題」はなんらかの機能に役立っていると想定しているのである。加えて，症状を維持している「今ここ」，すなわち，その時点での家族機能も重視している。ライフ・サイクルの変化などの過去の出来事が原因と考えられる問題も認めてはいるが，主たる焦点は，

変化しようとする中で発生している現時点の問題に絞られている。こうした特徴があるため，システム論的モデルだけを使うと，重要な脆弱性がそのまま残ることになる。

1 たとえば，抑うつ状態や物質乱用に対立するものとされる拒食症など，なぜ特定タイプの問題が発生するのかが明らかではない。また，同じ家族の別々のメンバーがなぜ，個々の問題や個々の対処法をもつようになるのかも明らかではない。
2 家族の力動がどのようにして，その家族の各メンバーの内的世界や感情，信念を形成するのかが明らかではない。
3 システム論的モデルは，たとえば，ジェンダーや家族の役割や道徳についての考えがどのように家族機能を方向づけているのかなど，より広範な社会文化的背景については，ほとんど語っていない。
4 個人をあからさまに非難することが少ないシステム論的モデルは，実際には対象のレベルをひとつ上げ，家族を非難している，という積年の懸念がある。通常，これは，クライエントとされた人物の両親が非難の対象になるという意味である。
5 システム論的モデルは，家族の各メンバーの感情に充分な注意を払わないため，信念と行動の説明は重視しているが，感情に関する理論を統合することはできない。

ナラティブ・セラピー

　ナラティブ・セラピーには，システム論的セラピーに似ている部分がたくさんあり，殊に，コミュニケーション・プロセスが治療による変化にとってどれだけ重要かを強調している点が顕著である（White and Epston, 1990; Sluzki, 1992; Tomm, 1988; 本書第4，5章）。何よりも，人間の体験の中心は意味づけであることを強調し，出来事に付与するさまざまな意味が感情と行動を決定していると提唱している。意味が変わったり，「新しい見方」で物事を見られるようになったりすれば，それに応じて，感情や行動にも変化が起きる。社会構成主義者の見解（第5章参照）を利用して言うなら，意味は関係性の中で協働によって構築され，言語はそれを発生させる手段である，となる。システム論的アプローチと対照的なのは，家族内の行動パターンではなく，意味のパターン，特にストーリーのパターンを強調している点である。Vygotsky（1978）の提唱によれば，子どもは，周囲の大人の話を内在化させることで学習する。子どもの内的世界は，のちに内

在化されることになるさまざまな会話でできていて，支援的な発言も懲罰的な発言も包含しうると言われている。そして，さまざまな出来事は，ナラティブ構成を通して意味を与えられ，時間をかけて結びつけられるとされている。Bruner（1990）と Vygotsky（1978）はさらに，子どもが自分の体験を理解するのに役立つ「足場」は，親が組んでいるとも主張している。私たちは，セラピストが足場を組み，クライエントが新たな理解に到達するのを助けるという点で，このプロセスと治療関係は似ているのではないかと考えている。ナラティブ的アプローチが強調するのは，否定的な出来事も肯定的な出来事も結びつけられるような一貫性のあるナラティブをなんとかして作り上げ，別の可能性を考えて，当人が自分の人生に発生した出来事を省察し，統合できるようにすることである。重要なことだが，ナラティブ・セラピーでは，クライエントが自分のストーリーを系統立てて明快にできるように，ごく自然な手段として作文を利用することがよくある。

　ナラティブ・セラピーのこうした側面は，システム論的アプローチを補完するが，似たような欠点も共有している。たとえば，特定のナラティブがどのように出来上がったのかという点に関する説明がほとんどなく，家族の個々のメンバーのもつストーリーの差異に関する説明もほとんどない。むしろ，システム論的モデルの場合と同様に，定式化で強調されるのは，問題を積極的に維持していると思われる支配的ナラティブと，それらを変える実際的な方法を提供していると思われる支配的ナラティブを説明することである。ナラティブ的アプローチがシステム論的観点と結合する重要な方法のひとつは，より広範な社会文化的背景に注意を向けることにある。言語は，征服と圧迫を推進しうる種々の信念や慣行を，伝達して永続させるものとして理解されている。たとえば，数多くの家族が診断用語（「ADHD」，「うつ病」など）の影響を受けている。社会構成主義者たちは，西洋文化において支配的な「苦痛の医療化」に異を唱える主張をしてきたが，Rapley ら（2011）はその主張をさらに発展させている。確かに，問題の器質的原因や精神疾患については，幅広く文化的に共有されている考えや言説があり，それらは家族や家族ひとりひとりに受け入れられ，深い影響を与えつつ，その力動を形成する可能性がある。ナラティブ・セラピーも，こうした言説がどのようにして治療や支援——ADHD の専門クリニックや「ボーダーラインパーソナリティ症（境界性パーソナリティ障害）」をもつ人のために作動している思いやりに満ちたマインド・グループなど——の提供を決定づけるのかという点に取り組んでいる。その重要な目的のひとつは，クライエントがそのようなレッテルの否定的な側面に抵抗できるよう，手助けすることである。ナラティブ・セラピーは

事実上，個人や家族が自らの問題を，できるだけ自らを傷つけることなく「再定式化」できるよう，手助けすることを目的としている。

　自分のさまざまな体験を，一貫性のある詳細なナラティブの中でどの程度まで結びつけられるかは，人それぞれである。これは「**ナラティブ・スキル**」と呼ばれているもので，親子の対話の仕方によって育まれ形成される複雑な能力である（McAdams, 1993; Habermas and Bluck, 2000）。これが臨床的に重要なのは，ナラティブ・セラピーには，一部の人にはない言語スキルと高度な言語的素養が必要とされるからである。定式化はこのことを考慮に入れ，セラピーに教育的要素，すなわち，スキル獲得要素が含まれるようにすることを検討しなくてはならない。さもなければ，そうした能力がもっと安定するまでは，他の形のセラピーが指示されることになるかもしれない。

アタッチメント理論

　John Bowlby（1988）のアタッチメント理論は，さまざまな理論の統合から成っている。そこに組み込まれているのは，精神力動（対象関係）論やシステム論，認知神経科学（表象システム－内的作業モデル），動物行動の自然観察から採用したさまざまな考えである。低年齢の人間は，他の種と同じように進化に基づく本能が備わっていて，危険に遭遇したとき，両親から安全と慰めを得ようとする。親は，慰めを求める子どもの欲求にさまざまな方法で対応し，それが子どもの内的世界の重要な側面を形成すると言われている。特に，「父さんや母さんならきっと安心させてくれる」という子どもの気持ちに沿う形で親が対応する場合，子どもは，この世界は安全であり，自分は愛されていて慰めてもらえる存在であるという感覚を育んでいく。親が渋々応じたり，一貫性のない対応をしたりして，状況の安全性が低下し，その状況自体が危険を引き起こす原因となるようなことがあると，子どもはこの世界を安全でない場所だと見るようになり，自分は価値のない，「いまいち」な存在なのだと考えるようになる。

　アタッチメント理論は当初，親から引き離された子どもに関する自然観察を基盤にしていたが，のちに，「奇妙な状況」という研究パラダイムの中で計画的に行った親子の分離を体系的に観察し，それを土台とするようになった（Ainsworth, 1989）。その結果，子どもが示すアタッチメント行動は，安全型，回避型，不安型／アンビバレント型の，3パターンに分類されることになった。Bowlby（1969）は，子どもの体験は内的作業モデル——すなわち，恐怖，慰め，親，自分自身に関する信念やストーリー（Main et al., 1985; Crittenden, 1998）——として保持されるようになると主張している。この主張はさらに推し進められ，防衛プロセ

スは，人が幼い頃や現在の家族体験について「どのような」語り方をするかに示されることが明らかにされた。人が用いる防衛プロセスの差異は，大まかに以下のように要約できる。

- 安全な防衛プロセス−過去の体験を理解するために，感情と認知双方に関する情報を利用でき，否定的な出来事と肯定的な出来事双方の記憶にアクセスでき，こうした体験について省察し，それらを統合できる状態。
- 拒否的な防衛プロセス−これは子どもの回避型に相当するもので，その特徴として，語りの中で感情が最小化される点と，話の展開が過度に理性的かつ意味論的になる点が挙げられる。幼い頃の記憶へのアクセスはほとんどなく，つらい記憶や両親からの拒絶は遮断されていて，両親を理想化すると同時に，「自分はいまいちだ」として自己を否定している可能性がある。
- 囚われ型の防衛プロセス−子どもの不安型／アンビバレント型に相当するもの。トランスクリプトから，感情を気にしすぎる，いろいろな出来事を一貫性のある形で結びつけることがほとんどできない，問題を人のせいにする，自分のことに気を取られる，などの特徴が明らかになっている。
- 混合型／無秩序型の防衛プロセス−ジャック同様，虐待やトラウマ的な出来事を体験した多くの人々は，不確実な方略ふたつを複雑に混合して用いている様子を示す。ときには，ある方略から別の方略にいきなり変わることもあり，その場合には，強烈な感情の爆発を伴うことが多い。そのような方略は，混沌として無秩序なものに見えるかもしれないが，生活内の混乱した感情的ジレンマを処理するためのものであることが多い。

したがって，アタッチメント理論は，システム論的アプローチとナラティブ的アプローチの重要な欠損部分のいくつかを埋め，家族のパターンの発生や子どもの内的世界の形成，ナラティブ・スキルの育成について，発達の観点から説明する。しかしながら，システム論的アプローチと同様，より広い社会文化的背景にはそれほど焦点を絞ってはいない。たとえば，女児と男児の発達は，身につける「べき」危険対処法に関する文化的期待のせいで，家庭内で異なっているかもしれない。同様に，慰めを期待する気持ちや苦痛の適切な表し方についても，さらに大きな文化的差異が存在するかもしれない（Crittenden, 1998）。アタッチメント理論は，現時点の相互作用的プロセスではなく，過去の相互作用的プロセスに重点を置いている。アタッチメントのパターンは，ほぼ間違いなく，両親との過去の体験の内在化のみならず，今や成人した当人の両親との関係性や他の親密な相互

関係によっても維持されている。

ジャックに関するアタッチメント・ナラティブ・セラピー（ANT）の定式化

　この定式化は，個人レベル，対人関係レベル，社会文化的レベルでの分析に対する上記3モデルの貢献を考慮し，この3つを織り合わせて構成されている。3モデルは，問題の原因の捉え方については異なる分析レベルで作動しているが，これらの異なる観点によって，すべてを考慮に入れた統合的枠組みが提供されると考えることもできる。この基盤には，個人の体験（たとえばジャックの体験）は，その家族の力動の性質によって影響され，家族の力動はより広い文化的要因によって影響されるという概念化がある。そして，家族の力動は，その家族の各メンバーの各特徴によって形成されるのである。ANT（アタッチメント・ナラティブ・セラピー）のアプローチは，異なるレベルで作動しているそれぞれのモデルの特徴をどのように織り混ぜることができるかについて，説明しようとするものである。

- **個人レベル**。ここでは，幼い頃の家族内での体験がどのように働くことで，他者から支援を得られる可能性について，特定の感情を伴う信念が形成され，自尊感情が形成されてきたかを見ていく。重要なのは，こうした体験に関して当人が保持しているストーリーの形式と構成を重視している点である。
- **対人関係レベル**。当人の子ども／大人としての信念や感情，および，その両親の信念や感情は，過去と現在双方の家族内の関係性によって形成されるが，ここでは，その関係性のパターンを分析する。現在の行動パターンがどのように形成され維持されているかについてや，家族が自分たちの困難を解決しようとして何を行ってきたかについても，考察する。
- **社会文化的レベル**。ここでは，さらに広範な文化の観点から共有されている信念や期待について掘り下げ，それらがどのように影響して，家族の各メンバーが，苦悩や対立との「適切な」関わり方や対処の仕方についての考えを抱くようになったのかを探っていく。

ジャック

　ANTの定式化は，3レベルの分析すべての結合を試みる。しかしながら，最

も重視されるのはナラティブで，これは，意味と感情状態を構成するストーリーや，行動の選択を決定するストーリーを，より広い意味で捉えたものである。

　ジャックの ANT の定式化は，実際には，以下の3つの中核的概念を軸に展開する。

- ジャックの過去と現在のアタッチメント体験が，苦悩の対処法をどう形成しているかということ。その対処法には，こうした体験をナラティブの中に位置づける能力も含める。
- ジャックがこうした体験について保持している意味がきわめて重要であり，これらを語り直すことが，過去や自分自身や将来について，別の考え方をするのに役立つということ。
- ジャックと彼の家族が保持しているナラティブは，より大きな社会文化的状況の中で起きていて，その中には，アタッチメントについての考え方，ジェンダーによる期待，感情表現に関する文化的差異が含まれているということ。

　重要な点として，ジャックと家族が父親のことを，もっと否定的でない考え方で捉えられるように手助けすることは可能かもしれない。このようなケースでは，しばしば，虐待を行う人自身が虐待に遭っていたことが判明する。このことを知れば，ジャックは父親の行動について，これまでほど，自分に対する個人的な動機からのものだと考えないで済むようになるかもしれない。これらの出来事についてのストーリーを書き改めることによって，ジャックはこれまでとは異なるアタッチメント・ナラティブを形成できるようになり，それによって，力不足と拒絶に関する打ちのめされるような感覚から解放される可能性もある。手短に言えば，ANT は定式化において，アタッチメント理論のみで対処するケースや初期のシステム論的定式化で対処するケースなどで典型的に見られるものより，意味づけと，過去を「語り直す」能力を重視しているということである。

　アタッチメントの分析で重要なのは，家族内の行動パターン，特に，危険や脅威や不安の対処法を考察することである。ジャックは明らかに，家庭の内外で多数の危険に直面していた。家庭内暴力の目撃者でもあり被害者でもあった。慰めと支援を提供してくれるはずの人間が，実際には危険の原因であるというのは，年端のいかない子どもにとって，混乱と苦痛の極みである。これは，特に保護と慰めを求めるという点に関して，きわめて矛盾した感情を生む可能性がある。ジャックはおそらく，父親は危険であり，母親も苦しんでいる上に恐怖に囚われていて，自分の求めには応じてはもらえないと思い込むようになったのであろう。

そして，母親の状況は理解していたつもりであっても，自分が慰めやケアを必要としているときに，それを与えてくれない母親に対して，やはり怒りや恨みを感じていたであろう。

こうした状況で発生する典型的なアタッチメント方略は，子どもが「ケアをする側」になろうとすること，すなわち，自分が必要としているものを断念して，代わりに親のケアをしようとすることである。この方略は，自分の面倒を見てくれない母親に対して——そうできない理由は頭ではわかっていたとしても——怒りや恨みを感じたことによって生じた罪悪感を軽くするのにも役立ったはずである。ジャックが学校では「よい子」であり，みんなに好かれ，才能があり，周りともうまくつき合っていたという事実から察するに，少なくとも外界に対しては，家庭で味わっていた苦しみや恐怖を，表面上うまく隠していたのだろう。人に気に入ってもらおうとするこの方略は「偽りの感情」と呼ばれていて，役割が逆転した「強迫感から行うケアの提供」の典型的な構成要素である（Crittenden, 1998）。このパターンは，ジャックの父親が家を出て，ジャック自身が「家長」となることになったとき，さらに深く定着した可能性がある。ジャックと母親と妹たちは，おそらく，気持ちの面でも家計の面でも，どのように対処していったらいいのか，心配でたまらなかったであろう。この状況では，自分の問題で母親に心配をかけない「よい子」であり，役に立つ少年である必要性は，さらに重要性を増したかもしれない。

アタッチメント理論は，そうした家族の体験から生まれそうな内的モデル（中核となる信念と感情）の特徴として，以下を挙げている。

- 自分の家族は安全な状態ではない。
- 自分を守ってもらい，慰めてもらいたくても，両親を当てにできない。
- 両親のいずれかが危険の原因である（双方でない場合）。
- 自分は，両親を喜ばせ，両親の面倒を見ようとしなくてはならない。そうすればたぶん，両親の口論は減るだろう。
- 自分が頼れるのは自分自身だけだ。
- しゃべるのは危険だ。暴力をふるわれることになる。
- 両親の行動や，自分自身のニーズについては，考えないようにしなくてはならない。

こうしたことは，必ずしも意識して考えているわけではないが，自分自身や家族のことについて説明するときの話し方など，ジャックの行動にはっきり表れている可能性がある。ジャックのアタッチメントの型を分類するのは，単純化しす

ぎる危険を冒すことになるが，一方，そうすることで，彼が何を必要としていて，どのような感情の対処法が考えられるのか，その可能性を探る出発点を得ることができる。アタッチメントの型に関するいくつかの特徴への言及も含めた定式化は，そうした特徴を絶対的なものと考えるのではなく，提案もしくは仮説だと考えるのであれば，役に立つかもしれない。たとえば，トランスクリプトには，感情を遮断するとか話をしないなどの回避型のパターンの特徴や，「強迫感から行うケアの提供」や自立の徴候が認められる。しかし，これも，ジャックの年齢が進み，極端な形の苦しみや虐待を体験するにつれて，変わっていった可能性がある。さらに，この方略は，最初のうちは有効だったかもしれないが，のちにはあまり効果的に働かなくなったようである。というのも，暴力も，離婚も，自分が受けた虐待も，その方略では止められなかったからである。毎週土曜日の配達のアルバイトは，ジャックが家族を「ケア」して手助けしようとして始めたことだったかもしれないが，この行動自体が次の虐待につながり，その結果，ジャックは，不安型／アンビバレント型のアプローチを採ることが増えた可能性がある。これが極端になると，他者に対する強い不信感を抱くようになり，その状態は，関係性を妄想する「パラノイド」型のレッテルを貼られ，過去，現在，未来の潜在的な危険のことで頭がいっぱいになるという特徴を示すようになる。ジャックはひょっとしたら，ふたつの不確実なアタッチメントを行ったり来たりする混合型の方略を展開していたかもしれない。そうしたアタッチメントはいずれも効果がないため，最後は双方とも放棄し，「病んだ状態」になる。このことは，怒りと心痛と恨みで頭がいっぱいになりながらも，人に気に入ってもらい「よい子」であろうとする，彼のアタッチメントのジレンマを解決するのに役立つ可能性がある。

　ANT のアプローチは，アタッチメントに関するこの基本的定式化をさらに推し進めるために，自分の人生の出来事を理解したり処理したりするジャックの方法が，家族布置によってどのように形成されているかを考察している。特に，ジャックの「ナラティブ・スキル」は発達途上にあるのかもしれない。おそらくジャックには，両親が厄介な感情や問題，危険について，自制的で冷静な態度で話し合っている場に居合わせた経験がほとんどないのであろう。それどころか，両親のやり取りが次第に激しさを増し，おそらく怒号や非難や脅しが乱れ飛び，それが身体的暴力に至るところを目撃していたようである。ジャックは十中八九，言語とコミュニケーション——特に，激しい感情が絡んでいる場合——の意味について，慰めを運び，問題を解決する安全な媒体ではなく，信用できない危険なものだと考えるようになっていたであろう。したがって，そのような問題

について話し合うことはあまりなかったであろうし，自分の人生に関する省察的で一貫性のあるストーリーを作成するために，さまざまな出来事を内的に理解することもあまりうまくできなかったであろう。若者は普通，その人生の比較的安全な時期には，このパターンを抱えていたとしても，ある程度は充分に機能できるのかもしれない。しかし，ジャックの場合，一連のライフ・イベントは，非常に危険で安全性を欠くものばかりであった。ジャックはその脆弱性のせいで，感情の激流に押し流されつづけ，対立する感情や出来事を統合して解決する機会はほとんどもてなかったのだろう。その結果として，自分の感情の問題を解決しようとするときの現在の方法——自分が必要としているものの否定，自暴自棄，パラノイア，怒りなどによる方法——の中に閉じこもりつづけているのかもしれない。

　このパターンが原因で，ジャックは，自分に好意や関心を示しているように思われる人に対して無防備になり，ひょっとしたら，性的虐待の被害者にもなってしまったのかもしれない。というのも，ジャックは，自分の家族の中でうまくやっていく方法のひとつとして，危険のサインを最小化することを学んだ可能性があるからである。その後，彼は母親に秘密を打ち明けられなくなったようだが，秘密を胸にしまっていたことで，後ろめたさと苦しみは強まり，とうとう，ドラッグとアルコールで気持ちを紛らわすまでになったとも考えられる。ジャックの場合，これはスリルの追求ではなく，自己治療の意味合いが強い。

　アルコールとバルビツレート〔バルビツール酸系催眠薬〕が認知的処理や分析，意味的処理を遮断し，最初は少なくとも，ぬくもりのある感情的な輝きのようなものに浸らせてくれるという点を書き留めておくが，これは興味深いことである。しかしながら，このような状態は洞察につながることはなさそうである。ジャックのように，生産的かつ統合的な活動に取り組むための知識も意欲もない若者は，ドラッグによって感情の麻痺状態に陥ることが増え，精神症的反応，すなわち，被害妄想的反応も引き起こしかねない。ANT の定式化では，こうした状態になるのは，危険や自暴自棄，慰めの欠如，拒絶などに関するつらい考えを積極的に避けるための防衛方略が，ドラッグによってはぎ取られてしまうからではないかと示唆している。そのような考えやイメージを体験して統合する練習ができていないと，それらに打ちのめされるようになり，それが恐怖やパラノイアにつながっていく可能性がある。ドラッグをやってみても，ジャックが慰めや安心に満ちた会話を両親と交わして，抱えていた悪いイメージや感情や思考を，なんとか我慢しやすいものにできたとは思えない。

アタッチメントとシステム論的プロセス

　アタッチメント理論とシステム論が共に重視しているのは，家族内の相互作用のパターンを調べ，現在の問題がどのような形でその力動に対する「機能的」反応になっているかを考察することである。私たちは，個人のアタッチメントの型のみならず，家族のアタッチメントの型もあることを提唱している。これはシステム論と一致している。たとえば，困難な状態に陥って機能を停止した家族について，構造主義的家族療法が提示する概念は，アタッチメントのアンビバレント型／囚われ型，回避型／拒否型に相当する（Hillburn-Cobb, 1996）。しかし，システム論的アプローチは，過去のパターンだけでなく，現在持続中のパターンも重視する。ジャックの感情的な苦しみと反応パターンは，単に過去のものであるだけではない。彼はメンタルヘルス施設に入院していて，家族は，現時点では自分たちに危険をもたらすからという理由で，ジャックを「拒絶」している。子ども時代に危険の**ただ中**に置かれた彼は，今や**彼の**家族から**危険人物**とみなされることになったのである。ジャックは妹がロビー・ウィリアムズにレイプされたと心配しているが，この心配も，関心の顕れではなく，狂気の徴候とされている。しかしながら，投薬治療によって抑えきれない感情に対応し，問題について人に話せない自分の無能さを解決しようとするのは，ほぼ間違いなく，単に**彼に**そういう傾向があるというだけでなく，家族の現行パターンにも当てはまるであろう。妹たちや母親が苦悩にどう対処しているのかについて，もっとわかると興味深いと思う。たぶん，母親の解決策も投薬治療になるはずである。厄介な感情や問題を回避する家族パターンはこうしてエスカレートしていき，ついにはジャックも，父親に続いて家を出ることになったのであろう。家族内の厄介な感情は，投薬治療の使用，もしくは，家を出ることで解決されているようである。家族パターンに見られる重要な特徴をいくつか要約したものを次頁に示している（図9.1参照）。

　この分析から，ジャックの家族の各メンバーは，相変わらず互いの面倒をうまく見られないままであることがわかる。妹たちがどのように対処しているのかは明らかではない。支えとなるものを家族の外に見つけているのかもしれない。となると，ジャックにとって，事態はいっそう厄介になる可能性がある。危険に対する恐怖が，家族内にとどまらず，外界にまで広がるからである。しかしながら，たぶん，妹たちにも弱点があり，重大な脅威や喪失，自暴自棄に直面した場合，ジャックと同様の方法で対処する傾向を示すであろう。実際，家族がジャックに怒っているのも，一部には，彼のせいでつらくて厄介な記憶が蘇り，苦しい出来事や感情は忘却し，否定し，拒絶するという家族のスタイルが，事実上，問題に

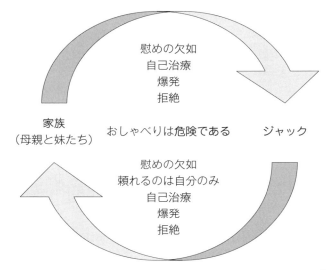

図9.1 家族に見られるパターン，アタッチメント，ナラティブ

されるためかもしれない。

文化的背景とナラティブ

ジャックのケースには，数多くの重要な社会文化的要因による特徴がはっきり見て取れる。まず，彼の家族は，男女それぞれに適した苦悩の表し方や慰めの受け取り方について，共通の言説(ディスコース)を有している可能性がある。このような期待は，幼児に向けられる場合，ジェンダーによる区別は少ないことが多いが，青春期に近づくにつれて，区別が明確になっていく。通常，少年は，恐怖や苦悩の露呈を抑え，感情面での自主性を高めていくことを期待される（Crawford and Unger, 2004）。男らしい感情表現の仕方は父親から学ぶことができるが，その父親が不在の場合，多くの青年にとって，そのプロセスは複雑なものになる。ジャックの場合，父親がいないというだけでなく，父親自身が苦悩と危険の発生源となっていた。ジャックは女ばかりの家庭で自分の気持ちをどう表したらいいのか，次第に混乱していったのかもしれない。文化的な規範はこうして，家族内の感情やニーズについて話し合うことに対する既存の抵抗を，さらに大きくしている可能性がある。また，ジャックの家族は間違いなく，イタリア文化の基準にも影響を受けているであろう。たとえば，他に比べたら，感情表現は受け入れられるが，「マッ

チョ」文化の範囲内でという制約がある。その結果、ジャックの感情は、たとえば鏡の中に父親の顔を見るなど、間接的な形で出口を見つけている。

精神科のケアは、このような家族パターンには、主に投薬治療での管理を提供するのかもしれない。そうすることによって、家族内での感情回避を強化し、「ジャックは『病気』、すなわち、『精神障害』で苦しんでいる」という医学的／器質的言説の中に問題の原因を位置づけるのである。ジャックは自分のケア担当者にあまり打ち解けず、セラピーにも熱心ではないという。しかし、投薬治療にはきちんと応じているということは、広く行きわたっている強烈な精神疾患の言説は受け入れていると言えるかもしれない。これは次に、ジャックと家族が体験しているアタッチメントの問題の強化に一役買うことになる。

統合

ANT アプローチの重要な特徴のひとつは、ジャックの家族内の相互作用的力動と会話に関して、その**内容**と**プロセス**双方を定式化の土台とするという点である。そのためには、セラピストがジャックの家族の相互作用を観察し、その相互作用に関与することが可能でなくてはならない。家族のメンバーと個々にミーティングを行えば、家族の力動がいくらかは見えてくるかもしれないが、一家全員とのミーティングは変化のメカニズムにとっても非常に重要である。家族の力動について、システム論的定式化の土台となる情報を集めやすいからである。家族とセラピストの間のこの相互作用は、安全で安心な感情的土台を確立するという点で重要であり、セラピストも家族もその土台があるからこそ、協働で再定式化に取り組み、協働で構築したナラティブの変更や変化を支えられるのである。システム論的家族療法は、家族内の内容とプロセス（関係性のパターン）の区別を重視するが、問題を含んでいるナラティブの内容とプロセスに注目する ANT でも、同様に区別を重視する。

セッションのトランスクリプトの解釈は統合的定式化に役立つ。本書の他のモデルがセラピーのプロセスに接する同様の機会をもちえたとしたら、共通の解釈がいくつか出てくるであろう。とは言え、トランスクリプトがなくても、治療上の会話の中で示される防衛的プロセスに注意を払うことは可能である。

ジャックとセラピストの間で交わされたとされる会話には、ジャックのナラティブのパターンがいくつか示されている。たとえば、ジャックがいつの間にか現在形で話している部分がある。「やっぱり我慢できなかったって言うか、……観ながら……**を聞いてるとか、無理だし**」という部分だが、これは、彼が興奮して、虐待を追体験していることを示している（囚われ型の方略の指標）。対照的に、

暴力を描写しているときには,「ぼくたちはたいてい泣きはじめましたね。**誰だって**,親がそんなふうにしてるのを見てたら,**普通**,泣きますよ」と言っている。ここでは,距離を取った言い方(「誰だって」)をし,泣くのは「普通」のことだとして,湧き上がってくるつらい感情から自分自身を切り離している(拒否的方略)。これらからわかるのは,興味深いことに,ジャックには,これらふたつの方略双方をもっと建設的なやり方で活用する可能性があるということである。もし彼が,一方からもう一方への切り替え方をもっと意識して,それらを統合することができれば,それが可能になる。というのも,安全なアタッチメントが形成されていれば,概して双方の方略を,いずれかに決めずに使えるからである。実際,ジャックは自分の認知と感情双方にアクセスしていて,これは成長の可能性を示しているとも言える。たぶんジャックには,レジリエンスの資質もあるだろう。ジャックは音楽のような話題に関心を示すこともできれば,ときには,自分の気持ちや弱さを示すこともできるため,スタッフはジャックに「好意を抱く」。ジャックの場合,音楽に関する彼の認識作用と感情は双方共,ときに,しばらく極端な状態が続くこともあった。

　アタッチメントの型については,すでに要約したとおりだが,そうした型の指標が言説(ディスコース)に見られる場合,アダルト・アタッチメント・インタビュー(AAI)分析トレーニングなどの一部に含まれている指標解釈テクニックに慣れておくことは,ANT アプローチを使ったセラピーの展開に役立つであろう。私たちには,ジャックが自分の体験や現在の状況についてどのように語っているのかはわからないが,先に示唆したとおり,彼は面談になんとか対処しようとして,自分の感情を遮断し,他者の気持ちを思いやっている可能性がある。アタッチメント用語で言えば,ジャックは,相容れない要素をもつ方略を混合して用いていることを示しているが,その混合型方略によって,彼の回避−拒否型対処法は行き詰まりつつあり,恐ろしい妄想的思考が意識内に押し入りつつある,ということになる。おそらく,ジャックにとって,自分の感情や体験を遮断することより,それらについて語ることの方が,相当な安心と学びを必要とすることなのであろう。実際,押し入ってきた思考や感情の痛みのせいで,彼はさらに極端な回避行動を取ろうと思うようになり,唯一手に入る解決策であるドラッグを使って感情を遮蔽しているのかもしれない。

介入への影響

　ANT セラピーには,システム論的セラピーに似たところがたくさんある。家族を対象に行うことが可能で,実際にスーパーヴィジョンも行われる。ジャック

の場合，これは，初めは難しいかもしれない。というのも，家族が全員そろったミーティングに，不安を感じたり抵抗したりする可能性があるからである。出発点としては，まず家族の女性陣に会い，彼女たちが今の問題とアタッチメントの課題について——ジャックとの関係性や父親との関係性を含めて——どう考えているのかを探るとよいかもしれない。そして，これを，先のスクリプトにあるジャックとの個々の取り組みで補うのである。これらふたつのセラピーの構成要素を統合できれば，有用なものになるであろう。私たちの経験から言うと，もしクライエントの個人的な取り組みの担当者が家族のミーティングに（もちろんクライエントの許可を得た上で）何度か参加し，それによって家族全員でのミーティングの下地を作ることができるなら，大きな効果を上げうるであろう。セラピーは時間の制約を受けるものではなく，システム論的家族療法と同様の道をたどり，家族のミーティングは，2，3週おきに行われる。一般的には，たとえば，母親が自分の両親とどのような関係にあったかや，育児やアタッチメントや慰めのパターンはどのようなものであったか，それらが家族の現在の関係性にどのように影響しているかなど，世代を超えたプロセスが探求される。

　当然ながら，家族のミーティングが不可能なケースもあるだろう。ANTアプローチは，ジャックとの個人的な取り組みにも用いることができるが，家族の状況を心に留めておき，セッションの間にこれについて話し合うことが重要である。家族のメンバーと物理的に距離がある場合にも，たとえば，電話やEメールでいくらかコンタクトを取ることも可能かもしれない。ジャックが自らと関わりのある専門家に対して，アタッチメントを形成している可能性もあるため，ANTは，そうしたアタッチメントについてよく考えることを奨励している。ジャックのような若者には，しばしば，異なる専門家が次々と関わることになるが，これによって肯定的なアタッチメントの形成がどう妨げられているかは，ほとんど認識されていない。ジャックが，会話をしたり自分の感情を話したりすることでアタッチメントのニーズをうまく管理し，自分の人生に憑いた悪魔に立ち向かえるようにするための種々の方法を試すことができるようになるには，安全な関係性は不可欠である。

背景にあるもの

　ANTアプローチがとりわけ考慮すべき点は，ほぼ間違いなくあらゆるモデルについても言えることだが，定式化は必ず社会的背景のもとで行わなくてはならないということである（図9.2参照）。これは，ふた手に分かれるプロセスを形

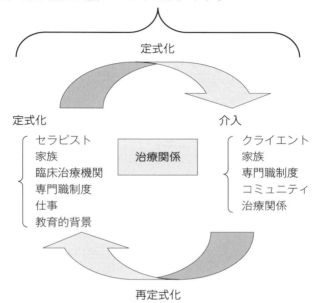

図 9.2　背景を踏まえた統合的定式化のプロセス

成している。ひとつは，問題の定義づけという点（たとえば，個人的な弱点，病気の徴候など）で，定式化の根底にはさまざまな言説やイデオロギーがあるということである。もっと一般的に言えば，思考や感情や行動に関して，「正常で，正当で，適切」な型と，それに対する逸脱していて容認しがたいものとを，文化的背景が規定しているということである。このような文化的な枠組みはセラピストやカウンセラーの活動に否応なく影響を及ぼしている。私たちは，自分が働く社会の法律や倫理の支配下にあるからである。それらに対する賛否は関係ない。

　今ひとつは，どのような支援サービスが利用可能で，その仕組みがどうなって

いるのかに関して，構造的な現実があるという点である。実際，定式化は，治療の種類と提供するセッション数に関する財政的支援の制限など，より広範な構造的制約を考慮に入れなくてはならない。たとえば，児童に対する支援サービスは，通常，18歳未満という年齢制限があり，それ以降は，成人に対する支援サービスを受けることになる。若者に関する定式化を行う際に，この恣意的な区分の影響を見落とすのは愚かである。

　図9.2は，ジャックとの会話の抜粋に示されている**定式化**のプロセスを要約するのにも役立つ。特に，力動的な循環的プロセスがはっきり見て取れるが，セラピストはこれによって関係性に注意を払い，どの時点でなら，ジャックは新しい観点に耳を貸せるのか，埋もれていた感情が浮上してきても耐えられるかなどを判断しながら，質問のペースと頃合いを見定めるのである。また，私たちは，ジャック自身がどのようにこのプロセスを経て定式化を進めているかも考察することができる。その好例は，たぶん，以下の簡単な質問に対するジャックの返答だろう。

　セラピスト：そのとき，何歳でしたか？
　ジャック：えーと，思い出せるのは，5，6歳くらいからのことだけで，そう，それ以前のことは思い出せません。**そうだなあ，その歳だと，ふたりを止められるような大きな声では叫べなかっただろうな。**

　ジャックが彼自身の弱さをこのようにほのめかしていることがわかると，私たちはそれに導かれて，ジャックの心情――「このセラピストは自分に関心をもち，適切な質問をしている。自分の気持ちを打ち明けても大丈夫な相手だ」と信じる気持ち――を考え，その点を考察しようという気になるかもしれない。ここに現れているのは，セラピーは新しい考えの探求を可能にする安全な基盤を提供することで発展していくとする考えの本質である。セラピストは実際の定式化に導かれ，安全な足場を提供して，さらに情報が出てくるようにし，より有意義なナラティブをジャックと共に構成しようとする。ジャックの返答にうかがわれる感情的なトーンが示唆するのは，ジャックには，自分の弱点を感じつつセラピストを信頼する用意があるということだけでなく，たぶん，今の会話で追体験している子どもの頃の苦しみを認めてほしいということ，その苦しみに対する慰めがほしいということでもあろう。

まとめ

　本章では，**プロセスとしての定式化**という考えと，そうして定式化を進めていく作業が実際の治療の中で，治療関係の構成と維持にどう複雑につながっているのかを理解すべきであるとする考えを強調してきた。また，定式化という力動的観点がどのようなものであるかを説明し，クライエントと共に進めている「さなか」の定式化のプロセスと，なんらかの活動や行為「に関する」定式化のプロセスも説明してきた。統合的モデルの枠組みを提供するのに，これだけで充分なのだろうか？　これは，包括的な統合的枠組みの生成に向けての重要な一歩となりうるのではないかと，私たちは提案したい。ジャックとセラピストとの会話のトランスクリプトを掘り下げることで私たちが提唱してきたのは，進めている「さなか」の協働的定式化というプロセスには必然的に統合的な心構えが必要だという点である。その心構えとは，クライエントの信念や感情や個人的な意味を重視し，クライエントとセラピスト間の相互作用の本質に焦点を絞り，クライエントに影響する外的要因――たとえば家族の状況など――の考察を重視するということである。また，面接を進める間，セラピストが自分自身の信念や感情や個人的な意味に注意を払うという省察的アプローチも重視するということである。

　治療上の定式化は，あらゆるモデルがある程度は他のモデルを利用して，共通の要因を包含しているという点で，必ず統合的であると，私たちは提唱している。しかしながら，さらに一歩進み，異なるモデルをどのようにつないだら統合的枠組みを提供できるのかを，具体的に述べることもできる。この統合は，前章で述べたとおり，折衷主義，もしくは，概念的統合となる可能性がある。私たちは概念的統合の試みである ANT について説明し，このモデルによる多大な貢献を強調してきた。このモデルは，関係性レベル／システム論的レベルの定式化を，個人に焦点を絞ったナラティブとアタッチメントの枠組みと，どう組み合わせうるかを示しているという点で，有意義な貢献をしている。

　ANT は，ほんの一例である。まず間違いなく，ほかにもさまざまなモデルの組み合わせ方が可能だろうが，問題を，個々人が関わっている状況全体の中で捉えるモデルと，問題を，個人と個人の間で発生するものと捉えるモデルとの間には，重要な概念的差異があることを，私たちは強く主張したい。具体的に言えば，統合的モデルは，システム論的構成要素／関係性関連の構成要素を含む上に，心の内部に関わるさまざまなアプローチの選択肢を用意しているものでなくてはならないと主張しているのである。

統合的定式化の重要な特徴

- 定式化は流動的かつ力動的なプロセスとみなしうるものであり，プロセスを表す述語表現——**定式化する／定式化を行う／定式化を進める**——を用いて概念化するのがベストである。
- この力動的プロセスの中心にあるのは，治療関係を共に築いていくことである。
- 定式化は協働的プロセスであり，クライエントとセラピストは共にさまざまな定式化を構築していく。
- 多様な治療モデルを，この力動的かつ協働的プロセスに貢献するものと捉えることができる。
- アタッチメント理論，ナラティブ理論，システム論から成るモデル（ANT）を利用するアプローチは，異なるアプローチが包括的かつ統合的なこの枠組みにどう貢献しうるかを示すことのできるモデルを提供している。

参考文献

Ainsworth, M.D.S. (1989) Attachment beyond infancy, *American Psychologist*, 44: 709–716.

Bowlby, J. (1969) *Attachment and Loss, vol.1,* London: Hogarth Press.

——(1973) *Attachment and Loss, vol. 2: separation, anxiety and anger*, London: Hogarth Press.

——(1988) *A Secure Base,* London: Routledge.

Bruner, J.S. (1990) *Acts of Meaning,* Cambridge MA: Harvard University Press.

Crawford, M. and Unger, R. (2004) *Women and Gender,* New York: McGraw Hill.

Crittenden, P. (1998) 'Truth, error, omission, distortion, and deception: the application of attachment theory to the assessment and treatment of psychological disorder' in M.C. Dollinger and L.F. DiLalla (eds) *Assessment and Intervention Across the Life Span,* London: Lawrence Erlbaum.

Dallos, R. and Vetere, A. (2009) *Systemic Therapy and Attachment Narratives: Applications across Diverse Settings*, London: Routledge.

Habermas, T. and Bluck, S. (2000) 'Getting a life: the emergence of the life story in adolescence', *Psychological Bulletin,* 126(5): 748–769.

Hillburn-Cobb, C. (1998) 'Adolescent-parent attachments and family problem-solving styles', *Family Process* 35: 57–82.

Main, M., Kaplan, N. and Cassidy, J. (1985) 'Security in infancy, childhood and adulthood: a move to the level of representation' in I. Bretherton and E. Waters (eds) *Growing Points of Attachment Theory and Research*, Monographs of the Society for Research in Child Development, 50: (1–2) Serial No. 209.

McAdams, D.P. (1993) *The Stories We Live By: Personal Myths and the Making of the Self,* New York: William Morrow.

Rapley, M., Moncrieff, J. and Dillon, J. (eds) (2011) *De-medicalizing Misery,* Basingstoke: Palgrave Macmillan.

Schon, D.A. (1983) *The Reflective Practitioner, How Professionals Think in Action,* New York: Basic Books.

Sluzki, C.S. (1992) 'Transformations: a blueprint for narrative changes in therapy', *Family Process*, 31, 217–230.

Stedmon, J. and Dallos, R. (eds) (2009) *Reflective Practice in Psychotherapy and Counselling,* Maidenhead: Open University Press.

Tomm, K. (1988) 'Interventive interviewing: Part 3. Intending to ask circular, strategic or reflexive questions', *Family Process*, 27, 1: 1–17.

Vygotsky, L.S. (1978) *Mind in Society*, Cambridge, MA: Harvard University Press.

White, M. and Epston, D. (1990) *Narrative Means to Therapeutic Ends,* London: Norton.

第 10 章

定式化をチームで活用する

Lucy Johnstone

　定式化 formulation に関する文献では，通例，定式化は個人または家族と協働で進めるプロセスであるとされていて，教科書でも，トレーニング・プログラムでも，このように説明され，教えられている。しかしながら，最近は，チーム・レベルでの定式化の活用に関する文献が増加している。チーム定式化は，専門家グループ／チームがサービス利用者の困難に関して共通の理解を深められるようにするプロセスである。チームで行う定式化の活用を推奨する臨床心理学の専門文書は数多く，たとえば，保健医療専門職協議会（Health and Care Professions Council）の基準（Health Professions Council, 2009），『Clinical Psychology Leadership Framework』（Skinner and Toogood, 2010），トレーニング・コース用の『Accreditation through Partnership Handbook』（British Psychological Society, 2010）の基準などがそうである。チーム定式化は，英国心理学会の臨床心理学部会（Division of Clinical Psychology; DCP）の『心理学的定式化の適正使用ガイドライン』（DCP, 2011）でも論じられている。

　本章では，チーム定式化の実践と研究に関する現在の位置づけを要約し，ジャックに対する仮定のチーム定式化を通して，これを例証していく。そののちに，成人のメンタルヘルス領域でこの手の取り組みの促進に携わった私自身の経験をもとに，チーム定式化というアプローチの方略と利点，難点のいくつかについて説明し，論じていくつもりである。私は確信しているのだが，このような作業では，充分に洗練されたレベルで定式化を行うために，さまざまなモデルを利用しなくてはならない。そのようなものであればこそ，チーム定式化は，実践における統合的定式化の一例として，説得力のあるものになりうる（第 8, 9 章参照）。

　この種のアプローチをよく採用するのは，子どもや若者向けの支援サービス機関が多く，そこでは，システム論的な取り組みが普通に行われている。チーム定

式化という手法は，システム論的アプローチの重要な特徴である（第4章参照）。家族療法のチームはこのシステム論的アプローチの中で議論を重ね，共に定式化を進めていき，次いで，リフレクティング・チームの会話を使って，その定式化を家族と共有する。加えて，支援サービス機関によっては，定期的にネットワーク・ミーティングを開催し，共有の定式化を他の機関と共に作り上げようとするところもある。必要に応じて，ジャネットのような子どもを対象としたチーム定式化による取り組みに該当しそうな相違点を，いくつか指摘するつもりである。

チーム定式化というアプローチを定義する

　Christofides ら（2011）は，チーム定式化の実際を考察した数少ない研究のひとつの中で，成人のメンタルヘルス領域のクリニカル・サイコロジストたちが，多領域共同チームの日々の取り組みに定式化を導入しようとするときの方法を，数多く報告していることを知った。その報告で主に説明されていたのは日常的に用いる方略で，たとえば，定式化に基づく考え方を活用して，チーム・ミーティングや症例提示，病棟回診，スタッフの研修など，さまざまな状況でいろいろな提案をする方法，クライエントとの共同作業の進め方，クライエントに関する普段の会話の交わし方，複雑なクライエントについて話し合うスタッフ・グループ（しばしば「リフレクティング・チーム」，「サポート・チーム」と呼ばれるもの）の運営方法，チーム・メンバーの管理方法などであった。要約すれば，好奇心をもち，省察し，可能なときには「力を貸す」（報告書のタイトル）ことを広く奨励する内容が収められていたのである。「定式化」という用語は，必ずしもはっきり用いられていたわけではないが，このプロセスは，これまでよりも構造化された定式化ベースの取り組み導入に向けた第一歩だとみなされた。「そして，現に今や，それを『定式化』だと認識するところまで来たのである。数週間後の9月上旬にチーム・デイを行う予定であり，そこで，メンバーたちが実際に，『定式化に関するセッションをしてください』と言うことになっている。……私が少しずつ，本当に少しずつ，いわば粗削りながら続けてきたものに，とうとう実際に名前が付いたのである」(p.2)。

　文献には，主にクリニカル・サイコロジストや精神科医が実践していたチーム定式化のアプローチについて，より秩序立った明確な使い方に関する説明がわずかながらある。それらは，以下のように大別できる。

特定の要求に応じてチーム定式化を共同で作成する

　見るからに難題を抱えている人や行き詰っている「ように思われる」人について考えましょうと，チームに手助けを申し出ることは，それ自体価値のある行為であろうし，チーム全体のための定期的な定式化ミーティングの導入に向けた第一歩として，スタッフを定式化アプローチに馴染ませる方法としても役立つ可能性がある。ファシリテーター（心理専門職や他の専門家）は次のような進め方をするかもしれない。

- 覚書きを見直す。
- 主要なスタッフと会い，現在の問題点，および，スタッフの感情や反応の感触をつかむ。
- 暫定的な定式化を作成する。
- スタッフとのミーティングを設定し，その定式化についてフィードバックを得る。
- その定式化を，合意が得られる形に修正する。
- その定式化を利用して，スタッフと共有する介入計画を立てる。
- 適切な表現で書かれた定式化を，サービス利用者と共有し，サービス利用者からのフィードバックをその計画に取り入れる。

　このテーマについては，さまざまな形で説明されている。たとえば，Meaden と Van Marle（2008）はアサーティブ支援活動（アウトリーチ）について，Walton（2011）は成人支援サービスについて，Ingham（2011）は学習症（学習障害）について，Dunn と Parry（1997）は地域精神保健チーム（Community Mental Health Teams: CMHTs）について，Hewitt（2008）はリハビリテーション・サービスについて，Clarke（2008）は成人入院患者病棟について，Wainwright と Bergin（2010）は高齢入院患者病棟について述べている。

チーム全体による定期的な定式化ミーティングを円滑に進める

　通常週一でのチーム全体による定式化ミーティングを円滑に進めるためのモデルは，Lake（2008）が地域精神保健チーム（CMHTs）と共に開発している。アサーティブ・アウトリーチについては Whomsley（2009）が，子どもの入居施設については Down（2010; Davies, 2010）が，入院患者病棟については Kennedy ら（2003; Kennedy, 2008）が，リハビリテーション支援については Davenport（2002），

Summers（2006），Berry ら（2009）が，初期介入チームについては Martindale（2007）が開発している。定式化のアプローチが業務にうまく組み込まれていたいくつかのケースでは，目標を，すべてのクライエントに定式化を提供することとしていた（たとえば，Kennedy et al., 2003; Whomsley, 2009; Down, 2010）。

　これらのプロジェクトの大半は，最長 90 分の指定時間枠を使っていた。典型的なフォーマットは以下のとおりである。

- 背景情報と委託された理由を検討する。
- チームとの話し合いで定式化を作成する。
- 可能な介入を概説する。
- 終了後に報告書を作成して配布する。

　ファシリテーターの役割は，内容を振り返り，要約し，明確化し，創造性や自由な発想を奨励して，質問を投げかけることであり，「解決策」を提供することではない。

　臨床家の中には，中核となるモデルを利用する者もいた。たいていは認知行動療法（Kennedy, 2008; Ingham, 2011; Berry et al., 2009; Clarke, 2008）を使ったが，ときには精神力動的モデルを使う者もいた（たとえば，Davenport, 2002; Martindale, 2007）。その他の臨床家は，より統合的なアプローチを使っていた（たとえば，Lake, 2008; Meaden and Van Marle, 2008）。若者や家族，介護者との取り組みで，臨床家がアタッチメントや発達上の問題，システム上の問題を最重視する場合には，統合的なアプローチがとりわけ好まれることが多いようである（Down, 2010）。Whomsley（2009）は，クライエントのケアのもつさまざまな側面——取り組み方，リスク，リソース，次の段階への移行——に応じて異なるバージョンの定式化を用いる点について，説明している。簡単なテンプレートは，取り組みの指針としてよく利用されており（たとえば，Lake, 2008; Clarke, 2008; Whomsley, 2009; Davies, 2010），多様なスタッフから成るグループ内に，定式化に関する共通認識を埋め込むのに役立ったと報告されている。

チームの仕事と全レベルでのサービスに定式化を取り入れる

　これまでにたった 1 例ではあるが，定式化の見地から，究極の目的とみなしうるものがある。それは，ティーズ・エスク・アンド・ウェア・ヴァリー・NHS・ファウンデーション・トラストによる高齢者向け支援サービスにおける意欲的なプロジェクト（Dexter-Smith, 2010）である。そのプロジェクトでは，5 つの地

域精神保健チーム（CMHTs）のスタッフ・メンバー 265 人に加え，若年性認知症チーム，介護施設連携チーム，その地域の 65 歳以上の住民 107,600 人を対象とした 4 つの入院病棟（機能的疾患および器質的疾患）が，治療過程のすべての段階で定式化を実施するための訓練を受けていた。定式化は，認知行動療法をベースとした図表を利用して作成され，その作成には，スタッフ用の虎の巻や，スタッフがクライエントや家族と共に仕上げるわかりやすい文書，電子記録システムに定式化を送付するためのテンプレートなど，さまざまな補助資料が活用されている。家族と介護者は，ときに，定式化ミーティングへの参加を勧められるが，勧めるかどうかの決定については，プラス面とマイナス面双方を慎重に検討する必要がある（Shirley, 2010）。心理スタッフは，チームに継続的なスーパーヴィジョンを提供する。Craven-Staines らの評価（2010）によれば，定式化の訓練は非常に積極的に受け入れられたが，このような大規模なカルチャー変革の実行は依然として容易ではないことが明らかになっている。

チーム定式化のメリットについて，何がわかっているのか？

個人で行う定式化の場合と同様，チームで行う定式化も，いまだ研究途上の領域である。しかしながら，少数の臨床報告や診療監査，質的研究から，チーム・アプローチには，従来の使い方で定式化を行った場合のメリットに加えて，別のメリットもあることがうかがわれる。従来の使い方というのは，仮説の明確化，介入についての情報伝達，困難な点の予測などを個人が行うものである（第 1 章参照）。チーム・アプローチのメリットは以下のとおりである（DCP, 2011）。

* 介入に対して，チームとして一貫したアプローチができる。
* チーム，サービス利用者，介護者が一丸となって取り組むのに役立つ。
* 重要な情報を一カ所に集める。
* 新しい考え方を生み出す。
* 中核の問題に取り組む（単なる危機管理に留まらない）。
* サービス全体と関連させて，アタッチメントの型を理解する。
* 複雑できわめて厄介だと見られているサービス利用者への対応で，互いに支え合う。
* チーム・メンバー全員の専門知識を活用し，尊重する。
* サービス利用者に関する根拠のない「神話」や信念を，問題にする。
* サービス利用者に関するスタッフのネガティブな認識を軽減する。
* スタッフの逆転移反応に対処する。

- スタッフのリスク管理を支援する。
- チーム内の意見の相違や非難を最小限に抑える。
- チームの理解や共感，省察性を高める。
- スタッフの士気を高める。
- 前向きな変化への期待について，スタッフにメタ・メッセージを伝える。
- チームと組織のカルチャー変革を促進する。

（本リストが根拠にしているのは，Summers, 2006; Clarke, 2008; Lake, 2008; Kennedy et al., 2003; Onyett, 2007; Hewitt, 2008; Kennedy, 2009; Whomsley, 2009; Berry et al., 2009; Craven-Staines et al., 2010; Wainwright and Bergin, 2010; Walton, 2011; Christofides et al., 2011 である）

　チームのコミュニケーションや思い込みを明確にし，個人的な見解や偏見を明らかにするという点に関する同様のメリットは，これまでにもシステム論的家族療法のセラピストから指摘されている（Palazzoli et al., 1980）。
　Christofides ら（2011）の質的研究でインタビューを受けたクリニカル・サイコロジストたちは，チーム定式化の利用に非常に熱心で，チーム定式化を「自分たちにとって最も強力なツールのひとつ」だと表現している。彼らは，もしチーム定式化がなかったら，さまざまなチームが「闇の中で手探り状態になっている」と感じたという。「というのも，理解の拠り所となる理論や構造がなければ，介入はしたものの，なぜうまくいかないのかよくわからないまま，もがきつづけることになるからだ」というのである（2011: 7）。Hood ら（2013）はフォローアップ研究を実施し，これらのチームの心理専門職以外のスタッフにインタビューしたところ，彼らもまったく同じ考えであることがわかった。「［定式化は］本当に，本当に役に立ちました。何が起きていたのかをしっかり考える余裕ができるように思います」，「本当に，もう少し定式化のことを教えるべきです。定式化です。とにかく定式化です」とのことであった（2013: 9-10）。
　同様に，診療監査やサービスの評価でも，価値を認める回答が寄せられていた。「本病棟で，最も生産的なことのひとつです」，「おかげで私は，寛大さや忍耐力，共感力を高めることができました」，「あれ以来，いろいろな問題が理解可能なものだと思えるようになり，取り組みはじめても大丈夫だと思えるようになりました」（Summers, 2006）などである。Wainwright と Bergin（2010）の評価でも，定式化によって，スタッフの共感力や理解，寛大さが高まったことが示唆されている。Kennedy, Smalley と Harris の診療監査では，クライエントを含む「すべての利害関係者のグループに回答してもらった質問すべてについて，完全

に肯定的な結果が得られた」ことが明らかになっている（Kennedy, Smalley and Harris, 2003: 23）。青少年のための施設では，定式化に基づいた助言をすることで，スタッフの体調不良が減り，重大事件の全体数も——警察への通報回数や器物損壊の請求も含めて——減っている。スタッフのコメントには，「おかげで，子どもたちの人生における過去の体験や，そうした体験が子どもの行動や情緒面での健全さにどう影響しているかについて，以前よりはるかによく理解できるようになりました」（Down, 2010: 3）などがあった。

　ティーズ・エスク・アンド・ウェアのプロジェクト（上記プロジェクト）からも，有望な質的研究結果が出ている。スタッフは，ひとつの枠組みをもてたおかげで，クライエントに現存する実に悲惨で厄介な問題を理解しやすくなり，気持ちを抑制できている気がすると語っている。個々の結果を詳細に検討すると，数々の複雑な状況が明らかになってきた。スタッフやマネージャーはそれまで，頼れるリソースがないまま，むやみに感情的になりやすい状況にはまり込んでいたが，定式化を行うようになるとそれが変わり，状況を理解しやすくなって，進むべき方向が見えてきたという（Dexter-Smith, 2012，個人的なやり取り）。

　DCP のガイドラインで提案されているメリットのリストは，チーム定式化の取り組みに関する診療監査から，追加の検証を受けている。この診療監査は，3 人の心理士がメンタルヘルスで入院中の成人患者と地域精神保健チーム（CMHT）の設定に基づいて行ったものである（Hollingworth and Johnstone, 2013）。研究者は，リストにあるメリットの表現を換えて質問の形にし，多職種専門家チーム（Multi-Disciplinary Team: MDT）のメンバーに，自分たちのチーム定式化ミーティングの経験について，項目ごとに評価するように依頼した。その結果，参加者は，1（非常に役立たない）から 7（非常に役立つ）までのスケールを使い，チーム定式化に関する評価対象領域すべてで，役立った，もしくは，非常に役立ったと評定した。22 名の参加者全員が，クライエントの問題やストレングス，困難について共通理解を深めるのに，ミーティングが役立ったと感じていた。さらに，異なる専門的背景からの知識やスキルの活用，クライエントとの取り組みに関する新しい考えの発掘，介入計画の作成，リスク管理の改善にも役立ったという。そして，「進むべき方向の計画に役立ち，おかげで，クライエントや専門家は将来の回復への希望を感じることができた」などのコメントが寄せられた。

　優れたチームワークの一般的特徴には，明確な目的をもつ，チームの活動に全員が参加する，定期的に実践内容を見直す，創造性と革新を支持するなどがあるが，DCP のメリット・リストは，それらの特徴と重なっているため（Borrill

and West, 2002)，定式化のミーティングは，チームワークの効果を全般にわたっ
て高めるのに役立っていると言っても，まず間違いないであろう。

　既存の研究は，チーム定式化アプローチの課題も指摘している。さまざまな心
理専門職が，略式のチーム定式化の役割について，定義や文書での実証が難しい
と述べている（Christofides et al., 2011）。心理専門職以外のスタッフは，訓練を
受けても，自分自身で定式化を行う自信はもてないことが多く（Craven-Staines
et al., 2010），継続的な支援とスーパーヴィジョンが必要であることを示唆して
いる。Charlesworth（2010）はその報告の中で，クライエントは悲惨きわまり
ない状況にあることが多く，そうした状況に真っ向から向き合うスタッフは，無
力感に打ちのめされたままになっている可能性もあると指摘している。

　定式化ミーティングで上がった計画案は，介入では実行されないリスクもあ
る（Wainwright and Bergin, 2010）。複雑な問題を抱えるクライエントのための
計画が，日々続く困難の中でも確実に一貫性を維持できるようにするためには，
さらにかなりの量の情報が必要かもしれない。また，定式化の時間が，明らかに
緊急性の高い他の非常事態や要求に浸食されるリスクも，常にある。高い出席率
を確保して，討議内容が多くの意見を代表する有意義なものになるようにするこ
とは，居住型の療養施設や入院患者のいる病院のシフト体制の中では特に難しい
（Down, 2010）。

　定式化ミーティングを円滑に進めるというのは，難題かもしれない。そうしよ
うとするファシリテーターは，さまざまなスキルを駆使して複雑な集団力動に
対処し，無数の「素早い決断」をすることが必要になるだろう（Shirley, 2010）。
このアプローチは，さまざまな面に配慮して導入しなければ，スタッフに抵抗さ
れる可能性があり（Christofides et al., 2011; Craven-Staines et al., 2010），効果
を上げるためには，「チームの主力メンバーによって支持されなければならない」
（Lake, 2008: 23）。要約すると，「定式化が最も多くを提供してくれるのは，その
部署の中核的な機能として組み込まれ，患者のケア・プランやスタッフのトレー
ニングとしっかり連携が取れている場合」（Summers, 2006: 343）ということになる。

　主流の医学モデルとの対立も，厄介なことになりそうな点である。この問題は，
のちに詳細に論じる。

　はっきりしているのは，これがなお一層の研究に値する有望なアプローチだと
いうことである。クリニカル・サイコロジストなど，チームに提供できる情報が
限られている臨床家にとって，そのわずかなリソースを活用して，複雑なニーズ
をもつサービス利用者のケアに貢献し，チーム全体の心理学的思考を向上させる
ために，これは効果的な方法のように思われる（Christofides et al., 2011; Berry,

2007）。

　チーム定式化アプローチをこれまでより幅広く導入した場合，減薬や入院期間の短縮，スタッフの疾病率低下，サービス利用者の回復率上昇，リスクの特定および管理の改善など，具体的な結果を文書化することは，明らかに重要である。これは，すぐにも埋めるべき欠落部分である。

　ジャックのための暫定的なチーム定式化は，このアプローチの具体的な実行例として役立つであろう。

ジャック：仮のチーム定式化

　ここにも，他の章と同じ断り書きが当てはまる。メンタルヘルスの専門家がジャックとの取り組みをどう体験したかについて，私たちにはあまりわかっていない。そのため，以下のチーム定式化はきわめて仮説的なものである。病棟での定式化ミーティングに，地域精神保健チーム（CMHT）のメンバーが2名加わったと想定しているのは，地域と病棟双方の場でのアプローチの一貫性を図るためである。2名は，ジャックのケア・コーディネーターである精神科の看護師と，ジャックのことをよくわかっているサポート・ワーカーである。さらに，すべてのスタッフはジャックの成育歴に通じていて，彼の担当心理士をファシリテーターとする共同作業で，彼の困難を以下のように理解するに至っているという想定もしている。

　ジャックの困難は，両親の離婚による家族の崩壊と没落という点に加えて，暴力と虐待を受けた彼自身の経験という点から理解することができる。ジャックは，家族全員に対する父親の暴力の目撃者であると同時に被害者でもあり，10代の頃には性的虐待も受けている。こうした経験はすべて，やがて大きなトラウマとなったであろう。そして，こうした体験をさらにこじらせたのは，才能と人気のある子どもとして，また家業の後継者としてのジャックに，きわめて大きな期待がかけられていたという事実である。ジャックは父親に対する——恋しくもあり憎くもあるという——複雑な心境を克服できずにいるようであり，また，このことが一人前の男性としての自分自身の成長にとって何を意味しているかという問題に向き合うこともできずにいるようである。さらに，自分が受けた性的虐待について，まだ詳細を打ち明けられずにもいる。彼は，家族の口論に示されているとおり，虐待する側か，虐待される側のいずれかになるという悪循環に陥っていると思われる。彼は，逃避と自己懲罰双方の手段として飲酒を使用しているのかもしれないが，そうすることで，父親の生き方の悪い面を繰り返す危険に陥って

いる。

　ジャックの現在の問題は，たぶん，こうしたライフ・イベントのもつ抗いようのない性質と，それらのイベントによって引き起こされたと思われる恐怖や怒り，罪悪感，羞恥心，屈辱感，裏切られたという気持ちがもたらしたものであろう。ジャックの「ハイな」気分は，おそらく困難からの逃避の表れだが，ときには絶望感に逆戻りする。ロビー・ウィリアムズと自分に支払われるべき印税に関するジャックの異常な信念は，成功して，人生が不当にも自分から取り上げたものすべてを回復したいという思いの表れかもしれない。

　ジャックは，「精神疾患をもつ患者」という自分の立場について，複雑な気持ちをもっているようである。ひとつには，低く評価されるこの役割が，予想されていた輝かしい未来から，さらに大きく転落したことを示しているということがある。おそらくそのせいで彼は腹を立て，さまざまな診断を拒絶しているのだろう。父親不在の家族を養うどころか，今や，自分自身がケアを必要とする立場にいるというのは，彼にとって受け入れがたいことである。彼との取り組みの難しさは，こうした事情から説明できるかもしれない。入院することで，自分は欠陥のあるどうしようもない出来損ないだというジャックの思いは，強化の過程をまた一歩進むことになる。他方，ジャックは服薬を守っていて，病棟で落ち着いている。このような状況には，精神科のサービスによって提供される代替の「キャリア」や外界の困難からの逃避が，彼の問題の解決策のように思われてしまうリスクがある。彼の前に立ちはだかる経済的難題および就業問題と，それらが彼の自尊心やアイデンティティに及ぼしうる影響を，過小評価してはいけない。

　スタッフはジャックについて，好感がもてるけれども，苛立たしくもあると感じている。ジャックがいつも音楽や印税について話しているのを聞き流すのは難しい上に，ジャックはクリニカル・サイコロジストとのセッションをあまり活用できていない。彼の問題に同情するのは簡単だが，自分たちは彼の前進をあまり手助けできていないという感触があり，そのため，彼を退院させるべきか，いつ退院させるべきかについて，意見の相違が生じている。さらに，スタッフは，ジャックの母親や妹たちが心配して絶えずかけてくる電話に対応するのも難しいと感じている。スタッフの感情の一部は，ジャック自身のジレンマを映し出している可能性がある。ジャックは，地域社会と病院の間で立往生し，根底にあるトラウマに取り組むこともできなければ，それらを忘れることもできず，自分自身の苦闘と，自分が大きな責任を感じている家族のニーズとの間で板挟みになっている。母親に追い出されたとき，ジャックは家族に拒絶されたわけだが，彼の退院計画は，彼がその繰り返しだと感じないような方法で行うことが重要である。

肯定的な側面は，ジャックが多くのストレングスと能力をもった青年だという点である。ジャックは病棟で，週一の音楽グループを楽しんでいる。彼はこの活動に積極的に貢献し，その中で，何人かと友人にもなっている。また，自分を担当している地域精神科専門看護師（Community Psychiatric Nurse: CPN）のシャブナムや，サポート・ワーカーのトニーとも，うまくやっている。トニーは，いろいろな活動や生活上の便宜をはかるための選択肢を調べてくれているのだが，ジャックは，こうした役割を担当しているトニーなら，自分にとってあまり脅威的な存在にはならないと感じているのかもしれない。反面，他のスタッフについては，自分の人生に登場した大きな力をもつ他の大人同様，自分を傷つけたり管理したりする手段をもっているかもしれないと感じている可能性がある。ときには，執着しているロビー・ウィリアムズからジャックの気持ちをそらし，ジャックを励まして，たとえ短時間でも地元の公園やカフェに連れ出せるかもしれない。彼は活発で，知的である。必ずしも現実的ではないにせよ，アイデアにも満ちている。そして，一緒にいて楽しい相手でもある。

チーム定式化に関するコメント

　チーム定式化は，本書で示してきた多くのモデルを利用していることが，おわかりいただけるだろう。たとえば，中核信念（認知行動療法），家族関係と反復的拒絶サイクル（システム論的アプローチ），象徴的な意味と転移／逆転移（精神力動的アプローチ），「精神疾患をもつ患者」という役割がもつ社会的地位とメッセージ（ナラティブ・セラピー，社会的不平等）などである。また，チーム定式化は，現在の多くの治療方法を特徴づけているふたつの知識体系——アタッチメント理論とトラウマ・モデル——も，おおいに利用している。ジャックの定式化では，これらのさまざまなモデルや理論を，**それらがジャックにとってどういう個人的な意味をもつのかという点から統合**しようとしている（第8，9章参照）。

チーム定式化に基づく介入計画

　ミーティングの最中やその後に続くミーティングでは，充分な時間を確保して，介入の計画案を作成しなくてはならない。以下は，上記のチーム定式化に基づいて立てられる可能性のある介入計画である。

- 私たちの考えを要約したレターをジャックに書き，ジャックのフィードバックを得る。回復するためには，私たちと共に積極的に取り組む必要があると

いうメッセージを強く伝える。

- ジャックの人生には，今，一貫性のある安定したアタッチメントが欠けているため，支援する側は，そうしたアタッチメントの提供に努めなくてはならない。現時点では，病棟が彼の主な拠点だが，彼が計画に従って段階的に，病棟の外に出るようになることが重要である。アジズ医師がジャックに会い，退院日を2，3週間後とすることや，退院までの準備として，病棟の外に出る時間を徐々に増やしていくことについて話し合う。シャブナムはこの期間中，週に1度，病棟に来てジャックを見舞う。

- ジャックに必要なのは，彼と連携して，彼の混乱した生活に信頼感と安心感をもたらす，一貫した中核的グループである。このグループは，アジズ医師（入院患者コンサルタント）とつながりのあるロビンソン医師（地域チームのコンサルタント），シャブナム（地域精神科専門看護師），トニー（サポート・ワーカー）で構成される。キャロライン（クリニカル・サイコロジスト）は，互いの合意によってジャックとのセッションを終了したところだが，中心的なスタッフ・グループとの定期的な定式化ミーティングを手配し，ミーティングの進行役となる。

- トニーには，年上の男性として，ジャックの父親や上司とは対照的な，思いやりのあるロール・モデルになるという重要な役割がある。ジャックは，このタイプの控えめな支援的関係を非常にうまく活用できるようだ。トニーは，ジャックがたとえば，音楽への関心を足掛かりとして前進し，自分の生活を構築していけるような方法を見つけられるよう，手助けしている。ジャックは，自分と同じような経験をもつサービス利用者の自助支援グループへの参加に興味をもつかもしれない。

- 退院の準備として，ロビンソン医師とシャブナムはジャックの家族をミーティングに招き，彼女たちの意見を聞いて，彼女たちの不安の抑制に努めた上で，もし可能なら，家族とジャックとの関係を再建しようとするだろう。ただし，家族内のきわめて強い緊張を考えると，これは時間をかけて慎重に行う必要がある。ロージー（ソーシャル・ワーカー）は，一家が受けられる福祉手当をすべて受けているかどうかについて，助言するだろう。いかなる支援であれ，一家の家計を助けるものが提供されれば，ジャックへのストレスは軽減される可能性がある。

- シャブナムは，ジャックの目標とストレングスに焦点を絞り，彼に自信をつけることで，ジャックの支えとなる。

- 服薬がジャックの異常な信念を軽減しているようには見えないが，ジャック

自身は服薬で気分が落ち着くと言っているので，そのまま低用量の服薬は続くだろう。

● ジャックは，自分が「パラノイア」や「妄想症」ではないという点を頑として譲らず，これに関する彼の強い思いが，チームとの取り組みの障壁となっている。定式化によれば，彼の困難や信念はトラウマへの反応だと解釈することもできる上，ジャックもその方が受け入れやすいだろうと思われる。この件については，アジズ医師がジャックと話し合う。

● ジャックの異常な信念については，通常，それらに直接異議を唱えることは避ける方向で進めるが，私たちがそれらを共有しないという事実は明らかにしておく。共有しない代わりに，そうした信念の背後にありそうな意味について話し合う。たとえば，「彼はこの世界を危険な場所だと感じているのか？」，「どうすれば，この世界をもっと安全だと感じてもらえるのか？」，「もし印税が入ったら，何ができるのか？」，「どのようにしたら，小切手が届くのをただ待つのではなく，目標に向かって少しずつ進んでいけるようになるのか？」といった点について，話し合うのである。

● ジャックがまだ，自分のトラウマや虐待の記憶に直面する準備ができていないことはわかっているが，私たちは，彼がこれまでより安全だと感じるようになり，安定している感覚が強まり，いくらかでも自信をつけて，生活を整えられるようになれば，すぐにでも状況は変わるのではないかと期待している。そうなったら，キャロラインのサポートをまた受けたいかどうかを，ジャックに訊ねるつもりである。注意：ジャックを虐待した人物について，その身元を特定できるような情報をジャックが打ち明けた場合は，児童保護チームに通知する必要がある。このことをジャックが知っているかどうかは，シャブナムが確認する。

チーム定式化によるジャックへのレター

チーム定式化の場合，主たるクライエントはしばしば，実質的にチームのメンバーである。チームのメンバーが自らの感情や「行き詰まり」に対するサポートを求めているのである。スーパーヴィジョンの場合と同様，スタッフは自らの感情を率直にオープンにできなくてはならないが，仕上がった定式化をそっくりそのままサービス利用者と共有するのは，必ずしも役立つわけでもなければ，専門的というわけでもない。上記の例で言えば，スタッフの中に，苛立ちが募っていて，すぐにもジャックを退院させたいと思っている者がいると知ったら，ジャッ

クは動揺するだろう。ただ，チームの観点からすれば，こうした反応も定式化に含め，共にそれらに取り組むことによって，そうした感情がそのまま態度に現れないようにする必要がある。同時に，「まるでチームがクライエントの陰口をたたいているように感じる」というのも，気まずいものである（Whomsley, 2009: 117）。これらの理由から，定式化のどの側面をクライエントと共有するのか，また，それをどのように行うのかについては，慎重に考慮しなくてはならない。考えられる方法のひとつは，サービス利用者への情報として，ケア・プランの見直しを終えたら，チームの考えやアイデアをレターで送るので，フィードバックをお願いする旨，前もって伝えておくというやり方である。レターの内容と語調も，定式化の指針に基づいたものにする必要がある。たとえばジャックの場合，性的虐待への直接的な言及は，現時点では，あまりに暴露的だとか，立ち入りすぎだなどと感じられる可能性がある。ジャックへのレターは，以下のようなものになるかもしれない。

　　前略　ジャックさま
　　　入院されてしばらくになりますが，ご存じのとおり，チームは何度かミーティングを開き，あなたの困難をどう理解し，どうしたら最もよい支援ができるかを話し合ってきました。これまでの私たちの考えをお伝えしますので，フィードバックをいただければ大変ありがたく思います。
　　　私たちは，あなたが学校で，才能のある人気者だと目されていたことを知っています。人生は確実に約束されているように見えたでしょうし，たぶん，いつかは家業を継ぐものと思っていたことでしょう。残念ながら，事態は悪い方に転びはじめ，ご商売は立ち行かなくなってしまいました。これがやがて，お父さまの飲酒や暴力，ご両親の離婚，否応なしのスウィンドンへの引越しといった一連の出来事につながっていきました。あなたは今でも，あんな振る舞いをしたお父さまであれ，いなくて寂しいと思っている一方，残されたご家族の幸せや家計の苦しさについて，とても心配しています。学校でベストを尽くすのが難しいと思うようになり，薬物の使用やアルコールに逃げてしまったのも，意外なことではありません。けれども，そのせいで口論が絶えなくなり，結局お母さまに家から追い出されることになったようです。この時点で，あなたはすべてを失ったと感じたに違いありません。その後，うつ病と診断されましたが，おそらくこれも，絶望や怒り，罪悪感，挫折感を象徴しているのでしょう。
　　　生活に改善の兆しが見えはじめたちょうどその頃，お母さまに深刻な健康問題が発生しました。これがきっかけで，あなたは耐え切れなくなったのではないでしょうか。

あなたは，ロビー・ウィリアムズから何がしかのお金を支払ってもらわなくてはならないと信じていて，同じ頃，ロビー・ウィリアムズとそのお金のことを，ひどく心配するようになりました。おわかりのように，この点については，どうも本当とは思えないというのが，私たちの見方です。同時に私たちは，これまでのあなたの体験を考えれば，あなたがこの世界を危険な場所だと感じ，自分のものであるべきものが不当に奪われたままになっていると感じるようになったのも，無理からぬことだと認めてもいます。トラウマ的な出来事を体験した多くの人々が，同じような恐怖や信念をもつようになります。たぶん，診断より，このような説明の方が，あなたには納得が行くのではないでしょうか。

　この15年間のつらい感情や記憶すべてと向き合うのは，あなたにとって，きわめて難しいことではないかと，私たちは感じています。特に，十代には悲惨きわまる経験を何度かしていて，それらについては，いまだに打ち明けられずにいることにも，私たちは気づいています。多くの場合，ある程度安定した生活が送れるようになり，専門家やチームとの信頼関係を結べるようになって初めて，そうした出来事を振り返ることができるようになり，いずれはそれらと折り合いをつけられるようになるものです。あなたがまだ，こうした取り組みの準備ができていないということについて，あなたとキャロラインは合意していますから，私たちはその決定を尊重しています。

　その一方で，あなたが自分の生活を秩序立ったものにして安定させようと努力することは非常に重要だと考えています。退院後の生活について計画を立てる際には，ぜひとも手助けしたいと思ってもいます。この計画には，社会活動に参加することや，音楽活動を一部再開することなどが含まれることでしょう。また，あなたの家族とのミーティングを設定して，あなたと家族との関係性に生じている緊張を，いくらかでも和らげようとするのも，よい考えではないかと思っています。

　あなたの人生が波乱に満ちていたことを考えると，継続性のある一貫したものを私たちが提供できるという点が，非常に重要だと考えています。あなたはすでに，ご自分担当の中核チームやロビンソン医師，シャブナム，トニーのことをよく知っていますし，ジュニパー病棟のスタッフのこともよく知っています。あなたが生活を建て直す間，私たちは皆，できる限りあなたをサポートしたいと思っています。今回のことは，私たちの側だけでなく，あなたの側にも，決意と忍耐が必要ですが，あなたには多くの才能とストレングスがあり，あなたならできると，私たちは確信しています。

草々

シャブナム，チーム一同

チーム定式化と介入計画に関する考察

　反対意見が出るとしたら，その理由は，このプロセスが単に優れた実践を説明しただけのものであり，その多くは，看護計画アプローチ（Care Plan Approach: CPA）のプロセスを通して行われるものだから，ということになるかもしれない（治療コーディネーターはこのプロセスに従って，治療パッケージの展開を，責任をもって要約し監督する）。これはある程度，真実である。しかしながら，サービス利用者の困難について，心理学的な理論に基づいた解釈を積極的に共有するという重要な第一歩を，取り組みの基礎としていないチームには，多くの罠が待ち受けている。ジャックの場合は，以下のような罠が考えられる。

　まず，チームが「分裂」して，スタッフの半分が彼にうんざりしてしまう一方，残りの半分は彼を「救い出そう」という気になるというようなケースである(Dunn and Parry, 1997; Meaden and Van Marle, 2008; Walton, 2011)。もし前者の力が勝れば，ジャックはいきなり退院させられるかもしれない。これは実質的に，家から追い出されたのと同じように，病棟から放り出されるということである。こうして，彼は再び，痛烈な拒絶を心に刻むことになる。もし後者の力が勝れば，「精神科の患者」という役割にするりと収まり，自分自身に対する責任をいとも簡単に放棄することになるかもしれない。

　ジャックの投薬治療も，罠のひとつである。投薬治療は，現在いかなるメンタルヘルスの現場でも生じているリスクである（この問題はのちほど詳細に論じる）。ジャックの中核の問題点に対して，首尾一貫した心理学的解釈が行われず，彼がなかなか「改善」しないように見える場合，別の診断と，より強力な薬物投与が提案される可能性がある。そうなると，彼は長きにわたり精神疾患をもつ患者への道を突き進むことになり，おそらく，自分の診断に異議を唱えるため，チームとは対立することになるだろう。この状況を受け，次はさらに強制的なアプローチが採られることになり，その結果，ジャックは不信感を募らせ，再び虐待されたと感じるかもしれない。

　さらに，上記ふたつの罠ほど劇的ではないにせよ，ジャックに提供される介入が，良かれと思って提案されたものではあっても，ただ次々と提供されているというだけであって，一貫性のある定式化ベースのパッケージからのものではなく，したがって，彼の中核の問題点に取り組むことで彼の成長を支援しようとする類のものではない場合もあるだろう。そうなると，次のようなパターンが生じるかもしれない。

● 問題：薬物療法は，ジャックの暴走的信念を低減していない。
　解決策：投薬量増量，別の薬物試行の双方，もしくは，いずれか。
　このパターンは何年も続くかもしれない。

● 問題：ジャックが再び飲酒を始めた。
　解決策：ジャックを薬物・アルコール関連の治療に回す。
　しかしながら，ジャックの飲酒**理由**について，この新しい治療チームに共通認識がない場合，ジャックは飲酒をやめられそうにない上に，さらに多くの専門家が彼の生活に介入することで，かえってアプローチの一貫性が損なわれることになるだけであろう。

● 問題：ジャックはロビーのボディガードを怖れるあまり，家を出られないと言っている。
　解決策：作業療法士に，段階的曝露療法を行うよう依頼し，段階的な方法でさまざまな店に行けるようにする。
　残念ながら，彼の中核的な恐怖の本質と意味が理解されなければ，ジャックは，そうして身につけたスキルを自分が実行できるとは思わないであろう。

　一般的に，明確な心理学的定式化が共有されない場合，介入する専門家がどんどん増えていき，そうした専門家によってさまざまな診断が下され，投薬が追加された挙句に，失敗に終わった介入が山積みになっていく。その一方で，ジャックは精神医学的なシステムの中にどっぷりはまり込んでいき，彼もスタッフも，彼の回復への希望を次第に失っていく。この罠から抜け出す方法は，複雑ではない。チーム定式化が提案する介入は，いずれも，チームに属する専門家のスキルを超えるものではないからである。しかし，肝心要（かなめ）の第一歩が設定されていなければ，脱出できる可能性は低い。

　以上からわかるのは，下のような型どおりの精神医学的手順を踏むのではなく，

問題　⇨　解決

次のような手順を踏むことが必要だということである。

問題　⇨　定式化　⇨　解決

　チーム定式化のアプローチは，ジャネットが受けた児童対象のプライマリケア・サービスでは，あまり議論の的になりそうにない。一般的にそのような状況では，ほかに比べて，取り組みは治療ベースで進み，精神科医や他のスタッフも，家族療法の訓練を多く積んでいることが多い。共同作業は日常的に行われており，臨

床家には，発達段階やシステム論的観点から考える傾向がある。ただし，「素行症」などのレッテルを貼ることはあるかもしれない。「ADHD」などの診断の妥当性については，長く議論が続いている（Timimi, 2005）。第4章では，ジャネットのためのチームの取り組みの中で，ジャネットのために作成されそうなシステム論的定式化について説明している。

チーム定式化の本質的な特徴

　個人の定式化と同様，チーム定式化についても，所定の作成方法はない。いろいろあるモデルの一部についてはすでに説明し，参考文献も挙げてある。第8章で論じたとおり，成功例に関する英国心理学会の臨床心理学部会（DCP, 2011）のチェックリストは，個人的な意味に基づく統合的アプローチを，すべての定式化の出発点とすべきだと主張している。たとえ，特定の状況では，単純なモデルや単一のモデルが最適だとしても，これは変わらない。メンタルヘルスのチームに提示されるような種類の困難は，当然ながら，きわめて複雑であり，ひとつのモデルのみを基盤としている定式化は，充分に洗練されたものにはならないであろう。

　以下のチェックリストは，私が個人的に，すべてのチーム定式化にさらに含めるべきだと考えている点である。

サービス利用者とチーム間の転移／逆転移

　「転移」とは，幼少期の関係性から生じたクライエントの感情が，ケアの提供者や他の人々との関係の中で，現在に再現されることを指し，「逆転移」反応とは，ケアを提供する側のクライエントに対する反応を指す（第3章参照）。転移と逆転移反応がメンタルヘルスのあらゆる現場で横行していることは，チーム定式化の多くが指摘しているとおりである。よくあることだが，これらの感情を理解して処理する機会がない場合，怒り狂っていたり，打ちのめされていたり，絶望したりしているクライエントに対して，「スタッフは，罰する，制する，虐待する等の役割を再演する形で関係をもつ」ことになるかもしれない。「……チームは分裂し，同僚の間には不信感と誤解が広がる可能性がある」（Dunn and Parry, 1997: 20）。「スタッフは不用意にも，かつての虐待パターンを再現して，不健全で破壊的な相互関係に巻き込まれる可能性もある」（Meaden and van Marle, 2008: 44）〈逆転移にも，同様に注目することが薦められている（Davenport, 2002; Martindale, 2007; Lake, 2008）〉。私たちはジャックのケースで，彼が専門

家を怖れ，信頼していないのは，父親（と，おそらくジャックを虐待した元上司の男性）を怖れているのと同じことだという仮説を立てた。また，ジャックに対するスタッフの反応は，ジャック自身の感情とジレンマを反映しているとも想定した。「転移の罠」を予期して回避する努力をしたのは，その罠にはまると，ジャックが心理療法を受けなくてはならなくなったそもそもの原因と同種の関係性を，スタッフが再現することになりかねないからである。

クライエントが精神科サービス全般をどう利用し，それとどう関わっているかをアタッチメントの観点から考察する

アタッチメント理論は，1960年代に開発されて以来これまで，きわめて大きな影響を及ぼしてきたが，サービス利用者がチームや支援サービスに対して形成するアタッチメントについて書かれたものは，驚くほど少ない（Adshead, 1998; Ma, 2007）。それにもかかわらず，このようなパターンにはかつての養育者との関係性が反映されていることは明らかである（たとえば，Dunn and Parry, 1997; Whomsley, 2009）。私たちが立てた仮説では，ジャックは，家族から得られなかった一貫性のあるアタッチメントを，ある程度とは言え，支援サービスに求めていたが，彼の恐怖と不信感が不安－アンビバレント型の関係性を作り出し，そのせいでチームに関わるのが難しくなり，その結果，チームは分裂の危機に見舞われた，としている。支援サービスの中で，異なる種類のアタッチメント体験をジャックに提供するためには，スタッフ自身が安心して落ち着いた気持ちでいる必要があるが，常に組織替えや大変革がある通常の臨床環境では，これを実現するのは難しい。チーム定式化は落ち着きと相互支援の感覚を促進することができる。

医学的介入を心理学的枠組みにはめ込む

特に心理専門職には，投薬治療や入院などに関する決定は自分たちの権限外だと考える傾向がある。その真偽は別として，このような介入には**心理的な**意味や影響があり，治療パッケージの他の側面と共に，定式化を行う必要があるのは確実である。ジャックにとって，投薬治療は，外部からの作用因「のおかげで自分はよくなっていく」だろうという希望を表しているのかもしれないし，精神医学的システムによる安全性へのパスポートだと捉えているのかもしれない（投薬治療の主観的意味に関する詳細な論考は Martindale, 2007 参照）。もしジャックがトラウマにも向き合いたいと思う段階にまで達した場合，投薬治療は自らの感情へのアクセスを妨げるかもしれない。その他の医学的な決定——診断結果を伝える，入院を指示するなど——にも，心理的な影響や意味があるため，定式化の対

象とする必要がある。

　子どもに薬物を処方する傾向，特に「ADHD」の症状を示しているとされる子どもに薬物を処方する傾向が強まっている点に関しても，同様の考慮が必要である。薬物の処方は，身体に影響が生じる上に，失敗や力不足や異常性に関する無益なメッセージ，問題が子どもの中にあると特定することによる無益なメッセージを伝えることになり，システム的な介入から注意をそらしかねない。

「精神症」を含む「症状」を心理学的枠組みにはめ込む

　精神医学の生物医学的モデルは，「妄想」や「幻覚」など，特定カテゴリーの体験について，原因疾患の「症状」とみなすべきだとしている。したがって，精神医学的にジャックを定式化すると，「家族の病気によるストレスが引き金となった統合失調症」という形になるかもしれない。これとは対照的に，DCP ガイドラインに説明されているとおり，心理専門職はそのような体験を，必ずしもすぐには理解できなくとも，当人の人生において意味のあるものとして見る（DCP, 2011: 16-17）。そのため，ジャックの定式化は，非医学的用語（たとえば「異常な信念」など）を使って彼の体験を説明し，その体験が彼にとってどういう個人的な意味をもつのかについて仮説を立てるのである。青少年のメンタルヘルス領域では議論の余地があるものの，このような理解の仕方は，ジャネットのような問題に直面した場合の児童青少年向け支援サービスでは一般的であろう。

社会的階級やジェンダー，住宅，雇用などの社会的要因を認識する

　支援サービスの利用者とその家族は，貧しくて，失業中で，不十分な住環境に置かれているなどの状況にあるのが当然だとされることが非常に多い。そのような状況はすべて，それ自体がきわめて重大なストレス要因である。さらに，貧困とそれがもたらす結果は，自分には価値がない，自分は排斥されている，自分は汚名を着せられている等の，強烈な感覚として経験される可能性もある（第6章参照）。ジャックの定式化は，きわめて現実的なこれらの困難と，それらがジャックに及ぼしそうな影響について，チームに注意喚起を促そうとしている。

「精神疾患をもつ患者」という役割の影響

　これは，どのサービス利用者の定式化においても，中核的な問題でありながら，通常は見落とされている側面だと，私は考えている。精神医学的な診断を下すというのは，それを下された当人の全人生を決定しかねない，きわめて影響力の大きい行為である。「病人の役割」につくことは，責任および行為主体性を欠い

ているという強烈なメッセージを伝えることにもなる（Johnstone, 2000, chapter 3）。このようなメッセージは，たいてい，サービス利用者の現在の問題と，互いに無益な影響を及ぼし合う。ジャックのケースでは，彼が非常によくある罠に陥る危険を冒していることが見て取れる。この罠にはまると，ジャックは目の前の圧倒されるような難題（内面的な問題・外面的な問題双方）の誤った解決策として，精神科の治療に伴うさまざまな恩恵（宿泊設備・システム・社会との接触・支援の提供に加えて，期待と責任からの逃避）を，意識的にせよ無意識的にせよ選択するかもしれない。ジャックへのレターは，これらの医学的メッセージと，回復は協働する全関係者次第であるという明確なメッセージとのバランスを取ろうとしている。

　ジャネットの年齢の子どもたちは，療養施設に送られて治療を受けるということはあまりないだろうが，そうした施設は存在する。それにしても，重要なのは，家族のひとりを「問題」だとみなすことの影響を認識することである。家族療法家は，このようなジレンマに細かく神経を使う（第4章参照）。

　最後になったが，一点，特に重要なことがある。理論と実践において関心が高まりつつあることで，個人の定式化にも，多領域の専門家によるチーム定式化にもあてはまることである。それは，トラウマと虐待が果たしていると考えられる役割である。

トラウマと虐待が果たしていると考えられる役割

　トラウマと虐待の経験が，精神疾患のみならず，メンタルヘルスのあらゆる種類の問題と関連することを示唆する調査結果は増える一方で，それには，ジャックが報告しているような経験も含まれるだろう。精神症と診断された人々の最大85%が，広義のトラウマの経験を報告している。広義のトラウマには，性的虐待や身体的虐待，家庭内暴力（を受けること，もしくは目撃すること），感情的ネグレクト，いじめなどがある（Read et al., 2005; Larkin and Morrison, 2006; Read and Bentall, 2012）。これには因果関係があるように思われる。トラウマのエピソードの重症度や回数，その種類の数と，精神症になる可能性との間に，用量依存的関係を示すエビデンスが存在するのである。子どもの頃に虐待を受けた人が精神症を発症するリスクは9.3倍高く，特に苛酷な虐待を受けた人は，そのリスクが48倍高い（Janssen et al., 2004）。また，3種類の虐待を経験した人は，精神症を発症するリスクが18倍以上に，5種類の虐待の場合，リスクは193倍に上昇している（Shevlin et al., 2007）。この関係性は，前向き研究においても，ジェンダー・民族・学歴・物質乱用などによる調整後も，そのまま変わらない。さら

に，特定の種類の虐待と，特定の「症状」との関連を示すエビデンスもいくらか
ある（たとえば，性的な児童虐待は，身体的な児童虐待より強い幻聴のリスク因
子となるようである）。異常な信念の内容がしばしば，実際の虐待経験と密接に
関係していることは，以前から指摘されていることである（Read et al., 2005）。

　これらは衝撃的なデータであり，これらの数字を見ると，ここまでトラウマ
が蔓延していることに，専門家たちはどうやって気づかずにいられたのかとい
う深刻な疑問が湧いてくる。さらに，精神医学の役割と，精神医学の土台であ
る生物医学的モデルについても，根本的な疑問が湧いてくる（Read and Bentall,
2012）。苦しみの原因は主に，心理的影響のあるトラウマではなく，生物学的原
因による疾病であるかのように治療を行うことに，どれだけ意味があるのだろう
か？

　　サービス利用者が報告する経験（異常な信念，つらい幻聴など）は，多くの
　　場合，自分がさらされてきた虐待に対する反応であるというエビデンスが増加
　　している。そこにあるのは虐待であり，虐待に対する反応である。説明を必要
　　とする特別な「精神症」はない。　　　　　　　　　　（Johnstone, 2011: 106）

　どうやら，メンタルヘルスの問題に関するモデルには，パラダイム・シフトが
必要なようである。トラウマが心身に及ぼす影響について，エビデンスが蓄積さ
れつつある今，そのエビデンスに基づいたパラダイム・シフトが求められている
と言えそうである（概要は Dillon et al, 2012 参照）。

　紙幅が限られているため，ここでは簡単に書き置くが，定式化は，対象が子ど
もであれ成人であれ，個人で行なうものであれ，チームで行うものであれ，メン
タルヘルスの症状として現れているいかなる問題においても，トラウマに関する
情報に基づいて行うべきである。もしトラウマに関する過去がわかっているので
あれば，現在の問題は，トラウマの影響かもしれないと考えるべきである。定式
化によって問題を説明できそうにない場合は，トラウマ（おそらくまだ隠された
ままのもの）こそ，ギャップを埋める候補として真っ先に検討すべきである。

　子どもや青少年の支援サービスを担当する臨床家は，ジャネットのケースで見
たとおり，発達に関わるトラウマの可能性を認識していて，概して，苦しみを医
学的に説明しようとすることが少ないようである。この認識は，成人支援サービ
スの段階になる頃には失われている傾向がある。トラウマに関する過去がわかっ
ている場合であっても，サービス利用者がこうした問題に取り組む心の準備を整
えるのには，何カ月もかかることもあれば，何年もかかることもあるかもしれな

い。このような場合，定式化の中核的な目的のひとつは，サポートしながら待つことの必要性を説明する枠組みをスタッフに提供し，そうすることで，その間に医学的介入が管理を強化していくリスクを減らすことである。ジャックのケースには，確かにこのリスクがある。薬物を強制的に臀部に注射されれば，ジャックはそれを，かつての虐待の繰り返しとして体験するだろうということは，容易に察しがつく。このような再現は，精神医学ではきわめて頻繁に起きている。

　したがって，もうひとつ，チーム定式化で熟慮すべき非常に重要な点は，支援サービスにはトラウマを再現しうる機能があると認めなくてはならないということである。

支援サービスがトラウマを再現する可能性

　トレーニングでは，私はこのプロセスを，「長期サービス利用者のための汎用型定式化」によって，以下のようにわかりやすく説明している。

　　　サービス利用者Xには，幼児期からの満たされないアタッチメントの要求と未解決のトラウマがある。Xはこれらを精神科の支援サービスによって満たそうとするが，支援サービスはこのような目的に合う設定にはなっていないため，失敗する。依然としてアタッチメントを求めつづけるも，充分な情緒的安定が得られないせいで前進することができず，結局，「症状」と引き換えに，精神科の治療が提供するものをすべて受け入れることになる。スタッフは，最初のうちこそ同情するが，Xになんの進展も見られないことに苛立ちを増していく。その結果として生じる力動は，Xがかつて体験したネグレクトや拒絶や虐待の再演になる可能性がある。Xもスタッフも，この悪循環の中で行き詰まり，苛立ち，やる気を失っていく。

　興味深いことに，この汎用型（多目的）定式化の的確さについて，これまで異議を唱えたスタッフ・グループはない。それどころか，後悔しながらこの定式化を受け入れるのが常である。実際，精神医学的介入がしばしばトラウマを引き起こしていることは研究によって明らかになっているが，それに対する対応は，医原性PTSDを引き起こした「治療」を放棄することではなく，その医原性PTSDに対する治療を提案することなのである（Lu et al., 2011）。すでに指摘したとおり，ジャックのケースでは，このプロセスが，ジャックの拒絶と支援サービス側からの強制的な介入の形で展開している様子を見て取ることができる。ジャックはその介入を，自分が本当に必要としていることを理解できない権

力者による虐待の再演として体験している可能性がある。個々のスタッフは実際，心から彼を助けようとしているとしても，おそらく，専門家に対する彼の疑念は，理に適っている。

　トラウマを再体験させるこのサイクルは，個人の問題ではなく，システム的な問題であり，サービス利用者を「問題を抱えた人」ではなく「病気に罹っている患者」として見るという根本的に間違っている原理に基づいてサービスを行った場合には，必然的に生じる結果である。この有害な結果について，私は別の著作でさらに詳しく論じている（Johnstone, 2000）。チーム定式化のために指摘できるのは，この領域は慎重に扱うべきであることと，最もよいアプローチをするには，ある想定が必要であること，すなわち，スタッフは全員，システムの範囲内で最大限努力しているが，そのシステムがスタッフのニーズにもサービス利用者のニーズにも合っていないと想定しなくてはならないということである。定式化ミーティングのスタッフは，有害な影響を最小限に抑えたり解消したりすることができる最強の立場にあり，実践上の変更を喜んで受け入れるタイプの人である可能性が高い。そんなスタッフも，サービス利用者同様，サポートや新しいものの見方が必要なのである。これは責められるべきことではない。ジャックのためのチーム定式化は，トラウマの再体験というよくある罠を予期して回避しようと努めている。

チーム定式化の実践

　すでに論じたとおり，評価から察するに，チーム・メンバーは定式化の有用性をおおいに認めている。このアプローチには，シンプルにもなり複雑にもなるという強みがある。ある段階の定式化は，誰しもが，人間としてやっていることである。すなわち，私たちは皆，人々の関係性や感情，行動，動機を理解しようとしているということである。こう考えると，スタッフは，受けた訓練のレベルやそれまでの経験のレベルが異なっていても，チーム定式化のミーティングに参加しやすくなる。そこには，「間違った推測」というようなものはなく，新参の学生やサポート・ワーカーの直観的な意見も，最上位のスタッフの意見と，少なくとも同等の価値をもつ可能性がある。定式化は，すべての専門家が自分の仕事でそれとなく行っていることなので，そうしてすでにしていることを，構造化を進めたもっと明確な形にして，皆で共有できるようにしたものだとして説明すれば，このプロセスはたぶん，非常に受け入れやすいものになるであろう。

　また別の段階の定式化は，非常に複雑で多大な努力を要する作業になる。複雑

に交錯する情報や感情や直観を，理論をベースにした統合的で一貫したナラティブにまとめ上げ，スタッフとサービス利用者が受け入れられるものにするのである。これはたぶん，最終的には心理学者が担当することになるだろうが，チームのメンバーがそれぞれ分担して取り組むことができるなら，メンバーの自信を高めることになるため，その方が望ましい。

チーム定式化に役立つ概念

講習会を地道に開き，実践例を用いながら，チーム定式化の概念をチームに手ほどきしていくことの有用性はわかった。また，定式化ミーティングで利用できる共通言語の一部として，特定の重要な概念やアイデアをチームに導入することの有用性もわかった。私が気に入っている概念やアイデアは以下のとおりである。

* パラレル・プロセス（スタッフの反応に，サービス利用者の問題がどう映し出されているか）
* 転移／逆転移
* 象徴的意味（特に精神症で）
* 再虐待のサイクル
* 分裂（スタッフの態度の二極化）
* アタッチメントの型
* 救助者／迫害者／犠牲者のトライアングル（交流分析の概念；Lapworth and Sills, 2011 など）
* 中核信念／スキーマ（第 2 章参照）
* 「相補的役割 reciprocal roles」（認知分析療法より；Ryle and Kerr, 2002 など）
* 「病者役割 sick role」というメッセージ

最初の 5 つは精神力動論からのもので，第 3 章，および，さまざまな入門書（Malan, 1995; Bateman et al., 2010）で詳述されている。

定式化ミーティングの進め方

チーム定式化ミーティングの進め方は，定式化自体と同様，シンプルにも複雑にもなり，ワクワクするものにもなれば，要求の多いきついものにもなる。定式化は，個人で構築するより，グループとして構築する方がはるかに容易である。チーム全体のアイデアを利用して行えば，大筋は通常，15 分から 20 分で描くことができる。ミーティングのこの段階でのプロセスは，最も注意が必要かもしれ

ない。チームのメンバーは，それぞれの考えや情報だけでなく，感情もミーティングにもち込むだろう。このような感情は，サービス利用者の感情を反映している上に，精神科の業務では避けられない難問によって悪くこじれているため，きわめて強烈なものになっている可能性がある。すなわち，チーム定式化のミーティングは，日常的に行うケア・プランのミーティングや病棟の回診とは，かなり趣^{おもむき}が異なっているということである。ミーティングは，怒りや行き詰まり，絶望，悲しみなどの感情に支配されるかもしれないし，サービス利用者のジレンマを反映した対立は，メンバー間の意見の不一致や「分裂」という形で現れるかもしれない。これらはすべて，取り組みに役立つ材料ではあるが，それはすなわち，ミーティングの進行はときに，グループ・セラピーのように感じられ，グループ・セラピーと同じスキルを活用しなくてはならないこともあるということである。手に負えない事態になりそうなときには，進行の様子に目配りできる共同進行役を置くと役立つだろう。また，ミーティングの開始時に，スタッフがサービス利用者との取り組みについて感じていることを話す時間を設けることも有用である。お伝えしたいのは，どんな感情もタブーではないということである。私たちは皆，人間であり，感情は情報だということである。しかしながら，私たちは専門家として，自分の感情を単にあらわにするのではなく，それらについて省察し，サービス利用者の支援に役立てることが期待されている。

　ジャックのケースでは，以下のシナリオのいずれかがチーム定式化のミーティングで発生するかもしれない。

- ジャックの退院日に関して，スタッフが対立した立場を取る。
- ジャックに対する怒りや苛立ちをあらわにする。
- ジャックを「救い」，世話をしたいという強い欲求をもつ。
- ジャックは「病気」であり，投薬を増やす必要があると主張する。
- 診断の妥当性を問題にする。
- トラウマの問題を回避する。
- ジャックの改善について，チーム全体に絶望感や「行き詰まり」感が広がる。

　このような場合には，以下の方略をいろいろ組み合わせると，役立つ可能性がある。

- 診断または「症状」が記載されている場合は，それをチーム定式化の用語で言い換えるよう促す。たとえば，「彼はパラノイア／統合失調症だとのこと

ですが，どのようにしてその結論に至ったのですか？　彼が尋常でない信念をもっているからですか？　彼がもちつづけている信念について，ほかにどんな解釈が可能でしょうか？」などと働きかける。理由は明白だが，「統合失調症」やその他の診断の概念全体に異議を唱えてはいけない。ただ，**この特定のケース**には，ほかの解釈の仕方があるのではないだろうかと提案する。

- 同様に，医学的な解決策が優勢な場合には，次のような質問をする。「投薬の増量／デポ剤投与／電気ショック療法の処方によって，どのような目的が達成できそうですか？　また，どのようなデメリットが考えられるでしょうか？　同じ目的を達成する方法は，ほかにないのでしょうか？」

- スタッフの欲求不満や怒りや絶望などの感情に気づき，そうした感情を話せる機会を確保し，そのような気持ちになるのも無理はないと認める。

- ただし，「私」を主語にして話すよう勧める。たとえば，「彼って，本当に癪に障るんです」とか「彼女，人をいいように操ろうとするんです」ではなく，「彼女が～すると，私は……という気持ちになるんです」という言い方をする。

- 次に，その感情をサービス利用者と関連づける。たとえば，「そういう気持ちになったのは，ジャックについて，何を伝えたいからですか？」と訊ねる（ただし，そのチーム・メンバーの「心理分析」をしようとしてはいけない）。

- パラレル・プロセスに注意する。たとえば，ジャックが診断をめぐってコンサルタントと口論したことが，診断に関するチーム内の不一致に反映されているかもしれない。そこで，この不一致を，ジャックの状況と関連づけてみる。たとえば，「おそらく，この意見の相違は，ジャックとチームとの対立を再現しているのでしょう。どうしたら，これを解決できるでしょうか？」などと訊ねる。

- 分裂した場合は，いずれの見解にも一理あることを認め，妥協点を見つけるよう促す。

- どんな意見についても，何かしら役立つ点を見つけるようにする。たとえば，「彼は病棟をホテル代わりに使っているだけだ。明日にでも退院させるべきだ」という意見には，「あなたが苛立つお気持ちはよくわかりますし，ほかにも同じ気持ちの人がいるだろうと思います。たぶん，こういう気持ちになる理由について，みんなで話し合う必要があるでしょうね。そして，もちろん，ある時点で退院の計画を立てなくてはならないのは，おっしゃるとおりです」などと対応する。

- スタッフに，仮説を立てるよう勧める。「正しい」答えはない。

- チームが何を話し合って**いない**かに注意を向ける。大半のサービス利用者は

それまでの人生で，ぞっとするような出来事を経験しているが，そうした出来事の恐ろしい本質を理解できなければ，私たちはサービス利用者を助けることはできない。私たちがそれを避けようとすれば，相手はもっと頑なにそれを避けようとするかもしれない。

- 部屋の雰囲気について，コメントする。重苦しさや絶望感を認めなくてはならない。というのも，ジャックが内面でどう感じているかを，それが教えてくれるかもしれないからである。これに気づくことによって，チームは，ジャックの絶望に引きずり込まれることなく，期待感をもちつづけられるようになる。
- 発言の少ないチームのメンバーに注意して，なんとかしてそういったメンバーを話し合いに引き込むようにする。
- 自分自身の意見は，押しつけるのではなく，提案する。
- おそらく最も難しいことだが，自分自身の意見（どんな内容であれ）が多数派にならない可能性があることを受け入れる。自分が著しく不適切で有害だと考えている介入から，チームの気持ちをそらそうとしても，必ずしもうまくいくとは限らない。小さな戦いに，1回や2回，負けることはあるかもしれないが，チームと良好な関係を維持するよう最善を尽くし，大きな戦いに勝つこと——すなわち，チーム全体の方向性を変え，心理的指向を強めていくようにすること——を目ざす。これについては，次に論じる。

カルチャー変革に向けたチーム定式化

DCP ガイドラインにあるチーム定式化の利点のひとつは，「チームと組織のカルチャー変革を促進する」ことである（DCP, 2011: 9）。臨床家は，「定式化の使用がスタッフのカルチャー転換を促すかもしれない」と報告している（Summers, 2006: 343）。臨床心理学の重要な文書 New Ways of Working in Teams（チームで進める新たな取り組み方）は，「カルチャーを，より心理社会学的な考え方に方向転換する強力な方法」として，チーム定式化を推奨している（Onyett, 2007: 23）。

この転換を必要としているカルチャーは，すでに論じたとおり，主流の生物医学的カルチャーである。患者はそこで，生物学的原因による「病気」に罹っているとみなされる。競合するモデルの間には未解決の緊張や対立があり，そこから発生するチームの権力争いや混乱したメッセージについては，すでに詳細に文書

化されている（たとえば，Johnstone, 1993, 2000; Colombo et al., 2003）が，定式化のミーティングにおいても，同様の展開は避けられない。

定式化がスタッフにとって魅力的に感じられるのは，スタッフが現在のモデルに欲求不満を抱いていて，定式化がそれに代わるのではないかと期待していることもあるかもしれない。これは，Hood ら（2003）の研究の大きなテーマとして現れたものであり，スタッフはこの研究の中で，次のような趣旨のコメントを数多く述べている。

　　私が思うに，ここは今，人であふれ返っていますが，この人たちだって，自分がなぜこのサービスを受けることになったのか，ここでどのように助けてもらえるのか，ここではどのように先を見越して回復の手伝いをしてくれるのかといったことについて，もう少し時間をかけて考えていたら，ここにはいなかったはずです。ここにあふれている人たちは，これまでいろいろな診断を下され，いろいろな投薬治療を受けてきたのに，実際にはあまり効果がなかったという人ばかりじゃないでしょうか。　　　　　　　　　　　　　　（Hood et al., 2013）

このカルチャーの中で，彼らは定式化を，「当事者の問題を理解する有用な方法として認めてもらおうとして，今もなお闘いつづけている」と見たのである（Hood et al., 2013）。

定式化が精神科診断に追加されるべきものであるのか，それに取って代わるべきものであるのかについては，第 12 章で詳述する。チーム定式化アプローチの利用者の中には，前者の見解で問題なさそうだとする者もいる（たとえば，Davenport, 2002; Meaden and van Marle, 2008; Berry et al., 2009; Martindale, 2007）一方，生物医学的モデルと診断は，定式化を必要とする問題の発生と持続に重要な影響を及ぼしていると信じている者もいる（たとえば，Kennedy, 2008）。これは，私も経験していることであり，多くのサービス利用者の証言とも一致している（たとえば，Rogers et al., 1993）。DCP のガイドラインには，心理学的な定式化（精神医学的な定式化に対立するもの）は精神医学的な診断を前提とすべきではないとあり（DCP, 2011: 16-17），Hood の研究に参加した人の中にも，同じ見解をもつ者がいる。

　　診断を［定式化で］補うことなんてできないと，私は思います。そんなことをしても，うまくいくとは思えません。なんの役に立たないと思います。本当は有害だと思っています。実に恐ろしいことだと思っています。だって，そう

でしょう？　妄想型統合失調症とか，ボーダーラインパーソナリティ症（境界
性パーソナリティ障害）とか，双極症なんて診断を下したら，その人は一生そ
れを背負っていくんですよ。それでおしまいなんですよ。(Hood et al., 2013)

　医学的診断と定式化を併用した場合，個人の責任とサービス利用者自身の生活
管理能力について，矛盾したメッセージを伝えることになる。Kennedy が述べ
ているように，「併用した場合，患者は，自分が無力で，コントロール不能で，（必
要なら強制的に）拘束され薬漬けにされないとどうにもならない状態にあるとい
うメッセージを受け取ると同時に，自分は自らの行動を説明し，自らの行動に責
任をもって『回復していく』ことを求められているというメッセージも受け取る
ことになる」(Kennedy, 2008: 42)。言い換えると，サービス利用者は実質的に，「あ
なたは病気であり，それはあなたの落ち度ではありません。**けれども**，それに対
するあなたの責任はなくならないので，あなたは回復するよう努力しなくてはな
りません。**ただし**，こちらの指示どおりにやっていただきます。なんと言っても，
こちらは，あなたの病気の専門家ですから」と言われていることになるのである。
ジャックは，妄想を取り除くために，薬物の服用量を増すべきなのだろうか？
それとも，私たちが彼を励まして，彼が自分の信念について話し，それを過去の
トラウマと関連づけられるようにするべきなのだろうか？　彼が家族について話
すときに見せる苦悩は，「落ち込み」がひどくなった徴候なのか，自分の感情と
の触れ合いが深まった印なのか？　「悪化」しているのか，「改善」しているのか？
彼は「精神疾患」という診断を受け入れ，おそらく一生続けることになろうとも，
服薬量を増やしていくべきなのか？　それとも，病院内をぶらぶらするのをやめ
て，家族とうまくやっていくよう努め，仕事を見つける努力をするべきなのか？
　スタッフもサービス利用者も，ふと気づけば，この罠にはまって身動きが取れ
なくなっている。こういう状態は，通常，精神科サービスとの最初の接触で心理
社会的な問題が定義し直され，「病気」だと診断されたことによって生じる。
　実用的かつ方略的レベルでは，ファシリテーターは診断排斥というより，定式
化支持の立場を取ることが重要である。これは取りも直さず，定式化の精神であ
り，アイデアや見解を，押しつけるのではなく提案するのである。ジャックのケー
スで私が想定したのは，定式化についての話し合いのあと，この特殊なケースに
おけるジャックの問題をトラウマへの反応として解釈可能であることを，コンサ
ルタントは進んで受け入れるだろうという点である。本章で「仮の」介入計画と
いうような表現を用いているのは意図的である（「ジャックは，自分が『パラノ
イア』や『妄想症』ではないという点を頑として譲らず，これに関する彼の強い

思いが，チームとの取り組みの障壁となっている」)。このことから，回復を妨げているのは，チームがジャックを理解できないことではなく，ジャックの態度の方だと受け取られる傾向がある一方，チームは，診断への注目を減らしていくというやり方を受け入れやすくなるかもしれない。

トラウマという見方をすることは，「心的外傷性精神症 traumatic psychosis」など，診断の新たなサブカテゴリーの提案につながった（Callcott and Turkington, 2006）が，これはたぶん，定式化と診断との折衷案とみなされるため，生物医学的モデルに直接異議を唱えることにはならないであろう。また，人を「統合失調症」だの「双極症（双極性障害）bipolar disorder」，「パラノイア」（従来診断）だのと呼ぶのではなく，「解離症（解離性障害）dissociative disorder」に苦しんでいる人という呼び方に代えようという点をチームに納得してもらえるかもしれない。この「解離症」という診断は，極度のトラウマに対する反応パターンを表すものであり，したがって，その人が抱える問題の心理学的原因を暗に示している。

まとめ

前記の汎用型定式化に代わるものは，以下のようになるであろう。

> サービス利用者Ｘは，幼い頃の生活に由来するアタッチメントの欲求とトラウマを抱えている。Ｘは，精神科の支援サービスを受けて，これらに対処しようとしている……

ここで定式化を実施！

定式化をベースとするアプローチは，ケア全体を導くために支援サービスに組み込まれていて，最初の接触から実施されるため，例の罠から脱け出す出口を提供することができる。

非医学的なモデルにおいて，すべてのメンタルヘルスの専門家に課せられる中心的な課題は，**混乱と絶望の中から意味を生み出す**ことである。チーム定式化は，これを行うひとつの方法である。

チーム定式化アプローチの開発や促進，実施，研究については，今後の課題が山積みである。しかし，チーム定式化は少なくとも，**思考と感情の処理**双方を行う機会をチームに提供する。こうした機会は，多忙なチームではまれにしかない。

絶えず発生する危機的な事態や差し迫った要求に締め出されて，主流の治療モデルから評価されることもない。「思考」は，スタッフがミーティングにもち寄る情報や経験，理論，エビデンスから構成される一方，「感情」は，サービス利用者の苦悩と，それに対する専門家の感情的反応に由来する。セラピーにおける「思考」と「感情」というこのふたつの側面は，チーム定式化のプロセスを経ることで統合が可能となり，個人的な意味を見定めることで，組み立てが可能となる。

　このように，チーム定式化は，従来の精神医学的アプローチの限界やこのアプローチがもたらす損害に対して，その代替方法を，いやはっきり言えば，解毒剤を提供することができる。また，カルチャーを変えるための強力な手段でもある。そして，精神医学が除外しているものを元に戻し，スタッフとサービス利用者に，意味と主体性と希望を取り戻してくれるのである。

謝辞

　Rudi Dallos, Richard Down, Neil Harris には，このモデルを子どもや青少年への取り組みに適用できるかどうかについて，有益なコメントを頂戴いたしました。心から感謝しています。

参考文献

Adshead, G. (1998) Psychiatric staff as attachment figures: understanding management problems in psychiatric services in the light of attachment theory. *British Journal of Psychiatry*, 172: 64–69.

Bateman, A., Brown, D. and Pedder, J. (2010) *Introduction to Psychotherapy: an Outline of Psychodynamic Principles and Practice,* 4th edn, Hove: Routledge.

Berry, K. (2007) Psychology services in psychiatric rehabilitation: service user needs and staff perceptions, *Clinical Psychology and Psychotherapy*, 14, 244–248.

Berry, K., Barrowclough, C. and Wearden, A.J. (2009) A pilot study investigating the use of psychological formulations to modify psychiatric staff perceptions of service users with psychosis, *Behavioural and Cognitive Psychotherapy*, 37, 39–48.

Borrill, C. and West, M. (2002) *Team Working and Effectiveness in Health Care: Findings from the Health Care Team Effectiveness Project*, Birmingham: Aston Centre for Health Service Organisation Research.

British Psychological Society (2010) *Accreditation through partnership handbook: Guidance for clinical psychology programmes,* Leicester: British Psychological Society.

Callcott, P. and Turkington, D. (2006) CBT for traumatic psychosis. In W. Larkin and A.P. Morrison (eds) *Trauma And Psychosis: New Directions For Theory And Therapy*, Hove, New York: Routledge, pp. 222–238.

Charlesworth, G. (2010) Commentary, *PSIGE newsletter,* 112, 4–6.

Christofides, S., Johnstone, L. and Musa, M. (2011) Chipping in: clinical psychologists' descriptions of their use of formulation in multi-disciplinary team working, *Psychology and Psychotherapy: Theory, Research and Practice.* DOI: 10.1111/j.2044-8341.2011.02041.x

Clarke I. (2008) Pioneering a cross-diagnostic approach founded in cognitive science. In I. Clarke and H. Wilson (eds) *Cognitive Behavior Therapy for Acute Inpatient Mental Health Units: Working with Clients, Staff and the Milieu,* Hove UK: Routledge, pp. 65–77.

Colombo, A., Bendelow, G., Fulford, B. and Williams, S. (2003) Evaluating the influence of implicit models of mental disorder on community-based multi-disciplinary teams, *Social Science and Medicine* 56, 1557–1570.

Craven-Staines, S., Dexter-Smith, S. and Li, K. (2010) Integrating psychological formulations into older people's services – three years on (Part 3): staff perceptions of formulation meetings, *PSIGE newsletter,* 112, 16–22.

Davenport, S. (2002) Acute wards: problems and solutions, *Psychiatric Bulletin, 26,* 385–388.

Davies, L. (2010) *Consultation to a local residential children's home: the process of service development, implementation and evaluation, illustrated with a case study.* Unpublished report of clinical activity, Cardiff Doctorate in Clinical Psychology.

Dexter-Smith, S. (2010) Integrating psychological formulations into older people's services – three years on, *PSIGE Newsletter,* 112, 8–22.

Dillon, J., Johnstone, L. and Longden, E. (2012) Trauma, dissociation, attachment and neuroscience: a new paradigm for understanding severe mental distress, *Journal of Critical Psychology, Counselling and Psychotherapy*, 12(3), 145–155.

Division of Clinical Psychology (2011) *Good Practice Guidelines on the Use of Psychological Formulation,* Leicester: The British Psychological Society.

Down, R. (2010) CAMHS Residential Care Consultation Service: 4 month review to April 2010, *Internal Trust report*, Hywel Dda Health Board.

Dunn, M. and Parry, G. (1997) A formulated care plan approach to caring for people with borderline personality disorder in a community mental health service setting, *Clinical Psychology Forum* 104, 19 –22.

Health Professions Council (2009) *Standards of Proficiency: Practitioner Psychologists,* London: Health Professions Council.

Hewitt, O. (2008) Using psychological formulation as a means of intervention in a psychiatric rehabilitation setting, *The International Journal of Psychosocial Rehabilitation,* 12, 1, 8–17.

Hollingworth, P. and Johnstone, L. (2013) *Team formulations: what are the staff views?* Clinical Psychology Forum (in press).

Hood, N., Johnstone, L. and Christofides, S. (2013) *The hidden solution? Staff experiences, views and understanding of the role of psychological formulation in multi-disciplinary teams*, Journal of Critical Psychology, Counselling and Psychotherapy, in press.

Ingham, B. (2011) Collaborative psychological case formulation development workshops: a case study with direct care staff, *Advances in Mental Health and Intellectual Disabilities,* 5 (2), 9–15.

Janssen, I., Krabbendam, L., Bak, M., Hanssen, M., Vollebergh, W., de Graaf, R. and van Os, J. (2004) Childhood abuse as a risk factor for psychotic experiences, *Acta*

Psychiatrica Scandinavica, 109, 38–45.

Johnstone, L. (1993) Psychiatry: are we allowed to disagree? *Clinical Psychology Forum*, 56, 30–32.

——(2000) *Users and Abusers of Psychiatry: A Critical Look at Psychiatric Practice,* 2nd edn, London, Philadelphia: Routledge.

——(2011) Can traumatic events traumatise people? Trauma, madness and 'psychosis'. In M. Rapley, J. Moncrieff and J. Dillon (eds) *De-medicalising Misery: Psychiatry, Psychology and the Human Condition*, Basingstoke: Palgrave Macmillan, pp. 99–109.

Kennedy, F. (2008) The use of formulation in inpatient settings. In I. Clarke and H. Wilson (eds) *Cognitive Behavior Therapy for Acute Inpatient Mental Health Units; Working with Clients, Staff and the Milieu,* Hove UK: Routledge, pp. 39–63.

Kennedy, F., Smalley, M. and Harris, T. (2003) Clinical psychology for in-patient settings: principles for development and practice, *Clinical Psychology Forum,* 30, 21–24.

Lake, N. (2008) Developing skills in consultation 2: a team formulation approach, *Clinical Psychology Forum,* 186, 18–24.

Lapworth, P. and Sills, C. (2011) *An Introduction to Transactional Analysis: Helping People Change*, London: Sage.

Larkin, W. and Morrison, A.P. (eds) (2006) *Trauma And Psychosis: New Directions For Theory And Therapy*, Hove, New York: Routledge.

Lu, W., Mueser, K.T., Shami, A., Siglag, M., Petrides, G., Schoepp, E., Putts, M. and Saltz, J. (2011) Post-traumatic reactions to psychosis in people with multiple psychotic episodes, *Schizophrenia Research*, 127, 1, 66–75.

Ma, K. (2007) Attachment theory in adult psychiatry. Part 2: Importance to the therapeutic relationship, *Advances in Psychiatric Treatment*, 13, 10–16.

Malan, D. (1995) *Individual Psychotherapy and the Science of Psychodynamics*, 2nd edn, London: Hodder Arnold Publications.

Martindale, B.V. (2007) Psychodynamic contributions to early intervention in psychosis, *Advances in Psychiatric Treatment*, 13, 34–42.

Meaden, A. and van Marle, S. (2008) When the going gets tougher: the importance of long-term supportive psychotherapy in psychosis, *Advances in Psychiatric Treatment*, 14, 42–49.

Onyett, S. (2007) *Working Psychologically in Teams,* Leicester: The British Psychological Society.

Palazzoli, M.S., Boscolo, L., Cecchin, G. and Prata, G. (1980) Hypothesising–circularity–neutrality: three guidelines for the conductor of the session, *Family Process*, 19, 3–12.

Read, J. and Bentall, R.B. (2012) Negative childhood experiences and mental health: theoretical, clinical and primary prevention implications, *British Journal of Psychiatry*, 200, 89–91.

Read, J., van Os, J., Morrison, T. and Ross, C.A. (2005) Childhood trauma, psychosis and schizophrenia: a literature review with theoretical and practical implications, *Acta Psychiatrica Scandinavica*, 112, 5, 330–350.

Rogers, A., Pilgrim, D. and Lacey, R. (1993) *Experiencing Psychiatry,* London:

Macmillan/MIND.

Ryle, A. and Kerr, I.B. (2002) *Introducing Cognitive Analytic Therapy: Principles and Practice,* Chichester: John Wiley and Sons.

Shevlin, M., Dorahy, M.J. and Adamson, G. (2007) Trauma and psychosis: an analysis of the National Comorbidity Survey, *American Journal of Psychiatry*, 164(1), 166–169.

Shirley, L. (2010) Sharing formulation with care staff using the Newcastle Model – group problem-solving, *PSIGE newsletter,* 112, 55–61.

Skinner, P. and Toogood, R. (eds) (2010) *Clinical Psychology Leadership Development Framework,* Leicester: British Psychological Society.

Summers, A. (2006) Psychological formulations in psychiatric care: staff views on their impact, *Psychiatric Bulletin,* 30, 341–343.

Timimi, S. (2005) *Naughty Boys: Anti-social Behaviour, ADHD and the Role of Culture,* Basingstoke: Palgrave Macmillan.

Wainwright, N. and Bergin, L. (2010) Introducing psychological formulations in an acute older people's inpatient mental health ward: a service evaluation of staff views, *PSIGE newsletter,* 112, 38–45.

Walton, M. (2011) Complex case consultation forums: a thematic analysis, *Clinical Psychology Forum*, 223, 10–14.

Whomsley, S. (2009) Team case formulation. In C. Cupitt (ed.) *Reaching Out: The Psychology of Assertive Outreach*, London: Routledge.

第 11 章

ヘルスケアの現場で統合的定式化を利用する

Samantha Cole

　本章の目的は，身体的ヘルスケアの現場において，心理士が個人やチームで利用しうる統合的定式化の一端を紹介することである。医療への定式化 formulation の適用には，これまでの章で概説されてきた原理や方略がやはり必要になるが，明らかに異なっているのは，サービス利用者が抱える困難の中心が，実際に経験した身体的脅威，もしくは，経験する可能性のある身体的脅威と必ず関連しているという点である（ここで言う，身体的脅威とは痛みなどのことで，病気，体調，負傷，身体障害，症状のいずれかを問わない）。焦点がこのように大きく移動したことによって，重点の置き方やプロセスにも，いくらか違いが生じるが，それについては以下で論述し，その後，ジャネットのケースをこのヘルスケアの観点から見ていく。

ヘルスケアの現場における
定式化が抱える難題とその考察

　生物医学的モデルが効果的に機能するには，身体的**治療**とは異なる心理的プロセスに注目し，全人的**ケア**で応対する必要があることは，すでにもう広く認められている。しかし，心身二元論の歴史を背景に進められてきた研究は，身体的健康の心理的側面に関するものであり，そのようにして特定された「付加的」ニーズ向け支援サービスを提供できるモデルに関するものである（Salmon, 2000）。心理的なケアはいまだに，身体的治療を行うチームの補助役として働く心理の専門家が，身体的治療とあまり関わることなく並行して行う活動とみなされがちであり，心理の専門家と身体的医療チームの間には，効果的なコミュニケーション手段がほとんどなく，治療全体に不可欠な部分とは見られていない可能性がある。

医学的に明らかな理由から，何を優先するかはほぼ，サービス利用者の身体的健康の観点から決定されるため，たとえ心理面からの「アセスメント－定式化－介入」のサイクルが進行していたとしても，身体的健康を改善するための医学的介入は必ず継続されるのである。たとえば，化学療法を指示されたがん患者は，心理学的定式化とは無関係にそれを受けることになる。その定式化が，患者の治療への心構えや治療施行の具体的な進め方の指針として役立つ可能性があっても，考慮されることはない。

この状況は，ヘルスケアの現場における心理専門職にとって，長所にも短所にもなる可能性がある。一方で，現場の同僚たちが「アタッチメント」，「転移」，「負のスキーマ」といった概念を躊躇なく利用できている可能性は低そうである。メンタルヘルス・サービスで連携している専門家たちとのコミュニケーションを取る際に，そういう事態になっていることは，ある程度推定できる。他方，これはつまり，比較的シンプルな定式化であっても，患者の管理に関する多領域チームとの話し合いにおいて，貴重な知見をチームに提供できるということである（たとえば，患者はなぜ医学的助言に「従おう」としないのか，など）。実際，同僚と私が急性期の入院患者のスタッフ・グループと行った予備的調査は，「難しい」患者に関するチーム定式化を統合的なケア・ミーティングで作成する場合，心理専門職からの支援を提案するだけでも，スタッフの自己申告による不満感情が減り，難問に対処できそうだという気持ちが強まる可能性があることを示唆している。ある段階になれば事情は何もかもはっきりする，というようなメッセージを，それとなく伝えるだけでも，複雑な症状と取り組んでストレスを抱えている看護師には，貴重な支援になると思われる。

専門家といえども，必ずしもメンタルヘルスや健康心理学の訓練を受けているとは限らない。そうした専門家との取り組みに関連して得られた結論は，たいていの定式化は，事実上，ふたり以上の「クライエント」（患者と医療チーム）に関するチーム定式化となっているということである。患者と医療チームはそれぞれ，問題の共通理解に達するために努力していくが，そのプロセスの中で，お互いとの関連から，いずれか一方もしくは双方に，変わらなくてはならない部分があることが明らかになるかもしれない。したがって，心理専門職は，ヘルスケア・サービスのあらゆるレベルにおける関係者の理解と，サービス利用者の理解とを仲介する立場になることが多い。というのも，双方の理解は必ずしも一致しないからである。たとえば，医療チームによって「メンタルヘルスの問題」を抱えているとされた患者が，自分が苦しんでいるのは，受けた医療ケアの管理（管理ミス）やコンサルタントの関係性の取り方のせいだとして，ゆえに，変化が必要なのは

ヘルスケアの提供プロセスだと主張する可能性もある。これはすなわち，医療チーム側とサービス利用者側で，定式化が並行して作成されているかもしれないということであり，相手側の定式化（たとえば，スタッフと患者それぞれの，互いに対する判断や感情的反応などに関するもの）が役立ちそうにない場合に，双方が相手のものをそっくりそのまま共有することはありえないということである。しかしながら，このプロセスには概して，最初に二者間の治療関係の中で作成され用いられてきたものとは対照的に，もっと広範なシステムが関わっている可能性があり，これはメンタルヘルスの現場でよくあることである。定式化は，ヘルスケアの同僚と協働で作成する場合も，個々のサービス利用者と作成する場合と同様，それは仮のものであるという意識をもつと同時に，それを尊重して，進めていかなくてはならない。これについては，システム論的定式化に関する第4章と，チーム定式化に関する第10章で，論じたとおりである。

　英国心理学会の臨床心理学部会（DCP）が出した『Good Practice Guidelines on the Use of Psychological Formulation（心理学的定式化の使用に関する適正実践ガイドライン）』（DCP, 2011: 16）に記されているように，医学的診断は，常にというわけではないが，身体的健康領域での定式化で重要な役割を果たすことが多い。身体的健康領域における医学的診断は，メンタルヘルス・サービスの領域で下されるような「隠喩的な」（Boyle, 2002: 233）なものではない。真に**生物**心理社会的な定式化の正当性は，生物学的要因が及ぼす心理的影響（たとえば脳卒中でのうつ状態）を考慮に入れれば，ほとんど議論の余地はないだろう。しかしながら，この状況下で精神科診断を用いるのは，やはり論争を引き起こしやすく，そうした診断を健康に関する定式化の土台とするのは，もはや概念的に一貫性を欠くことになる。たとえば，元々うつ状態になりやすかった人が，がんを「引き金」にうつ病を発症したとする見方は，患者の主体性をさらに低下させる傾向があり，その患者は，二次診断として下された「気分障害の治療」も，医師に任せておけばいいと考える可能性がある。このことはさらに，患者の絶望感を深めるかもしれない。患者は，今や不幸にも同時にふたつの病気に罹ってしまったと考えるからである。このような事態の回避は，たとえば，涙もろくなった，さまざまな活動に対する興味を失う，いろいろな活動を楽しめないなどといった体験自体を，明らかに意味をもつものだと理解し，打ちのめされるような一連の境遇への正当な心理的反応であると理解することで可能となる。

　私の印象では，ヘルスケアの専門家は概して患者の苦悩を，医学的／器質的要因から受けた当人固有の影響に対する反応だと理解していることが多く，その苦悩もまた，主に生物学的機能不全によって引き起こされたものだとする疾病モデ

ルからは理解していないようである。実際，身体疾患をもつ患者の苦悩は，簡単に共感してもらえるため，そうした患者の適応支援に心理専門職が果たしうる役割は，見落とされることが多いのかもしれない。しかしながら，医療の専門家は，患者が特定の疾患や傷害，症状を抱えた場合に，そのケースならこれくらいは苦しんでいる「はずだ」という基準——暗黙の基準であることが多い——をもちがちである。患者の反応が予想される影響と不釣り合いに思われる場合には，定式化は，そのギャップを説明する上で，精神科診断よりも役に立つ可能性があり，暗黙の判断基準をもつ精神科診断のように，この状況ならこの程度の悲しみや恐怖は当然だというような烙印を押すことも少ないかもしれない。さらに，健康に関する定式化には，精神科診断に勝るメリットもある。苦しみをもたらす可能性のある出来事が起きる**前に**対処して（たとえば，移植前のアセスメントの一部として作成した場合），問題を回避することができるため，医療現場での心理的ケアを，事前対応型の予防的なものにすることができる。このようなやり方は，メンタルヘルス・サービスでは不可能なことが多い。

　ヘルスケア・サービスの利用者がすでに精神科診断（たとえば統合失調症）を受けていることがわかっていても，それだけでは，当人やその家族が生死に関わる疾病の診断と治療にどう反応するのか，慢性痛や障害にどう対処するのかについて，私たちにわかることはあまりない。しかし，たとえば，もしジャックが身体疾患に罹った場合，自分に下されている精神科診断や，その状況下で「病気」になり「患者」になるという体験について，彼がどのような意味づけをするのか，また，こうした体験と自分の身体的健康状態とを，彼がどう関連づけるのか（仮にそうすることがあった場合）という点を考えることは重要であろう。

　身体的（ゆえに「現実の」）疾患と，心因性もしくは「心の中の」（ゆえに「非現実の」）疾患は，いまだに（暗黙のうちに）区別されることがある。たとえヘルスケアの専門家の側に，ある症状の身体的側面と心理的側面との相互作用はもっと複雑であるという認識があっても，心理専門職の介入が提案されると，サービス利用者は，上記の区別が行われたと思い込む可能性がある。提案された介入が心理的健康を支援するサービス機関への紹介だけだった場合，サービス利用者が，自分はそのように片づけられた，そのように判断されたのだと感じる可能性は，さらに高まる。これは，慢性疲労症候群や慢性局所疼痛症候群などの除外診断によく見られるケースである。その場合，心理専門職に必要とされるのは，「問題」がどこにあるのかについて慎重に話し合って共通の見解に到達し，患者が心理的対応への障壁を乗り越えられるようにして，建設的な変化が起きるようにすることである。

しかしながら，医療現場には，即時の解決策を「処方する」ようにという圧力が幅を利かせていることが多く，特にそれが強まる場合もある。たとえば，余命が短い，治療スケジュールが切迫している，優先すべき病院の先約が負担になっている，患者が疲れているなどの理由で，まずは有意義な解釈をしようにも，使える時間が限られているというような場合である。したがって，ヘルスケアにおける「アセスメント−定式化−介入」というプロセスは，メンタルヘルスの領域に比べて，循環的な繰り返しの多いものになる傾向があり，新しいアセスメント情報の出現と医学的介入の進展に合わせて，「その場その場での」解決に集中する再定式化を展開していくことになる。たとえば，子どもが差し迫っている侵襲的処置を怖がっている場合，その恐怖について，その場で作成した簡単な定式化を，治療室にいる子どもの両親や看護師に提供し，家族の苦痛が最小限に抑えられるようにして，不可欠な医療検査を進められるようにする。家族はその後，プレッシャーが緩んだときに，長めに時間を取って心理専門職とフォローアップの面談を行い，アセスメントと定式化に「肉づけ」をして，次の医学的調査や治療の計画を，子どもの不安を強めないようなやり方で立てられるようにするのである。「稼働中の」定式化は，このプロセスのいずれの時点においても，条件つきの一時的なものとなり，サービス利用者の体験の一側面を前面に押し出し，目標とする（ときに緊急の）介入の目的に適ったものになる可能性がある。これはすなわち，文書化された「完全な」定式化がサービス利用者や同僚に対して日常的に提示される公算は，おそらく，メンタルヘルス・サービスの場合よりも低くなるということである。

医学と看護は，明白な理由から，きわめて解決志向の強い専門職であり，これは，専門技術に関する暗黙の理解と密接に関連している傾向がある。すなわち，一般的に，「専門家」が会話をリードし，どの情報が適切かを判断し，患者に左右されない立場でその情報を評価して診断を下し，そののちに行動計画を助言することや，その行動計画の実施責任も専門家が負うことが，暗黙のうちに双方で了解されている傾向があるということである。多くのサービス利用者は，医療における父権主義すなわち権威主義を尊重している。そのおかげで，不確実性や予測不能性が低減される可能性があり，恐ろしいことになりそうな状況を理解して，それに対応するという責任を負わずに済みそうだからである。病院や一般診療クリニックで，すでにこのような支援を個人的に受けたことのあるサービス利用者は，心理的支援を受ける際にも，心理専門職に対して，同じ希望や期待を抱くだろう。つまり，自分の問題に対する「専門家として」の解決策がすぐにも提供されるだろうと期待するのである。「患者」という受身的役割は治療関係にもふさわしい

だろうという思いは，いろいろなことをきっかけに強められる。そうしたきっかけは，セラピーの現場でもよく見つかる。たとえば，一部のクリニカル・サイコロジストが「ドクター」の称号を使用するのも，そのひとつである。同様に，心理専門職の働く場所が医療相談室である場合，医師との面談と同じ「筋書」を示唆することになるかもしれない。こうした思いは，真に協働的な定式化アプローチを促進するときの，最初の障壁になりかねない。とは言え，いったんこれを乗り越えれば，より広範な専門家モデルのもつかすかな否定的含意は改善される可能性がある。

　ナラティブ・セラピーなどの「脱中心化」セラピーでは，サービス利用者の状態を病理的観点から語るストーリーは，その利用者の自己管理感覚をさらに低下させるとして，そうしたストーリーを回避しようとする。これは，上述と同様の理由から，ヘルスケアの現場で働いている心理専門職には，魅力的に映ることがあるだろう。しかしながら，こうした脱中心化セラピーは，「専門家として」の意見を期待している同僚の医療従事者にはうまく伝えられない可能性がある（患者の抵抗に遭うこともある）。さらに，身体的ヘルスケアのシステムやプロセスは階層性に基づいているため，そういう場では，協働性の高いやり方がスムーズに進められるとは限らない。たとえば，臨床上のレターには，しばしば標準的な書式があり，最初に診断が記されることになっている上に，宛先は患者を回してきた開業医であって，患者ではない。ここにも，定式化が役に立たないどころか，有害にすらなる可能性が存在する。というのも，健康問題における患者の自己管理を強調しすぎると，病気は予防できるものだという印象を与え，病気になったとしたら，それは，当人が健康の維持に失敗したことを表しているという印象を与えるからである。縦断的定式化は，患者の心理的な過去の経験を，現在の健康および心の状態と関連づけたり，感情的な事象が生理的事象に及ぼす影響力を説明したりするが，こうした定式化が行われると，患者は，自分の健康問題の発現や管理について責められている気持ちになる可能性がある（たとえば，「ストレスの多い」仕事をもっと早く辞めなかったのが悪い，など）。これを緩和しうるのは，たぶん，ストレスや病気について，少なくともその一部は，環境的な要求やリソース（第6章で詳述したものなど）が関わって発生したものとみなす理論であろう。健康に関する社会文化的な不平等に注意を向けることも，健康に関する定式化が広く情報を集めるのに必要なことであろう。ヘルスケアの現場におけるこうした課題や，その他の関連課題については，以下でさらに詳述する。

健康に関する定式化に付加される理論的影響

　原則として，ヘルスケア領域における定式化は，これまでの章で説明した理論モデルのいずれをも利用することができる。他の領域での取り組み同様，完全に統合した定式化は必ずしも必要ではなく，プロセス中のある時点では，ある概念的枠組みを主に利用して，問題のその側面をサービス利用者に説明するというやり方をする方が，有益な場合もある。たとえば，慢性閉塞性肺疾患のあるサービス利用者には，パニックのサイクルに関する認知行動療法モデルを作成し，息切れ症状の誤解（今にも卒倒するかもしれないなどの誤解）がどう不安を生み，身体に生じたストレス反応によって身体的不快感がどうエスカレートしていくかを説明するかもしれない。一部のヘルスケア領域では，その症状と関連していることの多い心理的問題の概念化に役立つからという理由で，特定のモデルが好まれることもあるだろう。たとえば，第三世代の認知行動療法と呼ばれるアクセプタンス＆コミットメント・セラピーやマインドフルネスをベースとする認知療法などは，疼痛治療によく用いられる。システム論的な見方は，多くのヘルスケア領域で注目されているようでもある。というのも，サービス利用者の病気や障害は，当人の社会的ネットワーク内の関係性に影響を及ぼすが，すでに論じたとおり，定式化は，その影響を盛り込む必要があるだけでなく，家族の経験という点で，ヘルスケア・システム自体の状況を説明する必要もあるからである。しかしながら，医療現場における定式化のプロセスは，身体的健康状態が原因であるという理解や，健康心理学に関する文献から得た論理的概念を，サイコセラピーのモデルと組み合わせるという意味で，ほとんどの場合，統合的である。健康心理学に関する文献については，一部を以下で概説する。

健康に関する信念と不健康の表象

　身体的健康に関する私たちの態度や信念の一部は，病気や傷害に関するこれまでの経験，もしくは，それらへの曝露によって形成されている。この学習は，長期的な健康関連の行動に影響を及ぼし，身体的ウェルビーイングに関する新たな情報をどう受け取り，どう記憶し，それにどう反応するかにも影響する。人は，健康関連のさまざまな経験を理解し，対応を導くために，健康への脅威に関する認知的表象や感情的表象を盛んに構築するが，そうした表象は，以下のようないくつかの要因をめぐってまとめられている。

- 実際に脅威となっているもの（不健康な状態の**正体**）に関する信念
- **原因**と考えられるもの（たとえば，遺伝性，外因，内因など）
- 軌跡，すなわち，**タイムライン**として捉えられるもの（たとえば，急性，慢性，周期的など）
- 想定される**結果**（Leventhal et al., 1997）
- 予測される**重症度**（想定している結果の大きさと，予想される時間経過の組み合わせ）
- **感受性**についての考え（特定の健康上の脅威に対して，自分はどれくらい脆弱だと考えるか：Baker, 1974）
- 不健康な状態の**コヒーレンス**（すなわち，表象の有意性や有用性を評価するメタ認知：Weinman et al., 1996）
- **感情的**表象（Moss-Morris et al, 2002）

人は，病気を予防するための行動を取ったり，健康への脅威を認識したとたんに医療関連の助言に対応して行動したりするが，それらは，次のような一連の評価に影響されている可能性がある。

- 自分はこの状況にどの程度関与できるか（すなわち，コントロール力と自己効力感が自分にどれだけあるか），自分は治療や推奨された助言を信じているか（すなわち結果をどれだけ期待しているか：Lau and Hartmann, 1983）など，**根治の可能性とコントロールの可能性**についての患者当人の判断
- 提案された治療（投薬，手術，行動を変えることのいずれであれ：Hornet et al., 1999）の**必要性**に関する判断
- 異なる対応の仕方に関する**費用対効果分析**（たとえば，苦痛を伴う，生活の質が低下する，自尊心を傷つけられるといったことが予想されるのかどうか）
- 当人の**健康への意欲**（健康関連のことに進んで関心をもつかどうか）
- **行動を起こすきっかけ**（内的なものであれ，外的なものであれ：Becker, 1974）
- **主観的規範**（すなわち，当人が自分の社会環境における健康関連行動の規範だと了解している事柄や，その規範に従う気になれるかどうかの自己評価のことであり，後者は，世間の意見をどれだけ重視しているかに左右される：Ajzen and Fishbein, 1980）

これらの要因は，ヘルスケア領域の心理的サービス利用者について，すべて調査する必要があるだろう。また，サービス利用者の信念が経験によって修正され

ていくにつれ，再定式化も必要になりそうである。

コーピング理論

　家族の誰かが急性または慢性の病気になったり，そうした症状を見せるようになったりした場合，家族全員が，自分の将来予想，役割，日常生活をその状況に合わせざるをえなくなるかもしれない。ほとんどの人は，何が起きたのかを理解し，治療などの不案内な体験——それゆえに不安になることもある体験——に慣れるのに時間がかかる。このような変化はたいていストレスを伴い，病気や治療は恐るべき難題となる。Moos と Schaefer（1984）によれば，病気や傷害によって生じた状況は，危機として概念化することができる。というのも，こうした状況はしばしば予測不能であり，かなりの曖昧さと不確実性を伴うにもかかわらず，迅速な対応を必要とすることが多いというのに，当事者が頼りにできる経験は限られている（たいていの人は生涯のほとんどを健康に過ごす）からである。さらに，病気や傷害は，当人のアイデンティや将来に脅威をもたらすだけでなく，当人の役割や社会的支援，環境に，突然の変更を余儀なくさせる可能性がある（たとえば，寝室に閉じ込められ，通常なら自分が世話をしている家族に，世話をしてもらう，など）。

　このようなことがあるため，思いがけない難題や変化，ストレスに対して，人が普通，どう反応する傾向があるかを知っておくと，病気や傷害に対する当人の反応を理解したり，予測したりするのに役立つかもしれない。健康への脅威に直面した人は，その状況の内的要求や外的要求が自分のリソースでは到底間に合わないと判断した場合，その難題がもたらすストレスを軽減しようとして，さまざまな行動を取る。コーピング理論は，そうした行動を探るための分類学的枠組みを提供する（Lazarus and Folkman, 1984）。大まかに言えば，人は難題に対して，それに「真正面から」ぶつかる（問題焦点型コーピング）か，それが発生させる感情的影響に取り組む（情動焦点型コーピング）かして，対応することができる。行動について見ると，問題焦点型コーピング方略は，深刻な健康問題がある状況では制限されるかもしれないが，それでも，認知的に問題と向き合うことはできる（たとえば，セルフトークをする，コーピングのリハーサルを頭の中でする，健康維持スキルを用いる，など）。急に具合が悪くなった人には，リラクセーションや気晴らしなどの情動焦点型コーピング方略の方が利用しやすいかもしれない。しかしながら，それらはしばしば反動（拒否，抑制，合理化など）を引き起こすため，主に問題管理を担当する臨床家は当惑したり，能力を試されたりすることになる。したがって，「コーピング」は，個人と環境が互いに影響を及ぼ

し合う相互作用的かつ力動的なプロセスであり，メアリーとジャネットのような家族との取り組みでは，そのプロセスの進化に合わせて，臨床家は再定式化を行いたくなるだろう。

文化的背景／社会的背景

不健康な状態や障害のある状態は，病気のプロセスすなわち**病理学**とは対照的に，当人の社会的環境を背景として，当人全体に関わってくる社会的構成概念である。そのため，健康に関する定式化のプロセスに，広範な文化的背景や政治的背景に関する批評的な気づきを取り入れることは重要である。社会経済的地位，社会的な支援とネットワーク，職業状況（特に失業と退職），社会的結束，宗教的信念が，健康アウトカムに大きな影響をもたらすという点については，充分なエビデンスがある（Wilkinson and Marmot, 2003）。さらに，不健康な状態や障害のある状態は概して，社会的にニュートラルではない。一部の状態は，とてつもない偏見や倫理的な非難にさらされたり（たとえば，ヒト免疫不全ウイルス／エイズ），除外診断を下されたり（たとえば，慢性疲労症候群が「ヤッピーの風邪」とされる），肥満や喫煙関連の症状だとされたりする。また，診断がもっと同情して受け止められるような場合ですら，診断を受けた人は，「前向きに考えること」や「勇敢に闘うこと」について世間で広く交わされる会話によって，自分自身の健康状態に対する反応を強制されていると感じる可能性がある。たとえば，30年以上前に Susan Sontag が，病気を闘争にたとえて，がんと「闘う」という言い方をするのは，一部の患者を，病気に抵抗する意志が充分に強くないという意味合いで暗に責めることになると述べたが，いまなおそれを痛感している人もいる（Sontag, 1978）。

健康に関する定式化すべてに明確に組み込まれることはなさそうだが，定式化を進めていくプロセスにぜひとも組み込むべき点がひとつある。サービス利用者の健康に関する信念を理解しようとする際には，当人の住む環境が，健康や不健康について，歴史的・社会的・文化的にどう捉えているかを具体的に考慮すべきだという点である。たとえば，ジェンダーや人種，民族，階級など，生得的特質に関連すると思われる健康規範は，見落とせない要因である。また，当人が自分の所属先だと感じていたり，人からそうみなされていたりするようなマイノリティー集団，もしくは，社会の周縁に追いやられている集団の中で，健康や不健康に関する一般的な言説に，上記の健康規範がどのように受け入れられているかに関しても，理解しようと努めなくてはならない。

認知の発達と健康に関する理解

　健康と不健康の概念に関する理解がどの程度発達しているか——この観点から集めた情報は，子どもや若者の健康関連問題の定式化や，たぶん重大な学習症をもつ成人の健康関連問題の定式化にも，活かされるべきである。ある研究の示唆するところによれば，健康と病気に関する子どもの概念は，年齢や認知の発達からほぼ予測できる方向に変化し，この変化はピアジェの理論におおむね沿った形で起こるという（Bibace and Walsh, 1980）。最も初期の発達段階（前操作段階）——一般に 2 歳から 6 歳の間——の子どもは，健康と周囲の外的なきっかけ（たとえば冷気）とを，空間的もしくは時間的に一致しているかもしれないという理由で——たいていは，時や場所の近さを挙げたり，魔法みたいだねと言ったりして——結びつける。これは，「連想的感染 associational contagion」と呼ばれている（Rozin et al., 1985）。幼児が自発的に行う病気の説明には，モラル的要素が含まれていることが多く，幼児は，「いたずらっ子はよい子より，よく病気になる」と信じがちである（Brodie, 1974）。病気（と治療）を，悪さに対する罰だと考えるのは，ごく普通のことであり，特に入院中の子どもにその傾向が目立つ（Brewster, 1982）。

　具体的操作期——通常 7 歳から 10 歳まで——の子どもは，病気の原因に関する自分の考えを修正しはじめる。子どもは当初，人が病気になるのは，自分の外側にある「汚染源」に物理的に触れるからだと信じている。汚染源とは，つまり，なんらかの形で有害だと考えられる人，もの，行為のことである。この時点ではまだ，病気は体内にあるという漠然とした捉え方しかしていないのが普通であり，汚染源が内在化（嚥下や吸入など）によって伝染する筋道について，高度な概念化が始まるのはもっとあとのことである（Bibace and Walsh, 1980）。

　11 歳頃から形式的操作思考への移行が始まると，身体がさまざまな器官から成るシステムであることや，体内の基本的なメカニズムと変換（たとえば，食物がエネルギーになり，無用になったものが排泄されるなど：Carey, 1985）について，認識が進むようになる。その結果，病気とは，体内のこうした生理的構造やプロセスの不具合であり，内的なきっかけや外的なきっかけによって生じる一連の出来事の結果かもしれないと，徐々に解釈するようになる。さらに解釈が深まると，心理的要因，すなわち，思考や感情が身体機能に影響しうることもわかるようになるだろう（Bibace and Walsh, 1980）。

　子どもや若者について定式化を行う臨床家は，クライエントの認知がどの段階まで発達しているかを理解しておく必要がある。健康に関する当人特有の信念や，

当人が構築した不健康の表象について理解し，彼らの現在のメンタルモデルからあまり外れていない形で，これを伝えられるようにするためである。たとえば，ジャネットについて定式化を行う場合，ジャネットは，具体的操作段階にあると考えるのが普通であり，心理専門職が想定するようなこと——思考や感情などの心理的要因が身体的健康と密接に関連しているということ——を，彼女も考えていたと仮定するのは無理であろう。したがって，ジャネットがこれらを関連づけるのに役立つ手引きが必要になりそうである。

ジャネット：健康をめぐる状況から見る

これまでの章と同じく，書面の情報に基づいて作成した定式化は，ジャネットとメアリーが自らの懸念について自ら語る説明を聞いているわけではないため，常に限界があり，いくらか憶測によるものにもなる。しかしながら，ジャネットとメアリーのストーリーは，これまで提示されてきたとおり，身体的要因，心理的要因，社会的要因がどのように問題の発生と持続に相互に関わりうるのか，それを暫定的な統合的定式化にまとめるとどういうものになりうるのかを説明する好機となっている。

上述したとおり，健康心理学の視点に基づくジャネットの定式化には，ジャネットと彼女の社会的ネットワーク内の人々が，健康や病気，ヘルスケア・システムについて，個々にどういう意味づけをし，どういう信念を抱いているかに関する解釈が含まれることになるだろう。これには，ジャネットとメアリーはもちろんのこと，状況を理解しようと関わっている他の人々（学校の保健室の先生，自治体の社会的支援サービス，救急救命スタッフ，小児科のコンサルタント，ジャネットの家族や親族など）が，関連のある健康について，どういう思い込みや判断，信念をもっているかも反映させる必要があるかもしれない。ジャネットは，摂食不良と体重減少が続いていたが，その理由として器質的原因は除外されているため，医師は彼女を「病気」だとは考えていない。とは言え，慢性的な拒食は，すでに発達と成長に遅れが見られるジャネットに，重大な身体的影響を及ぼしかねないため，彼女を「健康」だと考えることもないだろう。具体的な身体症状（このケースでは体重減少と運動障害）があるからこそ，ヘルスケアの支援サービス機関に出向いている家族にとって，「はっきりわかる身体的問題はない」という臨床家の判断は，ときに理解できないことも，受け入れられないこともあるだろう。家族は不信感をもったり，無視されたと感じたり，医師はまだ原因を突き止めていないのだと考えたりするかもしれない。この思いが強まるのは，ジャネッ

トのケースのように，ヘルスケアの専門家がその症状を心配して関与しつづけ，フォローアップの予約を取るようもちかけたり，症状のアセスメントを定期的に続けようとしたりする場合である。メアリーは，ジャネットが「病気」なのかどうか，そのいずれの場合にせよ誰が責任をもって変化の手ほどきをするのか，誰が介入するのかなど，ジャネットの問題の土台部分に関して，混乱したメッセージを受け取っている可能性がある。もしメアリーが，一貫した枠組みの中でジャネットの低体重と運動能力の問題を理解できていないとしたら，ジャネットが明解な解釈を伝えてもらっているとは考えにくい。

　同様に，メアリーが自分自身の健康状態（紹介状におおまかに触れられている狭心症と不整脈）についてどう理解しているのか，それはどの程度ジャネットと共有されているのか（いくらかでも共有されている場合），また，どういう形で共有されているのかについても把握できると，役立つであろう。たとえば，心臓手術は当然ながら，どのような家族にとってもかなり大きなストレスになると考えられるが，メアリーの差し迫った心臓手術については，紹介状に簡単に触れられているだけである。これは，ジャネットを「発端症例」とみなし，作為的に彼女に焦点を絞っているのだろうか？　あるいは，より広い意味での（回避型）コーピング方略が反映されていて，メアリーは，ジャネットの身体的な健康に注意を集中させることで，自分が直面している重大な健康問題から気持ちをそらそうとしているのだろうか？　狭心症の主な症状は痛みであり，主に胸部に発生し，身体活動やストレスに誘発され，食後に生じることもある。肥満と高脂肪食がリスク指標であり，この診断を受けた人は，食生活の改善と適度な運動を奨められることが多い。しかし，患者は，それも特に女性は，狭心症の原因として，ストレスや家族歴などのコントロール不能な原因を挙げる傾向が強い（これは，食生活や運動量，喫煙などの個人的な行動を挙げるのとは，対照的である；Furze and Lewin, 2000）。

　もしメアリーが激しい活動をしたあとに痛みや極度の疲労を感じているとしたら，自分は，最小限の身体活動以上のことをすると，身体的脅威に曝されやすい（おそらく死ぬことすらある）と思うようになっていたかもしれない。そして，彼女がこの連想を一般化していたとしたら，ジャネット用になぜ車椅子を頼んだのかが，説明できるかもしれない。激しい活動をやりすぎると，ジャネットの健康も同じように，さらに損なわれることになると考えたのだろう。一方，ジャネットも，母親の食生活と健康不良のつながりを，ある程度は理解していた可能性があり（ひょっとしてジャネットが，食後に母親が痛みを訴えているのを目撃していたり，バランスの取れた食事が心臓疾患のリスクを下げるのに重要だという内容

の会話を家庭や学校で聞いていたりしたとしたら），そのせいで，ジャネットはメアリーが料理したものを食べないようになったのかもしれない。

　ジャネット一家には，ロマの家系としての強いアイデンティティがあり，このことも，定式化で探っていく問題について，なんらかの示唆を与えてくれるかもしれない。たとえば，ロマの文化では，病気に関する言説（ディスコース）は，自らの民族集団に起因する病気と，ロマ以外の社会に起因する病気とで区別されることがあり，前者はロマのヒーラーにしか助けることのできないもの，後者は伝統的な西洋医学による治療が適しているものとされている（Jesper et al., 2008）。旅から旅へというライフ・スタイルでは，問題解決に当たっての自立心，禁欲主義，緊急意識はすべて，きわめて重要な資質だとされる傾向があるが，これは，ヘルスケア・サービスを回避したり，支援サービス機関に出向くのが遅れたりする原因になる可能性もある（Department of Health, 2004）。限定的なエビデンスではあるが，英国のロマたちは，英国住民の大半と比べて，一般診療医に登録する割合が低く，支援サービス機関へのアクセスや利用を阻まれたり，そのことに気づいたりする可能性が高くなっている（ヘルスケア提供機関から地理的に離れている，コミュニケーションが困難など）。さらに，支援サービス機関にアクセスした場合でも，健康関連の信念や態度，習慣の点で対立する可能性のある領域について，相互理解ができていなかったり，そうした領域に互いに慣れていなかったり，はたまた差別を経験したりするために，ロマは，ヘルスケア提供者とのやり取りについて，否定的な報告をしたり，役に立たなかったと報告したりすることが多い（DoH, 2004; Mladovsky, 2007）。おそらく，これらの理由の組み合わせから，ロマたちは，直ちに必要だとされた場合にのみ医療を求めるのが一般的になっているのであろう。その結果として，救急科を緊急に受診することが多くなり，ヘルスケアの専門家が，一次的ヘルスケア・サービス，二次的ヘルスケア・サービス，予防的ヘルスケア・サービスのより「適切な」利用とみなしているようなものからは足が遠のくのである（Jesper et al., 2008; Mladovsky, 2007）。

　このことはすべて，メアリーがジャネットのために，どのような形でヘルスケア・サービスに関わっているのかを理解するのに，重要な意味をもっているかもしれない。もしそうなら，これは別の解釈をもたらす可能性があり，その解釈は，「必要もないのに」何度も支援サービス機関に出向いてくるのは親による虐待の徴候を示すものであり病的であるとする解釈に取って代わることになるかもしれない。親による虐待の徴候を示しているとする解釈は，メアリーが意識的にせよ無意識的にせよ，ジャネットの父親による身体的虐待もしくは性的虐待の徴候を医療スタッフに見つけてほしいと願っているという仮説，もしくは，メアリーが

自分自身の心理的欲求を満たすために，さまざまな症状を誘発もしくは捏造している自分を，娘の中に見ているという仮説のいずれかから出てくるものである。後者は，第6章で述べた「虚偽性障害（代理ミュンヒハウゼン症候群）」と診断されるものである。これらの仮説はもちろん，必ずしも相互に矛盾するわけではないが，子どもの健康に関連した親の行動について英国で行われる規範的評価には，正当に重視されていない重要な寄与因子があるかもしれないと認識することによって，現時点のリスク評価のための土台は，いっそう堅固なものになるはずである。

　ロマの文化には，「**マリメ marime**」という概念がある。これは，身体的かつ道徳的な汚れ^{けが}を意味し，通常，恥の感情を伴っている。**マリメ**は，洗浄や食品調理や衛生習慣（たとえば，上半身を触ったら，下半身を触る前に手を洗うなど）によって避けなくてはならないのだが，これらの行為は，国民健康保険（National Health Service: NHS）では，通常，厳守されてもいないし，促進されてもいない（Larkin, 1998）。閉鎖的な公共スペース（病院や公衆トイレ，学校，職場など）にいる大多数の人々は，これらの信念に従って行動するとは思えない。その結果として，こうした場所は「不潔」で，人を汚染する恐れがあるとみなされることがある。これもまた，ジャネットの受診歴に影響を与える要因になりうるだろう。おそらくメアリーは，緊急事態だと感じるときだけ，ジャネットをこうした環境に曝しているのではないだろうか。ジャネットは**マリメ**という考え方のせいで公共の交通機関を怖がるのかもしれないと解釈するのも，妥当だと思われる。病気の感染源になりうる公共交通機関は，避けるに越したことはないと考えている可能性がある。また，ジャネットがメアリーの調理した食べ物を拒否するのも，なんらかの形でそれが「汚染源になる」と考えているのかもしれない。それは，おそらく，肝心の母親が病気に罹っているからではないだろうか。

　今日までの経験的データが示唆するところによれば，たいていの場合，健康や不健康に関する子どもの概念の発達は，文化の違いはあろうとも，相違点より類似点の方が多い（Burochovitch and Mednick, 1997）。したがって，ジャネットは認知的成熟段階にあり，汚染理論に基づいて不健康を説明する傾向にあったと想定するのは合理的であろう。この発達段階にいる子どもにとって，**マリメ**のような文化的着想は格別に重要であり，そのまま文字どおりに解釈され，ニュアンスの一部が失われていたとしても，もっともなことである。ジャネットが「健康」と「不健康」をどのように解釈し，彼女の環境と行動のどの側面が相互に関連し合っているのかを，当のジャネットと共に探っていくことは重要であろう。食事と食習慣が健康と不健康に対してもつ意味も，ジャネット自身の言葉で理解する

必要があるだろう。

　ロマの文化で食べ物を分け合うことは，互いが「清浄」であると認めているということであり，そのようにして敬意と信頼の気持ちを伝えるのである。誰かと共に食事をするのを断るのは，その反対の気持ちの表現であり，通常は侮辱と受け取られる。英国で行われたある調査研究の回答者は，食事を与えることは「養育上重要な母親の役割であり，よい親であることの重要な側面である」と考えていた（DoH, 2004: 49）。体が大きいほど健康で生活が充足しているという関連づけも行われていて，これは，幸運と密接につながっている概念である。住民の標準体重より重い人は，医師が「理想的体重」だとしている人より，幸せで，健康で，幸運だと考えられているのかもしれない。そして，子どもの食欲不振は，普通，心配なことだとされている（DoH, 2004; Jesper et al., 2008）。もしこうした信念を，メアリーや彼女の周囲のコミュニティが共有していたとしたら，そのせいで，ジャネットの拒食に対するメアリーの感情的反応は強まり，メアリーが娘の拒食を拒絶だと受け取る可能性も高まるだろう。これまでも，さまざまな母親と拒食を示す娘との間に，相互作用のパターンが認められている。すなわち，子どもの拒食によって，もっと食べさせようとする親の圧力が強まり，それに気づいた子どもの摂食障害が悪化し，子どもはさらに苦しむようになるが，母親はさらに言葉と物理的手段によって状況をコントロールしようとする行動を示しがちになる——といったパターンが発生し，結果的に，食事は両者にとって嫌悪すべき体験となる（Carper et al., 2000; Lindberg et al., 1998）。メアリーとジャネットの定式化では，食事どきにふたりの間で繰り返される特定の反応パターンを細かく書き出し，ジャネットがどのようなプロセスで特定の食事をいやがりつづけているのかを見定める必要がある。

　ロマにとって，不健康はしばしば，家族を越えたコミュニティの懸念とみなされ，健康でない人の周囲には多くの人々が結集する。それは比較的大きな集団になることが多く，NHS の訪問政策は，それに対応できる設計にはなっていない（Jesper et al., 2008）。親戚やコミュニティがジャネットの体重減少や救急救命科へのたびたびの受診を知ってどのように反応したのかを明らかにすることは，重要であろう。ロマの文化的規範が働き，心配した多くの人々がジャネットに注目することになり，そうでなければ提供されることはなかったリソースが，使えるようになっているかもしれない。ジャネットとメアリーが社会的貧困地域に住んでいる上に，メアリーがあまり動けなくなったせいで次第に孤立を深めてきていることを考えると，ふたりはこの状況を歓迎していた可能性がある。ジャネットにとっては，特に嬉しいことかもしれない。というのも，ジャネットは，自分の

きょうだいやその子どもたちほど，母親から注目されていないと感じているかもしれないからである。「不健康」であることは，学校教師になった兄に匹敵する「特別」な立場を手に入れるひとつの方法として働くと同時に，勉強でも同レベルの成績を収めなくてはならないというジャネットへの期待を低める働きもするかもしれない。また，ジャネットは，母親が病気になって，周囲の人たちに優しくしてもらっているのを見てきている可能性もある。もし「病者役割」が，そうでなければ得られない注目を引き出すとしたら，ジャネットの食習慣は，母親や，自分の広い社会的ネットワークのメンバーによって，うっかり強化されることもあるだろう。

介入に向けて

先に考察したとおり，ヘルスケアの専門家が何人も関わると，何が問題を構成しているのか，誰の責任で解決策を見つけるのかについて，役に立たないメッセージや対立するメッセージが増えかねない。アタッチメントの問題の存在が明らかであり，文化に対する不信感がヘルスケアの専門家に存在しうる点を考えると，家族のネットワークにこれ以上「専門家」を補充して，メアリーとジャネットの間に人を入れることは，避けた方がよいだろう。上記のようなメッセージが増加する可能性だけでなく，現実問題として，ヘルスケアにおける心理学的サービスにはリソースと時間の制約があるという点に留意すると，たぶん，担当心理専門職にとって最も適切なのは，既存のヘルスケア・チームを支援してメアリーとジャネットと共に定式化を作成し，ふたりが定式化の過程で提案された変化を何がしかでも実現できるように手助けすることであろう。

たとえば，学校の保健室の先生に参加してもらい，メアリーとジャネットが互いの健康について，現在どう理解しているかや，そのことに関連して，互いの行動にどのような意味があると考えているかを探ることもできるだろう。これを行う総合的な目的は，メアリーとジャネットが自分たちの状況と懸念を把握できるようにし，ふたりが普段の生活の中でそれらに適応し，なんとか対処していけるように支援することである。明確な誤解が確認された場合は，たとえば，小児栄養やペースを調整した活動に関する基本的な教育情報を提供できるだろう。心理士は学校の保健室の先生と相談して，メアリーがジャネットの不安を最小限に抑えるために自分の手術予定をジャネットに伝える際や，自分自身の体が経験してきたことをジャネットに話す際に，ジャネットの成長段階に合った説明方法を見つけられるよう，手助けできるだろう。自分が理解していることを，敬意と関心

を示してくれる誰かに一部始終話すというプロセスは，それ自体，情緒的な安心感を与えてくれることが期待できるだけでなく，自分の懸念を調べ，直面している問題を明確にしていく過程で，新しい見方ができるようになることも期待できるかもしれない。

そのプロセスから生まれる共通の理解に，これまで概説してきたこととなんらかの類似点があったと想定するなら，学校の保健室の先生は理想的な立場にいると言えるかもしれない。学校の保健室の先生なら，メアリーと共に，目標とする食べ物を家庭で少しずつ取り入れてジャネットに与える計画を立て，学校での昼食時にも，同じことを続けるようにジャネットを励ますことができるからである。メアリーがさまざまな方略を考え出せるように力を貸すこともできるだろう。たとえば，明確で直接的な助言をする，食事に協力したことを言葉や身振り，その他の褒美（好きな食べ物をあげたり，ふたりで遊べるゲームをしたりすることなど）でほめる，言葉による拒否などの破壊的行動を気にしない，というような方略を提案できるかもしれない。

考　　察

ジャネットが抱える問題のいくつかについて，これまでの章でサイコセラピーモデルの観点から，説得力のある説明が展開されてきたが，ジャネットに関する今回の定式化を振り返ってみると，そうした問題がここでは，身体的健康問題を経験して理解したジャネットの心理的な結果（公共交通機関に対する恐怖など）として，言い換えられていることに気づく。言うまでもなく，サービス利用者にとってぴったり「フィットする」という意味では，いずれの説明も妥当であり，実際，健康に関するこの定式化も，アタッチメントの問題など，前章までに取り上げられた仮説のいくつかに言及している。身体的問題と心理的問題が併存しているケースの多くでは，双方の専門領域はいずれも，効果的で包括的な定式化を作成するために，相手の観点から多くを得ている可能性がある。このようにすれば，本章冒頭で述べたとおり，私たちの実践をしばしば制限する心身の裂け目に架橋を試みることができる。しかしながら，ナラティブの一貫性を満たすことよりも，有用性こそを常に指針として，身体的経験と心理的経験の関連づけをどの程度まで行うかをみきわめながら，ひとつの定式化にまとめていくべきである。

また，健康の観点から定式化を行う際には，不健康な状態や障害のある状態に関する当人自身の考えや感情や態度，当人自身の健康状態の捉え方を常に認識し，それらが定式化のプロセスにどう影響しているかに留意しつづける必要があるこ

とも，私は改めて感じている。身体的健康問題の連続体〔徐々に変化する一連の感覚〕の方が，たぶん，メンタルヘルスの問題の連続体よりすんなり想定できるだろう。たとえば，たいていの人にとって，苦痛があるときの状態がどんなものかという記憶にアクセスする方が，幻聴を伴う連続体と思われる体験にアクセスするより，認知的にははるかに簡単である。こうすることによって，サービス利用者に共感して「寄り添う」ことの難易度は下がる一方，自分自身の経験から無用な推論をするリスクは高まるかもしれない。具体的に言えば，私は「疲労困憊」の状態を体験したことがあるため，メアリーの狭心症がメアリーに及ぼす影響について，すっかりわかっていると思い込まないように注意し，常に好奇心をもちつづけるよう意識的に努力しなくてはならないということである。

　さらに，身体的健康の領域で働いている人々が不健康の表象として捉えているものは，サービス利用者の経験に触れることで，必然的に影響を受け，修正されることになる。そこで発生する代表性バイアス（Tversky and Kahneman, 1974）は，どの専門領域で働いているかに左右されるが，そのバイアスが徐々に働くようになると，慢性や急性の疾患や身体障害の有病率や重症度，危険性の判断に影響を及ぼすようになる可能性がある。したがって，そうした身体的健康領域にあまり専門的には通じていない人たちと共に，自分の見方を意識的に「再キャリブレーション」することや，自分が取り組んでいるプロセスやシステムとは無縁に近そうな医学領域に参入するというような，いわば「素人として」の経験と再びつながることも，ときには有益である。

ヘルスケアの現場における定式化の重要な特徴

- 言うまでもなく，常に，身体的健康問題を中核的要素とする生物心理社会的な定式化である。
- 事前対策かつ予防対策になりうる。すなわち，心理的な苦痛が増すような出来事が起きる前に行うことができる。
- 一般的に，ある段階でチーム定式化を行い，サービス利用者の意見だけでなく，より幅広いヘルスケア・チームの解釈を組み入れて，互いにそれらを伝え合う。
- 通常，「アセスメント−定式化−介入」というサイクルで行う従来の「段階的」モデルには適合しない。医療の介入が進むにつれて，繰り返されることや，その場その場で臨機応変に行われることが増えていく可能性がある。

- 疾患や身体障害の影響に対処し，健康心理学およびサイコセラピーモデルの理論的構成要素やアイデアを利用するという意味で，常に統合的である。

参考文献

Ajzen, I. and Fishbein, M. (1980) *Understanding Attitudes and Predicting Social Behavior*. Englewood Cliffs, NJ: Prentice-Hall.

Becker, M.H. (ed.) (1974) *The Health Belief Model and Personal Health Behavior*. Thorofare, NJ: Slack.

Bibace, R. and Walsh, M.E. (1980) Development of children's concepts of illness. *Pediatrics*, 66, 912–917.

Boyle, M. (2002) *Schizophrenia: A Scientific Delusion?* (2nd edn) Routledge: London.

Brewster, A.B. (1982) Chronically ill hospitalized children's concepts of their illness. *Pediatrics*, 69 (3), 355–362.

Brodie, B. (1974) Views of healthy children toward illness. *American Journal of Public Health*, 64, 1156–1159.

Burochovitch, E. and Mednick, B.R. (1997) Cross-cultural differences in children's concepts of health and illness. *Journal of Public Health*, 31 (5), 448–456.

Carey, S. (1985) *Conceptual Change in Childhood*. Massachusetts, USA: Massachusetts Institute of Technology (MIT) Press.

Carper, J.L., Orlet Fisher, J. and Birch, L.L. (2000) Young girls' emerging dietary restraint and disinhibition are related to parental control in child feeding. *Appetite*, 352, 121–129.

Department of Health (2004) *The Health Status of Gypsies and Travellers in England*. London: Department of Health Publications.

Division of Clinical Psychology (2011) *Good Practice Guidelines on the Use of Psychological Formulation*. Leicester: British Psychological Society.

Furze, G. and Lewin, B. (2000) Causal attributions for angina: results of an interview study. *Coronary Health Care*, 4 (3), 130–134.

Horne, R., Weinman, J. and Hankins, M. (1999) The beliefs about medicines questionnaire: the development and evaluation of a new method for assessing the cognitive representation of medication. *Psychology and Health*, 14 (1), 1–24.

Jesper, E., Griffiths, F. and Smith, L. (2008) A qualitative study of the health experience of Gypsy Travellers in the UK with a focus on terminal illness. *Primary Health Care Research and Development*, 9 (2), 157–165.

Larkin, J. (1998) The embodiment of marime: living Romany Gypsy pollution taboo. *Electronic Doctoral Dissertations for UMass Amherst*. Available: http://scholarworks.umass.edu/dissertations/AAI9909179 (accessed 4 September 2012).

Lau, R.R. and Hartman, K.A. (1983) Common sense representations of common illnesses. *Health Psychology*, 2, 185–197.

Lazarus, R.S. and Folkman, S. (1984) *Stress, Appraisal, and Coping*. New York: Springer.

Leventhal, H., Benyamini, Y., Brownlee, S., Diefenbach, M., Leventhal, E., Patrick-Miller, L. et al. (1997) Illness representations: theoretical foundations. In K.J. Petrie and J.A. Weinman (eds), *Perceptions of Health and Illness*, pp.19–46. Singapore: Harwood Academic Publishers.

Lindberg, L., Bohlin, G., Hagekull, B. and Palmérus, K. (1998) Interactions between mothers and infants showing food refusal. *Infant Mental Health Journal*, 17 (4), 334–347.

Mladovsky, P. (2007) Research Note: To what extent are Roma disadvantaged in terms of health and access to health care? What policies have been introduced to foster health and social inclusion? The London School of Economics and Political Science [Electronic]. Available: http://academos.ro/sites/default/files/biblio-docs/112/mladrom.pdf (accessed 4 September 2012).

Moos R.H. and Schaefer, J.A. (1984) The crisis of physical illness: an overview and conceptual approach. In R. Moos (ed.) *Coping with Physical Illness: New Perspectives*, vol. 2, New York: Plenum Press.

Moss-Morris, R., Weinman, J., Petrie, K.J., Horne, R., Cameron, L.D. and Buick, D. (2002) The revised illness perception questionnaire (IPQ-R). *Psychology and Health*, 17, 1–16.

Rozin, P., Fallon, A. and Augustoni-Ziskind, M. (1985) The child's conception of food: the development of contamination sensitivity to 'disgusting' substances. *Developmental Psychology*, 21, 1075–1079.

Salmon, P. (2000) *Psychology of Medicine and Surgery: A Guide for Psychologists, Counsellors, Nurses and Doctors*. Chichester, UK: John Wiley & Sons Ltd.

Sontag, S. (1978) *Illness as Metaphor.* New York: Farrar, Straus and Giroux.

Tversky, A. and Kahneman, D. (1974) Judgment under uncertainty: heuristics and biases. *Science*, 185, 1124–1131.

Weinman, J., Petrie, K., Moss-Morris, R. and Horne, R. (1996) The illness perception questionnaire: a new method for assessing the cognitive representation of illness. *Psychology and Health*, 11, 431–445.

Wilkinson, R. and Marmot, M. (2003) *The Solid Facts*. Copenhagen: World Health Organization.

第 12 章

定式化についての議論や討議

Lucy Johnstone

ジャックとジャネット：定式化

　ここまで読み進めてこられた読者の皆さんは，ジャックとジャネットの困難を理解する方法の多さに，圧倒されているかもしれない。それぞれの定式化formulation には，確かに著しい違いがある。ジャックおよびジャネットとの個人的な取り組みを土台にしているものもあれば，その家族に会うことを土台にしているものもある。当人の思考を主として取り上げていたり，感情，関係性，社会的状況，自らの人生について当人が語るナラティブのいずれかを主として取り上げていたりもする。セラピストが大半を構成しているものもあれば，そこに当人やその家族が加わって一緒に構成しているものもある。ただ，なんらかの伝統的な形式に則ったものは，おそらくひとつもないだろう。定式化と精神科診断が共存していたり，定式化が診断に代わるものとみなされたり，はたまた，定式化と精神科診断の概念がいずれも疑問視されたりしているものもありうる。定式化が，根底にある理論的アプローチの中核になっていることもあれば，その核心から遠く離れた一部分になっていることもあるだろう。その定式化が多様な介入につながっている場合もあれば，ひょっとしたら，なんの介入にもつながらなかった場合もあるかもしれない。これらすべてのケースで強調されているのは，できるだけ協働的に取り組みを進め，必要に応じて再定式化を受け入れなくてはならないという点である。定式化の統合に関するふたつの章では，種々のモデルのアイデアを組み立てていけるようなヒントをいくつか述べているが，それが読者の皆さんに伝わっていることを願っている。また，この 2 章では，現実の生活の中できめ細かく慎重に，かつ，省察的に取り組んでいくことの必要性も強調してい

る。

　さて，この最終章では，第1章で概説したテーマに戻り，課題や議論の一部を
さらに詳細に掘り下げてから，暫定的な結論を出し，実際のジャックとジャネッ
トがどのように暮らしているかについて，明らかにしていく。

定式化：エビデンスに基づいているか？

　第1章で見たとおり，「科学的な医療関係者が果たすべき役割の中心的プロ
セス」として，科学的かつ実験的な枠組みの中に定式化を位置づける（Tarrier
and Calam, 2002: 311）ことは，精神科医やクリニカル・サイコロジスト，殊に
認知行動的指向の人々に広く受け入れられている。本章以前の章では，こうした
想定が決して一般的なものではないことや，科学的研究の実証主義的モデルを人
間の問題や関係性に適用すること自体が問題であることを明らかにしている。し
かしながら，もしこの位置づけを出発点とするのであれば，Bieling と Kuyken
（2003）が指摘しているとおり，定式化は，その信頼性，妥当性，結果に関する
科学的調査に耐えられるものでなくてはならない。換言すれば，事例概念化が実
際にエビデンスに支持されていることを示すエビデンスを提示できなくてはなら
ないということである。事例概念化は，認知行動療法（CBT）の維持サイクル
の中で言及されることが増えているプロセス〔第2章参照〕で，「エビデンスに基
づく実践の中心」として認められている（Bieling and Kuyken, 2003: 53）。

　残念ながら，「認知的ケースフォーミュレーション（事例定式化）方式の信頼
性に関する現在のエビデンスは，せいぜい中程度」であり，「認知的ケースフォー
ミュレーションの妥当性と，認知的ケースフォーミュレーションがセラピーの
結果に及ぼす影響を検証する研究は著しく不足している」（Bieling and Kuyken,
2003: 52）。認知療法全体としての効果には，エビデンスによる支持があるが，個
別のケースフォーミュレーションについては，そうは言えない。たとえば，定式
化の説明的要因を訊ねられた場合，さまざまな臨床家の意見はある程度一致す
るが，さらに推論が導入されると，そうはいかなくなる（Bieling and Kuyken,
2000; Tarrier and Calam, 2002; Kuyken et al., 2009）。妥当性——すなわち，定式
化はクライエントが提示している問題に関して意味があるのかどうか——を調べ
ている研究はほとんどなく，その妥当性は，信頼性を前提条件としている。また，
ケースフォーミュレーションと転帰の改善の間に，明らかな関連性もない。これ
については，主として，マニュアル化された CBT 治療パッケージと個別化され
た CBT とを比較して調べているが，懸念されるのは，後者が前者より効果的と

いうことはなさそうだという点であり，おそらくこれは意外な結果であろう。

　精神力動的定式化に関する研究は，もう少しよい結果を出している（要約は Eells, 2010; Bieling and Kuyken, 2003; Messer, 1996; Weerasekera, 1995 参照）が，初期の試みは期待のもてるものでなかった（Malan, 1976）。最も広く用いられている研究方法のひとつは，「Core Conflictual Relationship Theme: CCRT（葛藤的関係に関する中核的テーマ）」である。この方法では，クライエントが語るクライエント自身の関係性から最も重要なテーマを推定し，それを材料に，標準的フォーマットで定式化を作成する（Luborsky and Crits-Christoph, 1990）。興味深いことに，熟練の判定者間の信頼性には，ある程度のエビデンスがある。また，限定的ではあるが，CCRT のテーマに沿った解釈は，治療同盟と結果とに正の関連性があるというエビデンスもある。こうしたエビデンスを率直に評価する中で，Kuyken ら（2009）は，さらに定式化の評価を進めるための土台として必要なのは，CCRT のテーマに対する取り組みについて行ったのと同様に，CBT の事例概念化に対しても，もっと厳密で原則に基づいたアプローチを取ることだと主張している。たとえば，事例概念化の質を心理測定する安定した方法が必要であり，その測定の対象は，包括性，一貫性，単純性，説明力などとしている（2009: 320）。

　この討議から，興味深い疑問点がいくつか浮上する。上記の研究が「成果としての定式化」という見方に基づいているのは明らかであろう。「成果としての定式化」というのは，それを対象物，すなわち，「もの」と捉えていて，セラピーから分離させることができるもの，個別にアセスメントできるものと捉えているということである。これまでの章で見てきたとおり，CBT など，この想定が他よりもうまく当てはまる治療方法が，いくつかあるにはある。しかしながら，もしセラピストが問題の原因について，なんの仮説も――明示的なものかどうかは別として――想定していないとしたら，いかなる主流セラピーであれ，それがどのように展開しうるものかを想像するのは，簡単ではない。そうした推測をすべて取り除けば，セラピーは，「うん，うん」とうなずきながら基本的省察を続けるだけのものになってしまうだろう。一方，定式化を，関係者が共有する活動と捉え，治療関係の全プロセスに組み込まれたもの――すなわち「プロセスとしての定式化」（第4章システム論的定式化参照）――と考える方が，より正確だとしたら，特異的な統一体としてのそれをどのようにアセスメントするかという問題は，きわめて複雑なものになる。興味深いことに，チーム定式化はこのジレンマから抜け出す方法を提供する。というのも，チーム定式化における定式化は，定義上，セラピーから切り離されているからである。実際，セラピーは，介入の

一部分ですらないかもしれない。

　定式化に関する研究についての討議からは，別の問題も浮上する。たとえば，定式化の質や信頼性，妥当性の評価には，誰の判断を使うべきかという問題である。現在までの研究はすべて，そうした判断はセラピストの務めであるとしていて，まるでクライエントの考えは無関係だとでもいうようである（ただし，Kuyken ら（2009）は先頃，セラピストとクライエント間の合意が試金石になると主張している）。たぶんこれと関連していると思われる暗黙の想定が，もうひとつある。「定式化は，セラピストが作成して，セラピストが所有するものであって，クライエント（もしくはチーム）と協働で作り出すものではない」という想定だが，これは，奇妙なことに，CBT の協働的特質についての強い主張はそのままにしている。さらに，定式化に適用される「妥当性」とはどういうもので，もしその妥当性があるとして，どのようにそれを測定することができるのかという問題もある（この複雑な問題の議論については Barber and Crits-Christoph, 1993 と Messer, 1991 参照）。たとえば，CBT の定式化と精神力動的定式化の双方を，所定のケースにおいて，信頼でき妥当であると証明できるのだろうか？ 仮にできるとして，いずれが「正確な」もの，もしくは，「真実の」ものなのだろうか？　それとも，実際の論点は，真実かどうかではなく，役立つかどうか（システム論的定式化，ナラティブ・セラピーの定式化，パーソナル・コンストラクト的定式化が強調する点。第 4 章，5 章，7 章参照），すなわち，同一の問題を解決するのに等しく効果のある方法が多くありうるのはいずれかということなのだろうか？

　要約すると，定式化を是認する主張と，そうした主張を裏づけるエビデンスとのギャップは，部分的にしか埋められていないということである。英国心理学会の臨床心理学部会（DCP）の『Guidelines on the Use of Psychological Formulation（心理学的定式化の使用に関するガイドライン）』には，定式化の利点として，「意思決定バイアスを最小化する」から「治療同盟を強化する」（DCP, 2011: 8）まで，19 の仮説が記載されている。残り 17 の利点には，たとえば，「一貫してチームで介入に取り組む方法を獲得する」や「スタッフの士気を高める」（2011: 9）などがある。第 10 章で論じたとおり，チーム定式化の有効性について，新たに出てきているエビデンスは，慎重ながらも見込みがあるとしているが，これはまだ，サービス利用者への影響，並びに，アウトカムの改善や入院の減少等の明確な基準の観点からの確証が得られていない。はっきりしているのは，実際の従事者たちが定式化の価値を強く確信しているということである。ただ，この確信を支持するエビデンスはない。その上，このエビデンスの収集には，概念的

障害や方法論的障害が数多く存在する。

　これらの問題について議論を深める前に，定式化が利用する数多くの理論や心理学的原則の裏づけとなる経験的エビデンスはかなりあるという点を心に留めておくことが重要である。定式化が利用している理論や原則は，たとえば，アタッチメント理論，発達心理学，治療関係のほかにも，トラウマや死別，貧困，差別家庭内の虐待などが及ぼす影響に関する具体的な知識体系がある。したがって，ある特定の定式化がある特定の個人について，正確なもの，あるいは，役立つものであるかどうかはさておき，推論によるその結論はやはり，しっかりエビデンスに基づいたものだと言えるのである。さらに，ナラティブの作成がもちうる癒しの効果に関するエビデンスは，「定式化」と呼ばれている特殊なナラティブの使用を間接的に支持している。たとえば，自分の子ども時代の両親との関係性について，それがたとえ厄介なものだったとしても，筋の通った一貫性のある説明ができる成人は，自分自身の子どもに対して，きめ細かく気持ちを合わせる能力に優れている（Hesse, 2008）。戦争で荒廃した国々で拷問その他の残虐行為を体験した成人や子どもは，深刻な心的外傷後ストレスに苦しんでいることがあるが，ナラティブ・エクスポージャー・セラピーと呼ばれる介入は，そのストレスを軽減することが明らかになっている（たとえば，Neuner et al., 2008）。

定式化：真実か有用性か？

　クリニカル・サイコロジストの Butler は，このテーマについて，考え抜いた概説を著している。それは，定式化を「理論と実践を結びつける要のピン」とみなす前提から始まっている（Butler, 1998: 1）。このように，大雑把に定義することで，行動療法や家族療法，認知療法，認知分析療法 cognitive analytic therapy，対人関係療法などの，「従来からある大半の主流セラピーの提唱者」が同意していると主張できるのである。定式化は「正確な」もの，もしくは，「真実の」ものと言えるのかという点について，Butler はどうやら，少し決めかねているようである。一方で，「定式化は，正しいと証明されることはありえない。というのも，それは仮説であって，事実を述べたものではないからである……定式化は，他の科学的仮説と同様，最終的には，間違っていると証明される以外，ありえない」と断言している（Butler, 1998: 20）。科学的研究は，世界の在り方について——たとえ最終判断には至りえないにせよ——「事実」と「真実」があると想定しているが，上記の断言は，定式化のプロセスを，そうした他の科学的研究と同列に見ているということのようである。その一方で，Butler はのちに，

「『正確な』定式化なるものがあると信じる必要はない」と発言し，Messer の「真実にはいろいろな見解がある。というのも，自分の現実はたいてい自分で構築しているからである。したがって，必然的にその現実に関する観点は多様になる」という言葉を引用している（Messer, 1996; Butler, 1998: 2）。たとえば，家族のメンバーはそれぞれ，自分が抱えている問題に関して，自分特有の解釈すなわち定式化をしている可能性がある。この見方は，第4章（システム論的定式化）と第5章（ナラティブ・セラピーの定式化）で述べた社会構成主義的観点に傾いたものである。確かに，同じケースについて，さまざまなモデルをどれだけ多く使っても定式化できるとなれば，いかなる定式化であれ，どうすればそれが「正確」だと言えるのかを見きわめるのは難しい。治療モデルの中に，ほかのモデルより「正確性」に勝るものがいくつかあると想定しているのであれば，話は別である。

　本書の諸章が取り上げたさまざまな立場を並べてみると，一方の端にあるのは，「正確な」定式化，「真実の」定式化，「厳密な」定式化という概念を，大筋で比較的問題が少ないと見る立場であり，もう一方の端にあるのは，そうした想定をすべて拒絶する立場である。前者は上述したとおり，通常，従来の科学的研究と同様に，その定式化を研究して評価しようとする方向に進み，後者は，まったく異なるタイプの研究に進み，質的な性質をもつものとなり，**クライエントの観点**——先に説明した調査研究に著しく欠けているもの——に焦点を絞ることになりそうである。

　これらふたつのまったく異なる観点の間に存在する緊張は，Butler の論文では解決されていないが，Butler は次第に，「定式化は正確である必要はないが，役立つものでなくてはならない」と提案するようになっていく（Butler, 1998: 21）。私たちはこのおかげで，上で概説した信頼性と妥当性などについての討議から一歩離れることができる。言うまでもなく，有用性それ自体は評価されなくてはならないが，おそらく，真実ほど厳密でない基準に従うことになるだろう。Butler の示唆するところによれば，「役立つ」定式化は，情報を整理して明確にし，内的なスーパーヴァイザーとなり，クライエントとのコミュニケーションを手助けする。Butler はさらに，「定式化の10基準」も提案している（Butler, 1998: 21）。

1　それは，理論的に筋が通っているか？

2　それは，エビデンスに合致するか？　（症状，問題，体験への反応）

3　それによって，素因，増悪要因，維持要因を説明できるか？

4　他者は，それに納得しているか？　（患者，スーパーヴァイザー，同僚）

5　それは，予測に使えるか？　（困難，治療関係のさまざまな側面につい

てなど）

6　そうした予測の検証方法を考案できるか？　（介入の選択方法，セラピーに対する反応や抵抗の予期方法）

7　当人の過去はうまく適合するか？　（当人のストレングス，および，弱点に関して）

8　定式化に基づいた治療は，理論的に予期されるとおりに進むか？

9　それを使って，将来当人のリスクや困難の原因になりうるものを特定できるか？

10　いまだに説明のつかない重要な要因はあるか？

これまでに Persons（1989）なども，定式化の有用性に関する同様のチェックリストを提案している。

定式化：誰にとって役立つのか？

クライエントにとって役立つのか？

定式化は役に立つべきだと主張すると，すぐさま浮上する疑問がある。「誰にとって役立つのか？」という疑問である。

理想的には，言うまでもなく，定式化はクライエントに役立つものであってほしいが，クライエントは，通常，受診はしても，はっきり定式化を要求するわけではない。とは言え，ほぼ間違いなく，自分の体験を理解できるように手を貸してほしいと思って受診するのであり，それは結局，定式化を求めているのとほぼ同じことなのである。この点については，後述する。ここまで見てきたとおり，定式化が一般的に結果（アウトカム）に有益な影響を及ぼしていることを示すエビデンスはほとんどなく，定式化がクライエントにとって役立つかどうかは，ここにはっきり示されていると受け取られる可能性もある。確かに，クライエントが定式化をどう見ているかを調べた研究は，実質的に皆無である。例外としては，Chadwick ら（2003）のものがある。これは，不安と抑うつ症状に関するケースフォーミュレーションの影響をアセスメントし，有意な効果はないことを明らかにしている。半構造化面接では，9名のクライエントが，定式化のおかげで問題の理解が深まったと言い，6名のクライエントが，ほっとして勇気づけられたと報告している。他の6名は，定式化のせいで悲しくなり，気持ちが混乱し，心配になった気がすると報告している。中には，「私の問題は，ずい分前から続いているみたいですね。

まさか子ども時代にまで遡るとは思ってもみませんでした」という報告もあった。

　著者らが指摘しているとおり，このことから長期的結論を引き出すことはできない。たとえば，当初は落胆しても，その後はたぶん，もっと熱心に治療プロセスに取り組んだであろうというような結論のことだが，こうした解釈は，Evansと Parry（1996）が支持している。ふたりは，認知分析療法の主要な特徴である再定式化が，「手助けが難しい」4 名のクライエントに及ぼした影響について調べている。この調査において，再定式化は，クライエントがセッションに対して感じる有用性，治療同盟，当人の問題に対して，直接的な影響を及ぼしてはいなかったらしく，クライエントがその影響を語るために面接で使ったのは，「怖い」，「圧倒される」などという言葉であった。しかしながら，どうやらこれは，クライエントがそれまで遮断しようとしていた苦痛の材料と対峙させられたと認識していることと関係があるようで，彼らは，やっと自分の話をセラピストにじっくり聞いてもらい，自分のことをわかってもらえたと思うというコメントも残していた。Redhead（2010）の研究でも同様の結果が出ていて，参加者の中には次のように語る者もいた。「やっぱり動揺しましたよ。だって，結局すべてがあの妊娠中絶から始まってるんだってわかっちゃったわけですから。でも，ちゃんと後始末しなくちゃいけないんですよね。ちゃんと話して，……で，そう，はけ口を見つけないとダメなんです」

　もっと前向きなクライエントの反応を報告している研究が，ふたつある。あるプロジェクトに参加したクライエントたちがチーム定式化を支持し，自分は「普通」だと思うことができたし，自分の問題を改めて理解できたと報告している（Kennedy et al., 2003）。Redhead（2010）は，不安と抑うつの治療のためにCBT に差し向けられた 10 名のクライエントと面接を行ったが，その中で，個人で行う定式化は一般的に，理解と信頼を深め，クライエントを前進できるようにしてくれるものであると説明されている。以下は，参加者の言葉である。

　　「とにかく，これですべてつじつまが合いました。納得しました。だって。あれは本当のことでしたから」
　　「そのとおりでした。だから，わかってもらえたと確信しました」
　　「私がどうしてそう考えるのかを，すんなりわかってもらえました。誰かにわかってもらえるなんて……ほんと，やっと思えましたよ，自分が変人のはずがないって」
　　「（問題に対して）自分にも打つ手があるとわかって，力をもらえた気がしました」

しかし，クライエントの中には，問題の原因に直面したことによる苦悩が続いたり，そのことに関連して，つらい気持ちになったりする者もいた。

この研究は，このように限定的ではあるが，実に重要なポイントを強調している。すなわち，クライエントに定式化を与えるというのは強い影響を与える行為であり，そうであるからこそ，クライエントはそれを苦しいもの，有害なものとして体験する可能性があるということである。おそらく，専門家から定式化を与えるという形で行われる場合は，特にその傾向は強まるであろう。「否定的な情緒的反応を示すクライエントの場合，ケースフォーミュレーションは，いまだ確認できていないセラピストとクライエントの距離を示すものになりうる」(Chadwick et al., 2003: 675)。定式化のプロセスへの留意（協働，省察性，きめ細やかな気配りなど）は，とりわけ，システム論的アプローチやナラティブ・セラピー的アプローチの中心的テーマであり，ストーリーを共有しながら徐々に発展させていくというやり方をすることで，定式化のせいで動揺したり，被害を受けたりする可能性ははるかに低くなるのではないだろうか。DCP のガイドライン（2011: 30）には，定式化のプロセスにおける適正な実践に関するチェックリストが──作成した定式化の適正実践とは別に──含まれている。

クライエントにとって有害か？

否定的な情緒的反応が発生する可能性は，定式化が──クライエントの観点からすると──まったく間違っているという状況において，その重要性がさらに大きくなる。たとえば，ある匿名クライエントが以下のように報告している。「私のセラピストは，自分の理論に合わないことは，とにかく無視しました……一番ひどかったのは，私の過去から虐待の要素を取り払ってしまったことです……まるで私の存在そのものや魂を無理やり奪い取り，私に影響を与えたものを**セラピスト自身が**判断し，その判断に従って私の過去を書き換えてしまったかのようです」(Castillo, 2000: 42 から引用した匿名報告)。Jeffrey Masson の著作『Final Analysis（最終分析）』には，特に憂慮すべき例がいくつか取り上げられている。

　人ひとりの人生が 1 時間にも満たない長さに要約されつつあるという事実に，私は興味をそそられた……そして，ガルビン博士がその要約を，重苦しい口調で私たちに読んで聞かせたとき，それは解釈どころか，まるで判決，いや，最終判決のように聞こえ，私は思わず，もし患者がこれを聞いたら，どれだけ唖然とし，驚愕し，屈辱を感じるだろうかと，想像しないではいられなかった。
　「この患者の人生を支配した『真実』は……」と，博士は言った。「自分には

ペニスがなく，したがって，自分には大切だと思えるものも，人に誇示できる
ものも，何ひとつないことに気づいた，ということです」

　（Massonのコメント）「その女性を気の毒に思う……彼女の真実は箱詰めさ
れ，密封され，永久に変えられないものになった」

(Masson, 1990a: 67,70)

　あるサービス利用者が，研究目的で他のサービス利用者たちにインタビューを
行い，同じことを主張して，以下のように述べている。「ある男性は，なんらか
の精神科支援を受けるようにと専門機関に差し向けられ，屈辱を感じました。と
いうのも，この数年に彼の人生に起きたいろいろな災難を考えれば，彼の体の症
状は充分に説明がついたからでした。別の男性は，自分の考えで，心理的問題の
相談に行ったところ，取り組みの担当者としてソーシャルワーカーを手配されま
した。彼は，自分自身や自分が何を問題だと考えているかについて語ったことを
無視されたという事実に，屈辱を感じました」（Lindow, April 2002: 個人的なや
り取り）。これらのクライエントが，標準的な定義どおりの定式化をはっきり提
示されたかどうかは明らかではないが，当人の問題に関する当人自身の解釈と，
専門家の大雑把な解釈との間には，間違いなく有害な不一致がある。Proctor
（2002: 119）も自分が被った影響をありありと描いている。彼女のセラピストは，
いったん出した自分の解釈の変更を一貫して渋り，そのせいで彼女は，「私は，
自分自身がわかっていることを信頼する資格のない人間なんだという思い込み
に，完全に囚われてしまった」という。

　サービス利用者が自分の問題に関してしばしばもっている心理社会的理解と，
その利用者に提供される標準的な精神科治療の医学的モデルとのミスマッチに
ついては，広く取り上げられてきた（Rogers et al., 1993; Barham and Hayward,
1995; Mental Health Foundation, 1997）。これは，逆の形でも起こりうる。たと
えば，個人や家族が「病気」だと強く信じているのに，それが専門家の見解と一
致しないという場合である（第4章でも論述）。**心理学的**モデルと定式化に関して，
サービス利用者と専門家との間に生じる不一致は，上記のミスマッチに比べると，
これまで論議や探求の対象となることははるかに少なかった。例外は，Madillら
（2001）による会話分析で，対象となったのは，クライエントとセラピストが中
核の問題に関するそれぞれの心理学的解釈で対立し，最終的に，セラピーがよい
結果を残せなかったというケースである。このことから，たとえ「正確な」定式
化がよい治療アウトカムにつながることは証明できなくても，少なくとも，「役
に立たない」定式化が予後不良につながることは証明できそうである。

第 12 章　定式化についての議論や討議　*359*

　定式化は，専門家が単発で告知するものではなく，進行形のプロセスでなくてはならない（第 7 章参照）。したがって，クライエントのフィードバックに基づいた再定式化によって，役に立たない定式化は，普通なら確実に修正または中止されるはずだと思うかもしれない。ところが，残念なことに，必ずしもそうはならない。Dumont（1993）は，フロイトの初期の例を挙げている。フロイトは，本人も認めていることだが，患者からかなり反対された一般的な定式化の中止を拒否している。3 歳のハンスの母親が，「もしまたペニスに触ったら，お医者がペニスをちょん切っちゃうわよ」とハンスを脅したとき，フロイトは，「去勢コンプレックスを『推測せざるをえなかった』が，ハンスの両親はふたりとも，それを認めまいとして必死になっている」と書き留めている（Dumont, 1993: 198 の Freud）。

　同様に，Masson（1990b）は有名なドラの症例を，痛ましく思いながら再読している。ドラは，自分が父親の友人 K 氏と密かに恋仲であるというフロイトの解釈に，決然と抵抗した。実際，ドラは，Masson が明らかにしているとおり，K 氏に言い寄られて嫌悪を感じている上に，K 夫人と不倫関係にあった父親が，その見返りとして，娘と K 氏との関係を進めようとしているのを知り，当然ながら激怒している。結局，ドラは，父親のみならず，フロイトにも裏切られる格好となった。フロイトは，現実に対する彼自身の見方を，なんとしてもドラに押しつけようとしていたからである。

　このような曲解は，過去の精神分析医に限られたものではない。Dumont（1993: 197）は，理論というものについて，以下のように主張している。

　　理論とは考え方であり，私たちはそれのおかげで，何度かのセッションでクライエントから差し出された膨大なデータを，抜粋して配列しようという気になる。しかし，それだけではない。用いる理論によって微妙に偏向した形で，まずはそれらのデータが引き出される……ロジャーズ派，論理感情療法のセラピスト，新フロイト派（ホーナイ派），行動主義セラピスト，実存主義セラピスト，フロイト派，ゲシュタルト心理学派などのほか，多数のセラピストが……さまざまなクライエントと障害のために，同種の問題をそれぞれ，ある程度矛盾なく定式化する。

　こうして定式化を行ったあと，そのセラピストたちは皆，「問題解決における根本的な間違い」を犯すようである。すなわち，「問題の『既定事項』について，それらは事実上，誤りを免れない推論であるにもかかわらず，事実だと考えてし

まう」のである（Dumont, 1993: 196）。私たちは，さまざまな現象について最初に行った説明を修正することに，強い抵抗を感じがちであり，たとえ矛盾する証拠を突きつけられても，それは変わらない。システム論的セラピーでは，なんらかの定式化の中止をいやがるこの状態を，「仮説との結婚」と呼んでいる。仮説との関係は，多少のデートや求愛はよしとしても，できるだけ縛られないお付き合いをするくらいにしておくとよいというのが，一般的なアドバイスである（Dallos and Draper, 2000）。

社会心理学研究では，私たちの判断は，主に当人の意識の外側で機能している実に多くの属性によって，その当人らしく歪められていることが証明されている。殊に不確定要素が多く，時間に追われている場合，あるバイアスがケースフォーミュレーションのプロセスに影響を与えるが，Kuyken（2006）はそのバイアスについて要約している。そのバイアスとは，新しい情報を，既知の別件の一例として解釈しがちであること（代表性バイアス），簡単に利用しやすい情報を利用しがちであること（利用可能性バイアス），新しい情報を，最初の中核的仮説に合わせがちであること（アンカリング＆調整バイアス）の3つである。

自らの仕事の土台としている理論および定式化と，クライエントの話にきちんと耳を傾けるために一時停止できるような考え方とのバランスを取るのは難しいことだが，一般的に重要だと思われるのは，専門家はそのバランスを取りつづけなくてはならないということである。専門家はさらに，エビデンスの適用と，自分自身の見解や感情や体験に関する省察的な気づきの維持との適切なバランスも見つけなくてはならない。これをしないと，「単に問題を列記するだけの診断スタイルの定式化，すなわち，柔軟性を欠いた考えの固まり（Ray, 2008）」になる危険性が生じる。Butler は，「定式化を受け取る側は，自分が品定めされ，評価され，判断されていると感じる可能性がある。理解してもらっているのではなく，『見透かされている』，『見抜かれている』というような気持ちになるかもしれない」と指摘している（Butler, 1998: 2）。先の引用例の示唆するところによれば，セラピストが，実際に間違っている定式化や，クライエントが強烈に拒否する定式化をなんとしても押しつけようとすれば，結果はさらに悲惨なものになる可能性がある。Masson は，「拷問を受けた者ですら，信じてもらえないという事実は拷問自体と同じくらいつらいと感じていることが多い。私たちにはそれがわかっている」と指摘している（Masson, 1990b: 96）。

ここでの根本的な問題はパワー（支配力）である。それも特に，専門家の立場にある人間が自分の見解を他者に押しつける力である。Masson の著作『Against Therapy（セラピーに抗って）』の序言で，Rowe は，「結局，パワーとは，現実

に関する自分の定義を，現実に関する他者の定義より優先させる権利である」と述べている（Masson, 1999b: 16 の Rowe）。

サイコセラピーにおけるパワーについて，ここでさらに議論を繰り返したり，掘り下げたりするには，紙幅が足りないが，これは，まぎれもなく定式化に関係がある。定式化は，たいていのセラピーにおける中心的プロセスだからである。パワーに関する考え方は多岐に渡っていて，あらゆるセラピーは，常にパワーの不均衡を包含しているという理由で，必然的に虐待的であるとする Masson の主張（Masson, 1990b）から，治療関係の一部を構成している種々の支配力――肯定的なもの・否定的なもの双方――に関する Proctor の精巧な分析（Proctor, 2002）まで，さまざまである。

本書の目的のために，私たちが強調できることがある。定式化は，「常に疑う姿勢を崩さず，協働で作成して提示されるのであれば」，有害になる可能性は低いということである。「定式化は，事実としてではなく，仮説として提示されるべきであり……そのようにして，適宜，再定式化されながら，進められる」（Butler, 1998: 22）べきである。換言すれば，定式化のもつ暫定的な仮説としての性質を，常に心に留めておかなくてはならないということであり，定式化は，共同課題でなくてはならないということである。

Rosenbaum（1996）も同じ危険性に気づいていて，「定式化はいとも簡単に，『物事を既知の処方に合わせ』はじめうる」としている。彼の「定式化を避けるためのマニフェスト」は，以下のとおりである。

　　クライエントと会うときには必ず，定式化への第一段階として，待合室から診察室まで，体の力を抜いてゆっくり一歩ずつ歩くことにしている。診察室に着いたら，まずクライエントに中に入ってもらい，自分は部屋の外で，これまでに聞いたことや望んだこと，予想したこと，欲したことをすべて，手放すよう努める。これは，Bion（1967）が，セッションに入るときの姿勢として，「記憶をもたず，欲求をもたず」と呼んだ態度である。私は立ち止まり，クライエントへの思いやりや優しさ，クライエントを受け容れる気持ち，クライエントと会う喜びが湧いてくるように，積極的に努力する。

（Rosenbaum, 1996: 110）

Rosenbaum の禅のような超然の域への到達は，目的としては価値があっても，私たちの大半には簡単にできることではない。ひょっとしたら，まったくできない可能性もある。私たちは，自分自身の想定や判断からも，自分が属している文

化の想定や判断からも，自らを完全に切り離すことはできないし，できると自分に言い聞かせるのは，考えが甘いかもしれない。

この問題は，定式化と文化に関する疑問につながっていく。明らかに，文化による解釈の違いは，誤った定式化や役に立たない定式化の原因のひとつになりうる。DCP のガイドラインの指摘によれば，「西洋の心理学モデルや心理療法モデル，および，当然ながら，それらを基盤とする定式化は，しばしば，自立と自己実現という考え方に特権を与え……セラピーの基本単位として個人に焦点を絞っている。……したがって，定式化は，文化的に適切な形で使用できるように作成されなくてはならない」。ガイドラインはさらに，「定式化の概念そのもの，殊に，内的な原因要素を優先させるものは，それ自体が文化に基づいたものである」とも指摘している（DCP, 2011: 18）。

これらは複雑な問題であり，今もって未解決である。文化が認めた私たち自身の説明の構成概念は，必ずしも，そうでないものより「真実」とは限らないし，「有用」とも限らないということ，そして，苦悩を概念化するさまざまな方法や，それに対処するためのさまざまな方法に対して，すべては共有しないにせよ，敬意を払う必要があるということは，たぶん，憶えておく価値があるだろう。効果的にそうするためには，特定の信念の文化的意味を知っておく必要があり，「……意味を共有するためには」相当の協議（Butler, 1998: 20）が必要になるかもしれない。ジャックのケースには，これに匹敵する点があると言えるだろう。ジャックのような人物が明かしたかなり異常な考えは，理解や合意はできないかもしれないが，少なくとも，個人的に意味のあるものだという点を尊重することはできる（こうしたやり方での取り組み例は，May, 2011 参照）。これは，文字どおりの意味ではなく，象徴的な意味を探ることを意味している場合もあり，この点は，さまざまな文化全般についても言えることである。

「ヒアリング・ヴォイシィズ・ネットワーク（Hearing Voices Network: HVN）」はセルフヘルプの運動組織で，人の言い分を病的なものと捉える考え方に疑義を呈し，そうした言い分に対処するためのさまざまな非医学的方法を奨励している。当人の言い分の意味や原因について，当人と共に個別の解釈を仕上げるために，この組織が活用している「構成概念」は，定式化によく似たものである。HVN は，もち込まれる問題を興味深い観点から見ている。すぐさま従来の精神医学的な説明や心理学的説明の外に出て，そこにはまったく異なる枠組みが用いられていることを，進んで認めるのである。言い分を聞く側は，そうした枠組みを，神秘的で宗教的，かつ，抽象的で超常的な信念として捉えるかもしれない。たとえば，当人が自分の発言はテレパシーや何かの化身，神，死者の霊によるものだと確信

している場合，その確信は，他のすべての信念体系と同等の敬意をもって扱われ，聞く側にとって，重要な意味をもち，役立つものであると評価されるのである。「当人の体験と信念体系の受容は，効果的なセラピーに不可欠である」（Romme and Escher, 2000: 108）。

セラピストにとって役立つのか？

Butler の「定式化の 10 基準」（1998）の大部分は，クライエントよりむしろ，セラピストに直接当てはまるように思われる。セラピストはそれらの基準を満たすことで，材料を整理し，予測を立て，リスクを特定し，介入を選択することなどができるようになる。Butler の「定式化の目的の要約」（第 1 章参照）も，主にセラピストに焦点を絞ったもので，仮説と疑問点を明確にする，治療方略を立て，治療方略と介入への反応を予測する等の要素をカバーしている。

当然ながら，セラピストにとって有益なものなら，クライエントにとっても有益なものであってほしいものである。繰り返しになるが，これを支持する実験的エビデンスは，ほとんどない。Chadwick らの研究（2003）では，クライエントにケースフォーミュレーションを認めてもらうことは，セラピストには大きな力となり，妥当性を評価してもらったことになることが明らかになっている。セラピストのセラピーに対する期待が大きくなり，同盟感覚や協働感覚が高まり，セラピーの選択に関する自信が高まったのである。しかしながら，先に指摘したとおり，**クライエント**の苦悩や同盟スコアに，確認できる変化は発生しなかった。著者らは，「少なくともセラピストがケースフォーミュレーションの有効性を信じる気持ちの一部は，それがセラピスト本人に及ぼす影響によるものかもしれない」（Chadwick et al., 2003: 675）と指摘している。

いかなる医療関係者も，クライエントの極度の苦痛や混乱を目の当たりにすれば，状況を説明でき，進むべき道を示せるように思える定式化にたどり着いたときには，ほっと安堵するはずである。Yalom の言葉を借りれば，理論とは，「不確実であることの痛みに抗うために，自ら生み出した薄っぺらなバリア」（Dumont, 1993: 203 の Yalom の項）である。しかしながら，これによって，クライエントの感情的要求や知的要求ではなく，私たちの感情的要求や知的要求が満たされつづける危険性がある。このリスクが小さくなりそうなのは，システム論的アプローチなど，第 4 章で見てきたように，チームが複合的な定式化を作成しうる場合である。作成した複合的な定式化は家族に提供され，家族にとって役立つものかどうかで判断される。

専門職にとって役立つのか？

　もう一点，定式化はある重要な点で，クライエントの利益ではなく，セラピストの利益にかなっている可能性がある。それは，定式化に基づいたアプローチを採用することによってセラピストという職業に生じる利益によるものである。第1章で論じたとおり，定式化は，ただひとつの職業に端を発しているわけでも，ただひとつの職業だけが使っているわけでもなく，健康や教育，犯罪科学，カウンセリング，スポーツ，運動に関わる心理学者やクリニカル・サイコロジスト，精神科医のための規則の中に，ひとつのスキルとして挙げられているものである。これは，英国心理学会の臨床心理学部会（DCP）が出している定式化に関する声明「本職業の中核的目的と哲学」（DCP, 2010: 6）とは一致していない。声明は，「この活動がクリニカル・サイコロジストにとって他に類を見ないものになっているのは，それが利用している情報のなせる業である。心理学的観点から得られた心理学的データにアクセスし，それらを検討し，批判的に評価し，分析して統合する能力は，心理専門職特有のものである」としているからである。

　かなり尊大なこの主張は，他のクリニカル・サイコロジストから懐疑の目を向けられ，今に至っている（Harper and Moss, 2003; Crellin, 1998）。HarperとMoss は定式化について，「クリニカル・サイコロジストとしての私たちの成長にはごくわずかな影響を与えただけであり，10年前にはほとんど耳にすることのなかった定式化というものが，今や，中心的な決定的特徴と見られていることは，たぶん，私たちの職業には定期的にアイデンティティを再構築する能力が備わっていることの証であろう」と感じている（Harper and Moss, 2003: 6）。Crellinは定式化に関する主張について，初期においては，精神医学からの職業的独立達成という重要な政治的目的にかなったものであり，先頃では，格づけと訓練を行う場所の増加を正当化するという重要な政治的目的にかなったものとなっていると論じている。

　DCP の声明は，定式化の土台として研究やエビデンスを利用しているとするクリニカル・サイコロジストの主張に頼っているようであり，これは，Kinderman の言う「科学の優雅な適用」（Kinderman, 2001: 9）に相当する。DCP によれば，クリニカル・サイコロジストは「心理療法のセラピスト以上」であり，「心理学という科学に根差している」という理由で，「科学者として医療に従事する者」である（DCP, 2010: 2-3）。この主張に関する詳細な議論は，本章の扱う範囲を越えている（が，科学としての心理学の地位に関する議論は，Bem and de Jong, 1997 と Jones and Elcock, 2001 参照）。

DCP の「適正実践ガイドライン」（DCP, 2011: 13, 15）は，臨床心理学における定式化の特徴に関して，いくらか異なる見方をし，「クリニカル・サイコロジストの専門的スキルを充分に活用するということは，広範な基盤から成る統合された複数のモデルの観点から取り組むということであり，一個人の意味を，体系的かつ組織的で社会的な大きな状況下に置いて解釈するということである」としている。換言すれば，「単一モデルによる限定的な定式化は，ほかにモデルになりうるものや原因として影響を及ぼしうるものを，より広い分野から意識的に，かつ，正当に選択する必要がある」ということである。ここで重要な言葉は，**統合された，複数のモデル，一個人の意味**である。これは，エビデンスを評価して適用する能力を暗に意味しているが，同様に，省察性も強調している。省察性とは，すなわち，「私たちの学問分野，人間，人間の苦悩がもつ内省的性質には……直観や柔軟性，自らの体験を批判的に評価する能力も含んだ一種の芸術的手腕が欠かせない」という認識のことである（2011: 7）。

Boyle（2001）は，定式化が精神科診断に代わる役割を担いうるという点に関して，興味深い主張をしている（次項参照）。つまりクリニカル・サイコロジストは，あまり利己的でない——ただし問題がないわけではない——やり方で，定式化の概念を政治的に利用するというのである。精神科医も，『精神疾患の分類と診断の手引き 第5版（DSM-5)』の提案に関する国際的な議論と並行して，定式化に対する関心を高めつつある（訳注：現在は「DSM-5-TR」が刊行されている）。DSM-5 については，精神科診断は長く批判を浴びる状態が続いている。ある著者が指摘しているとおり，「診断……に対するこのような制約は，もし真実なら，深刻である。結果的に，臨床家および専門的訓練の基準は，最も効果的な治療を選択する際の手引きとして，定式化の方が優れていると主張するようになっている」（Sturmey, 2009: 6）。これはある意味，歓迎すべき展開ではあるが，定式化をどう定義するかによっては，障害にもなりうる。

定式化 vs 精神科診断

定式化が，DSM などの精神科診断システムに代わるもの，もしくは，それに追加するものであるかどうかに関して，さまざまな治療的アプローチがさまざまな見解を示している。第1章で見たとおり，初期の行動療法のセラピストは，精神科医との関連で自分たちの信頼性を確立し，精神科医から独立して治療に取り組む権利を獲得するために，定式化は診断に代わるものであり，有用性に勝るものであるとして，機能分析を促進した（その結果として，ケースフォーミュレー

ションが誕生した)。有用性に勝ると主張したのは，定式化が観察不能な精神的実体に頼っていない点と，介入に対する影響を明確にしている点を，理由に挙げていた（Eells, 2010）。現代の認知行動療法（CBT）のセラピストは，双方のシステムを共存できるものとして見ている可能性が高い（第2章参照）。ケースフォーミュレーションの開発における重要人物である Turkat は，「診断と定式化は互いを補完する」と主張している（Bruch and Bond, 1998: 3）。クリニカル・サイコロジストであり CBT のセラピストである Tarrier と Calam は，「ケースフォーミュレーションは，障害ベースの分類システム内で用いるのがふさわしい」と主張している（Tarrier and Calam, 2002: 315 ）。

初期の精神分析家は，自分の患者に関する解釈に精神科診断を含めることはなかった（Eells, 2010: chapter 1 ）が，現代の精神分析や精神力動的アプローチのセラピストは，たぶん含めているだろう（Malan, 1995）。ある精神力動的アプローチのセラピストによれば，「診断と定式化には，種類の異なる補完的機能がある」ため，双方共，特に神経症と「パーソナリティ障害」において有用であるとされている（Aveline, 1999: 199）。

CBT のセラピストの中には，この問題に関して一種の妥協点にたどり着いた者もいる。特徴的な形で問題を示す特定グループのクライエントに対して，簡略化した一般的な定式化を作成する際に，演技性パーソナリティ症や自己愛性パーソナリティ症などの精神科診断の用語を用いているのである。同様にして，精神分析指向の臨床家が精神分析的な性格診断に言及する際に，「妄想性パーソナリティ」，「抑うつ性パーソナリティ」，「躁病性パーソナリティ」などの診断用語を用いて，特定の性格構造や，それらに伴う典型的な防衛反応や転移反応を説明することもあるかもしれない（Weston, 1990）。ここでの目的は，やはり，特定タイプの心理学的困難に関する一般的な定式化を提供すると同時に，治療的介入を指示することである。各クライエントに合うように構成した定式化で，これを補うこともあるだろう。

これは，いくらか混乱を招く言葉の使い方である。たぶん，セラピストは皆，よくある困難のパターン（たとえば，「死別反応」，「トラウマ反応」など）を説明する際に，広範囲をカバーする特定の定式化で，自分が自由に使えるものをもっているであろう。セラピストはそれを頼りに，特有の反応（否定，ショック，フラッシュバックなど）を注意深く探し，そうしたケースに役立つとわかっていることの多い治療介入を提案することができる。しかしながら，**心理学的**用語で実際に概念化されていることを説明するために，**医学的／精神医学的**概念を用いると，余計な混乱を招くことになる。以下で論じるとおり，ふたつのモデル——医

学的モデルと心理学的モデル——には，大きく異なる前提と含意がある。

　システム論的アプローチのセラピストは，常に，社会的観点および関係性の観点から家族を見るが，これは医学的観点から見るのとは対照的である。精神科診断は，困難が一個人の内部にあることを暗に意味しているが，システム論的アプローチは，当然ながら，困難が一個人の内部のみに存在することは決してないという根本的前提が出発点である。そして，これまでの章で説明したように，社会的不平等の観点からのアプローチやナラティブ・セラピーのセラピスト，一部の家族療法のセラピストは，診断に懐疑的であるだけでなく，あるタイプの定式化についても，殊にその具体的な意味という点で，疑いを抱いている。彼らが焦点を絞るのは，そうした「問題」（すなわち「定式化」）ではなく，「その問題」を，クライエントとされた人物やその家族がどう見ているか，クライエントとセラピスト双方が生活し働く場であるシステムがどう見ているかである。

　定式化について書いている有名な書き手の中には，心理学的な定式化と精神科診断を組み合わせることで問題が生じることはないと考える者もいる。たとえば，Eells の提案によれば，「ケースフォーミュレーションは，当人の人生の特異的な面に対する診断を補足適用する際の実用的ツールとなるだけでなく，診断を治療計画に変える手段としても役に立つ」（Eells, 2010: 25）。Weerasekera のグリッドは，さまざまなモデルの定式化を精神科診断と組み合わせて，包括的な治療計画を立てるためのもので，これについては，第 8 章で説明している。以下のケースは，その一例である。

　　　抑うつと不安の症状に苦しみ，結婚生活についても悩みつづけているクライエントには，個人療法（投薬治療＋認知行動療法）やシステム論的セラピー（夫婦療法）が役立つかもしれない……抑うつ状態に対する投薬治療は，夫婦療法と結びつけることも可能であり，そうすることで，同一のセラピストが薬物を投与し，夫婦療法を行うことになる。　　　　　　（Weerasekera, 1995: 357）

　これらの提案は，DSM の多軸分類と共通する部分が多い。DSM の多軸分類では，当人と社会状況に関する情報が主要な精神科診断に追加されるが，これまで見てきたとおり，そのような考え方は，精神科医に特有のものではない。『ザ・サイコロジスト The Psychologist』（Pilgrim, 2000; Letters to the Editor, 2000）に掲載されたこのテーマに関する議論は，双方の側から支持者を集めた。

　現行の精神科のトレーニングにおいて，執筆とプレゼンテーション双方で重宝するスキルとして，定式化が強調されていることは，指摘する価値がある。この

ような発展を評価する一方で，「定式化」が何を意味するかを，私たちは明確に理解しておかなくてはならない。DCP のガイドラインは，精神医学的定式化と心理学的定式化を区別している。訓練中の精神科医は，患者の問題に関して，適切な鑑別診断を含んだ定式化を構成する能力があることを証明しなくてはならない（Royal College of Psychiatrists, 2010: 25）が，ガイドラインは，臨床心理学における心理学的定式化について，「機能的な精神科診断を前提としない」と定義している（DCP, 2011: 29）。たとえば，精神医学的定式化が，「統合失調症。家族歴に示されているように，おそらく遺伝的要素を伴うもので，引き金になったのは，死別のストレス」というような形になる可能性があるのに対して，心理学的定式化は「自分を虐待した相手の声が聞こえるのは，相手の死によって，まだ処理されていない感情や記憶がかき立てられた結果である」となるかもしれない。精神医学的定式化は，心理社会的要因の影響をある程度は認めるが，それを，診断に代わるものではなく，診断に追加されるものと見ている。最近流行している精神疾患の生物心理社会的モデルと同様，精神医学的定式化は，（エビデンスのない）生物学的原因要素としての主要な役割を保持しつつ，他のライフ・イベントは，疾患プロセスの「きっかけ」としか見ていない。政治的な言い方をすれば，精神科医はこうすることで，診断と定式化という最も重要なスキル双方において専門性を主張できる強い立場に立つのである。しかしながら，概念的に一貫性を欠くこの立場には，重大な不都合がある。

　第4章（システム論的定式化），第8章（統合的定式化），第10章（チーム定式化）において，専門家や公共機関は診断や投薬に関して，根本的に医学的前提および医学的思考で動いている可能性が高いことや，ジャックのケースを通して，これには利益と損失双方があることを指摘した。たとえば，ジャックの投薬治療は，彼と家族が当面うまく対処していくのには役立つかもしれないが，その一方で，彼が力不足のダメ人間だというメッセージを強化する可能性もある。専門家の間に発生する「定式化闘争」は誰の役にも立たないであろうし，これが言いすぎだとしても，少なくともクライエントの役にはまったく立たないであろう。上記各章の著者たちは，どうしたらこの闘争を避けられるかについて，有用な考えをいくつか述べている。これらふたつのシステムを結びつける場合の不利益について，以下でもう少し詳しく掘り下げていこうと思う。

　　第一に，分類の型としての精神科診断の欠点が数多く報告されているという事実がある。たとえば，信頼性の低さ，診断概念の妥当性欠如，カテゴリーの重複，原因論と予後と治療の不明瞭な関連などの欠点である。ほかにも，個人的背景，社会的背景，文化的背景が曖昧にされていること，問題を個別化して扱って

いること，スティグマを発生させ，力を奪っていること，責任感を失わせていること，クライエントの視点が抜け落ちていること，クライエントを対象とみなしていること，何よりも懸念されることとして，個人的な意味を欠いていることなど，数多くの望ましくない結果が生じる可能性もある（Boyle, 2002; Follette and Houts, 1996; Johnstone, 2000, Johnstone, 2008; Kirk and Kutchins, 1992; Pilgrim, 2000; Honos-Webb and Leitner, 2001; Mehta and Farina, 1997）。こうした批判は，最近，DSM 最新版（www.dxrevisionwatch.wordpress.com）に関する激論の中で再浮上したものである。定式化は，少なくとも原則的には，メンタルヘルスの取り組みに個人的な意味や個人的背景，社会的背景，協働作業を再導入する方法になりうるのではないだろうか。精神科診断がメタ・メッセージとして，サービス利用者の困難には個人的な重要性はいっさいなく，その困難は当人がコントロールできるものではなく，生涯続く可能性があるということを伝えている場合，心理学的定式化は，サービス利用者とスタッフ双方のために，意味と行為主体性と希望の感覚を復活させることができる（Johnstone, 2008）。

　双方のシステムを同時に使うことに反対して，Boyle（2001）が指摘していることがある。仮に，精神科診断が，その目的とすることと，できると主張することを確実に行い，クライエントの困難について，一貫性があり，妥当な内容で，ほぼ完璧な説明ができ，効果的な治療法を明示することができるのであれば，心理学的定式化はもはや必要ないであろう，という点である。その逆もまた真である。もし説得力のある定式化が作成され，事実の説明に関する Butler の基準（1998）を満たし，介入法などを明示できるのであれば，余計な説明——実際に，「ああ，そう言えば，精神疾患もありますね」と言及すること——は不要になる。DCP のガイドラインで論じられているとおり，幻聴や気分の落ち込みなどといった「症状」の心理学的説明に，「統合失調症」や「双極症」などの概念は不要になるのである。二元的システムを取れば，対立するモデルから矛盾する説明を提供されることになる。一方から，「あなたには，主に生物学的原因による医学的疾患があります」と言われ，他方からは，「あなたの問題は，あなたの生活状況に対する情緒的な反応で，そうなるのは無理もありません」と言われるのである。本質的に，定式化では，当人の苦悩の性質と内容は**個人的な意味をもつ**とされ，精神科診断では，それに**意味はない**とされるのである。これらの前提が双方共に真実であることはありえない。

　さらに，双方のモデルを同時に採用すれば，第 10 章（チーム定式化）で論じたとおり，臨床の現場に有害な矛盾を発生させることになる。たとえば，不安と抑うつ状態に悩む Weerasekera のクライエントの場合，投薬治療は，慎重に説

明しなければ、「問題は、あなたの個人の内部にある生物学的なものであり、投薬がそれを治していく」というメッセージを伝えることになる。一方、夫婦療法では、その夫婦が「問題は自分と相手との関係性の機能にあり、互いがその修復に取り組む責任を認める必要がある」ことを受け入れられなければ、進展はないだろう。これは、手詰まりを招くやり方である（Johnstone, 2000）。

　というわけで、Boyle が主張するとおり、定式化は、診断と数多くのその欠点に本格的に取って代わるものとして、提供が可能である。Pilgrim はこれに同意して、以下のように問いかけている。

　　私たちは専門家として、診断的アプローチの欠点を調べて公にする責任を負ってはいないのだろうか？……私たちの主たる務めは、間違いなく……抽象的な事柄に関する医学的具象化を強化することではなく、特定の状況で特定の症状を呈する問題についての定式化が、なぜ診断的アプローチより有用で説得力があるのかを明らかにすることである。

　Pilgrim は、これまでこれをなしえなかった原因は、臨床心理学の「精神医学に対する曖昧な立ち位置」にあるとしている。すなわち、心理専門職たちは、「専門家として完全な独立を望みながらも、ときに選択的な利便性から、医学的知識基盤を取り入れてきた」のである（Pilgrim, 2000: 304）。昨今の大きな変化の中で、心理専門職たちは呼びかけに答え、機能的な精神科診断（「統合失調症」、「双極症」、「パーソナリティ症」など）を放棄し、代わりに定式化を基盤とするシステムの開発を訴える意見書を公表している（DCP, 2013）。

　しかしながら、ひとつのシステムを放棄し、別のものを採用するというのは、単純なことではない。まず、「『問題』は客観的に同定できる自然概念ではなく、いかなる行動も、いかなる経験も、本質的に問題があると見るのはしばしば難しい、という点が争点となる」（Boyle, 2001: 2）。この争点は、システム論的アプローチ、社会構成主義的アプローチ、社会的不平等の観点からのアプローチにおいて、これまで徹底して探求されてきたものであり、「その問題は誰のものか？」という点が自発的に問われてきた。問題行動だとされてきたことをめぐる現代の言説^{ディスコース}のいくつかを解体しようとしたのである（片親であること、母親が働いていることなど）。

　もうひとつのリスクは、定式化も、精神科診断と同様の批判の一部を受けやすいという点である。たとえば、サービス利用者もしくはクライエントの見解を、問題の在り処として無批判に受け入れれば、定式化は苦悩を個人化し、社会的背

景を無視することになる。そうなると、すでに見てきたとおり、定式化も診断同様、レッテル貼りや対象化を行う非協働的なやり方で用いられない保証はどこにもない。さらに、サービス利用者は定式化のことを、他者に自分の問題を説明するための、診断よりも複雑な方法だと捉える可能性がある。対照的に、診断が提供する一見強力な根拠は、その見かけゆえに「救済と破滅」双方を象徴している（Leeming et al., 2009）。たぶん、これだけは言っておいていいと思うのだが、こうしたリスクは定式化のプロセスに本来備わっているものではない（したがって、これまでの章で、こうしたリスクの回避を試みる数多くの方法について論じている）。一方、精神科診断では、それらを回避することは、おそらく、ほぼ無理であろう。

　心理学的定式化を、個人レベルや家族レベルで精神科診断に代わる妥当なものとして受け入れたとしても、もっと広いクラスタリング・レベルで診断が提供している——もしくは提供していると思われる——さまざまな機能の置き換えという問題が、依然として残っている。一般的な医学において、診断は、患者の訴えがどのカテゴリーに属するものかを示し、それによって病因や予後、治療に関する指示を出し、コミュニケーションと研究の土台を提供するために用いられる。精神科診断がこれらのいずれをも、まともにしていないという事実、もしくは全くしていないという事実があるからと言って、ある種のクラスタリング・システムが不要になることはない。クラスタリング・システムがあれば、個人サービス利用者をすべて「最初の報告例」として扱う必要がないからである。精神科診断は、さまざまな行政機能を果たしている、もしくは、果たしていると思われることから、その中心的地位も保持している。誰にサービスを提供すべきか、サービス利用者の行動に関する責任を誰にもたせるべきか（刑事司法制度内のケースなど）、誰が利益を受けるべきかなどの決定機能は、その一例である。

　こうした争点については、さらに議論を深めることが役立つかもしれない。

定式化は個別化を行っているか？

　定式化が個別化を行い、個人的背景や社会的背景を無視し、これまで精神科診断のせいにされてきた損害を再生している**可能性がある**というのは、確かに真実である。初期の女性解放運動には、従来の役割に縛られていることに絶望している女性たちの報告があふれていたが、この運動について、精神分析の（男性）サイコセラピストが、精神分析的定式化を行っている。

O 婦人の抑うつ状態は，彼女が 6 歳のときに父親を失ったことに起因して
いると想定され，彼女の不感症に対する夫の訴えの根底には，エディプスコン
プレックスによる彼女の未解決の葛藤があると考えられた。O 婦人は……週に
7 日，毎日 24 時間，3 人の未就学児の世話をする責任を，一身に引き受けて
いた。夫は航空管制官というきつい仕事に就いていたため……いっさい手伝う
ことはできなかった。O 婦人は，罠にはめられたように感じ，疲れ果て，打ち
のめされ，憤慨し，夫に対する怒りではらわたが煮えくり返っていた。彼女は
社会生活に適応することを教えられていたため，自分は幸せであるべきだと考
え，現状で期待すべき感情として，今の気持ちは認めることができず，自分が
うつ状態で神経症であり，性的な問題を抱えているという点に関して，医師に
同意した。　　　　　　　　　　　　　　　　　(Penfold and Walker, 1983: 179)

　ここでは，主婦と母親の役割をフルタイムでこなさなくてはならない状況から
生じていた女性患者の当初の問題が，個人の欠点（自分の気持ちを表現するのが
苦手だということ）に再定式化されている。Davis (1986) の徹底した定性分析は，
この再定式化作業が治療の会話を通してどのように達成されたかを明らかにして
いる。
　David Smail はセラピーに関する詳細な批判を展開している。主張の中心は，
サイコセラピーの関心が，クライエントの内的な心理状態を，当人の社会的背
景や政治的背景から切り離して考えることに向いている点である（Smail, 1993)。
もうひとりの著名なサイコセラピー批評家 Jeffrey Masson は，「私が調べたサイ
コセラピーはすべて」，個人に焦点を絞ることによって「社会的公正に関心がな
いことを示している」と主張している（Masson, 1990b: 285)。社会的問題や政治
的問題を個人の病理として定式化すれば，結果的に，苦悩の真の原因を曖昧にし
(Smail, 1993.1996)，「政治の現状を暗黙のうちに受け入れる」(Masson, 1990b:
285) ことになり，それは，一部の人々にとって，セラピー産業の真の目的に対
する裏切りとなる。「人間の困難を単に心理学的にのみ考えることが増えれば，
社会的現実を手っ取り早く曖昧にできるようになる」(Kovel, 1981, 73)。定式化
に関する DCP のガイドラインによって，私たちは次のことを再認識する。すな
わち，「サービス利用者は，たいていの場合，とてつもなく困難な個人的な境遇
や社会的状況を生き延びてきた者である。個人レベルにおいて，より広範な原因
要素を突き止めなければ，介入は役に立たないばかりか，サービス利用者を病的
とみなして，当人の絶望感を高めることになる」(2011: 20) のである。
　重要なのは，定式化は**必然的に**個別化を行うことになるのかどうか，である。

第 12 章　定式化についての議論や討議　　**373**

これまで数多くの試みがこのリスクを減らそうとしてきた。

　システム論的アプローチのセラピストは，当然のこととして，個人的観点より広い観点から——必要に応じて，夫婦，家族，学校，職場などの観点から——問題を定式化しようとする。そして，問題があるのかどうか，何が問題なのかについて，矛盾する見解が，個人や家族，警察や社会福祉サービスなどの公的機関，学校，法制度，専門家，さらに広範な文化から出てくることに，気づくことになる可能性が高い（Dallos and Draper, 2000）。それが，第 4 章で説明したタイプの，多層構造の複雑な介入につながっていくのかもしれない。

　コミュニティ心理学は臨床心理学の中のひとつの展開であり，第 6 章で見たとおり，当人の社会環境の範囲で当人を解釈し，その解釈を活かして，ソーシャル・アクション（社会的行動）による精神的苦痛の軽減を進めることを目的としている。よく知られている例は，コミュニティ心理学者の Sue Holland のもので，Holland は自分が開発したアプローチを「ソーシャル・アクション心理療法」と呼んでいる（Holland, 1992）。この「ソーシャル・アクション心理療法」では，女性たちは心の準備が整ったら，第 1 段階の「ピルを服用中の患者」から，個人対個人で行うサイコセラピーのさまざまな段階を進み，集団の中で話をし，自分のコミュニティで行動を起こすことになる。したがって，当人の困難に関する定式化もしくは解釈は，複数の層を構成しながら進み，次の段階で，従来のサイコセラピーと非常によく似たものとなる。最後の 2 段階には，社会的側面と政治的側面が追加される。Holland はこれを，「私的な症状から公（おおやけ）の行動への前進」と呼んでいる（Holland, 1992）。

　その後，さらに広範な関係性に関わる要因や社会的要因，政治的要因を統合して，問題の解釈としてまとめようという試みが数多く行われるが，単に家族に付き添いを頼むだけでは，本質的に，そうした定式化を保証することにはならない点は指摘しておかなくてはならない（たとえば，精神症に対する「ファミリー・マネージメント」アプローチ参照。このアプローチの土台にある見解は，「私たちはその家族を，治療の必要な存在とは考えて**いない**……私たちの目的は，その家族に手を貸し，明らかな疾病に苦しむ家族のメンバーによりよく対応できるようにすることである」。Kuipers et al., 1992: 4）。また，Sue Holland が述べているとおり，コミュニティ内で働くことは必ずしも，当人の困難に含まれている不平等および不公正の役割を，進んで認めていることにはならない。Holland は，「『コミュニティを入院させる』方向への現在の流れは……新しい手段を使っているが，古いモデルであり……後退である」と述べている（Holland, 1992: 7）。

　同様に，個人セラピーは必ずしも，クライエントの困難に関する定式化の個別

化を伴う必要はないということが，以前から主張されている。Roy-Chowdhury
の主張によれば，Smail は，個人的なサイコセラピーの実践と社会の認識とを誤っ
て二分している。「貧困と不利な立場という社会文化的な制約は……心理学的に
分析し尽くすべきではない」（Roy-Chowdhury, 2003: 8）というのに，依然として，
サイコセラピーの会話を使って，個人と，その個人が属している社会とを結びつ
けている可能性がある（たとえば，McNamee and Gergen, 1992 参照）（確かに，
多くの主流セラピーは，この点で遅れを取っている）。これは，Smail も，個人
的なサイコセラピーの役割について話すようなときには，認めていると思われる
立場であり，その役割は，「社会ではなく当人に味方をし，当人の**内面化した規**
範を引き出す手伝いをすること」だとし，「……それによって当人は，少なくと
も自分の好きなように考え感じられるようになり，自分の体験に関して，単に『異
常性』を調べるのではなく，その意味を自由に調べられるようになる」としてい
る（Smail, 1987: 401）。これは，個人対個人のセラピーにおいてさえ，「問題」の
性質に関する想定に異議を唱えることもできれば，当人と当人の社会的背景とを
つなぐ定式化を構築することもできるという意味である。

　出発点は，「批判的な観点から，定式化が発生する広範な社会的背景に気づく
こと」でなくてはならない。「たとえこの要因があらゆる個人的定式化に明示的
には含まれていないとしても，それは変わらない」（DCP, 2011:20）。ある社会に
おける社会的不平等のレベルは（望ましくない結果を多々もたらしているが，中
でも）その社会の「精神疾患」の比率と因果関係があるという最近の有力なエビ
デンスを踏まえると，これはさらに重要になる。「もし英国が，最も平等な4つ
の社会と同じくらい平等になれば……精神疾患はほぼ半分になるかもしれない」
（Wilkinson and Pickett, 2009: 261）。

　明らかに，これらの研究結果は，定式化に留まるものではない。そのいくつか
を以下に説明する。

定式化に基づいたシステムはどのようなものになるのか？

　定式化を精神科診断の代わりに用いることは，もし後者の有害な側面の一部再
現のみを避けたいと望むのであれば，決して簡単ではない。しかしながら，精神
科診断をいっさい使わずに個々のクライエントと取り組むことは，充分可能であ
り，それは，数多くのクリニカル・サイコロジストが以前からやってきているこ
とである。問題がはるかに複雑になるのは，個々の取り組みから，もっと広いク
ラスタリング・レベルになるときである。「統合失調症」や「精神症」，「双極症」，

「ADHD」,「パーソナリティ症」などの診断や,それらが果たしている機能,もしくは,果たしていると思われる機能に代わるものとして,どのような一般的な言葉を使うことができるのだろう？　現存のシステムが不充分であることを示す徴候が,もうひとつある。統合失調症に代わるものとしては,「トラウマ的な精神症」(Callcott and Turkington, 2006) や「解離性」の亜類型 (Ross, 2008) など,さまざまな用語が提案されている一方で,「パーソナリティ症」に代わるものとしては,「複雑性 PTSD」が提案されている (Herman, 2001)。これらの用語は,心理社会的な原因要素をいくらかは認めつつ,「障害」という概念は保持していることから,たぶん,定式化と診断の中間あたりに存在するものとして理解される可能性がある。この点において,それらは,死別反応 bereavement reactionや適応反応症（適応障害）adjustment disorder,解離症など,既存の DSM 診断の一部と似ている。

　これらの提案は,確かに,ひとつの枠組みが危機に瀕していることを示してはいるが,その中核的想定に異議を唱えているかと言うと,それには程遠いところで立ち止まっているということを指摘しておくのは重要である。それらはやはり,なんらかの機能不全が個人の内部にあることを暗に意味していて,たとえば,トラウマ的な関係性や状況になんとか対処するために,生き抜くための精神機制を必死に使おうとしているというようなことが伝わってこない。それらはさらに,「健康」と「病気」の間,「正常」と「異常」の間の分割点をほのめかしてもいて,範囲の含意はない。もっと具体的に言えば,それらは依然として,人間の情緒的な苦しみ——私たちが今話題にしていること——は,自然科学の分類を伴うきっちりしたカテゴリーに分けうるという,奇妙な想定をしているということである。

　「DSM の考え方」を脱け出して考えることがきわめて難しい理由のひとつは,その考え方による想定——指摘したとおり,この想定は定式化の価値も下げている——が西洋文化全体に深く組み込まれていて,思考を感情から切り離し,個人をコミュニティから切り離し,心を体から切り離し,人間を自然界から切り離すことを強調しているということである。これらすべてから一歩下がるということは,当然ながら,大きく異なる哲学的な立場——すなわち,人間は,生涯をかけて自分の道を切り開いていく機械ではなく,本来,意味づけをする生き物であり,その主観的体験は,「この世界での在り方のひとつであり,……それは,理性面でも,社会面でも,物質面でも**協働的に構築される**もの」(Cromby and Harper, 2009: 335-336。強調は原文のまま) であるとする立場——を取ることになる。これはあまり知られていない考え方かもしれないが,実際には,従来の精神医学的な考え方より,はるかにエビデンスの支持を得ている（たとえば,主観的な意味,情緒

的な苦悩，関係性に関する環境／社会的環境／物質的環境の間に確立しているつながりのいくつかに関しては，Brown and Moran, 1997; Warner, 2004; Fernando, 2003; Wilkinson and Pickett, 2009 参照）。必要なのは，苦悩に関する医学モデルがするような**原因**探しではなく，人が何を**根拠**にそう行動するのか，どんな**理由**があってそう行動するのかを探求することである。人間は行為の主体であり，その行動は，生物学的なプロセスが媒介したものであったとしても，意図されたものであり，なんらかの機能をもつものである（Ingleby, 1981; Cromby and Harper, 2009）。このようなつながりやパターンを改めて見つけ出すのは骨の折れる困難な作業であり，それは，トラウマや虐待に関する昨今の大規模な研究に見るとおりである（Read and Bentall, 2012）が，個人の定式化の協働構築を支持する知識体系は，こうした作業を通して得られるはずだとおおいに期待している。

このプロジェクトからどのような一般的パターンが出現するかに言及するのは時期尚早である。精神科診断の大部分が一般的なレベルの言葉に近いものに置き換えられる可能性はあるだろう。すでに述べたとおり，たいていのセラピストはすでに自分の仕事でそうした用語を――たぶん，「社会的孤立や失業を背景にした未解決のトラウマ」などといった形で――暗に利用している。哲学的用語で言うなら，これらは，厳密な境界のない「曖昧な概念」であり，従来の精神科診断の領域を越えるが，カテゴリー化の中核的目的のひとつを達成するには，これでも充分正確である。すなわち，似たタイプの体験をグループ化することによって複雑さを軽減するという目的には適うということである。これは，さらに研究を進めていくための土台を提供することになるかもしれない。「ヒアリング・ヴォイシィズ・ネットワーク（Hearing Voices Network: HVN）」が「言い分を聞く」という言葉を用いて非常によい結果を出しているのは，その好例である。こうした言葉遣いは，次に，特定の個人的定式化が利用すべき重要なエビデンスやリソースを示すために用いられる可能性もある。定式化が，責任や受益資格などについての管理上の疑問に自力で答えることはないであろうが，精神科診断も，満足のいくような形でこれに答えた試しがない。このような課題や議論は，精神医学がDSM-5 という災厄の副次的影響に対処せざるをえなくなるにつれて，次第に注目を浴びるようになるであろう。

誰でも定式化を構築できるのか？
そもそも定式化は必要なのか？

定式化を認める主張は多々あるものの，誰もが定式化を不可欠なものだと考え

ているわけではない。それどころか，定式化はとにかく特別なスキルで構成され
ているとして，問題にする者もいるだろう。しかし，以下のように考えているク
リニカル・サイコロジストもいる。「道を渡るたびに，あなたは定式化をしてい
るんですよ。どう見ても高度なスキルなんてものじゃありません……どういうわ
けで，大学院で心理学を学んだ20代半ばの人が，たとえば，ジャーナリストや
かなり博識の労組員，社会史家，私の母親より定式化が得意だってことになるの
か，私にはわかりません」（Newnes, 個人的なやり取り，April, 2002）

　意味の解釈と創造は，確かにセラピスト特有のものというわけではない。それ
は，人間としての本質にとって最も重要なことである。パーソナル・コンストラ
クト・セラピー（第7章）では，私たちは本質的に意味を創造する生き物であり，
自分を取り巻く世界について常に仮説を立てつづけ，主観的な意味体系を創造し，
その中で生き残ることができるように，その意味体系を丹念に仕上げていく存在
であると論じられている。この意味で，私たちは常に自らの体験を「定式化し」
つづけているのである。したがって，大雑把に「定式化」と呼びうるものの例が，
日常生活の——たぶん道を渡るときを含めて——あらゆる面に，また，小説など，
人間らしさの本質の探究に関わるあらゆる場面に数多くあるとしても，驚くには
当たらない。

　ストーリーやナラティブの構築も，「人間の本質がもつ遍在的かつ根本的な特
質であり……心理的な生き残りに不可欠なものであり，私たちはこれのおかげで
一貫した帰属意識に到達することができ，その帰属意識を通して生み出される
のが，過去を理解し，現在を説明し，未来に備えるための手段である」（Corrie
and Lane, 2010: 106-107, 第5章参照）と思われる。

　治療的アプローチの中には，通常考えられる意味で，定式化の使用をはっきり
拒絶するものもある。ナラティブ・アプローチの章や，社会的不平等の観点から
のアプローチの章で見たとおりである。Carl Rogers は定式化を——「心理学的
診断」と呼んでいたこともあり——不要で，有害ですらあると考えていた。とい
うのも，定式化は，セラピストがパワー（支配力）と専門的知識を使い，その結
果として，クライエントが自分自身に対する責任を放棄する危険性が生じること
を暗に意味していたからである（Eells, 2010 掲載の Rogers, 1951）。しかしながら，
Rogers はその著作の中で，定式化にかなり似ているもの，すなわち，クライエ
ントの体験がもつ意味を見つけることが，共感の重要な一面であることを明確に
している。ただし，当人を中心に据え，注意を怠ることなく，思いやりをもって
察知し，判断を下さないという点を強調している。

それ（共感）は，目の前の相手の気持ちの中に生じる意味の変化を，その瞬間その瞬間に，思いやりをもって察知することである……相手の体験の中に生じうる意味をあなたが指摘することで，相手はそうして指摘された有用な内容に焦点を絞ることができるようになり，その意味を充分に体験して，それを体験しながら前進していけるようになる。　　　　　　　　　　（Rogers, 1975: 4）

　ヒアリング・ヴォイシィズ・ネットワークは，すでに見てきたとおり，定式化を行うというより，「構成概念」を創造するという観点から語っているが，このタスクは，必ずしも専門家が必要とされているわけではなく，友人やパートナー，言い分を聞いてくれる別の人が手伝うことも可能だとされている。しかしながら，言い分と生活体験とをつなぐことは，そのつながりが過去に関連するものであれ，精神力動的なものであれ，比喩的なものであれ，苦悩を軽減しうるという点については，強く信じている（Romme and Escher, 2000）。
　構成主義的であったり，人間中心主義的であったり，自助的であったりするそうしたアプローチは，定式化を定式化として使うことを拒絶し，専門家がそうした種類の要約を作成するという考え方に異を唱えているが，たとえそうであっても，やはり，実際に使っているテクニックや方略は，クライエントが自らの苦悩について，心理学的な理解，すなわち，心理学的な定式化に到達できるよう手助けすることを目的としたものであると言えるのではないだろうか。重要な違いは，クライエント自身の見解を尊重することを何よりも重視しているという点だと思われる。これは，本章の前半で述べた虐待の一部に対する解毒剤として，歓迎されるものである。

では，定式化とは？

　先に指摘したとおり，クライエントは通常，自分の問題を「定式化」してもらおうと思って私たちを訪ねてくるわけではない。しかし，上で提案した意味では，**説明**を求め，自分の苦悩の**意味を構築**し，それを**理解**するのを手伝ってほしくて接触してくると言うこともできる。
　Butler（1998: 2）は，あらゆる定式化の根底には，「定式化はすべて，ある程度は理に適っている」という重要な前提があるのではないかと示唆している。また，総説の締めくくりに向けて，定式化とは，「さまざまな意味を要約する方法であり，それらについて理解し伝え合う共通の方法を協議する手段」であると説明している。これを旗印とすれば，異なる信条をもつセラピストやそのクライエ

ントは一致団結できるかもしれない。とは言え，その他の差異に関しては，本章に概略したとおりである。

Harper と Moss も，定式化は本質的に「協働で継続する意味づくりのプロセス」であると説明した際に，同様の指摘をしている（Harper and Moss, 2003: 8）。定式化は理論を利用するかもしれないし，その他多数の情報源も利用するかもしれないが，共有ストーリーとも呼びうるものをこのように構築することについて，科学者としての医療従事者やエビデンスに基づいた実践などという従来のレトリックを用いて語るのは，どうにもしっくりこない。しかしながら，定式化を行うことで，省察性が高まり，これまでに論じた陥穽となりうるすべての事柄に気づけるようになるのは，間違いない。

この定義によれば，定式化はひとつの特殊なスキルということになるのだろうか？ それとも，私たちの母親でも，同じように行うことができるものなのだろうか？ 答えは，イエスでもあり，ノーでもある。私たちは誰しも，この世界やこの世界に住む人々に関するさまざまな理論を創るプロセスに，絶えず取り組んでいる。この道の専門家ではない実に多くの人々——小説家や詩人，哲学者，聖職者はもちろん，そのほかにも人間の性質や苦しみを自分のテーマとする人々——が，これをおおいに得意としている。他方，Roy-Chowdhury（2003）が主張するとおり，私たちはこのことを認めても，「セラピー／定式化は，友人とするただのおしゃべりに過ぎない」という立場に戻ることはない。Roy-Chowdhury も，上記で引用した著者たち同様，あらゆる学派のセラピーの中心的目的は，「相手の体験を解釈して筋の通るものにし，そうした暫定的な理解を相手に伝えて考察の材料にしてもらおうとすること」だと考えている（Roy-Chowdhury, 2003: 8）。しかしながら，セラピーでの会話に関する彼の談話分析は，これがきわめて高度な技術に支えられた手続きであることを示唆している。人間の基本的な優しさに頼る一方で，セラピストは，「セラピーを受けている相手の話の中で表面的に示されたことに耳を傾けるだけでなく，隠された意味や見せかけの意味にも耳をそばだて」なくてはならない。「語りのニュアンスや，各センテンスに生じている談話の多様性に波長を合わせていない」セラピスト，「クライエントの生活世界に入り，その生活世界について理解したことを，クライエントの期待と一致する言葉遣いで伝えようとしない」（Roy-Chowdhury, 2003: 9）セラピストは，そのクライエントを失う危険を冒すことになる。追記として，セラピストは自分自身の想定や感情について省察することや，自分のクライエントとの関係性の進展を意識すること，互いの定式化の差異に細かく注意することが必要だという点も，挙げられるかもしれない。セラピストはクライエントとの関

係性の中に，大量の知識と理論だけでなく，臨床経験で蓄積した実践に基づくエビデンスももち込み，クライエント自身の感情や意味を尊重する形で，それらを治療プロセスの中に組み入れていかなくてはならない。

　本書では，定式化と呼ばれることになった特殊なナラティブの使用には，重要な利益があると同時に，リスクもいくらか付随するという主張を紹介してきた。自らの体験に関するストーリーを作成し，その体験を理解しようとすることは，大雑把に言えば，人間らしさを示すひとつの根本的な特徴である。

まとめ

　定式化に対して起こりうる批判や，定式化の限界は，セラピー自体に対して起こりうる批判や，セラピー自体の限界を，そのまま伝えている。もし少なくともセラピーのたいていの学派が，定式化について，治療的介入プロセスの中核をなすものだと考えているとしたら，このことは驚くほどのことではない。双方共に，以下のとおり，評価が必要な大きな問題を提起している。

- 真実か有用性かという問題を引き起こしている。
- 有害になりうる。
- 専門的な目的と政治的な目的に利用される可能性がある。
- 暗黙の想定と価値判断を包含している。
- 精神科診断と問題含みの関係がある。
- 個別化を行っている可能性があり，社会的背景や文化的背景を無視している可能性もある。
- 「裸の王さま」に喩えられやすい。

双方のプラス面は，以下のとおりである。

- サービス利用者に依頼され，（しばしば）役に立ったという感想ももらっている（定式化を「意味を探る」という趣旨で使った場合）。
- 精神科診断に代わるもの，損害が充分に立証されながらも用いられている介入に代わるものを提供することができる。
- ほぼ間違いなく，高いレベルのスキルが要求されるが，そのスキルは，なんらかの特定専門職固有のものでもなければ，人間の特定集団固有のものでもない。

クライエントやチーム，支援サービス機関が定式化から受け取る利益を最大にし，生じうる損害を最小にしたいと思うのであれば，私たちは以下を戒めとすべきであろう。

- 定式化における自分自身の役割と，自分がそれに付与する価値観と想定について，省察的でなくてはならない。
- 定式化は，個人やチームに対して暫定的に提供する。
- 定式化は，個人やチームと協働で構築する。
- 個人的な意味を，中心的な統合要因として用いる。
- 再定式化を，常に進んで受け入れる。
- 日常の言葉で定式化を表現する。
- 定式化は，必ず，文化の取り扱いに慎重を期して行う。
- トラウマと虐待のもちうる役割を，常に考慮する。
- 定式化の正確さと有用性について，クライエントとチームの意見を尊重する。
- 利害関係者の関心に注意を払う。
- 困難の解決において支援サービス機関の果たしうる役割を，進んで認める。
- システム論的要因や，広範な社会的／政治的要因を考慮に入れる。

（注意：DCP ガイドラインにある定式化の成功例に関するチェックリストも要参照。2011: 29）

心的苦悩を理解し，それに介入する手立てとして，そして，たぶん，精神科診断を前提としない全く別のパラダイムの基礎として，定式化の利用をもっと広めたいと思うのであれば，以下が必要である。

- 定式化の信頼性と妥当性（「正確さ」すなわち「真実」）に関する議論への参加に注意する。
- 異なるタイプの研究をこれまで以上に行う。たとえば，質的な方法論やサービス利用者との協働に関する研究を増やし，定式化がクライエントやチーム，セラピスト，セラピーに及ぼす影響をさらに探っていく，など。
- 個人的な定式化およびチーム定式化について，費用や入院，投薬治療の使用，スタッフのモラル，快復率など，転帰尺度に関する確かなデータを集める。
- 定式化を，いずれかひとつの専門職特有のものであるとする主張は支持できない。そのような主張は取り下げて，（特にクリニカル・サイコロジストとして）こうしたスキルをできるだけ広く，進んで共有する。

- 精神科診断の欠点について，進んで声を上げる（と同時に，「精神科診断のせいで曖昧にされている社会的な問題や道徳的問題を強調する」Boyle, 2001: 5）。
- 精神科診断を使用する代わりとして，クラスタリングによる管理ツールとなるような，定式化ベースの一貫性のある手法を開発する。
- 定式化の有用性について，現実的でありながらも，自信をもつ。

ジャックとジャネット：最新情報

　ジャックは数週間後，以前よりわずかに落ち着いた状態となって退院した。個人セラピーに本格的に取り組んだことは一度もなかったが，それは，彼が時間管理に安定性を欠いていた上に，空想の中に隠れてしまう傾向があったためである。家族ミーティングは，家族の各メンバーが互いの立場をこれまでより少しでもよく認識するのに役立ったようである。ジャックは，コミュニティで働く精神科の男性看護師と良好な関係を築き，彼から実用的な支援を多々受けたあと，別の作業療法士からも多くの支援を受けている。退院から一年になるが，自分のために見つけてもらったアパートにたいへん満足していて，地域のコミュニティとも接触するようになった。飲酒は何度も再開してしまったが，ついに高等教育への進学準備コースを受ける決意を固め，将来的にはマーケティングの学位を取って音楽業界に進みたいと考えている。ロビー・ウィリアムズのことは，まだなかなか頭から離れなかったが，「もしおれをやっつけるつもりなら，もうとっくにそうしているはずだ」と思うことにしたらしく，そうした心配はほとんど払拭できていた。母親と妹たちとは，穏やかに接していた。

　ジャネットはまあまあの状態である。学校にも行っているし，母親とも前よりうまくやっている。公共交通機関については，まだ不安があるものの，母親はこのことについて，以前ほど心配しないようになり，娘はいずれこの不安を乗り越えるだろうと信じている。家族を対象としたワークのおかげで，メアリーは母親としての自信を少し感じるようになり，ジャネットの困難を自分のせいにすることは減ったようである。ジャネットの兄アンドルーは相変わらず学校の成績がよく，メアリーは母親としての自信をますます高めている。ジャネットは，父親との接触をまだ再開していない。

謝辞
　本章に関して，思慮深いコメントを寄せてくださった Rudi Dallos に心から感謝しています。

参考文献

Aveline, M. (1999) The advantages of formulation over categorical diagnosis in explorative psychotherapy and psychodynamic management, *The European Journal of Psychotherapy, Counselling and Health*, 2, 2, 199–216.

Barber, J.P. and Crits-Christoph, P. (1993) Advances in measures of psychodynamic formulations, *Journal of Consulting and Clinical Psychology*, 61, 4, 574–585.

Barham, P, and Hayward, R. (1995) *Relocating Madness: From the Mental Patient to the Person*, London: Free Association Books.

Bem, S. and de Jong, H.B. (1997) *Theoretical Issues in Psychology: An Introduction*, London: Sage.

Bieling, P.J. and Kuyken, W. (2003) Is cognitive case formulation science or science fiction? *Clinical Psychology: Science and Practice*, 10, 1, 52–69.

Boyle, M. (2001) Abandoning diagnosis and (cautiously) adopting formulation, Paper presented at British Psychological Society Centenary Conference, Glasgow.

——(2002) *Schizophrenia: A Scientific Delusion?* (2nd edn), London: Brunner-Routledge.

Brown, G.W. and Moran, P. (1997) Single mothers, poverty and depression. *Psychological Medicine*, 27, 21–33.

Bruch M. and Bond F.W. (1998) *Beyond Diagnosis: Case Formulation Approaches in Cognitive–Behavioural Therapy*, London: Wiley.

Butler, G. (1998) Clinical formulation in A.S. Bellack and M. Hersen (eds) *Comprehensive Clinical Psychology*, Oxford: Pergamon.

Callcott, P. and Turkington, D. (2006) CBT for traumatic psychosis in W. Larkin and A.P. Morrison (eds), *Trauma and Psychosis: New Directions for Theory and Therapy*. London: Routledge, pp. 222–238.

Castillo, H. (2000) 'You don't know what it's like', *Mental Health Care* 41, 2, 42–58.

Chadwick, P., Williams, C. and Mackenzie, J. (2003) Impact of case formulation in cognitive behaviour therapy for psychosis, *Behaviour Research and Therapy*, 14, 6, 671–680.

Corrie, S. and Lane, D. (2010) *Constructing Stories, Telling Tales: A Guide to Formulation in Applied Psychology*, London: Karnac.

Crellin, C. (1998) Origins and social contexts of the term 'formulation' in psychological case – reports, *Clinical Psychology Forum*, 112, 18–28.

Cromby, J. and Harper, D. (2009) Paranoia: a social account, *Theory and Psychology*, 19, 335–361.

Dallos, R. and Draper, R. (2000) *Introduction to Family Therapy: Systemic Theory and Practice*, Oxford: Oxford University Press.

Davis, K. (1986) The process of problem (re) formulation in psychotherapy, *Sociology of Health and Illness*, 8, 44–74.

Division of Clinical Psychology (2010) *The Core Purpose and Philosophy of the Profession*, Leicester: The British Psychological Society.

——(2011) *Good Practice Guidelines for the Use of Psychological Formulation*, Leicester: The British Psychological Society.

——(2013) *Position Statement on the Classification of Behaviour and Experience in Relation to Functional Psychiatric Diagnoses: Time for a Paradigm Shift.* Leicester: The British Psychological Society.

Dumont, F. (1993) Inferential heuristics in clinical problem formulation; selective review of their strengths and weaknesses, *Professional Psychology: Research and Practice,* 24, 2, 196–205.

Eells, T.D. (ed.) (2010) *Handbook of Psychotherapy Case Formulation* (2nd edn), New York, London: The Guilford Press.

Evans, G. and Parry, J. (1996) The impact of reformulation in cognitive-analytic therapy with difficult-to-help clients, *Clinical Psychology and Psychotherapy,* 3 (2), 109–117.

Fernando, S. (2003) *Cultural Diversity, Mental Health and Psychiatry: The Struggle Against Racism,* Hove, New York: Brunner-Routledge.

Follette, W.C. and Houts, A.C. (1996) Models of scientific progress and the role of theory in taxonomy development: a case study of the DSM, *Journal of Consulting and Clinical Psychology,* 64, 6, 1120–1132.

Harper, D. and Moss, D. (2003) A different kind of chemistry? Reformulating formulation, *Clinical Psychology,* 25, 6–10.

Herman, J. (2001) *Trauma And Recovery,* New York: Basic Books.

Hesse, E. (2008) The adult attachment interview: protocol, method of analysis and empirical studies in J. Cassidy and P.R. Shaver (eds) *Handbook of Attachment: Theory, Research and Clinical Applications,* London, New York: The Guilford Press, pp. 552–598.

Holland, S. (1992) From social abuse to social action: a neighbourhood psychotherapy and social action project for women in J. Ussher and P. Nicholson (eds), *Gender Issues in Clinical Psychology,* London: Routledge.

Honos-Webb, L. and Leitner, L.M. (2001) How using the DSM causes damage: a client's report, *Journal of Humanistic Psychology,* 41, 4, 36–56.

Ingleby, D. (1981) Understanding 'mental illness', in D. Ingleby (ed.) *Critical Psychiatry: The Politics of Mental Health,* Harmondsworth: Penguin, pp. 23–71.

Johnstone, L. (2000) *Users and Abusers of Psychiatry: A Critical Look at Psychiatric Practice* (2nd edn), Philadelphia, London: Brunner-Routledge.

——(2008) Psychiatric diagnosis, in R. Tummey and T. Turner (eds), *Critical Issues in Mental Health,* Basingstoke: Palgrave Macmillan, pp. 5–22.

Jones, D. and Elcock, J. (2001) *History and Theories of Psychology: A Critical Perspective,* London: Arnold.

Kennedy, F., Smalley, M. and Harris, T. (2003) Clinical psychology for in-patient settings: principles for development and practice, *Clinical Psychology Forum,* 30, 21–24.

Kinderman, P. (2001) The future of clinical psychology training, *Clinical Psychology,* 8, 6–10.

Kirk, S.A. and Kutchins, H. (1992) *The Selling of DSM: The Rhetoric of Science in Psychiatry,* New York: Aldine de Gruyter.

Kovel, J. (1981) The American mental health industry in D. Ingleby (ed.) *Critical Psychiatry: The Politics of Mental Health,* Harmondsworth: Penguin.

Kuipers, E., Leff, J. and Lam, D. (1992) *Family Work for Schizophrenia: A Practical*

Guide, London: Gaskell.

Kuyken, W. (2006) Evidence-based case formulation: is the emperor clothed? in N. Tarrier (ed.) *Case Formulation in Cognitive Behaviour Therapy: The Treatment of Challenging and Complex Cases*, London: Brunner-Routledge.

Kuyken, W., Padesky, C.A. and Dudley, R. (2009) *Collaborative Case Conceptualization: Working Effectively with Clients in Cognitive-Behavioral Therapy*, New York, London: The Guilford Press.

Leeming, D., Boyle, M. and Macdonald, J. (2009) Accounting for psychological problems: how user-friendly are psychosocial formulations? *Clinical Psychology Forum*, 200, 12–17.

Letters to the Editor (2000) *The Psychologist*, 13, 8, 390–392.

Luborsky, L. and Crits-Christoph, P. (1990) *Understanding Transference: The Core Conflictual Relationship Theme Method*, New York: Basic Books.

Madill, A., Widdicombe, S. and Barkham, M. (2001) The potential of conversation analysis for psychotherapy research, *The Counseling Psychologist*, 29, 3, 413–434.

Malan. D.M. (1976) *Toward the Validation of Dynamic Psychotherapy*, New York: Plenum Press.

——(1995) *Individual Psychotherapy and the Science of Psychodynamics* (2nd edn), London: Hodder Arnold.

Masson, J. (1990a) *Final Analysis: The Making and Unmaking of a Psychoanalyst*, London: HarperCollins.

——(1990b) *Against Therapy*, London: Fontana.

May, R. (2011) Relating to alternative realities in M. Romme and S. Escher (eds), *Psychosis as a Personal Crisis: An Experience-Based Approach*, London, New York: Routledge, pp. 140–152.

McNamee, S. and Gergen, K. (1992) *Therapy as Social Construction*, London: Sage.

Mehta, S. and Farina, A. (1997) Is being 'sick' really better? Effect of the disease model of mental disorder on stigma, *Journal of Social and Clinical Psychology*, 16, 4, 405–419.

Mental Health Foundation (1997) *Knowing Our Own Minds*, London: Mental Health Foundation.

Messer, S.B. (1991) The case formulation approach: issues of reliability and validity, *American Psychologist*, December, 1348–1350.

——(1996) Concluding comments. Special section: Case formulation, *Journal of Psychotherapy Integration*, 6, 135–137.

Neuner, F., Catani, C., Ruf, M., Schauer, E., Schauer, M. and Elbert, T. (2008) Narrative exposure therapy for the treatment of traumatized children and adolescents (KidNET): from neurocognitive theory to field intervention, *Child and Adolescent Psychiatric Clinics of North America*, 17 (3), 641–664.

Penfold, P.S. and Walker, G.A. (1983) *Women and the Psychiatric Paradox*, Montreal, London: Eden Press.

Persons, J.B. (1989) *Cognitive Therapy in Practice: A Case Formulation Approach*, New York: W.W. Norton.

Pilgrim, D. (2000) Psychiatric diagnosis: more questions than answers, *The Psychologist*, 13, 6, 302–305.

Proctor, G. (2002) *The Dynamics of Power in Counselling and Psychotherapy*, Ross-on-Wye: PCCS Books.

Ray, A. (2008) *Understanding reflective practice as part of the process of formulation*, unpublished doctoral thesis, Bristol Clinical Psychology Doctorate.

Read, J. and Bentall, R.B. (2012) Negative childhood experiences and mental health: theoretical, clinical and primary prevention implications, *British Journal of Psychiatry*, 200, 89–91.

Redhead, S. (2010) *Clients' experiences of formulation in cognitive behaviour therapy*, unpublished doctoral thesis, Bristol Clinical Psychology Doctorate.

Rogers, A., Pilgrim, R. and Lacey, R. (1993) *Experiencing Psychiatry*, London: Macmillan/MIND.

Rogers, C. (1975) Empathic: an unappreciated way of being, *The Counseling Psychologist*, 5, 2, 2–10.

Romme, M. and Escher, S. (2000) *Making Sense of Voices*, London: MIND Publications.

Rosenbaum, R. (1996) Form, formlessness and formulation, *Journal of Psychotherapy Integration*, 6, 2, 107–117.

Ross, C. (2008) Dissociative schizophrenia in A. Moskowitz, I. Schäfer and M. Dorahy (eds), *Psychosis, Trauma and Dissociation: Emerging Perspectives on Severe Psychopathology*, Oxford: Wiley-Blackwell, pp. 281–295.

Roy-Chowdhury, S. (2003) What is this thing called psychotherapy? *Clinical Psychology* 29, 7–11.

Royal College of Psychiatrists (2010) *A competency-based curriculum for specialist core training in psychiatry*. Retrieved 5 October 2011 from www.rcpsych.ac.uk/training/curriculum2010.aspx.

Smail, D. (1987) Psychotherapy as subversion in a make-believe world, *Changes*, 4 (5), 398–402.

——(1993) *The Origins of Unhappiness: A New Understanding of Personal Distress*, London: Secker and Warburg.

——(1996) *How to Survive without Psychotherapy*, London: Constable.

Sturmey, P. (ed.) (2009) *Clinical Case Formulation: Varieties of Approaches*, Chichester: Wiley-Blackwell.

Tarrier, N. and Calam, R. (2002) New developments in cognitive–behavioural case formulation, *Behavioural and Cognitive Psychotherapy*, 30, 311–328.

Warner, R. (2004) *Recovery from Schizophrenia: Psychiatry and Political Economy* (3rd edn), Hove and New York: Brunner-Routledge.

Weerasekera, P. (1995) *Multiperspective Case Formulation: A Step Towards Treatment Integration*, Malabar, Florida: Krieger Publishing Company.

Weston, D. (1990) Psychoanalytic approaches to personality in L. Pervin (ed.) *Handbook of Personality: Theory and Research*, New York: Guilford Press.

Wilkinson, R. and Pickett, K. (2009) *The Spirit Level: Why More Equal Societies Almost Always Do Better*, London: Allen Lane.

索　引

[数字]

5 要因モデル five factor models ······ 68, 72

[ア]

アタッチメント attachment theory ··· 98-99,
120, 132, 280, 309
──・ナラティブ・セラピー（ANT）
Attachment Narrative Therapy
··················· 242, 269, 275
──理論 attachment theory
················ 33, 259, 267, 270, 273, 301
厚い記述 thick description ················ 142
安全希求行動 safety-seeking behaviours
··················· 54, 63
維持メカニズム perpetuating mechanism ···54
維持モデル maintenance models
··················· 53, 55-56, 69
維持要因 perpetuating factos
········ 48, 51, 63-64, 70, 246-247, 354
維持サイクル vicious cycle
··················· 49, 53, 130, 350
偽りの自己 false self ························88
イド id ························· 33, 87
意味 meaning ················ 33, 79, 86-87
ウェルビーイング wellbeing
··················· 47, 65, 237, 333

薄っぺらな記述 thin description ········ 142
エゴ ego ························· 33, 87
エコ心理学 ecopsychology ················· 176
エビデンス（根拠，証拠）evidence
··· 26, 30, 45, 63, 72, 177, 239, 311, 336, 350
エンパワーメント empowerment ········ 188
オルタナティブ（代替的）ストーリー
alternative stories ················ 146, 156

[カ]

解決志向療法 solution focused theapy
··················· 147,155, 164
外在化する会話 externalising conversations
··················· 146, 150
解釈 interpretations ······ 34, 46, 78-79, 84-88
外的要因 external factors ······ 50, 259, 287
介入 interventions ·············· 32, 45, 54, 96,
108, 219, 283
概念化 conceptualisation········· 47, 54-67, 77,
149, 270, 350
概念的統合 conceptual synthesis
··················· 239, 242, 251
回避 avoidance ········ 54, 62, 78, 81, 97, 101
解離 dissociation ··········· 87, 262, 321, 375
科学的 scientific ············· 35, 91, 111, 350
──概念 scientific notion ·············· 148

隠された意味 hidden meaning … 79, 87, 379
隠された気持ち hidden feeling …………80
家系図 family trees ……………… 67, 194
可視化 visible ……………… 182, 190, 193
仮説 hypotheses
　………………… 36, 62, 91, 110, 241, 309, 360
家族システム family system … 31, 105, 108
家族造形 sculpt…………………… 120-122, 132
価値観 values … 25, 35, 50, 64, 145, 180, 250
葛藤 conflict ……………………… 28, 78-82, 89-94
　——の三角形 triangle of conflict
　……………………………… 79, 80, 85
仮定 assumption ………… 56, 111, 137, 261
環境的刺激 environmental stimuli ………34
関係性 relationships
　………… 34, 84, 89, 106, 158, 212, 243, 282
　——のパターン patterns of relationships
　……………… 56, 101, 120, 275, 282
感情 feelings …… 25, 47, 54, 78, 190, 285, 321
気づき awareness……… 37, 78, 88, 191, 207
機能 function…………… 33, 78, 86, 102
　——不全 dysfunction ………… 84, 87, 375
　——分析 functional analysis …… 34, 365
希望 hope …………… 33, 101, 150, 162, 369
虐待 abuse
　…………… 37, 131-136, 188-191, 311, 376, 381
逆転移 counter-transference
　……………………… 85, 95, 102, 243, 308
客観的 objective ……………… 35, 100, 225
逆境 adversity ……………… 65, 192
強化する encouraging ………… 33, 250, 352
共感的に理解する empathic understanding
　……………………………………95
協働 cooperation …………… 24, 60, 164, 255
協働的 collaborative
　……………… 50, 62, 108, 141, 164, 250
　——取り組み collaborative work … 33, 62
共鳴 resonances ……………… 103, 146, 268
共有される shared ………………28

系 system ……………………… 105
経験主義 empiricism …………… 60, 68, 73
　協働的——collaborative empiricism
　……………………… 46, 60, 68
経験循環 experience cycle ……………… 206
継代プロセス trans-generational processes
　……………………… 107
傾聴 listening……………… 100, 254
ケースフォーミュレーション（事例定式化）
　case formulation ……………… 28, 34, 350
結果 outcome ………… 32, 155-158, 350
権限付与 empowerment ………………… 176
言語能力習得前の構成概念 preverbal
　constructs ……………………… 207
現在の問題 presenting issues
　……………………… 46-51, 62, 246
検証 test……………… 67, 73, 110, 206
言説 discourses……… 29, 112, 131, 180, 281
原則 principles ……………… 30, 45, 353
　——重視の principle-driven …………45
好奇心 curiosity ……………… 36, 63, 111
構成主義的 constructivist …… 36, 109, 143
　——代替主義 constructive alternativism
　……………………… 205
構造的 structural ………………… 79, 86
構造論 structural theory………………88
行動 behaviours …… 25, 47, 54, 78, 190, 285
　——学派 behavioural schools of therapy
　………………………………34
　——的要因 behavioural factors
　……………………… 53, 247
個人的構成概念 personal constructs
　……………………… 206, 232
個人的な意味 personal meaning
　………………… 28, 30, 251, 255, 301, 369
異なるストーリー different story ……… 141
コントロール control ……………… 209
困難 difficulties ………… 34, 48, 78, 108

[サ]

サービス利用者 service user
　…… 28, 33, 177, 181, 293, 302, 308, 313, 327
再現 repetition ……………………… 84, 308
再定式化 re-formulation ………………………29
作業仮説 working hypothesis……… 25, 35-36
三角形化 triangulate ……………………… 107
三層構造モデル structural perspective …87
ジェノグラム genograms …… 67, 115, 128
思考 thoughts …… 25, 47, 78, 190, 285, 321
自己心理学 self psychology ………………33
自己の統合感覚 integrated sense of self …83
システム論 systemic theory ……………… 106
　――的 systemic …………… 31, 242, 270
　――的アプローチ systemic approach
　………………… 35, 105, 280, 301, 367
自尊感情 self esteem ………… 66, 133, 275
実験的実証性 experimentally verifiable …34
質的グリッド quqlitative grids
　………………………… 215, 223, 227
自動思考 automatic thoughts……… 50, 205
支配的なナラティブ dominant narrative
　………………………………… 145
支配的な社会的ディスコース
　dominant societal discourses ………… 168
社会環境 social circumstances ……………29
社会構成主義 social constructionism
　………………… 26, 36, 105, 112, 143, 370
　――的アプローチ social constructionist
　approaches ……………………… 105, 370
社会的公平 ocial justice …………… 176, 188
社会的責務 stewardship ………………… 176
社会的不平等 social inequalities
　………………… 26, 36, 173-175, 301, 367
社会的要因 social / societal factors
　………………………… 37, 310, 338
柔軟性がない rigid ………………………84
守秘義務 confidentiality ……………………25
障害 dysfunctions ……………… 35, 83

状況的要素 contextual factors
　………………………… 113, 124, 133
条件つき信念 conditional beliefs …………56
情緒的苦痛 emotional pain ………… 78, 192
衝動 impulses ……………… 79, 80, 174
情動 emotions ……………… 47, 81, 94
　――障害 emotional disorders …………47
初期接触 initial contact ………………… 110
事例概念化 case conceptualization
　………………………… 45-47, 350-351
心的外傷後ストレス症（PTSD）
　post-traumatic stress disorder …………59
心理学的科学 psychological science ………35
心理学的理論 psychological theory … 28, 30
心理社会的要因 psychosocial factors
　………………………………… 48, 368
心理的機能 psychological functioning
　………………………………… 78, 103
心理的苦痛 psychological pain …………78
睡眠時驚愕症 night terrors ………… 42, 66
スーパーヴィジョン supervision
　………………………… 71, 108, 195, 283
スキーマ schema ……………… 29, 56, 244
ストーリー story ………… 79, 148, 182, 272
ストレス脆弱性モデル stress-vulnerability
　models ……………………… 55, 58
ストレングス strengths
　………………………… 33, 46, 63, 68, 141
成育歴 developmental history …… 46, 299
正確さ accuracy …………… 26, 60, 111, 381
省察 self-reflective practice ……… 71, 112
　――的実践 reflective practice
　………………………… 24, 174, 194, 260
精神科診断 psychiatric diagnosis
　…… 25, 34, 206, 251, 319, 330, 349, 366-371
精神科の機能診断 functional psychiatric
　diagnosis …………………………………37
精神症 psychosis ……… 51, 71, 149, 187, 310
　――的 psychotic ……………… 58, 96, 262

精神分析 psychoanalysis・・・・・・・・・・・・・・ 33, 77
精神力動的 psychodynamic
・・・・・・・・・・・・・・・・・・・ 30, 33, 34, 77, 248
――アプローチ psychodynamic approach
・・・・・・・・・・・・・・ 33, 77, 91, 246, 301
――定式化 psychodynamic formulation
・・・・・・・・・・・・ 77, 92, 97, 102, 351
生物心理社会的要因
　biopsychosocial causal factors ・・・・・・・・・・28
性本能の libidinal　・・・・・・・・・・・・・・・・・・・・・・・83
折衷主義 electicism ・・・・・・・・・・・・・・・・・ 239, 251
説明モデル descriptive model ・・・・・・・・・・・・・51
全人的 holistic ・・・・・・・・・・・・・・・・・・・・ 209, 327
漸進的な仮説構築 progressive hypothesising
・・・・・・・・・・・・・・・・・・・・・・・ 36, 139, 148
前理論的 pre-theoretical ・・・・・・・・・・・・・・・・・・78
素因 predisposing factors ・・・・・・・・・・・・・ 48, 58
増悪要因 precipitating factors ・・・・・・ 48, 55-58
双極構成概念 bipolar constructs ・・・・・・・・・ 204
相互作用的力動 interactional dynamics
・・・・・・・・・・・・・・・・・・・・・・・・・・ 106, 282
総説 review ・・・・・・・・・・・・・・・・・・・・・・ 68, 176
ソクラテス式質問 Socratic questioning ・・・63

[タ]

対象関係論 object relations theory
・・・・・・・・・・・・・・・・・・・・・・・・ 33, 80, 242
代替の解釈 alternative explanation ・・・・・・・・66
対立プロセス confl ictual processes ・・・・・・ 107
多層構造 multi-stories ・・・・・・・・・・ 147, 168, 373
脱構築 deconstruction ・・・・・・ 109, 114, 128, 154
脱自然化 de-naturalise・・・・・・・・・・・・・・・・・・ 144
探求 inquiry ・・・・・・・・・・・・・・・・・・・・・・・・・・ 203
チーム定式化 team formulation
・・・・・・・・ 29, 292, 295, 299, 301, 306, 314, 318
力関係 power ・・・・・・・・・・・・・・・・・・・・・ 25, 212
注意プロセス attentional processes ・・・・・・・・53
中核信念 core beliefs ・・・・・・・・・ 56, 301, 315
中心的な問題 core problems ・・・・・・・・・・・・・・29

超自我 superego ・・・・・・・・・・・・・・・・・・・ 33, 87
「蝶ネクタイ」図 'bowtie' diagram
・・・・・・・・・・・・・・・・・・・・・・ 215, 229-230
治療関係 therapeutic relationship
・・・・・・・・・・・ 25, 96, 237, 245, 254, 259
治療同盟 therapeutic alliance
・・・・・・・・・・・・・・ 33, 48, 242, 261, 351
治療方略 treatment strategies　 32, 100, 363
治療目標 goals of treatment ・・・・・・・・・・・・・・48
提携 working alliance ・・・・・・・・・・・・・・・・・・・34
定式化 formulation ・・・・・・・・・・・・・・・・・・・・・・
　精神科診断とかかわる relationship with
　　psychiatric diagnosis ・・・・・・・・・ 365-376
　定義 definitions ・・・・・・・・・・・・・・・ 24, 27-38
　プロセスとしての as a process
　・・・・・・・・・・・・・・・・・・・・・ 252-254, 259
　有害なものとしての as harmful
　・・・・・・・・・・・・・・・・・・・・・・・・・ 357-363
　仮の――provisional formulation ・・・・・・・・70
　縦断的――longitudinal formulation
　・・・・・・・・・・・・・・・・・・・・・・・ 55, 57, 61
　心理学的な――Psychological formulation
　・・・・・・・・・・・・・・ 38, 119, 319, 378
　説明的な――descriptive formulations
　・・・・・・・・・・・・・・・・・・・・・・・・・・・・・51
敵意の衝動 hostile impulses ・・・・・・・・・・・・・・82
適応的 adaptive ・・・・・・・・・・・・・・・・・・ 79, 89
転移 transference・・・・・・・・・・・・ 33, 84, 243, 308
投影 projection ・・・・・・・・・・・・・・・・・・・・・・・・・87
動機づけ motivations ・・・・・・・・・・・・・・・ 82, 88
統合 integration
・・・ 25, 113, 125, 134, 237, 242, 270, 282, 327
　――的定式化 integrative formulation
　・・・・・・・・・・・・・・ 237, 252, 259, 327
　――的に integratively・・・・・・・・・・・・・ 36, 256
　――モデル integrative model
　・・・・・・・・・・・・・・・・・・ 29, 237, 242
洞察 insight ・・・・・・・・・・・・・・・・・・・・・ 66, 243
特異な結果 unique outcomes ・・・・・・・・ 155-158

ドミナント（支配的）ストーリー
dominant stories ……………… 146, 151, 163
トラウマ trauma ……… 37, 58, 311-314, 375
　　──体験 trauma experiences …………58

［ナ］

内的葛藤 inner conflict …………… 79, 174
内的要因 intenal factors …………………………50
ナラティブ（物語）narrative
　……………36, 79, 92, 113, 141, 149, 281-282
　　──・セラピー narrative therapy
　………………………………………… 141-169
ニーズ needs ………………………… 33, 281
認知行動療法（CBT）cognitive behabioural
　therapy … 26, 34, 45, 240, 252, 294, 333, 350
認知行動的 cognitive-behavioural
　……………………………… 30, 67, 238, 350
認知的要因 cognitive factors ……… 53, 247
認知プロセス cognitive processes…………54
認知療法 cognitive therapists
　………………………………… 35, 53, 60, 350

［ハ］

パーシーバー・エレメント・グリッド
　perceiver element grid ………… 215, 222
パーソナル・コンストラクト心理学
　personal construct psychology … 203-205
パーソナル・コンストラクト療法 Personal
　Construct Therapy ………… 26, 211, 220
バイアス bias……………………… 25, 345, 360
背景 context
　……… 25, 49, 98, 113, 193, 222, 250, 281, 336
発達的観点 developmental perspective
　…………………………………… 79, 83-86
パワー power
　………………… 146-147, 180-181, 187, 191
反映する reflect ……………………………67
反芻 rumination ………………… 54, 62, 209
反応 response ……………… 34, 46, 64, 91

被害的な思い込み persecutory beliefs
　………………………………… 49, 51, 58, 64
引き金となった triggering …………… 58, 61
非検証 non-validation ……………… 207
人の三角形 Triangle of Person ……… 34, 84
否認 denial…………………………… 87, 94
評価 evaluation
　…………… 26, 36, 50, 110, 334, 351, 363
評定尺度 scaling questions ………… 119, 127
平等化 liberation ……………………… 176
広場恐怖症 agoraphobia ………………34
不安 anxiety ……… 80, 210, 226, 276, 355-356
フィードバック feedback
　………………… 113, 116, 129, 293, 301
プラグマティズム哲学
　pragmatist philosophy………………… 203
プロセス process
　……… 37, 108, 196, 237, 254, 259, 282, 353
防衛 defence …………………… 78, 81, 273
　　──機制 defence mechanisms …………33
保健室の先生 school nurse
　………………………… 66, 129, 225, 338
保護要因 protective factors …… 44-49, 246
ポジティブ心理学 positive psychology
　………………………………………… 101
補償戦略 compensatory strategies … 56, 59
ポスト構成主義 post-Structuralist……… 142

［マ］

マッピング mapping ……… 35, 51, 120, 196
ミラノ派家族療法
　Milan team of family therapists …… 110
無意識 unconscious ……… 28, 29, 33, 77, 244
　　──の意味 unconscious meanings ……83
　　──のプロセス unconscious processes
　………………………………………………77
メタファー metaphor …… 46, 150, 168, 240
問題の維持パターン Problem-maintaining
　patterns ……………………… 113, 116, 129

[ヤ]

役割 role･･･････････････････････ 119
有用性 usefulness
　･･････････････ 26, 60, 124, 238, 314, 353-356
有用性 utility･･････････････････ 60, 238, 353
要素 elements ･････････････ 34, 51, 77, 214-215
抑圧 repression･･････････････････････87
　――されたものの回帰
　　return of the repressed ･･････････････82

[ラ・ワ]

リ・メンバリング re-membering ･･･ 158, 166
力動 dynamics ･････････････ 105, 113, 244, 270
――的 dynamic ･･････････ 78, 93, 237, 259
リスク要因 risc factor･････････････････58
リフレクティング・チーム
　refulecting team ･･･ 124-125, 146, 183, 292
倫理的実践 ethical practice ･･･････････25
るつぼ crucible ･････････････････ 46, 72
例外 exceptions･････････ 115, 129, 147, 155
レジリエンス resistance ･････････ 47, 63, 68
レッテル labels
　･････････････ 137, 142, 185, 208, 272, 371
レパートリー・グリッド・テクニック
　repertory grid technique ･･･････ 214-215
枠組み framing ･････････････ 33, 241, 309

執筆者一覧

Samantha Cole はクリニカル・サイコロジストで，資格を得て以来，ブリストルのさまざまな救急病院でクライエントと向き合ってきた。心理学の観点から，疼痛管理や健康に関連していると思われる不安，手続きに関する懸念，人生の終末期問題にどう取り組むかについて，とりわけ関心を抱いている。長く定式化の研究に勤しみ，ヘルスケア・チームで統合的に行う定式化について，関連の会議やワークショップに大きく貢献し，専門家向けガイドラインの作成にも力を注いでいる。

Rudi Dallos はプリマス大学 Doctorate in Clinical Psychology の教授であり，リサーチ・ディレクターでもある。クリニカル・サイコロジスト，早期に介入する家族療法のセラピストとしても活躍し，システム論とアタッチメントと物語を組み合わせた統合的な治療モデルを開発している（Attachment Narrative Therapy, 2006）。研究には，家族の力動を探求するもの，アタッチメントをテーマとするもの，家族内に発生する三角関係化に関するものがある。著作も，Jacqui Stedmon との共著『Reflective Practice in Psychotherapy and Counselling』など，数冊を上梓している。

Robert Dudley はニューカッスル大学 Doctorate in Clinical Psychology コースの博士号取得プログラムのディレクターであり，Consultant Clinical Psychologist でもある。精神病への早期介入を提供する機関でも働いている。研究者としては，幻聴や幻視などのつらい精神病の症状に至る過程について，その理解を深めることや，認知行動療法の定式化を活用して最適な治療法を選択できるようにすることに関心を抱いている。定式化に関するこの取り組みは，同僚の

Willem Kuyken および Christine Padesky と共同で行っているもので，有意義な結果を出している。

David Harper は，臨床医として英国国民保険サービス（NHS）に 10 年勤めたのち，イースト・ロンドン大学に移り，現在は当大学臨床心理学部の准教授である。数多くの論文を執筆し，さまざまな書物に寄稿もしている。さらに，共著として『Deconstructing Psychopathology』（Sage, 1995），『Psychology, Mental Health and Distress』（Palgrave MacMillan, 2013），共編として『Qualitative Research Methods in Mental Health and Psychotherapy』（Wiley, 2012）などもある。また，ニューアムでは，Systemic Consultation Service にも所属し，Consultant Clinical Psychologist として働いている。

Lucy Johnstone はサウス・ウェールズにて，Adult Mental Health 部門の Consultant Clinical Psychologist を務めている。Bristol Clinical Psychology Doctorate のプログラム・ディレクターを務めたこともある。『Users and Abusers of Psychiatry: A critical look at Psychiatric practice』（Routledge, 2000）の著者であり，他の多くの論文や寄稿の中でも，精神科診療について批判的な見方をしている。英国心理学会の臨床心理学部会が出した『Good Practice Guidelines on the Use of Psychological Formulation』（DCP, 2011）の筆頭著者でもあり，常任トレーナー，会議での講演者も勤めている。

Willem Kuyken はエクセターの Mood Disorders Centre に勤務する研究者であり，トレーナー，臨床医でもある。研究および臨床業務では，認知行動療法（CBT）による再発性うつ病の治療を専門としている。主なテーマは，セラピストが概念化をいかに進め，概念化したものをいかに共有するかについての探求である。博士号を取得し，臨床のトレーニングを終えると，ペンシルベニア大学の Center for Cognitive Therapy で 2 年間，博士研究員として Aaron T. Beck のもとで働いている（1997-1999）。1999 年以降は英国のエクセターに拠点を置き，研究と臨床とトレーニングを行う Mood Disorders Center を同地に共同で設立した。事例の概念化に関する出版物を幅広く手がけ，Christine Padesky と Rob Dudley との共著には『Collaborative Case Conceptualization（認知行動療法におけるレジリエンスと症例の概念化)』がある。

Rob Leiper は Consultant Clinical Psychologist であり，精神分析を専門とす

るサイコセラピストである。その職務は主に，臨床的観点から，専門家によるサイコセラピーの統合的サービスを開発することを中心としてきた。Oxleas NHS Trust にて，パーソナリティ障害をもつ犯罪者の治療に関する予備プロジェクトを指導していたが，近年それを辞し，現在はスコットランドと南アフリカにて，個人で診療している。

Lynn McClelland はトーベイの CAMHS（児童青年精神保健サービス）に勤務するクリニカル・サイコロジストで，Exeter DClinPsy programme を教えている。きわめて重要なコミュニティ心理学や多様性，省察的な組織的実践の領域で，臨床業務や研究を教授し，指導している。

Harry Procter は 7 年前に NHS を退職したが，現在も変わらず，子どもや成人やその家族，チーム，組織を対象とした構成主義的アプローチの発展と教育に取り組みつづけている。最近，構成概念の特質や省察的実践，質的グリッド（Qualitative Grids）の基盤となる理論の構築，質的グリッドの適用——多様な環境や臨床上のさまざまな問題のみならず，詩歌や演劇の探究にも及ぶ適用——に関する論文を書き終えたところである。構成主義の哲学的背景に関心があり，現在は，Charles S. Peirce の研究——構成主義的アプローチを考察し理解するための魅力的なメタ枠組みを提供する研究——を進めている。

Dave Spellman は，Lancashire Care NHS Foundation Trust の Consultant Clinical Psychologist である。1988 年にリバプールで資格を取り，現在はイースト・ランカシアにて，ケア・トラストでケアを受けている子どもや，養子とその家族や養育者を対象とした，複数の行政機関から成るチームで働いている。

Jacqui Stedmon はプリマス大学臨床心理学部の Doctoral Training Programme のプログラム・ディレクターである。子どもや若者が経験する親族との死別と小児心理に，臨床的な関心を抱いている。システムや家族との取り組みに留まらず，臨床心理学における省察的実践の促進にも強い意欲を示している。

David Winter は，ハートフォードシア大学 Doctorate in Clinical Psychology の教授であり，プログラム・ディレクターでもある。長年，英国国民保険サービス（NHS）でパーソナル・コンストラクト心理学を適用し，この領域や心理療法研究に関する著作を広く世に送り出している。著書には『Personal Construct

Psychology in Clinical Practice』(Routledge, 1992) や『Personal Construct Psychotherapy: Advances in Theory, Practice and Research』(Linda Viney との共著, Whurr, 2005) がある。British Psychological Society の特別研究員で, 同学会の Psychotherapy Section, 並びに, UK Council for Psychotherapy の Experiential Constructivist Section, および, Research Committee では議長を務めている。

■監訳者略歴

坂戸美和子 （さかど・みわこ）

新潟県中央福祉相談センター，独立行政法人国立病院機構新潟病院心療科，精神科訪問診療医を経て，社会医療法人河北医療財団多摩事業部天本病院，社会医療法人河北医療財団多摩事業部あいクリニック，社会医療法人河北医療財団多摩事業部あい介護老人保健施設勤務。独立行政法人国立病院機構新潟病院心療科非常勤。
新潟大学医学部卒。精神科医師。日本精神神経学会認定専門医・指導医。産業医。公認心理師。
著訳書：『うつ病論の現在―精緻な臨床をめざして―』広瀬徹也，内海健編（分担執筆，星和書店，2005），『エビデンスに基づく子ども虐待の発生予防と防止介入―WHO児童虐待防止ガイド―』小林美智子監修（分担翻訳，明石書店，2011），『子どもの怒りに対する認知行動療法ワークブック』（分担翻訳，金剛出版，2015）ほか。

大野　裕 （おおの・ゆたか）

一般社団法人認知行動療法研修開発センター理事長／ストレスマネジメントネットワーク代表。1950年 愛媛県生まれ。2002年 慶應義塾大学教授を経て2011年 独立行政法人 国立精神・神経医療研究センター認知行動療法センターセンター長（現在顧問）。2024年長崎大学客員教授。日本認知療法・認知行動療法学会初代理事長，日本ポジティブサイコロジー医学会理事長。Beck Institute for Cognitive Behavior Therapy, International Advisor. American Psychiatric Association, Distinguished Fellow. 著書：『簡易型認知行動療法実践マニュアル』（ストレスマネジメントネットワーク，2017），『こころが晴れるノート』（創元社，2003），『認知療法の技法と実践―精神療法の接点を探って』（金剛出版，2008），『精神医療・診断の手引き』（金剛出版，2014），ほか多数。

■訳者略歴

坂戸美和子（「監訳者略歴」参照）

中島　孝（なかじま・たかし）

新潟大学医学部卒。同年新潟大学附属病院，国立療養所犀潟病院神経内科医長，放射線科医長，臨床研究部病態生理研究室長を経て，2017年より独立行政法人国立病院機構新潟病院院長。

神経内科専門医，日本神経学会指導医，認知症専門医，臨床遺伝専門医（日本遺伝カウンセリング学会認定），認定内科医。

構成主義に基づく日本語版 SEIQoL-DW 事務局責任者（https://seiqol.jp）。

著訳書：『非悪性腫瘍の緩和ケアハンドブック—ALS（筋萎縮性側索硬化症）を中心に』（訳，西村書店，2017），『ALS マニュアル決定版！』（監修，日本プランニングセンター，2008），『ALS マニュアル決定版！〈Part2〉』（監修，日本プランニングセンター，2016）ほか。

前田初代（まえだ・はつよ）

（株）ベリタス，（公社）日本薬剤師会中央薬事情報センターを経て，国立医薬品食品衛生研究所非常勤，日本大学薬学部薬学研究所研究員。東京理科大学薬学部卒，桜美林大学大学院国際学研究科 人間科学専攻健康心理学専修修士課程修了，薬剤師，公認心理師，専門健康心理師。

著書：『実践！ 健康心理学 シナリオで学ぶ健康増進と疾病予防』（分担執筆，北大路書房，2022）

浅田仁子（あさだ・きみこ）

お茶の水女子大学文教育学部文学部英文科卒。社団法人日本海運集会所勤務，BABEL UNIVERSITY 講師を経て，英日・仏日の翻訳家に。

訳書：『お母さんのためのアルコール依存症回復ガイドブック』（共訳，金剛出版，2019），『強迫性障害の認知行動療法』（共監訳，金剛出版，2019），『セルフ・コンパッション［新訳版］—有効性が実証された自分に優しくする力』（金剛出版，2021），『ティーンのためのセルフ・コンパッション・ワークブック』（金剛出版，2021），『怒りを適切にコントロールする認知行動療法ワークブック』（金剛出版，2023）ほか。

ケースフォーミュレーション
６つの心理学派による事例の見立てと介入

2024 年 12 月 10 日　印刷
2024 年 12 月 20 日　発行

編　者　ルーシー・ジョンストン，ルディ・ダロス
監訳者　坂戸美和子，大野　裕
訳　者　坂戸美和子，中島 孝，前田初代，浅田仁子
発行者　立石正信
発行所　株式会社金剛出版
　　　　〒112-0005　東京都文京区水道 1-5-16
　　　　電話 03-3815-6661　振替 00120-6-34848

装画　おぐらひろかず
装幀　岩瀬 聡
組版　古口正枝
印刷・製本　三協美術印刷

ISBN978-4-7724-2083-9　C3011　　　　　　　©2024 Printed in Japan

JCOPY 〈（社）出版者著作権管理機構 委託出版物〉
本書の無断複製は著作権法上での例外を除き禁じられています。複製される場合は，そのつど事前に，出版者
著作権管理機構（電話03-5244-5088，FAX 03-5244-5089，e-mail: info@jcopy.or.jp）の許諾を得てください。

認知行動療法ケース・フォーミュレーション

［著］＝ジャクリーン・B・パーソンズ
［監訳］＝坂野雄二　本谷 亮

●A5判　●並製　●394頁　●定価 **4,620**円
● ISBN978-4-7724-1825-6 C3011

認知行動療法（CBT）の神髄［ケース・フォーミュレーション］とは？
初心者からベテランまで、
臨床家のトレーニングに最も適したテキスト。

認知行動療法の教育とスーパービジョン

［著］＝ドナ・M・スダック　R・トレント・コッドⅢ　ジョン・ラドゲイト　レスリー・スコドル
マーシー・G・フォックス　ロバート・ライザー　ディレック・L・ミルン
［監訳］＝大野 裕　［訳］＝柳沢圭子

●A5判　●上製　●348頁　●定価 **5,280**円
● ISBN978-4-7724-2027-3 C3011

スーパービジョンを含む認知行動療法の適切な教育を解説し、
臨床家のコンピテンシー向上と
認知行動療法の健全な発展を目指す。

子どもの怒りに対する
認知行動療法ワークブック

［著］＝デニス・G・スコドルスキー, ローレンス・スケイヒル
［監訳］＝大野 裕　［訳］＝坂戸美和子　田村法子

●B5判　●並製　●230頁　●定価 **3,300**円
● ISBN978-4-7724-1439-5 C3011

10 の治療セッションに沿って、
感情調節、問題解決、ソーシャルスキルを学んでいけるよう構成された
「キレる」子どもに対する治療プログラム。

価格は10%税込です。